Heinz Prüller · Grand Prix Story 88

HEINZ PRÜLLER

GRAND PRIX STORY 88

Solo für Zwei

VERLAG ORAC WIEN

Bildquellennachweis:

Agence de Presse ARC, Lausanne (32), International Press Agency (J. Hutchinson/J. Sherif), Versoix (16), Felix Muls, Grimbergen (4), Reinhard, Sachseln (8), Matthias Schneider, Dortmund (2), Sport-Foto-Presse, J. P. Froidevaux, Zürich (8), Peter Tempest, Harrow (1), Archiv (13).

ISBN 3-7015-0153-X

Schutzumschlag und graphische Gestaltung: Alfred Hoffmann
Lithos: Werner Kamensek, Horn
Satz: Friedrich Brandstetter, Wien
Druck und Bindearbeiten: Wiener Verlag, Himberg bei Wien

Inhaltsverzeichnis

AYRTON SENNA: SUCHT NACH PERFEKTION

Im Honda-Land verlöschen nach 22 Uhr alle Lichter. Dann ist das „Suzuka Circuit Hotel", etwa 500 Kilometer von Tokio, eine Geisterstadt. Nur aus einem einzigen Zimmer dringt gedämpftes Blaulicht, wie immer beim Fernsehen, aber auch Motorlärm — mitten in der Nacht.

Sonntag, 30. Oktober. Ayrton Senna sitzt vor dem Bildschirm, spielt aber nicht Computer, sondern fährt noch einmal den Großen Preis von Japan. Mit dem verpatzten Start, „als ich schon fürchtete: Ich komm nicht einmal bis zur ersten Kurve." Der mitreißenden Aufholjagd. Dem direkten Duell mit Stall- und Titelrivalen Alain Prost. „Wir haben an diesem Tag beide eine *Super-Performance,* wir und unsere Autos. Aber ich hab ihn besiegt!"

Kein störender Kommentar, jedoch alle Originalgeräusche: Bremsen, Schalten, Beschleunigen. „Das Beste, was du tun kannst. Du lernst immer. Siehst auf dem Bildschirm oft Dinge, die du im Rennen nie gemerkt hast", verrät mir Senna. „Ich schau mir jedes Rennen nachher nochmals an — in Suzuka besonders gern." Weil ihm restlos klar wird: „Das ist das beste Rennen meines Lebens!"

Er registriert nur einen winzigen Schaltfehler. „Aber auch Alain verschaltet sich einmal."

Gegen Mitternacht dreht Senna ergriffen den Knopf ab: Er ist gerade zum zweitenmal Weltmeister geworden. Mitten im Honda-Land.

Kann man sagen: Am meisten kämpfst du mit dir selber?

Senna: „Ja, kannst du."

Also eine Art Samurai der Formel 1 — vielleicht mögen ihn deshalb die Honda-Japaner so gern.

Es war 1964, als Honda sein erstes Formel-1-Auto baute. Damals erlebte Innsbruck seine erste Winterolympiade, die „Beatles" sangen ihre Welterfolge.

Soichiro Honda, der im Krieg den „Zero"-Jagdbomber gebaut hatte, befahl seinen Ingenieuren: „Ich möchte ein Formel-1-Auto ganz wie der Brabham! Einfach, unkompliziert, ohne alle Schnörkel." Japanische High-Tech war damals noch nicht so aufregend.

Einige Wochen später sah der Honda-Boß in der Fabrik die ersten Radaufhängungen. „Ihre Idee — von Ihnen gebaut?" fragte er den zuständigen Ingenieur, der eifrig nickte. „Gut", befahl Honda, „dann nehmen Sie jetzt Ihre Brillen ab." Der Mann tat wie geheißen, auch Soichiro Honda verstaute seine Augengläser, sah den anderen kurz und haßerfüllt an — und dann prackte er zu: ein unbarmherziger Schlag des Chefs ins Gesicht des Konstrukteurs.

„Hab ich Ihnen nicht befohlen, ich will ein schlichtes Rennauto mit ganz einfachen Teilen? Nichts sophisticed. *Und was haben Sie daraus für komplizierte Sachen gemacht?"*

Der Ingenieur, auf dem Boden liegend, stammelte Entschuldigungen — 1965 gewann Honda seinen ersten Grand Prix.

Die beste Honda-Story, die ich je gehört habe, ist nicht erfunden: erzählt vom legendären Motorrad-Rennmechaniker Nobby Clark als Augenzeugen, „denn wir und die Auto-Rennmechaniker arbeiteten damals alle in der gleichen Halle."

Honda in der Formel 1: Die sanfte Gewalt. Oder auch umgekehrt. Szenenwechsel nach Portugal, September 1988. Millionen TV-Fans erlebten live mit, wie das saisonumspannende Duell zwischen den McLaren-Honda-Superstars Ayrton Senna und Alain Prost am Rande der Katastrophe balanciert:

In Estoril drängt Senna seinen Rivalen Prost bei 300 km/h gegen die Boxenmauer. Laut Jackie Stewart, dreifacher Weltmeister und Prost-Fan, „verantwortungslos: Ohne Moral und Menschlichkeit."

Eine Szene, die Millionen vorm TV-Gerät erschreckt. Aber wie Prost nachher mit Senna redet, hört niemand. Keine Mikros, kein Blitzlichtgeknatter, kein Kamerasurren, keine neugierigen Ohren. Aber wie Prost Senna zurechtweist — einzigartig.

Alain kommt von der Pressekonferenz zum Motorhome, Richtung Hintereingang, sieht Senna dort sitzen, klettert also bei der anderen Tür herein und winkt Senna zu sich: „Komm einmal her!" Psychologie: vorzüglich, weil Prost damit bereits im Vorteil ist. Er sitzt, der andere muß antanzen.

Keine Prügelei. Kein Streit. Nicht einmal ein lautes Wort. Kein einziges Mal hebt Prost die Stimme — oft schreit ja nur, wer im Unrecht ist. Um so eindringlicher, was Alain sagt. Sinngemäß:

„Ayrton, bis heute hab ich nicht begriffen, wie wichtig für dich die Weltmeisterschaft ist, wie brennend du diesen Titel willst. Denn nach dem, was du heute getan hast, kann ich nur annehmen, daß du bereit bist, für diesen Titel zu sterben. Na gut — ich hab zwei Titel gewonnen, hätte gern noch einen dritten, aber ich sag dir: Ich bin nicht bereit,

dafür mein Leben wegzuschmeißen. Wenn du also den Titel so unbedingt willst — du kannst ihn haben. You can have it."
Deutliche Sprache, klare Worte, grad heraus: Prost-Stil.
Senna wirkt erschrocken. Mag sein, daß ihm erst jetzt klar wird, was alles hätte passieren können: Nur ein paar Zentimeter — und es gäbe plötzlich zwei Grand-Prix-Fahrer weniger.
Fünf Wochen später ist Senna World Champion. „Senna Weltmeister, aber keiner freut sich mit ihm!" Woher kommen solche Schlagzeilen? Woher das Image vom „Eiskalten Engel"? Seelenlosen Formel-1-Computer? Maschinenmenschen usw.? Weil wenige an Senna herankommen — weil sich aber auch nur wenige die Mühe machen.
„Hilton Hotel" in Adelaide, zehnter Stock, Suite 1409/10. Wir sitzen zu viert bei Ayrton Senna auf Besuch: der Schwede Freddy, der Deutsche Nuppy, ein Franzose und ich. Der Weltmeister ganz locker im weißen Bademantel.
Viel Obst, viel Blumen, und ein malerischer Panoramablick auf Adelaide, die Stadt der Kirchen. Senna ist sehr gläubig. Und redefreudig: Stundenlang erzählt er über die Psycho-Therapie durch seine Schwester, die aus ihm einen anderen Menschen gemacht hat. Über seinen Bruder, einen Computer-Spezialisten. Über Siege und Stürze: „Monte Carlo war meine Schuld, aber Monza nicht mein Fehler." Und über sein Verhältnis zu Prost — *McLaren backstage* oder Weltmeisterteam von innen.
Estoril ist längst verblaßt — oder?
SENNA: „Über Portugal können wir lange streiten, aus vielfacher Sicht. Aber bedauern — nein, bedauern tu ich überhaupt nichts! Ich glaub, es brachte Alain und mich in eine gefährliche Situation. Das ist nicht gut — für keinen von uns. Aber ich glaub, ich hab ein bißl Gespür und Gründe, warum ich es tat. Genau wie Alain glaubt: Ich hätte nicht sollen."
Estoril also nur noch ein Farbtupfer: Nr. 13 von 16 WM-Läufen. Oder mehr?
SENNA: „Prost und ich hatten beschlossen: Wir schieben Portugal komplett weg, sehen das ganze Jahr lieber aus der Perspektive, was wir alles gemeinsam getan haben — sehr produktiv. Das war's. Estoril ist aus und vorbei. Aber es war natürlich passiert — genauso wie andere Dinge getan wurden, auf die andere Art. Was nicht so offensichtlich war, nicht so klar herauskam, wie das, was ich tat."

Geh doch bitte ins Detail: McLaren-Stallduell von innen.
Senna schüttelt den Kopf: „Da waren Sachen vorher, die aber nie herauskamen. Aber das hat sich nur zugespitzt — bis zum Höhepunkt Portugal. Aber das ist Schnee von gestern: aus und vorbei."
Teamrivalen können nie dicke Freunde sein, schon gar nicht, wenn sie gegeneinander um den WM-Titel fighten. Oder?
SENNA: „Schau, unser Leben ist zu verschieden, in verschiedenen Ländern — wir sehen uns ja nur bei Rennen und Testfahrten. Unser Lifestyle hilft uns also nicht, einander näherzukommen."
Und auf der Strecke — da warst du noch in jedem deiner Teams die Nummer 1, jetzt erstmals nicht...
SENNA: „Ich schwör dir: Von allen Teamkollegen, die ich je hatte, versteh ich mich mit Prost am besten! Das beste Verhältnis — auch wenn wir bis zur Hölle fighten, wenn wir im Auto sitzen. Auch wenn wir ein bißl Probleme mit der Presse haben. Das beste Verhältnis, das ich je hatte. Ich glaub: Wir haben beide sehr viel Respekt voreinander."
Und so, wie die Saison lief?
SENNA: „... richtig: ein paar sehr kritische Momente, Portugal und Spanien. Japan war okay — und als es vorbei war, war alles viel besser für uns beide."
Die Märchenfassade der 15 McLaren-Honda-Siege, davon zehn doppelt. Die Traumkulisse von Zielflaggen und Champagnerspritzen. Aber dahinter?
Im Sommer hat Prost von „freudlos gewordenen Siegesmaschinen" geredet und Senna in Suzuka erzählt, wie sich beide, er und Alain, anstrengen mußten, den Zweikampf für beide *„less painful"* zu machen: weniger schmerzhaft. Tut gewinnen so weh?
Den „fürchterlichen Druck", von dem bei Supersportlern immer die Rede ist, vermenschlicht Senna: „Yes — du leidest! Der Streß, die Anspannung, die Verkrampfung, durch die du durchmußt. Plötzlich kriegst du Probleme mit deinem Rücken, Schultergürtel, Nacken, überall, wo sich die Anspannung konzentriert. Du hast Magenweh. Du schläfst oft schlecht. Viele Sachen, die dich beeinträchtigen. Das ist hart."
Und der Weltmeistertitel ist wert, daß du dafür soviel leidest?
SENNA: „Sonst würde ich es nicht tun. Für mich ist am wichtigsten, *competitiv* zu sein, konkurrenzfähig. Der Titel ist nur die logische Folge — aber nicht meine Hauptmotivation."

Aber der Weltmeister ist doch der Beste der Welt?
SENNA: „Nicht immer. Manchmal.“
Bist du der Beste?
SENNA: „Schwer für mich, das zu sagen. Das müssen jene wissen, die die Rennerei lang genug kennen, die Erfahrung haben. Aber schau, wie ich Weltmeister geworden bin: Nicht weil ein anderer rausgeflogen oder sich weh getan hat.“
Kleiner Seitenhieb auf seinen Vorgänger auf dem „schnellsten Thron der Sportwelt“ — Nelson Piquet.
Aber das Image vom *„bad boy“* und „eiskalten Engel“ hängt Ayrton nach. Ich hab Senna, seit ich ihn kenne, nie für einen Vollgas-Idioten gehalten. Er ist hochintelligent, sensibel.
Bist du endlich ein *happy man?*
SENNA: „Was für eine Frage! Als ich 1984 in die Formel 1 kam, wollte ich sofort Pole-position. Möglichst schnell den WM-Titel — das hat ein bißl länger gebraucht. Dafür war es um so spezieller: im direkten Kampf. Ich hab jahrelang ums beste Material fighten müssen, hab es endlich: acht Siege, dreizehnmal Pole-position und Weltmeister im direkten Konkurrenzkampf mit dem besten aktiven Fahrer, nämlich Prost — was willst du mehr? Ein großes Jahr für mich.“
Gehst du jetzt auch auf alle Weltrekorde los, so wie Prost?
SENNA: „Solang ich fahr, will ich stark und konkurrenzfähig sein. Das heißt auch: Statistik-Rekorde brechen — früher oder später.“
Was hat sich für dich geändert, seit du Weltmeister bist? Manche sagen, du bist ein anderer Mensch geworden?
SENNA: „Ich bin relaxter, lockerer, das Rennfahren macht mir noch mehr Spaß. Außerhalb ist es leichter, im Auto bin ich so stark wie immer. Vielleicht geistig noch stärker.“
Den privaten Senna kennt keiner. Erzähl, wie du bist.
SENNA: „My life is Brazil! Während der Saison leb ich ja in Monte Carlo, aber die ganze Winterpause in Sao Paulo, bleib zu Hause, solang ich kann, komm vielleicht nur drei-, viermal nach Europa. Und dann sofort wieder nach Brasilien — weil Brasilien mein Leben ist. Da bin ich geboren, aufgewachsen, überhaupt ein echter Brasilianer, mit spanischen und italienischen Wurzeln, Familienmensch, mit einer Erziehung, die ich schätze, in einem sehr starken Familienverband. Ich bin mit meiner Familie, mit meiner Freundin wirklich liebend gern zusammen.“

Kannst du zu Hause den Knopf umlegen — vom Rennfahren abschalten?
SENNA: „Natürlich tu ich zu Hause vieles, was mit dem Rennfahren zusammenhängt, das ist mein Beruf, ich denk immer dran — aber im Winter fahren wir ja keine Rennen. Also: Ich bin gern daheim, weil wir das ganze Jahr zuviel reisen: in Hotels einchecken, in Restaurants essen gehen — alles schrecklich ermüdend. Um so lieber bin ich zu Hause. Mama kocht sehr gut, wir haben Hausangestellte, Gärtner, ein nettes Haus mit meinen Eltern, Swimmingpool, Hunde — so viele schöne Sachen zu Hause. Darum flieg ich immer heim, wenn ich kann, vielleicht sechsmal im Jahr — und wenn ich weg bin, vermiß ich mein Zuhause sehr."

Vergessen wir nicht: Senna flog schon als Bub allein in der Welt herum, um Kart-Rennen zu fahren — immer mit dem Schild „UM" (unbegleiteter Minderjähriger) um den Hals. Was ihm schrecklich peinlich gewesen sein muß: Auf den Rennstrecken besiegte er die Erwachsenen — aber auf den Flugplätzen galt er noch als Kind.

Sennas Schwester (Psychologin) ist verheiratet (drei Kinder), lebt aber ganz in der Nähe und schaut oft vorbei. Und was macht dein Bruder?
„Computerspezialist."

Alle Formel-1-Läufe in Brasilien, nur damit er ewig zu Hause leben kann, wünscht sich Senna trotzdem nicht: „Da würden mir meine Landsleute nie Ruhe lassen — wär auch nicht gut." Ideallösung für Senna? „Ein Laser-Strahl, auf dem ich immer in Sekunden nach Europa fliegen kann, um Rennen zu fahren — und gleich wieder heimfliegen."
Den Lear-Jet hat er längst: Ayrton Senna, Superman five.

Piquet pfeift drauf, was über ihn in der Zeitung steht. Senna hat seine brasilianische Presse immer gehegt und gestreichelt — vor allem fair und korrekt informiert. „Wir haben ein Service aufgebaut, als ich 1981 nach Europa ging, sehr professionell, bereits in der Formel Ford. Immer gute Informationen, immer korrekt. Erfolge waren Erfolge, Fehler waren Fehler. Man hat uns überprüft und festgestellt: Uns kann man blind vertrauen. So etwas baut Vertrauen auf."

„Du hast ein Bad-Boy-Image, keinen Glorienschein", fragt ihn Burkhard Nuppeney, „stört dich das?"
SENNA: „Mein Beruf reflektiert auf meinen Charakter. Vor viereinhalb Jahren war ich noch viel einfacher: *a much easier guy*. Aber du fliegst um die Welt, lernst dauernd wen kennen, hast mit immer mehr,

immer neuen Leuten zu tun, die ganze Zeit. So begann ich, viele Sachen zu lernen: Daß es besser für mich ist, nicht allzu offen zu sein, mich ein bißl abzukapseln: weil es mir hilft, mich besser schützt, wenn ich cooler bin — macht mich weniger verletzlich. Nicht, daß es mir Riesenspaß macht. Aber es wurde mein normales Benehmen — *my acting*." Handeln oder Theaterspielen?

Das ist Senna, die Rennmaschine. „Aber ich bin total anders, wenn ich aus der Formel-1-Umgebung draußen bin."

Ein ganz anderer Mensch. Sensibel? *„Very much so.* Sensibel war ich immer. Ich muß anders sein, als man mich als Rennfahrer kennt — in Wahrheit, tief drinnen, bin ich nicht so."

Warum bist du eigentlich Rennfahrer geworden? Und nicht zum Beispiel Fußballer oder Tennisprofi?

SENNA: „Am Anfang, das war ja noch kein Rennfahren. Ich bin halt mit dem Go-Kart im Kreis herumgefahren, das mir mein Vater gebastelt hatte. Ich mochte den Motorlärm, das Lenkrad in der Hand, das Gefühl von Bremsen und Beschleunigen sofort."

Du suchst immer das Limit, heute mehr als gestern, morgen noch mehr. Dich immer weitertreibend, *„pushing and pushing for more motivation"*, wie Prost sagt?

SENNA:„Bis vor ein paar Tagen hatte ich ja noch keinen WM-Titel — also kann ich jetzt frei, ganz offen drüber reden, was RACING für mich wirklich heißt. Was mich glücklich macht, was für mich wichtig ist. Normal ist: Wennst einen WM-Titel hast (das Hauptziel für jeden Fahrer), willst noch zwei-, drei-, zehnmal die Weltmeisterschaft gewinnen. Ich nicht! Weil es für mich nicht viel bedeutet. Es ist dein erster Sieg (Estoril 1985), da hast du dieses unglaubliche, unbeschreibliche Glücksgefühl. Dann kommen andere, neue Siege — aber es ist nie wieder das gleiche."

Mach es bitte chronologisch.

SENNA: „Erstes Ziel in der Formel 1 ist für dich die erste Pole-position — Estoril 1985. Zweites, logisches Ziel: der erste Sieg — für mich zufällig im gleichen Rennen. Nächster, automatischer Wunsch: *World Champion* zu sein. Jetzt bin ich es, aber ob zwei-, drei- oder zehnmal, ist für mich, glaub ich, egal. Mein Gefühl sagt mir, daß du nicht mehr den Titel, sondern die totale Perfektion anstreben mußt: Du mußt immer sehr stark sein, konkurrenzfähig, immer und überall, unter allen Bedingungen. Und, vor allem: deiner Zeit immer voraus sein, alles,

was kommen kann, jede Situation vor allen anderen erfassen — ganz einfach BE THE BEST."
Prost behauptet, du wärst heuer viel aggressiver gefahren als er, hättest mehr riskiert, weil du so unbedingt den Titel wolltest?
SENNA: „Das streit ich ab! Ich war nicht risikofreudiger als er oder sonst einer. Sobald wir im Formel 1 sitzen, fährt keiner von uns ohne Risiko. Sobald du einsteigst, fährst du schnell, und das ist Risiko."
Bist du ungeduldiger? Von dir selber getrieben? Estoril und Monza — warum mußtest du dort unbedingt sofort überholen? Nicht-aggressiv?
SENNA: „Ob Rennfahrer, Sportler, Businessman — wir alle haben unser eigenes Hirn, eigenen Charakter — der sich im Beruf auswirkt. Ob einer zu aggressiv ist oder weniger, ist sein Stil. Wir benehmen uns alle unterschiedlich, haben alle verschiedene Werte. Und ich war immer sehr aggressiv bei allem, was ich tu: Sport, Busineß, Hobby. Sonst fühl ich mich nicht gut, spür kein Kribbeln, nicht die Gefühle, die ich such — die dich weitertreiben. Okay, du änderst dich, lernst dazu, daß du den gleichen Fehler ja kein zweites Mal machen darfst — und ich hab mich verändert, weil ich draufkam: Meine Angriffslust hat mich schon viel zu viel gekostet. Ich mußte hohe Preise dafür zahlen. Darum zwing ich mich, mich zu bessern, zwar meinen Charakter zu behalten — aber mehr akzeptabel. Ich hab mich schon sehr gebessert, ob's noch weitergeht, weiß ich nicht, alles hat sein Limit."
Ein Senna, Schaf im Wolfspelz, ist schwer auszumalen ...
SENNA: „Wenn ich mich noch weiter besser, verlier ich vielleicht meinen Biß, meine ganze Aggressivität. Ich weiß nur nicht: Ist das mein stärkster Punkt als Rennfahrer — oder mein schwächster? Eher mein stärkster. Ich gewann in Japan, weil ich die ganze Zeit aggressiv fuhr. Das ist mein Plus: Sobald ich ein Ziel vor mir hab, stürm ich drauf zu, da stoppt mich keiner. Das gibt mir Kraft, körperlich und geistig — ich bring dann viel mehr. Wenn ich die Grenze überschreite — das Gegenteil. Also immer nur an die Kante, nicht drüber."
Wenn du aussteigst, siehst du viel sanfter aus. Du mit und ohne Rennwagen — Dr. Jekyll und Mr. Hyde? Zuerst aggressiv, dann scheu?
SENNA: „Ich bin weder scheu noch schüchtern. Mag so aussehen, aber ich bin aggressiv und stark. Nur wer mich nicht kennt, denkt anders."
Du weißt, was die Leute reden: Seelenloser Formel-1-Computer, unter Verschluß gehalten usw. Ein Schutzpanzer? Wie bist du wirklich?
SENNA: „Offen für viele kritische Situationen, die mir viel Energie

stehlen. Vielleicht hab ich noch nichts gefunden, das mich weniger verletzlich macht — damit ich manchen Leuten weniger reinfall. Also konzentrier ich mich auf mich selber, laß die Leute von draußen nicht an mich heran. Ich hab gelernt, wie."

Wenn man dich vorm Start beobachtet: total in deiner eigenen Welt. Wie konzentrierst du dich?

SENNA: „Ohne jeden Aberglauben — trotzdem tu ich immer die gleichen Dinge. Ich will nur ein bißl ich selber sein, allein, ohne daß ich Fragen hören, Autogramme geben muß. Das würde mich nur stören. Also: ganz *cool* bleiben, ganz ruhig — nur so kannst du präzise alles reflektieren: Was du getan hast, was in den nächsten zwei Stunden alles auf dich zukommen kann — alle Parameter durchdenken, alle Möglichkeiten. Wenn du dann einsteigst: Daß du dann schon möglichst genau weißt, was du tun wirst beziehungsweise was dich erwartet, wie du reagierst. Alles wird viel klarer, gibt dir mehr Kraft und Vertrauen in das, was du tust . . .und was du tun sollst."

Gerhard Berger hat mir erzählt: Wenn er sich vorm Training mental „in eine Strecke hineinfährt", weiß er nicht nur alle Schalt- und Bremspunkte, sondern spürt auch jede Bodenwelle im Kreuz. Du auch?

SENNA: „Die Buckeln spür ich nicht, aber ich fahr auch nicht unter der Woche — nur am Wochenende. Eine gute Runde rekapitulier ich immer, auch eine mit Fehlern — um sie auszubessern."

Kennst du die Angst?

SENNA: „Und ob! Angst zu haben, ist ein sehr wichtiges Gefühl, Selbstschutz — denn wenn du dieses Gefühl nicht hast, dann bist du irgendwann fällig für einen schweren Unfall."

Jetzt bist du Weltmeister . . .

SENNA: „Der WM-Titel ist eine logische Folge, wenn du permanent Erfolg hast und beständig gewinnst — mit nur zwei, drei Siegen pro Jahr, sonst schlechten Ergebnissen kannst nicht Weltmeister werden."

1985—87, bei Lotus, hast du jedes Jahr zwei Rennen gewonnen, bei McLaren regnete es plötzlich Seriensiege. Nur das Auto?

SENNA: „Ich hab mich immer unheimlich bemüht, hätte bereits 1985 um die WM kämpfen müssen, konnte aber nicht — ein schrecklicher Frust. 1986—87 das gleiche: totaler Einsatz, höchste Anstrengung von meiner Seite, aber ich bekam nie das Material, das du kriegen, das du haben mußt. Also ging ich zu McLaren, weil ich dort bekomm, was ich immer gesucht hab — und es ging los mit großen Erwartungen."

Deine Ziele?
SENNA: „Ich trachte immer, noch vollkommener, immer besser zu werden. Ich versuch, meine eigenen Grenzen zu sprengen, neue Limits für mich aufzustellen, mit dem Auto, dem Motor ... Das ist vielleicht die größte Motivation, die ich in meiner gesamten Karriere hab. Die Gründe, weshalb ich es überhaupt tu. Mich macht es glücklich, mir macht der Konkurrenzkampf Freude, das Autofahren, und ich spür dieses unglaubliche Glücksgefühl, wenn ich wieder was Neues finden kann, lern, irgendwas noch besser zu machen, noch perfekter — oft besieg ich mich selber!"
Demnach muß das Testen, das von außen oft fad ausschaut, für dich ein Bonus sein — zusätzliche Belohnung?
SENNA: „Ja und am meisten, wenn niemand da ist, nur mein Team, auch kein anderer Rennstall — wenn der Kurs exklusiv für mich da ist. So daß ich mich ganz scharf drauf konzentrieren kann, was ich tu, präzis und methodisch, ein Schritt nach dem anderen — so lernst du dazu."

DIE NEUE FORMEL 1: KLASSENKAMPF

1988 ist ein neues Jahr für Turbomotoren — ihr allerletztes. Nur einmaliger Motorwechsel gestattet, aber immer nur vom Turbo zum Sauger, nie umgekehrt. Ladedruck maximal 2,5 bar (1987: 4,0), Tankinhalt maximal 150 Liter (1987: 195). Mindestgewicht: für Turbos 540, für Sauger 500 kg. Füße des Piloten jetzt vor der Vorderachse.
Williams wechselt von Honda-Turbos zu Judd-Saugmotoren, die auch Ligier und March antreiben. Benetton ist das offizielle Ford-Team. Dazu kommen, mit schwächeren Cosworth-Triebwerken, noch Tyrrell, Lola, Minardi, Rial, Dallara.
Das alte Lied: Beim Turbo findest du 20 Mehr-PS mit einem Genieblitz beim Frühstück — beim Sauger mit harter Arbeit 2 PS das ganze Jahr. Also ist wichtig, wann man wechselt.
Der große Zakspeed-Irrtum: 1988 beim 4-Zylinder-Turbo zu bleiben. Die Verzögerung ist so groß, daß man sich nur mit kürzeren Gängen helfen kann. In der Kurve müssen Bernd Schneider und Ghinzani bereits immer hochschalten.
Was alle technisch interessierten Formel-1-Fans fragen: Warum hat

Lotus die „denkende Radaufhängung", die in der letzten Saison so dicke Schlagzeilen machte, wieder ausgebaut? „Weil sie uns doch 23,5 Kilo kostete, zehn bis fünfzehn PS stahl und zusätzlich für jedes Rennen neu programmiert werden mußte", wie Lotus-Chef Peter Warr dieser vielbewunderten Revolution nachschimpft.

McLaren gewinnt die WM 1988 bereits im Winter. Nur wie, weiß noch keiner: Die FISA, die den Ladedruck von 4,5 auf 2,5 bar reduziert, wechselt von den kalifornischen „Qued" auf französische Membran-Ventile, auf die alle Teams monatelang voll Heißhunger warten — nur McLaren organisiert sich über dunkle Kanäle Zeichnungen des Ventils, baut es nach, testet fleißig — und erkundet ganz methodisch, woran die Konkurrenz, vor allem Ferrari, monatelang verzweifeln wird: die optimale Position fürs Abblaseventil.

Damit man die 2,5 bar überlistet. Oder das Ventil garantiert nicht früher öffnet.

Für viele ist Berger WM-Favorit. Alboreto glaubt: „Ferrari wird Weltmeister — und Berger mein größter Gegner." Die Azzurri retten die Euphorie über den ganzen Winter, verabsäumen aber, mit 2,5-bar-Ventilen zu testen — ein arger Fehler. Hochzurechnen, ist zuwenig.

Nicht das erstemal, daß Ferrari einen Vorsprung über den Winter verjuxt: 1961 alles gewonnen — 1962 nirgendwo. 1987 zwei Spätsaisonsiege, aber über den Winter ohne Pop-off-Ventil getestest — und darum bald aussichtslos zurückgeworfen. Rennfahren ist keine Zauberei. Nur Arbeit und Logik.

Drei neue Teams rüsten für 1988:

RIAL: Der deutsche Felgenmillionär Günter Schmid, einer der liebenswürdigsten Formel-1-Chefs überhaupt, kehrt nach vier Jahren Pause (ATS) wieder in den Grand-Prix-Zirkus zurück. Zweck? „Ganz klar — meine neue Marke Rial in aller Welt bekanntmachen." Pilot ist Andrea de Cesaris; Konstrukteur der Österreicher Gustav Brunner, Steirer aus Köflach, der zuvor den Turbo-Ferrari gebaut hat. Ferrari-Designer Harvey Postlethwaite bei den ersten Tests: „Ein wunderschönes Auto hast du da gebaut, Gustav — sieht dem Ferrari sehr, sehr ähnlich." Darauf Brunner: „Klar — ich verwende ja auch die gleichen Kurvenlineale und Bleistifte . . . aber die Aufgabenstellung ist natürlich eine andere: den Ferrari hab ich fürs Gewinnen konzipiert — den Rial fürs Durchhalten."

Mit Schmid kehrt auch Fred zurück, sein stets braungebrannter Mobilhome-Steward, der sich selbst bei Minusgraden beim ersten Sonnenstrahl das Hemd vom Luxuskörper reißt und für alleinstehende Formel-1-Mädchen — Groupies *or otherwise* — auch immer ein Nachtlager parat hat. „Darum also", erinnert sich Berger an seine Schmid-Ära 1984, „waren bei Fred die Sandwiches immer am trockensten. Weil er nie Zeit hatte, frische zu machen." Schmids erste Maßnahme 1988: „Ich hab ihm das Bett rausgetan."

EUROBRUN: Teambesitzer der Schweizer Walter Brun, der auch selber Sportwagen-WM-Läufe fährt. Sein Kompagnon: der Italiener Pavanello. Heimat: in der Nähe von Mailand, wohin später im Sommer Christian Danner nur mit Mühe mit dem Taxi hinfindet, ehe die Sitzprobe ergibt: Er ist um 15 cm zu groß. So bleibt neben dem hochtalentierten Stefano Modena der überforderte Oscar Larrauri im Team.

DALLARA: Ein neues Team, das aus der Formel 3000 aufrückt. Gianpaolo Dallara, längst selbständig, hat schon 1970 einen Formel 1 konstruiert: de Tomaso. Nie werde ich vergessen, wie Sally Courage nach Piers tödlichem Reifenplatzer von Zandvoort beim Begräbnis zu Dallara sagte: „Danke, Gian-Paolo, daß du für Piers ein so wunderschönes Auto gebaut hast. Er war glücklich damit."

Drei kommen, einer geht.

BRABHAM: Macht nach dem endgültigen BMW-Rückzug künstlerische Pause und baut den Pro-Car-Alfa auf. „Hätte BMW vor Jahren auf mich gehört, würden wir jetzt mit einem 3,5-Liter-Saugmotor gewinnen!" ärgert sich Bernie Ecclestone. BBC-Reporter Murray Walker trompetet im Interview: „Bernie, vor genau siebzehn Jahren hast du McLaren gekauft!" Bernie, nachdenklich: „Hab ich wirklich?"

Am besten gefiel mir aber immer die Frage: „Wie viele Leute arbeiten bei Brabham?" Bernies Antwort: *„About half* — so ungefähr die Hälfte."

Dazu kommen 1988 fünf neue Piloten:

Julian Bailey (Tyrrell) ist durch die Formel Ford nach oben gestürmt und in seinen ersten Formel-3000-Rennen Vierter und Erster geworden — das war die Superlizenz.

Bernd Schneider (BRD) bekam nach seinem dritten Platz im Formel-3-Grand-Prix von Macao im November seinen Formel-1-Vertrag, weil der Zakspeed-Sponsor West dringend auf einem deutschen Piloten bestand.

Mauricio Gugelmin (March) — der Brasilianer mit dem lustigen Na-

men ist ein langjähriger Freund Ayrton Sennas, der früher in England im Gugelmin-Haus gewohnt hat. Reich, schnell, talentiert.
Luis Perez ist der zweite Spanier im Minardi-Team, weil eine spanische Jeans-Firma die Sponsorgelder für Minardi wesentlich erhöht hat. Guter Mann aus der Formel 3000.
Oscar Larrauri (Argentinien) — der grauhaarige Mittdreißiger war 1982 Formel-3-Europameister und auch in Zeltweg am Start.

*

Zum erstenmal seit Niki Lauda ist für viele Experten wieder ein Österreicher WM-Favorit: Gerhard Berger! Und zum erstenmal seit Jahren darf sich auch Ferrari große Titelhoffnungen machen. Ich frage alle Superstars der Formel 1 in Rio: „Wer wird Weltmeister 1988, wie siehst du deine eigene Chance — und was glaubst du von Berger?"
Nelson Piquet, der WM-Titelverteidiger: „Wir brauchen bei Lotus noch Geduld, müssen noch viel arbeiten. Vielleicht führt der Weg zum Titel über Berger. Mein WM-Favorit heißt natürlich Piquet! Denn an dem Tag, an dem ich von mir nicht mehr überzeugt bin, daß ich der Beste bin, hör ich mit dem Rennfahren auf."
Alain Prost, zweifacher Weltmeister: „Ferrari war beim Testen in Rio das einzige Team, das schon wirklich rennbereit war — wir alle hatten noch Probleme mit dem Ladedruck-Begrenzungsventil. Ich glaub: Berger ist 1988 der Mann, den es zu schlagen gilt — weil der Ferrari kein Experiment, sondern ein erprobtes, bewährtes Auto ist und der Motor auch schon sehr gut läuft. Aber die Sauger sind an uns Turbos knapper dran als erwartet."
Ayrton Senna, McLaren-Neueinkauf: „Ein gutes, sehr stabiles Auto — mehr kann ich noch nicht sagen. Und Prognosen? Für mich absolut unmöglich. Wart die ersten Rennen ab."
Nigel Mansell, Kämpfer mit Comeback: „Es gibt mehr Turbo-Strecken als Saugmotor-Pisten — daher sind die Turbos auf den Power-Kursen im Vorteil. Aber vier bis fünf Rennen sollten wir Saugmotor-Piloten schon gewinnen."
Thierry Boutsen, noch ein schneller Sauger-Pilot: „Viel wird vom Spritverbrauch der Turbos abhängen. Ich weiß, wie gern Berger Weltmeister werden will — aber ich auch. Nur muß ich zuerst einmal meinen ersten Grand Prix gewinnen, erst dann an den WM-Titel denken."
Michele Alboreto, Berger-Stallkamerad bei Ferrari: „Zuerst müssen Gerhard und ich die gesamte Konkurrenz schlagen — und danach kön-

nen wir schauen, wer von uns beiden heuer Weltmeister wird. Das wäre die allerbeste Lösung."

Und was sagt der Österreicher selbst? Drehen wir den Film auf März 1988 zurück. „Natürlich will ich Weltmeister werden! Am liebsten heuer, noch lieber im Vorjahr und ganz am liebsten bereits 1986 ... Aber ich werde mich nicht unnötig unter Druck setzen, meine Arbeit gut erledigen und irgendwann einmal den Formel-1-Titel gewinnen", philosophiert Gerhard Berger am Strand von Rio. Sein realistisches Ziel: „Heuer unter die drei WM-Ersten kommen!"

Gerhard, Niki Lauda hat dir vor einem Jahr prophezeit: „Du glaubst, du hast Probleme bei Ferrari? Wart nur, wenn du gewinnst — dann fangen die Probleme erst an." Spürst du sie schon — im Sog deiner Vorjahressiege von Suzuka und Adelaide?

BERGER: „Ja, bei gewissen Leuten spür ich schon den Druck. Aber ich muß heuer an die WM denken. Das heißt: Nicht unbedingt, um jeden Preis, schon den ersten Grand Prix gewinnen, sondern, was viel wichtiger ist, konstant unter den ersten drei dieser WM sein."

Dein Ziel für 1988?

BERGER: Wenn's geht, drei Große Preise gewinnen. Monte Carlo wegen der Publicity, Monza wegen Ferrari — und statt Zeltweg such ich mir jetzt einen anderen GP aus. Und eben: In der WM unter den ersten drei. Das hab ich mir vorgenommen."

Daß dich viele zum WM-Favoriten Nummer 1 hochjubeln, magst du also nicht so gern?

BERGER: „Nein, das find ich eher negativ. Denn wenn du dann nicht die Weltmeisterschaft gewinnst, erschlagen dich die Italiener. Viel lieber würde ich dieses Jahr so beginnen wie jedes andere."

Aber du hast die Saison super begonnen — mit der Bestzeit beim Testen in Rio. Was heißt das für dich?

BERGER: „Dieses Testen war eher langweilig. Ich fuhr Bestzeit, wann immer ich wollte, hätte noch zwei, drei Zehntel schneller sein können — aber vor allem heißt das, daß wir jetzt nicht träumen dürfen, sondern fest weiterarbeiten müssen."

Gegen die Turbos oder gegen die Sauger?

BERGER: „Ich bin so überrascht, daß die Sauger bis jetzt so gut laufen, so knapp an den Turbos dran sind. Ich glaub, die haben wir alle unterschätzt."

Beim Rio-Test hat Berger noch Prost und Senna locker im Griff — aber

das ist noch das englische Zwischenmodell. Um so schockhafter die 1:27,9, die Prost beim ersten Test mit dem „richtigen“ McLaren-Honda in Imola hinknallt — noch kurz vorm Abflug nach Brasilien.
Berger, schon immer bekannt für sein realistisches Einschätzen von Situationen, ist alarmiert: „Eine Bombenzeit für den neuen McLaren. Wenn sie stimmt, wissen wir schon, wer heuer Weltmeister wird, wer alles in Grund und Boden fährt“, sagt er mir am Telefon.
„Dabei passen die Sitzgurte noch nicht richtig. Und ich bin ganz locker gefahren“, schürt Prost zusätzlich das Feuer.

Die Fahrerwechsel und Renneinsätze (in Klammer):

	1987	1988
Canon-Williams	(Honda): Piquet (15), Mansell (14), Patrese (1)	(Judd): Mansell (14), Patrese (16), Brundle (1), Schlesser (1)
Marlboro-McLaren:	(Porsche): Prost (16), Johansson (16)	Prost (16), Senna (16)
Camel-Lotus-Honda:	Senna (16), Nakajima (16)	Piquet (16), Nakajima (14)
Ferrari:	Berger (16), Alboreto (16)	Berger (16), Alboreto (16)
Benetton-Ford:	Boutsen (16), Teo Fabi (16)	Boutsen (16), Nannini (16)
Tyrrell-Ford:	(Data-General): Palmer (15), Streiff (15)	Palmer (14), Bailey (6)
USF & G Arrows-Megatron:	Cheever (16), Warwick (16)	Cheever (16), Warwick (16)
Brabham-BMW:	Patrese (15), de Cesaris (16), Modena (1)	—
Larrousse-Lola-Ford:	Alliot (15), Dalmas (3)	Alliot (16), Dalmas (14), Suzuki (1)
Zakspeed-West:	Brundle (16), Danner (14)	Ghinzani (8), Schneider (6)
Leyton House-March-Ford:	Capelli (15)	Capelli (15), Gugelmin (16)
Ligier-Gitanes:	(Megatron): Arnoux (14), Ghinzani (14)	(Judd): Arnoux (14), Johansson (10)
AGS-Ford:	Fabre (11), Moreno (2)	Streiff (16)
Minardi:	(MM): Nannini (16), Campos (13)	(Ford): Campos (2), Perez-Sala (14), Martini (9)
Osella-Alfa:	Caffi (14), Tarquini (1), Forini (2)	Larini (10)
Coloni-Ford:	Larini (1)	Tarquini (8)
Rial-Ford:	—	de Cesaris (16)
EuroBrun-Ford:	—	Modena (9), Larrauri (8)

Senna zu McLaren — da weiß ich ein paar Überraschungen:
1. Ron Dennis ist schon seit 1982 hinter Senna her wie der Teufel hinter der armen Seele — damals fuhr er noch Formel Ford.
2. Die 7-Millionen-Dollar-Gage wird letztlich durch Münzaufwerfen fixiert. Die Verhandlungen sind festgefahren, stur beharrt jeder auf seiner Summe, keiner gibt nach — das Remake der Komödie von 1984, als Lauda Ron Dennis auf die Ibiza-Insel Tagomago einlud, um bei

gegrillten Scampi übers Geld zu diskutieren. Senna: „Darauf beschließen wir, eine Münze aufzuwerfen. Zahl oder *The Queen* — und Ron gewinnt.“ Was Ayrton ein paar 100.000 Dollar kostet: „Nie wieder werf ich mit Dennis Münzen auf!“

3. Die ersten Senna-Testfahrten verzögern sich — weil das Monocoque irrtümlich um 1,2 cm zu schmal ist. Nochmals zehn Tage Pause, bis das neue Monocoque fertig ist — tödlich, so kurz vor WM-Beginn.

Alter Spruch: der Teamkollege, dein größter Feind. Piquet hat 1984 bei Brabham Senna abgelehnt — worauf Ecclestone den Vertrag zerriß. Senna selber hat 1987 bei Lotus gegen Warwick opponiert. Damals stellte er die ganze englische Presse zur Rede: Ja, kapiert denn keiner von euch, daß mich Warwick den WM-Titel kosten kann, wenn sich das Team nicht 100prozentig auf mich konzentriert? Lotus kann nicht uns beiden Spitzenmaterial garantieren.“ Prost aber hat, sagt er richtig, „noch nie einen Stallgefährten abgelehnt“.

Schon gar nicht Senna, was der in allen Stallintrigen ausgefuchste „Indianer“ Carlos Reutemann — hochmütig bei Ferrari, geknechtet bei Williams — überhaupt nicht begreifen kann. Der „Indianer“ als Zuschauer in Spa: „Also, ich hätte Senna nie akzeptiert!“

Ähnlich wie Jackie Stewart 1971 bei Tyrrell blieb, „weil es für den Grand-Prix-Sport vorteilhafter ist, wenn ich nicht für, sondern gegen Ferrari kämpfe“, dämmert es Prost, daß es doch nicht ganz so toll wäre, Stefan Johansson 16mal im Jahr zu schlagen und vielleicht mit 16 Siegen Weltmeister zu werden.

Aber erst im August (Budapest) läßt Prost die Bombe platzen: „Das McLaren-Superteam mit McLaren, Honda, Senna und mir war meine eigene Idee! Und ich hab lang und hart darauf hingearbeitet, sie zu verwirklichen!“

Prost stellt, sagt er, gar keine Forderungen wegen Teamkollege, Millionengage etc. „Das einzige, was ich verlang: Nicht mehr soviel Hunds- und Knochenarbeit für die Sponsoren, sondern mehr Freizeit zwischen den Rennen!“ Kriegt er auch.

Honda denkt heute noch in Horror an die Williams-Stallkriege: Das Todfeindschaftsduell Piquet — Mansell, Haß bis zum letzten Benzintropfen, hat die Japaner entsetzt. Was sie tun, weiß keiner. Aber es ist etwas, das verhindert, daß Prost und Senna mit ihren „Wunderwaffen“ von Anfang an aufeinander losgehen.

Erste Überholung erst im 5. Lauf (Montreal). Erster Zweikampf erst

im 7. Lauf (Le Castellet). Erstes Brutalo-Duell erst im 13. Lauf (Estoril).
Honda will keine neue Williams-Situation, sondern totale Kontrolle übers McLaren-Team, und das kostet Geld — viel mehr, als nur die Motoren gratis beizustellen. Woran man sieht, was sich McLaren erspart.
Wieviel Geld? Das bestgehütete Geheimnis der Formel 1 war immer die finanzielle Vereinbarung McLaren — Porsche. Heute, da alles vorbei ist, kann ich drüber reden. Also: McLaren zahlte für den Fremdauftrag 15 Millionen DM = 105 Millionen Schilling. Dazu kamen pro Jahr 25 Millionen DM für die Weiterentwicklung, 10 Millionen DM für Instandhaltung bzw. Revisionen. Freilich: Die letzten beiden Jahre zahlte Porsche 3 Millionen DM (21 Millionen Schilling) dazu! Alles das spart sich McLaren jetzt mit Honda.
Prost freut sich, daß Honda wegen ihm zu McLaren gekommen ist. Oder kamen die Japaner mit und wegen Senna?
Senna gleitet sehr behutsam ins McLaren-Team. „Ich muß noch soviel über das Team lernen, besonders über die Ingenieure und Mechaniker — und McLaren ein bißl über mich. Für die Engländer leichter als für mich."
Und der MP 4/4, Ayrton?
„Ist stark, zuverlässig, haltbar, höchste Performance, ziemlich leicht zu fahren, sicher, schnell und haltbar" (also offenbar alles, was man von einem Formel 1 verlangen kann). „Aber es kann immer noch verbessert werden."
McLaren peitscht drei Programme durch den Winter: den alten M 4/3 modifizieren, den neuen MP 4/4 zu bauen — und mit dem Sauger anzufangen.
Als Senna unterschreibt, stellt er zur Bedingung: „Auch für mich das Dungl-Service!" Das grausliche „Senna-Sandwich" früherer Jahre — Schinkentoast mit Senf, Ketchup und Marmelade — ist endgültig Vergangenheit.
Senna lebt bewußter, gesünder und merzt systematisch seine Schwächen aus: niedriger Blutdruck, Kreislaufprobleme, Nacken- und Schulterschmerzen.
Aus diesem Grund: mehrere Kuraufenthalte in Willi Dungls Bio-Trainingszentrum in Gars am Kamp.
Im Dezember beginnt Senna sein scharfes Aufbautraining und verrät

mir Details: „Ich laufe lange und kurze Distanzen, die 4000 Meter auf der Bahn in 15 Minuten. Dazu kommt Gewichtheben: Ich hab die Hanteln nie bei mir, aber überall, wo ich wohne, welche herumliegen. Nur: Zuviel Muskeln bringen auch nichts" — wie Piquet nach seinem Zusammenbruch auf dem Rio-Siegerpodest 1982 schmerzhaft erfahren mußte. Senna 1988: scharf, drahtig, fit wie nie zuvor.

„Warum warst du zwei Monate verschwunden?" fragt ihn ein brasilianischer Reporter. Darauf Senna: „Damit ihr auch einmal etwas über Piquet schreiben könnt. Weil es mir fast schon peinlich ist, immer nur über mich in der Zeitung zu lesen . . ."

Piquet kontert im „Journal do Brasil", Senna wäre nicht gerade ein Frauenheld, und der arme Senna kann sich nicht wehren, keine Liebesromanzen zugeben, weil er zwar von seiner Ex-Frau getrennt lebt, aber nach brasilianischem Gesetz erst nach vielen Jahren geschieden werden kann — bei der Schuldfrage geht's um viel Geld.

Die Zigaretten-Sponsorfirmen stoppen die Schlammschlacht. Piquet entschuldigt sich: „Ich hab nur zum Spaß Blödsinn geredet, aber übersehen, daß ein Reporter zuhört."

„Piquet, perque?" klagt sogar die „Autosprint"-Schlagzeile an. Nelson, warum bloß?

Senna fühlt sich wegen der „stupiden Lügen verletzt. Weil jemand in seiner Position zu dieser Zeit viel Macht hat, Leute irrezuführen." Aber er beherrscht sich: „Ich bleib cool, schwör mir aber: Dem antwortest du noch. Nicht durch Reden, sondern durch Leistung!"

Die Grand-Prix-Story 1988 beginnt in der Silvesternacht in einem Superhotel in Hochgurgl: Gerhard Berger, Ron Dennis, Jackie Oliver, Walter Wolf auf der Skipiste — der McLaren-Boß hat den Ferrari-Star eingeladen, natürlich nicht ohne Hintergedanken. Bei der abendlichen Swimmingpool-Rauferei wird Ron Dennis untergetaucht — unabsichtlich schlägt ihm Berger mit dem Ellbogen ein „Veilchen" im Aug, das zwei Wochen lang blüht.

Das Symbolbild der Saison: Gerhard Berger — das blaue Auge für die alle Rekorde brechenden McLaren-Honda.

RIO: TURBOS — SAUGER 6:0

Eddie Cheever hat eine zwölfjährige Adoptivtochter (Kerry) bekommen, Prost sich einen Citation-Privatjet (wie Berger) gekauft, Alboreto einen Hubschrauber: Der aktuelle Tratsch am Swimmingpool von Rio. Mitten drin: Sieben Tiroler Viehhändler, allesamt Berger-Fans, und ein Pilot mit neuem Gesicht: Nigel Mansell, der große Formel-1-Märtyrer, jetzt glattrasiert, ohne seinen britischen Schnauzbart — dafür nach seiner Wirbelsäulenverletzung um vier Millimeter kürzer.
Er hat seinen Bart, wie er erzählt, „aus einer plötzlichen Laune heraus" abrasiert. „Du siehst fünfzehn Jahre jünger aus", begrüßt ihn Frank Williams, braucht aber eine halbe Minute, bis ihm der Grund für diese Feststellung klar wird.
Typisch Berger: Ihm wird am Swimmingpool des „Interconti" fad, weshalb er den Ferrari-Zigarettensponsor bittet: „Ich möcht ein Motorboot, könnts ihr mir bitte eins organisieren?" Der Sponsor kann — als Dank für die Berger-Promotion-Tour nach Buenos Aires. Damals war für Gerhard sogar ein Privatjet organisiert, aber Ferrari legte Veto ein: „Einsteigen nicht erlaubt, wenn wir den Zustand des Fliegers nicht kennen. Nur Linienflüge erlaubt!"
Die Christusstatue auf dem Corcovado und der Zuckerhut werden immer kleiner, während Berger immer fester Gas gibt — mit dem Motorboot teufeln wir hinaus aufs Meer: Tauchen, Fischen, Benzintratsch an Bord. „Alles wunderschön", philosophiert Gerhard, „wüßte ich nicht genau, daß ich diese Woche noch drei Tage lang hart arbeiten muß . . ."
Gigantisch, wie Ferrari seinen neuen, jungen Star hegt und pflegt: Der erste Ferrari-Pilot seit Gilles Villeneuve 1982, der einen Ferrari als Dienstauto hat. Auch der erste seit Jody Scheckter 1979, der Weltmeister wird? Ferrari würde Berger alles kaufen — aber was er sich am dringlichsten wünscht, wären 50 PS mehr gegen die Honda-Raketen.
Ob bei seinen Motorboot-Ausflügen mit der „Shangri-La", am Swimmingpool, zwischen Endlosdiskussionen in der Box oder am Abend, vorm Einschlafen: „Ich fahr im Kopf immer ein paar Runden", verrät Berger seinen Trick, „schon mit den richtigen Brems- und Schaltpunkten, nur ein paar Sekunden schneller, also eher im Zeitraffer — ich bin ja im Geist immer auf Qualifikationsrunden . . ."
Der Schock der McLaren-Superzeiten wirkt lang. Dialog am Swimmingpool: „Wegen dir", sagt Berger zu Alain Prost, „muß ich mir jetzt

wieder neue Bremspunkte suchen. Überall noch später bremsen — sonst hab ich gegen euch keine Chance!"

Die Ferrari-Box in Rio bei Trainingsbeginn: Bergers neuer, frischlackierter Helm, von Erich Zakowski im Flieger vergessen, nach Sao Paulo, Buenos Aires „weitergereist", ist rechtzeitig eingetroffen — genau wie Konstrukteur Harvey Postlethwaite. Zuletzt war er beim Skilaufen am Arlberg — und bei Zimmermann in Lech eingeschneit ...

Harvey kommt mit knapper Not aus dem Schneechaos und gerade noch nach Rio. Motto in jedem Jahr: Zur Hölle und zurück! Sensationeller Formel-1-Auftakt im hitzeflimmernden Autodrom bei mehr als vierzig Grad: Halbzeit-Pole-position für Ayrton Senna, Unfall von Alain Prost, drei Sauger-Autos unter den ersten fünf — aber Berger nur auf Platz 6: um 1,9 Sekunden hinter Senna, um 3,6 hinter seinem „Testsieg" von Rio im März — weil Ferrari plötzlich PS fehlen.

„Höchstwahrscheinlich ein falscher Computerchip — Motor falsch programmiert! Statt 2,5 bar hab ich höchstens 2,2 bar Ladedruck", kann Berger vom Display im Cockpit ablesen. „Unsere Ladedruckkontrolle funktioniert nicht", klagt Ferrari-Rennleiter Piccinini, „und zwar in allen drei Autos. Wir verlieren viele PS. Schau dir nur die Topspeed-Liste an. Die Honda-Raketen 279 km/h, Berger maximal 267, mit dem etwas größeren Vorjahresheckflügel sogar nur 264 km/h ..."

Berger: „Ich hab weniger Leistung als die Sauger! Ganz ehrlich: Mich wundert, daß ich trotzdem noch so schnell bin, weil ich keine einzige schnelle Runde drehen konnte. Es liegt an der Motorprogrammierung." Um 3,6 langsamer als beim Testen — „hat aber mit der Gluthitze nichts zu tun. 1:28,5 fahr ich mit gleicher Leistung wieder!"

Schreck des Tages: Alain Prosts Unfall in der letzten Runde des Vormittagtrainings. In der Zielkurve übersteuert, über die Kerben, quergestanden, verkehrt die Leitschienen entlanggerattert. „Vielleicht bin ich auf einem Wrackteil ausgerutscht."

Sensationell: drei Sauger unter den ersten fünf. Mansell, Nannini, Boutsen — drei heiße Geheimtips.

Der Mansell-Kampfgeist fehlt also auch 1988 nicht: zweiter Startplatz, obwohl auf der Geraden 30 km/h langsamer als die Schnellsten aus der Turboliga. „Daran sieht man, wie gut und schnell ich in den Kurven sein muß", verlautbarte Mansell im offiziellen Williams-Pressecommuniqué, das die englische Presse-Lady Ann frisieren muß: „... wie gut und schnell unser Auto sein muß."

Tags darauf schwärmt Mansell sogar: „Die schnellste und beste Runde meines Lebens."
Gut gekühlt: Mansell experimentiert in der Rio-Gluthitze mit einer Kühlhaube mit Eiswasser, die Fitneß-Guru Willi Dungl seinen Schützlingen längst verboten hat: „Ihr kriegt davon nur Nervenentzündungen."
„Der Mansell ist ein ganz wilder Hund!" entfährt es Berger. „Dem trau ich alles zu — sogar das Gewinnen! Meine Hauptgegner: Auf jeden Fall die zwei McLaren-Honda und Mansell — die anderen, glaub ich, hab ich im Griff."
Auf allen brasilianischen TV-Schirmen leuchtet und blinkt es in Riesenbuchstaben: „1:0 für Senna" — im McLaren-Stallkrieg mit Prost. „Meine Rivalen heute?" fragt Senna zurück. „Prost und Berger." Komisch — von Weltmeister Piquet redet keiner.
Dafür schlagen die Ferrari-Motorprobleme haushohe Wellen — vor allem in den italienischen Zeitungen. Berger und Alboreto kommen nie auf 2,5 bar — bei 2,2 macht das Ladedruckbegrenzungsventil bereits auf, was gute 60 PS stiehlt. Dicke Luft bei Ferrari, Berger flüchtet aus dem „Autodrom Piquet" ins Hotel.
Das Samstagfrühtraining macht Mut: Berger Zweiter hinter Senna! „Aber ich weiß keinen Grund, warum ich nicht wieder 1:28,5 fahren sollte — wie beim Testen. Oder wenigstens 1:29,0." Der Ferrari ist über Nacht umgebaut worden. Immerhin 2,4 bar statt 2,2. „Na, so ein Glück", freuen sich Gerhards Tiroler Freunde in der Box, „der Gerhard war ja schon fast ungenießbar — so hat er gesponnen ..."
Im Abschlußtraining katapultiert sich Berger, wie eine Rakete abgeschossen, sofort auf Platz zwei, dann kommt er schimpfend und fluchend an die Box: Schon wieder das „Pop-off"-Ventil! Die FISA-Techniker tauschen es in der Ferrari-Box aus — jetzt endlich kann Gerhard richtig attackieren. 3,1 Sekunden schneller als am Vortag — vierter Platz.
Formel-1-Premiere feiert Josef Leberer, der Masseur aus dem Dungl-Team. Als Prost über Kopfweh klagt, packt Josef alle Tricks der chinesischen Massage aus. Prost: „Ich hätte nie gedacht, daß man Kopfweh so wegzaubern kann ..."
Kopfweh wegen der Gluthitze. Berger hat schlecht geschlafen — wegen des Vollmondes. „Aber körperlich fühl ich mich sehr gut." Nachdenklich studiert Gerhard alle Statistiken zum Formel-1-Auftakt: „Erst

drei Siege? Sechs Rennen hätte ich schon gewinnen müssen! Dafür fünfmal schnellste Runde — nicht schlecht."
Prost jagt ein Phantom: Wenn er zum fünften Mal den GP von Brasilien gewinnt, egalisiert er Graham Hills Weltrekord — fünf Siege in Monte Carlo.

Aber sonst beginnt in Rio alles neu. Die Piloten werden zwecks Gewichtskontrolle neu gewogen — 500 kg ist das Limit für die Sauger, 540 kg für die Turbo-Autos. Die Fliegengewichtler: Nakajima 60, Caffi 62, Prost 63 kg (mit Helm), die schwersten Brocken: Mansell und Tarquini mit je 81 kg. Berger liegt mit 69 kg dort, wo man ihn schon lang nimmer findet — im Mittelfeld.

Eine alte FISA-Sicherheitsregel lebt in Rio neu auf: Spätestens binnen fünf Sekunden muß jeder Pilot aus seinem Auto klettern können. Berger und die Tyrrell-Piloten Palmer und Bailey schaffen die FISA-Generalprobe grad noch (je 4,9 Sekunden). Senna braucht 2,7, Prost 3,1, Mansell 4,5, Piquet 4,8 Sekunden — hoffentlich kommt's nie zum Ernstfall.

Und dann, mit Hochspannung erwartet, die erste Runde im Klassenkampf Turbos – Sauger — auf dem „glühenden Kohlenhaufen" Interlagos. Beginn gleich mit einem technischen K. o.:

Ausgerechnet durch Senna, der für Aufregung in der Startaufstellung und den Abbruch der ersten Startprozedur sorgt: „Beim ersten Start leg ich vor dem Grünlicht den ersten Gang ein — und irgend etwas bricht. Darum muß ich ins Ersatzauto." Während der Einführungsrunde streikt das Getriebe. Die zweite Einführungsrunde fällt für Senna aus. Er startet hinter dem Feld im Ersatz-McLaren aus der Boxengasse. Weil er das Auto nach Ansicht der Sportkommissionäre zu spät gewechselt hat, folgt die Disqualifikation. Vorher war Senna binnen 19 Runden vom letzten auf den zweiten Platz vorgeprescht. In der 17. Runde sogar problemlos an Piquet vorbeigegangen. Dessen Lotus von Chassis-Problemen geplagt wird.

Auch ein Trick von Piquet, den Williams vermutet, kann da nicht helfen. „Wenn ich Weltmeister werde, verkaufst du mir mein Siegerauto zu einem Freundschaftspreis", hatte Piquet mit Frank Williams 1987 vertraglich fixiert. Die Lieferung erfolgte im Februar. In Rio entdeckte Williams: „Der Lotus-Frontflügel ist eine Williams-Kopie, er sieht genauso aus wie unser Williams-Frontflipper von 1987."

Bereits vorher hatte Lotus einen Brief an Williams adressiert: „Wir

weisen darauf hin, daß der Begriff ‚aktive Radaufhängung' ausschließlich von Lotus verwendet werden darf.“ Reaktion von Williams erfolgte prompt, man nennt das neue Fahrwerkssystem jetzt sinnigerweise „reactive suspension“.
Schwarze Flagge also für Senna: „Findet ihr das gerecht“, bestürmt ein Senna-Fan nachher Prost, Berger und Piquet, „daß Ayrton für nichts und wieder nichts gekämpft hat?“
„Mir passierte 1987 in Monza haargenau das gleiche“, zuckt Prost die Achseln. Und Berger grinst lausbubenhaft: „Ein gute Frage für Nelson Piquet ...“
Goodyear hat alle Piloten angewiesen: „Turbos sollen zweimal, Sauger einmal wechseln!“ Aber „Reifenprofessor“ Prost vereinbarte mit den Reifeningenieuren: „Ich stoppe nur einmal.“ Berger hat (insgeheim) den gleichen Schlachtplan ausgeheckt. „Aber die ersten drei Runden hab ich meine Pneus im Kampf mit Prost etwas überfordert — darum muß ich verlangsamen. Und leider haben meine Hinterreifen Steine, Gummi und Dreck von der Fahrbahn aufgesogen — deshalb heftige Vibrationen. Bevor etwas am Auto wegbricht, beschließ ich: lieber frühzeitig Reifen wechseln!“
Statt erst in der 27. Runde stoppt Berger schon in der 20. Runde, und dann, notgedrungen, nochmals im 43. Umlauf. Beide Stopps klappen perfekt (7,57 bzw. 7,46 Sekunden), „aber beim zweitenmal bring ich den ersten Gang nicht gleich rein — kostet eine halbe Sekunde“.
Nigel Mansells Motor überhitzt, stirbt in der Box ab, läßt sich nicht neu starten — schadhaftes Kabel. „Ich glaub, ich hätte Berger noch überholt“, trotzt Nigel.
Push-Start ist ja verboten, nur am Startplatz erlaubt — aber Motor-Anlassen in der Box ist natürlich o. k. Aber Mansell hat nichts falsch gemacht. „Sein Draht ist in drei Sekunden gerissen — und wir brauchen vier Stunden, um ihn zu finden.“
Nelson Piquets Lotus hat noch Chassis-Probleme, außerdem ist die Spritanzeige im Cockpit ausgefallen. Aber die Box funkt: Benzinverbrauch okay.
Berger ist der schnellste Mann im „Autodromo Nelson Piquet“: Zum sechsten Mal schnellste Runde — schneller als Start-Ziel-Sieger Prost oder Senna bei seiner wahnwitzigen Aufholjagd vom letzten Platz. Bergers Angriff auf Prost ist das Herz des Brasilien-GP. „Ich push das ganze Rennen! Fünfzehn Runden vor Schluß glaub ich kurz: Ich hab

eine Chance. Aber acht Runden vor der Zielflagge weiß ich: verloren!"
Bergers Abstand zu Prost: Nur einmal unter zehn Sekunden — 9,5 in Runde 54. „Da hoffe ich, der McLaren hat Sprit- oder Reifenprobleme, darum hab ich voll attackiert."

Prost gibt zu: „Stimmt, Berger macht soviel Druck, daß ich mehr Gas geben muß als ich will, mit dem Spritverbrauch schon im Minus bin — darum muß ich im Finish Benzin sparen, Reifen schonen. Aber wenn Gerhard 2,3 Sekunden aufholt, fahr ich die nächste Runde genauso schnell." Ein cleverer Sieger.

Berger ist zufrieden mit Platz zwei. „Nach allen Problemen, die wir die ganze Woche hatten, bestimmt das Maximum."

Verärgert über den schwachen Motor — aber auch übers Pop-off-Ventil: „Hab ich nach dreizehn Runden von 2,44 auf 2,40 bar zurückdrehen müssen, weil es schon wieder zu spinnen anfing." Und wütend über zwei Überrundete: „Alliot war ein Desaster, und Nakajima hatte neben mir fast einen Unfall."

Nach über anderthalb Stunden um 9,873 Sekunden zu langsam — war das der zusätzliche Boxenstop? „Nein, Prost hätte ich heute nicht schlagen können, dazu fehlen mir 30 bis 40 PS. Aber alle anderen, Senna, Mansell, Piquet — kein Problem."

Er braucht weder Kühlmaske noch Trinkflasche oder Seilzug für den Helm — erstaunlich frisch springt Berger nach der 60-Runden-Schlacht von Rio aus dem Ferrari: „Kein Konditionsproblem." Nur sein Gesicht wetterleuchtet vor Emotionen.

Warum aber bleibt Prost gleich nach der Ziellinie stehen? Leerer Tank? „Eher Angst vor der Gewichtskontrolle — Limit 540 Kilo, da hätte er mir ein paar Liter Sprit borgen können."

„Erstes Rennen mit dem neuen Auto", rechnet Alain, „dem Honda-Motor, und gleich gewonnen — ein Superteam! Aber diesmal hatte ich auch Glück. Meine Prophezeiung: Weltmeister 1988 wird ein Turbopilot." Als Prost seine Siegesrede anfängt, spielt Berger mit dem Mikrophon unterm Tisch Buschtrommel — ohrenzerfetzender Lärm.

Titelverteidiger Nelson Piquet, der Dritte: „Sauger können nie so zuverlässig sein wie Turbos." Bis auf zwei Starter (Boutsen und Johansson) ist die Saugmotor-Konkurrenz in Rio geschlossen ausgefallen, die meisten kaputtgeschlagen von Motor-Vibrationen. Bis auf einen kamen jedoch alle Turbos ins Ziel: Ausgerechnet der Trainingsschnellste, Senna, disqualifiziert.

Als Josef spät abends noch an Sennas Zimmertür klopft, öffnet eine pechschwarze Brasilianerin. „Nur eins von sechzehn Rennen“, tröstet sich der disqualifizierte Ayrton.
Berger muß einen Tag länger in Brasilien bleiben: Ferrari-Pressekonferenzen — alle kämpfen um den Rundenrekordmann. Berger kämpft auch — um mehr PS: „Ich mußte praktisch ohne Flügel fahren, ganz flach, meine einzige Chance, mit Honda mitzukommen.“
Jetzt folgt Imola. Nach dem 6:0-Kantersieg der Turbos über die Sauger das „Rennen der Wahrheit“ für die Honda-Gegner. „Japanisch lernt keiner“, grinst Prost, „höchstens den Wechselkurs Dollar - Yen.“

IMOLA: SAYONARA FÜR LOTUS

Szenenwechsel: Die Formel 1 im Waldviertel. Bei Willi Dungl in Gars am Kamp schleifen die großen Berger-Rivalen die Messer für Imola — Prost und Senna. Sie kamen getrennt. Und fliegen getrennt wieder ab — Prost mit seiner Citation, Senna mit seinem Lear-Jet.
Zuvor hatte Senna mit kleineren Aeroplanen gespielt: Zwischen Monza und Gars machte er Station bei unserem Modellflug-Weltmeister Hanno Prettner in Klagenfurt. „Hanno hat fantastische Flieger, ein paar davon hab ich geflogen“, erzählt mir Senna.
Willi Dungl muß Senna nach seinem Monza-Crash mit 250 km/h nicht geradebiegen. „Mir ist nichts pasiert.“ Senna hat den Testunfall längst abgehakt: „No problem, too quick, lost the car“ — zu schnell in der zweiten Lesmo, einfach rausgeflogen. „Das Vorderrad“, bestätigt Senna, „brach erst nach dem Anprall weg.“ Wirbelsäule okay — dafür hat Senna Angina, die er in Gars ausheilt, bevor er nach Imola fliegt.
Prost kommt pumperlg'sund und topfit. „Gib mir nur den Nachmittag frei“, bittet er Dungl, „da möcht ich mit dem Mountain-Bike durchs Waldviertel reiten und Tennis spielen ...“
Beim Ergometer-Radtest strampelt Senna 18 Minuten lang mit 250 Watt und 175 Puls — rasch herunter auf 70. Dann steigt Prost aufs Rad — ebenfalls 250 Watt. Die Berger-Gegner rüsten auf — nicht nur mit mehr PS.
Dafür ist das Bio-Müsli für Berger gesperrt — ein Konkurrenzrennstall erhob Einspruch wegen eines Betreuungs-Exklusivvertrags. Als ob ein paar Körndl die PS ausgleichen könnten ...

Jedes Jahr das gleiche: Ferrari kommt mit unheimlich emotionaler Kraft zum Heim-Grand-Prix — und will damit alle technischen Handicaps wettmachen. Das Trommelfeuer auf die Nerven, der Druck auf die Piloten ist fürchterlich. Clay Regazzoni (75 Ferrari-Starts): „Alle Leute aus der Fabrik sind da, jeder schaut so ernst und bitter. Für die Fahrer nicht gerade ermunternd."

Das Boxenbild: Konstrukteur Harvey Postlethwaite grippekrank, Motorenchef His mit gefalteten Händen — als bete er um mehr PS. Und der geniale John Barnard zwar kurz in Fiorano, um den Sauger-Ferrari zusammenzubauen — aber nicht beim Grand Prix dabei. „Wegen des Presserummels."

Ferraris Sonnenstrahl ist auch in Imola Berger: Freitag vormittags, auf regenfeuchter Bahn, Zweiter hinter Senna, nachmittags Dritter. „Der Ferrari funktioniert gut — nur fehlen mir fünfzig PS. Honda ist eine andere Welt — da kommt keiner mit." Doch Piquet hat er besiegt! „Aber wenn's morgen trocken ist, werden die Karten sowieso neu gemischt."

Applaussalven begleiten Gerhard von der Box zum Ferrari-Wohnbus — und der ganze Rattenschwanz von Tifosi hetzt mit. „War der Prost auf Slicks", fragt mich Berger. Nein — auf Regenreifen, wie alle, ausgenommen Alboreto. Mit einem Reifentrick wollte der Stallkollege den Österreicher überlisten: Panikartiger Boxenstop zwei Minuten vor der Zielflagge, die Slicks vorgeheizt — trotzdem nur Platz 8 für Alboreto, 2,5 Sekunden zurück. Und ausgepfiffen ...

„Ich hab alles probiert, alles riskiert — sonst hätt ich mich nicht dreimal gedreht! Wahnsinnig rutschig, Imola auf regenfeuchter Bahn. Aber ich bin zufrieden." Bergers Augen funkeln kampflustig unterm wolkenverhangenen grauen Himmel im „Autodrom Dino Ferrari", er wirkt abgekämpft, gehetzt. Halbzeit-Führung für Alain Prost, der in letzter Sekunde Ayrton Senna vom Thron herunterschießt — Berger Dritter und Ferraris großer Retter. „Aber aufpassen auf morgen — da kommt der Angriff von Weltmeister Nelson Piquet!"

Spannung, Hektik, Dramatik im „Autodromo Ferrari" — aber Berger hat die Hundertstelsekunden gegen sich: 0,183 gegen Piquet, 0,093 gegen den sensationellen Sauger-Sieger und Rockstar-Bruder Nannini. Dabei hat Gerhard, wie immer, 120 Prozent gegeben: vormittag Dritter hinter Prost und Senna. Und das ganze Wochenende mit allen Tricks gearbeitet: Alle Heckflügel-Variationen probiert, alle Gänge höher-

Eiskalter Engel nur auf der Rennstrecke: „Sobald ich Weltmeister bin, werdet ihr einen viel lockeren Ayrton Senna kennenlernen.“

Duett für ein Team oder Solo für Zwei? Prost schlägt Senna in Le Castellet. Unten: Dialog mit Honda-Rennleiter Osamu Goto.

„Zuversicht ist eine Schwäche — wir wollen 1988 alle Rennen gewinnen!“ Dramatik in der McLaren-Box: Senna gewinnt in Imola.

Konzentration und Motivation: Dem neuen Weltmeister durchs Visier geschaut. Senna gewann ein saisonlanges Duell mit Prost, und das

McLaren-Honda-Team schlug alle Rekorde. „Für einen WM-Titel“, sagt Prost über Senna, „riskiert er sein Leben. Ich nicht.“

Weg zum Ruhm: Senna als Formel-Ford-Sieger 1981, und bei seinem liebsten Hobby: Modellfliegen.

„Wir sind zu Siegmaschinen geworden.“ Links Nichols, rechts Murray.
Prost gibt auch im Smoking Gas, wenn er nicht nachdenkt.

„Nach Monaco dem Himmel ein bissl nähergekommen": Asphalt-Cowboy Senna war in der Ford-City Detroit wieder unschlagbar.

gesetzt, „damit ich vom fünften zum sechsten Gang kein großes Loch hab“ — trotzdem fiel er zurück.
Bleibt nur die Hoffnung auf die berühmte Berger-Tradition: „Je mehr ich mich ärgern muß, um so besser fahr ich!“
Technische Revolution: Die Ferrari haben in Imola erstmals Pitout-Rohre, Staudruckmesser wie Flugzeuge. Die Geschwindigkeiten werden über Laser permanent in die Box übertragen und dort aufgezeichnet. Topspeed: Prost 305, Berger 295 km/h. Auf der Ziellinie: Senna 249, Berger 234 km/h . . .
Dicke Luft also vor Ferraris Heim-Grand-Prix: Den Helm vom Kopf gerissen, mit funkelnden Augen, wortlos, stürmte unser Gerhard Berger aus der Box — zurückgefallen auf den fünften Startplatz! Pole-position: wieder Ayrton Senna — Alain Prost von Arnoux abgeschossen. Nigel Mansell steht in Imola nach 17 Rennen erstmals nicht in der ersten Startreihe. „Es wird verdammt schwierig, das Feld von hinten aufzurollen.“
Das zweite Team mit Judd-Motoren kommt nicht einmal ins Rennen: Arnoux und Johansson nicht qualifiziert. Wobei sich Arnoux stilgerecht verabschiedet: Er schießt Prost im Abschlußtraining regelrecht ab. „Weil er, wie üblich, nicht in den Rückspiegel schaute“, ärgert sich Prost, den Ron Dennis bis Trainingsschluß beim havarierten McLaren als Wachposten stehen läßt: „Schließlich sind wir ja in Italien.“
Senna lobt: „Zum erstenmal in meiner ganzen Karriere fahr ich ein Rennauto, bei dem ich überhaupt nichts kompensieren muß — keine Kompromisse, gut überall. Traktion, Kurveneinfahrt, aerodynamische Vorteile.“
Der Trainingsschnellste, Senna, liegt 3,3 Sekunden vor Piquet, 3,5 Sekunden vor Berger. McLaren-Chef Ron Dennis: „Wir sind so schnell, weil wir das beste Paket haben. Das McLaren-Chassis und der Honda-Turbomotor sind eine unschlagbare Kombination.“
Ferrari-Party im „Donatello“-Grand-Hotel von Imola. Berger und Alboreto sind gerade schlafen gegangen, da fliegt die Doppeltür auf: Alberto Tombas großer Auftritt. Ohne gewohnten Drei-Tage-Bart, lila Pullover, Triumphpose — donnernder Applaus. „Tomba la Bomba“ hat nicht weit. Er wohnt ja nur eine Autostrada-Ausfahrt vor Imola — in Bologna San Lazzaro.
Der Skistar kommt aus Spanien. König Juan Carlos wollte mit ihm in der Sierra Nevada skilaufen, hatte aber dann keine Zeit. „Jetzt will

mein Vater, daß ich den ganzen Mai in der Privatschule für die Matura lerne — keine Lust.“

Im Autodromo wird er bestürmt wie in den Zielräumen. Seine Prognose: „Ich hoff, Gerhard gewinnt. Und Alboreto soll Zweiter werden …“

In Imola kommt es zum Krieg zwischen den beiden Honda-Teams. Von den Monza-Tests glaubt Lotus zu wissen: „Unsere Aerodynamik ist 1,5 bis vier Prozent effizienter als jene McLarens. Das heißt: Weil die Imola-Strecke viel Benzin frißt, müßte Lotus schneller sein.“ Das Gegenteil passiert — die 3,5 Sekunden sind eine Ohrfeige für Lotus: „Wenn Prost und Senna diesen Speed im Rennen fahren“, rechnet Peter Warr, „muß ihnen zwei Runden vor Schluß der Sprit ausgehen!“

Der Lotus-Chef ist fassungslos: „Entweder kriegt McLaren von Honda andere Motoren als Lotus — oder Senna und Prost haben zusätzlich zehn Liter Sprit im Overall versteckt.“

Normal wissen die beiden Honda-Teams alles voneinander — aber nur bis Imola. Sonntag vormittag reißt ein Honda-Ingenieur in der Lotus-Box alles Papier aus dem Computer. McLaren weiß zwar weiter alles über Lotus — aber Lotus ist plötzlich ahnungslos, wie McLaren den Spritkonsum regelt.

Peter Warr tobt vor Wut. Er sieht die Zeichen an der Wand: Im Mai kündigt Honda — noch streng geheim — den Vertrag mit Lotus.

Sonntag früh, Ferrari-Wohnwagen. „Ich fahr volles Rohr ab der ersten Runde“, schwört mir Gerhard Berger, „wenn's sein muß, auch über die Kerben — damit ich die Honda-Raketen vielleicht in ein Spritproblem hetzen kann. Meine einzige Chance — denn Senna und Prost seh ich nach der ersten Kurve nimmer …“ Irrtum: Gerhard sieht sie doch. Als sie ihn überrunden.

Für die Benzinschlacht von Imola hat der McLaren-Computer Rundenzeiten von 1:31 errechnet. Die Lotus-Marschtabelle, die mir Piquet verrät: 1:33. Und Berger „Ich bin auf 1:33,5 bis 1:34 programmiert.“

Im Aufwärmtraining fährt Berger 1:33,3, Prost 1:32,0. Die schrecklichen 3,5 Sekunden Abstand vom Qualifikationstraining schrumpfen also auf 1,3. Die Zeitungsschlagzeilen verlieren an Gift: „Ferrari in crisi“ — die üblichen Alarm-Überschriften. „Stimmt, unser Motor läuft überhaupt nicht, die Techniker entwickeln zurück — bald könnte ich ihn in ein Formel-3-Chassis einbauen!“ Ein Pilot, der so kritisiert, muß bei Ferrari unheimlich fest im Sattel sitzen.

„Aber antreiben, weiterpeitschen kannst auch nur bis zu einem gewissen Grad. Wenn einer nur 1:32 fahren kann und du verlangst 1:28, bringt er sich um ... Motorenchef His tut mir leid. Aber wir brauchen dringend mehrere Ingenieure."
Ferrari hat vier, rechnet Alboreto, Honda fünfzehn. Plus 150 zu Hause. Und der ehemalige Ferrari-Grand-Prix-Pilot Clay Regazzoni in Imola, händereibend: „Heute erleben wir das erste richtige Duell zwischen Senna und Prost!" Aber was passiert, wenn beide in der letzten Kurve aneinanderkrachen? Oder sich gegenseitig so anheizen, daß ihnen der Sprit ausgeht? Dennis: „Dann kommt von mir eine Stallorder. Aber vorher nicht."
Später lobt er: „Beide denken zuerst ans Team. Es tut mir nur leid, daß es fad für die Zuschauer ist — und für unsere Gegner wohl auch." Senna: „Wir haben uns nicht gejagt, wir fuhren sanft gegeneinander."
McLaren-Honda demütigt die Gegnerschaft. Ayrton Senna und Alain Prost fahren im 300. McLaren-Grand-Prix zum Doppelsieg, überrunden das ganze Feld inklusive Piquets Lotus. Für Ferrari statt des heißersehnten Heimtriumphs nur Frust. Gerhard Berger: „Ich wollte schon aufgeben, aussteigen und heimfliegen. Gegen McLaren und Honda sind wir machtlos."
Ein Ferrari-Grand-Prix in Moll. Wieso wird Berger am Start von Patrese ausgetrickst? „Weil Riccardo mit allen Mitteln arbeitet — ich muß zurückstecken, sonst wären wir kollidiert."
Wieso fällt er hinter beide Benettons und Williams auf Platz 8 zurück? „Weil ich mit dem Sprit im Minus war — und langsamer fahren mußte."
Senna landet einen einsamen Start-Ziel-Sieg, Prost rückt nach verpatztem Start (Motor fast abgewürgt) nach acht Runden auf den zweiten Platz, da ist Senna längst nicht mehr greifbar.
Beim Überrunden hämmert Senna mit Vollgas vorbei. Manche Piloten wundern sich: „Das wird noch knapp für ihn — wenn so wenig Sprit übrigbleibt."
Dabei sieht Senna Rauch von den Bremsen aufsteigen, hat Getriebeprobleme. „Worauf ich fürchte, auszufallen. Fahr ich halt solang, bis ich stehenbleib." Senna muß nicht mehr vehement stürmen und drängen: „Zum erstenmal habe ich ein Auto, mit dem ich das Tempo an der Spitze bestimmen kann."
Piquet ist sein Rückstand auf das McLaren-Duo ein Rätsel: „Ich hab

keine technischen Probleme.“ Sind wirklich alle Londa-Motoren gleich? „Will ich annehmen“, sagt Lotus-Designer Gerard Ducarouge.
Piquet wird von Senna und Prost überrundet, hat gegen vier Sauger (Mansell, Patrese, Nannini und Boutsen) alle Hände voll zu tun. „Aber niemand darf behaupten, ich wäre spazierengefahren“, ärgert sich Piquet später. „Ich fahr *balls out* von Start bis Ziel und kämpf das ganze Rennen gegen den Benzinteufel.“
24 Runden fightet Nannini mit Patrese, daß die Arena kocht, überholt den Williams, fährt bis zur 35. Runde auf Rang vier. „Dann ein Schaltfehler. Ich dreh mich, fluche und schimpfe mit mir selber. Vor lauter Wut bin ich so böse, daß ich echt erschrocken bin. Aber ich bin froh, daß ich endlich meinen ersten WM-Punkt gewonnen habe.“
Einen — aber beinahe zwei. Die Situation in der allerletzten Runde, bergab zur Schikane „Acqua minerale“: Dreierpulk mit Campos (überrundet), Nannini (5.) und Berger (6.), bereit zum letzten Risiko. „Über die Monza-Schikanen“, ist Gerhard klar, „kannst drüberfahren. Über die Imola-Schikanen nicht — zu hohe Randsteine.“ Aber dann: „Ich hab zu spät gebremst — und bevor ich gegen den Minardi oder Benetton krach, bin ich halb über die Wiese ausgewichen.“
Campos: „Berger hat Riesenglück! Hätte es vorm Rennen etwas länger oder etwas stärker geregnet — das Gras wäre so glitschig, daß der Ferrari geradeaus weitergeschossen, nicht mehr auf die Strecke zurückgekommen wäre! Aber das Gras war schon fast trocken.“ Und Berger überholte Nannini quasi im Grünen. In Disqualifikationsgefahr! „Ich fürcht: Der fünfte Platz hält nicht. Weil ich in der Schikane gradaus gefahren bin — ich hab mich verbremst“. Die Jury diskutiert lang — und läßt Berger im Klassement: Keiner hat gegen ihn protestiert und einen Ferrari im Ferrari-Autodrom aus dem Klassement zu werfen, traut sich keiner.
Statt Heimtriumph also der totale Frust: Und doch wäre Gerhard in einem tollen Finish fast noch aufs Siegerfoto geklettert — nur 1,2 Sekunden fehlen ihm auf der Ziellinie auf den Dritten, Piquet!
Imola, fast zwei Stunden nach dem Rennen — so lang dauert die SOS-Konferenz im Ferrari-Bus. Der Regen klatscht (schon wieder) gegen die Scheiben. „Sehr, sehr frustrierend — aber das Spiegelbild unserer Motorprobleme vom ganzen Wochenende“, resümiert Berger. Verschwitzter Overall, müde Stimme, matte Augen. Im Autoradio läuft der Fußballschlager Milan — Napoli.

Und im Bus daneben feiern Senna und Prost ihren Doppeltriumph. Die WM 1988 — schon am 1. Mai gelaufen?
Imola ist für Senna „ein ganz spezieller Sieg“ aus drei Gründen: „Erstens mein erster Sieg mit McLaren, zweitens mein erster Sieg mit Alain im Team — und drittens hab ich ihn schon dringend gebraucht.“
Da muß jetzt auch Williams zugeben: „Es wäre klug gewesen, Nakajima als Fahrer zu akzeptieren — dann hätten wir 1988 auch die Honda-Triebwerke behalten dürfen. Der Unterschied zwischen den Fahrern Patrese und Nakajima ist geringer als die Differenz zwischen dem Honda-Turbo und dem Judd-Sauger.“ Honda wollte unbedingt mit dem Turbomotor den japanischen Fahrer Satoru Nakajima ins Team einschleusen.
„Wartet bis Monte Carlo“, bremsen Senna und Prost unisono. „Jetzt ist es noch zu früh.“ Weltmeister auch im Tarnen und Täuschen? In Imola verkünden Senna und Prost spontan: „Unser Spritcomputer muß sich geirrt haben, wir hatten beide noch eine Menge Sprit in den Tanks.“ Piquet ärgert sich über einen trockenen Fleck im Tank.
Die Wahrheit: Piquet hat noch vier Liter, Senna und Prost besaßen aber keinen Tropfen mehr ...
Langsam zeigt sich deutlich: Der Absteiger des Jahres ist Lotus mit Weltmeister Nelson Piquet.
Seit Imola ist Lotus informiert: Mit Jahresende sind die Honda-Motoren fort. Aber Lotus kämpft verzweifelt darum, die Honda-Motoren und Camel-Sponsormillionen zu retten — und sieht in einem Berger-Engagement die einzige Chance. Der Anti-Honda zu Lotus-Honda? Warr und Ducarouge lassen anfragen, aber für Gerhard ist das Thema „schon erledigt. Ich geh nicht zu Lotus.“
Kein anderes Team steht 1988 so im Mittelpunkt wildester Gerüchte. Genug heiße Themen für heiße Fragen an den Lotus-Chef im Mai.
Peter Warr hat sehr viel feinen, englischen Humor. Außer, es geht um Lotus. Da kennt er keinen Spaß.
Ron Dennis will dich angeblich als Chef fürs Indy-Projekt — Rennleiter bei den 500 Meilen von Indianapolis?
WARR: „Totaler Blödsinn. Ich geh nicht zu McLaren und nicht nach Indianapolis.“
Also mußt du Lotus wieder einmal von unten nach oben bringen — was du schon einmal geschafft hast?
WARR: „Als Colin Chapman 1982 starb, hatten wir seit 1978 nur ein

einziges Grand-Prix-Rennen gewonnen. Aber in den letzten zwei Jahren haben wir ein verändertes Team stabilisiert. Unser professionelles Arbeiten hat die Sponsoren überzeugt."

Woher die Gerüchte, Camel möchte, nach Benetton-Vorbild, sogar das ganze Lotus-Team kaufen?

WARR: „Jeder könnte das Lotus-Team kaufen, wenn die Leute, denen es gehört, bereit wären, zu verkaufen — Hazel Chapman und Fred Bushell. Aber das sind beide nicht."

Aber 1988 ist Lotus sieglos, und der Abstand zu den McLaren-Honda ist, trotz angeblich gleichem Motor, enorm. Warum?

WARR: „McLaren hat sicher das bessere Chassis. Man muß nur die Zeitmessungen genau studieren. Wir haben immer etwa die gleiche Höchstgeschwindigkeit, auch die gleichen Beschleunigungswerte wie McLaren. Die sind in den Kurven aber eindeutig schneller, ihre Piloten können später bremsen, früher wieder aufs Gas steigen. Dazu kommt das Getriebe, das von McLaren selbst stammt."

1987 spielte Lotus mit gleichem Motor die zweite Rolle hinter Williams, jetzt hinter McLaren.

WARR: „1987 hatten wir den gleichen Motor wie Williams, die gleichen Reifen, die gleichen Bremsen, das gleiche Gewicht. Im Vergleich zu McLaren ist die Situation genau gleich. Sogar die Aerodynamik ist mehr oder minder dieselbe. Der Unterschied liegt in den japanischen Stoßdämpfern. Die hatte Williams 1987, die hat McLaren jetzt. Wir haben sie nicht. Ich glaube, die Stoßdämpfer-Parameter sind das Wichtigste bei der Abstimmung eines Formel-1-Autos. Deshalb: sofort wieder Tests mit der computergesteuerten Radaufhängung durchführen."

Honda spielt mit den Motoren fair?

WARR: „Wir haben von 1987 bis Ende Mai 1988 keinen einzigen Motorschaden. Bis zu den zwei Motorschäden im Training."

Bleibt immer noch die Motorfrage für 1989.

WARR: „Ich fürchte, wir steuern wieder einer Zwei-Klassen-Gesellschaft entgegen: hier die Teams mit 650-PS-Motoren, dort jene mit nur 600 PS. Aber Lotus hat kein Interesse, eine Nebenrolle zu spielen."

Was wird mit Weltmeister Nelson Piquet?

WARR: „Wir haben einen Zweijahresvertrag, ungebunden an Camel oder Honda. Einzige Voraussetzung: Wir müssen konkurrenzfähig sein."

Und mit Lotus-Konstrukteur Gerard Ducarouge?

WARR: „Wir haben einen Vierjahresvertrag mit Ducarouge, der Ende 1988 ausläuft. Wir wollen, daß er bleibt, und er will bleiben. Aber um zu verhandeln, müßten wir mehr über unsere Möglichkeiten für 1989 wissen."
Zum erstenmal ist er nicht der berühmte „Goldfinger", der ein Super-Auto baut. Noch schlimmer: Zum erstenmal weiß „Duca" nicht, warum ein anderes Auto schneller ist. Sein Ruf zerbröckelt. „Wenn Ducarouge bei unserer Vordertür hereinkommt", droht der Starpilot eines Konkurrenzteams an, „geh ich bei der Hintertür raus."
Im Lotus-Hauptquartier Ketteringham Hall, einem alten gotischen Schloß, hängt ein riesengroßer Gummifrosch an der Wand — für den Franzosen Ducarouge. Aber wie lange noch?
Im Oktober: der Fußtritt für den „Goldfinger", als ihm Peter Warr in der Fabrik sagt: „Du hattest sechs Jahre lang bei Lotus nie Urlaub, nimm ihn jetzt." Erinnert mich fast an den Härte-Dialog im Film „Network". Kündigung, Schreibtisch-Ausräumen, und der Boß fragt pharisäerisch: „Kann ich noch irgendwas für Sie tun?" Antwort: „Ja, ich hoff, Sie sterben bald." Formel-1-Verbindungen gehen oft genug in Trümmer. Man lebt, reist, säuft, arbeitet zusammen — und am Ende nicht einmal mehr ein Shakehands.
Peter Warr: „Du hast zuletzt sowieso immer 65 Prozent deiner Zeit mit den Reportern geredet, warst 30 Prozent bei deinem neuen Team Ligier und nur noch fünf Prozent bei Lotus. Zeit für dich, daß du verschwindest. Gute Reise."
Der Starpilot bleibt. Aber Bernie Ecclestone traut sich auszusprechen, was viele fragen: „Wieso bist du mit dem gleichen Honda-Motor wie die McLaren um so viel langsamer?" fragt ihn Bernie in Mexiko. Nelson grinst.
Warum wirklich? frag ich Nelson. Er klagt Honda nicht an. „Am Motor fehlt nichts, nur am Auto: Untersteuert in langsamen Kurven, kriegst nie um die Ecken. Wenn du es umbaust, hast du in den schnellen Kurven totales Übersteuern."
Das Gespenst, das Piquet sehr bald droht: 20 Grand-Prix-Erfolge — und heuer zum erstenmal seit 1980 eine Saison ohne Sieg! Aber sein Leben bleibt schön.
„Ob es der Liebe Gott war oder das Schicksal, das mich auf diesen Platz gestellt hat", sagt der dreifache Weltmeister dankbar, ja fast demütig, „weiß ich nicht."

Vertraulich gesteht er: „Einerseits will ich nicht aufhören — andererseits seh ich nicht viel Zukunft."

Ein eigenes Team? „Totaler Blödsinn", dementiert Nelson plötzlich auftauchende Gerüchte, sogar, daß er Brabham kaufen wolle. Was machst du 1989? „Zuerst 1988 fertigfahren — und die Saison dauert noch lang genug."

Ecclestone attestiert ihm: „Nelson gibt immer erst ordentlich Gas, wenn das Auto perfekt ist." Der Lotus — sicher nicht. McLaren? Williams? „Hängt alles davon ab, was bei McLaren und Ferrari passiert", sagt Nelson achselzuckend.

Als er in der Formel 1 anfing, kutschierte er noch im Mercedes durch Europa, „weil ich alle Länder kennenlernen wollte". Die erste Autoverladung — mit Pfiff im finsteren Tunnel — hat ihn zu Tode erschreckt. „Ich fürchtete: Weltuntergang. Oder daß auf mich geschossen wird." Heute tut's nur noch die Staffette Luxusyacht—Hubschrauber—Lear Jet.

Sein größtes Abenteuer 1988? Nicht im Rennwagen, sondern im Cockpit eines „Jaguar"-Kampfflugzeuges. „Die RAF hat mich über Schottland mitgenommen. Wir drehten Loopings, sprangen in 150 Fuß Höhe (50 Meter) über die Hügel — bis mir schlecht geworden ist."

Im Frühjahr 1988 besteht er die Helikopter-Prüfung. „Als nächstes geb ich eine Zeitungsannonce auf", erzählt mir Nelson beim Abendessen in Mexico City. „Dreifacher Weltmeister sucht private Copilotin, fesch, blond, nicht über 25, und möglichst Flugschein."

Und darum amüsiert ihn auch die Story der Lauda-air-Pilotin, die ich ihm erzähle. Lauda hatte die Proteste seiner Piloten wegen angeblich fluguntauglicher Tage seiner neuen Cockpit-Attraktion scharf zurückgewiesen: „Die Tage der Frau Pilotin sind ausrechenbar. Aber bei einigen von Ihnen, meine Herren, bin ich mir da nicht so sicher." Piquet lachte herzlich.

Piquet führt 1988 ein paar unpopuläre Schlachten. Er attackiert nicht nur Rennfahrerkollegen verbal, sondern sogar Enzo Ferrari — glauben viele. Also her mit der Wahrheit.

Ein brasilianisches Herrenmagazin fragt Nelson über die Ladies im Formel-1-Zirkus: Wer ist die schönste? „Meine Freundin natürlich", sagt Piquet, muß aber auch die anderen Damen qualifizieren. Rita Cheever? Lovely wife. Suzy Patrese? Very nice. Eine andere Rennfahrerfrau? Dazu fällt dem Ex-Stallfeind wenig ein. Das ganze liest sich dann so: „Fahrer X ist ein Bronco-Bauer, dumm wie ein Stück Holz, und seine Frau das Häßlichste, das ich je gesehen habe." Gehört haben davon alle. Aber niemand weiß, daß Nelson in Rio auf den betreffenden Fahrer zuging, um sich zu entschuldigen. Aber der reagiert nicht.

Gleichzeitig erschien Piquets Äußerung über Enzo Ferrari. Der Commendatore wäre „gaga", etwa über-drüber, so alt, daß er nicht wüßte, was rund um ihn vorgehe. Worauf in Italien ein Sturm losbrach — als hätte Piquet den Papst persönlich attackiert.

Nelson, achselzuckend: „Vielleicht sagen heute die jungen Formel-1-Piloten, ich wäre schon gaga — zu alt fürs Geschäft." Aber das Verhältnis Piquet-Ferrari war schon immer gespannt:

Als Gilles Villeneuve 1982 in Zolder sterben mußte, klagte Piquet an: „Die Befestigung des Sicherheitsgurts war aus dem Monocoque herausgerissen — nur darum hat sich Gilles das Genick gebrochen. Und weil der Ferrari in zwei Teile zerschellt ist."

Darob Riesenaufregung bei Ferrari. „Wie kannst du so etwas über Ferrari sagen?" stellte Didier Pironi damals Piquet zur Rede. Piquet: „Weil es die Wahrheit ist. Und dir rat ich: Paß auf, daß dir nicht das gleiche passiert!"

Ein Monat später erlebte Pironi in Hockenheim fast die Wiederholung dieses Alptraum-Unfalls. Er war so hoch in der Luft, daß er „die Bäume von oben sah", ehe auch sein Ferrari auseinanderbrach. Wußte Ferrari, daß das Auto von 1982 nicht stark genug war? Hat man deswegen, um abzulenken, die große Kampagne für „St. Gilles" gestartet, Villeneuve zum Heiligen, zum Märtyrer gemacht?

Ich zitiere Enzo Ferrari aus seinem letzten Buch: „Piquet hat natürlich die Freiheit, zu sagen, was er will — inklusive der Freiheit, daß er sich schon zweimal Ferrari angeboten hat." Jetzt wird manches klarer.

Weil aber alle Interviews — über die Rivalen und Ferrari — gleichzeitig erscheinen, glaubt alle Welt: Piquet läuft plötzlich Amok.

Sein Bruder Geraldo trägt immer Polohemden mit dem Aufdruck „Nelson Piquet Fanclub". Überraschend verbringt er 1988 eine ganze Woche in Wien — aber nicht in der Disco wie Nelson, sondern im Sanatorium.

Blödsinn hat Nelson immer noch im Kopf. Wann immer kläffendes Hundegebell das ganze Fahrerlager aufschreckt, Formel-1-Leute in die Waden gebissen werden — das kann nur Piquet sein. Aber die 5 Mil-

lionen Dollar zahlt ihm Camel fürs Fahren, nicht als Hunde-Imitator. Einmal versprüht er eine seltsame Flüssigkeit im Cockpit und läßt die ratlosen Mechaniker die Finger eintauchen — was ist das wohl?
Gerümpfte Nase, schiefer Blick, gutturale Gegenfrage — dann mag der Meister nicht reden. Laß ihn besser in Ruhe. Aber er kann auch easy und gemütlich sein.
Öffentliche Auftritte, sofern überhaupt notwendig, reduziert er aufs absolute Minimum: raffiniert wie Niki Lauda, der am liebsten bei einer Tür rein und bei der anderen gleich wieder rausging.
Camel-Party an der Atlantikküste. Krebse, Langusten, meterhohe Wellen. Piquet posiert mit dem Koch für ein paar Fotos, tauscht mit Palmer Hubschrauber-Erfahrungen aus. Die Camel-Chefs haben Tischkarten ausgeteilt — pro Tisch ein Formel-1-Pilot, nur auf einem steht: „Piquet/Palmer". Ich kann mir denken, was passiert: Piquet setzt sich als erster hin, aber kaum sitzen alle, ist er schon wieder weg. Bös ist ihm nie jemand.
Piquet in Höchstform erlebe ich an einem spanischen Abend in Jerez: Geburtstagsfeier für den früheren Rindt-Mechaniker und Brabham-Rennleiter Herie Blash (40), jetzt Bernies FOCA-Assistent. Der harte Kern des Formel-1-Zirkus, etwa 150 Leute, kaum Journalisten. Piquet und Mansell fast an einem Tisch — hätte kein Sponsor der Welt zusammengebracht.
Als Conferencier der frühere Zirkusclown Tony, der alle Nicht-Anwesenden imitiert: den schnoddrigen Lauda, den piepsenden Stewart, den unbeholfenen Watson und, vor allem, Herbies Ex-Kollegen Ron Dennis: „Der ist nicht da, weil er seinen Gang trainieren muß und heuer alle Rennen gewinnen will."
Dann wird Herbie nach englischer Sitte bestraft und Piquet („drei WM-Titel, zwei davon erlitten mit Herbie") dient als Kronzeuge. Wann nach England gekommen? „1977, brav, verheiratet, bis ich Herbie kennenlernte." Und jetzt? „Geschieden und verlottert — schaut mich an." Stockhiebe, Gelächter und am Ende die unvermeidliche Wasser- und Tortenschlacht.
„Thank God", raunt mir Ecclestone zu, „daß ich Brabham verkauft hab ..."

Dann dreht sich das „Auto-Roulette von Monte Carlo“ — der charmanteste Anachronismus, aber auch die grausamste Faszination der Formel 1: PS-Giganten, die zwischen Häuserschluchten durchrasen, um Zentimeter vorbei an Hausmauern, Gehsteigkanten. „Du hast das Gefühl, den einen Fuß draußen auf der Straße zu haben!“ So drastisch sieht es Weltmeister Nelson Piquet.
Christi Himmelfahrt in Monte Carlo. „Gerade hab ich mit meiner Tochter Christina telefoniert“, verrät mir Gerhard Berger vorm Training. „Sie hat heute ihren achten Geburtstag — und Erstkommunion.“ Es tut ihm leid, daß er nicht zu Hause sein konnte.
Gleichzeitig, am frühen Donnerstagmorgen, blinzelt Rial-Boß Günter Schmid in den Regen, sieht den zuckenden Andrea de Cesaris, „der schon ganz nervös hergekommen ist“, weil seine geliebte Mama kurz vorm Muttertag gestorben war, und befürchtet: „Heute brauche ich zwei Autos.“
Die Angst vorm großen Crash in Monaco — so alt wie das klassische Auto-Roulette. Niki Lauda überholte 1979 Gilles Villeneuve im Tunnel — im gleichen Moment platzte Villeneuve ein Reifen. Die Feuer-Fotos der Piquet-Patrese-Kollision von 1985 gingen um die Welt. Und Ferrari hat Donnerstag jedes Jahr seinen Monaco-Alptraum: 1987 die Feuerkarambolage Alboreto - Danner — und Berger damals in den Leitplanken.
Plötzlich ist sie wieder da, die nackte Angst in den Boxen. Kollision im Tunnel — da braucht keiner Phantasie.
Als Berger im finsteren Tunnel mit Elektrikschaden ausrollt und gerade von vier Streckenposten weggeschoben wird, prallt de Cesaris mit gut 200 km/h auf den Ferrari auf: der ewige Alptraum von Monaco. Andrea sieht die gelben Warnflaggen erst, als es schon zu spät ist. Berger: „Mir ist nur unverständlich, warum er gebremst hat. Und wo hat er denn hingeschaut? Ganz rechts — dort fährt im Tunnel doch kein Mensch! Ich höre Pfeifen und Quietschen, seh im Rückspiegel, wie de Cesaris im Rial heranschleudert.“ De Cesaris: „Mich hat's auf dem rutschigen weißen Lack des Zebrastreifens herumgewirbelt, weil das Getriebe plötzlich wegbrach.“
Schreckenszenen: Die vier Streckenposten rennen und hechten um ihr Leben, als de Cesaris herandonnert. Berger: „Augenblicklich sind die

Fetzen geflogen, da ist auch sofort Feuer — weil das ausfließende Öl verbrennt. Ich fürchte schon: da ist jetzt was Schlimmes passiert! Das größte Glück haben die Streckenposten."

De Cesaris, schwer geschockt, als Autostopper von Johansson zurückgebracht: „Ich sah Berger zu spät — denn da war nichts: keine Warnflaggen, keine Streckenposten. Und ich war voll im vierten Gang." Berger kam lang später zu Fuß. Stieg ins Ersatzauto und hämmerte hintereinander dreimal die schnellste Runde auf die regennasse Fahrbahn!

Sein Renningenieur Ascanelli: „Wir haben schon Angst um dich gehabt ... Wenn du nächstesmal einen Unfall hast, dann meld dich sofort über Funk!"

„Aber nicht dort, wo ich gestanden bin", protestiert Berger. „Viel zu gefährlich!"

De Cesaris muß später 5000 Dollar Strafe zahlen und sich entschuldigen: „Die Flaggenwärter haben richtig reagiert." Kein Schmutzfleck auf blütenweiße Westen.

Zwei Tage später reagiert Andreas Körper wie der vieler Skirennläufer nach einem schweren Sturz: mit Grippe und hohem Fieber. Er kann nur eine Trainingsrunde fahren, in der Pause nicht einmal zum Schiff taumeln — aber er qualifiziert sich trotzdem.

Total verrücktes Auto-Roulette von Monte Carlo: Bei einer „Christie"-Auktion werden für Villoresis alten Alfa Romeo P 3 fast 30 Millionen Schilling bezahlt! „Und dieses Rennauto", weint der frühere Marko-Lauda-BRM-Rennleiter Tim Parnell, „hat einmal mein Vater besessen — und für tausend Pfund verschenkt ..."

Dafür weht erstmals seit 1935 wieder ein Hauch der „Silberpfeile" durchs Fürstentum: Eine starke Mercedes-Abordnung marschiert durch die Boxenstraße, angeführt von McCormack-Mann Jochen Neerpasch, der den heißesten Auftrag der Formel 1 bekommen hat: Bis August die Formel-1-Rückkehr von Mercedes zu konzipieren!

Mitten in der exklusiven Society sehe ich Fiat- und Juventus-Boß Gianni Agnelli, „Was sagen Sie zu Honda in der Formel 1?" Agnelli zwinkert: „Bin ich froh, daß die Japaner nicht auch noch Fußball spielen ..."

Luciano Benetton kommt mit einem seiner Privat-Jets (Challenger) Samstag früh angeflogen, ist aber halb durchs Abschlußtraining schon wieder weg: „Very happy mit meinem Team ..., aber unheimlich beeindruckt von Honda."

In der Ferrari-Box sorgt Ski-Supermann Alberto Tomba für Riesentumulte, stiller ist Peter Müller, charmanter: unsere Olympiasiegerinnen Sigrid Wolf und Anita Wachter. Gold-Anita kriegt einen Sponsorvertrag mit Leyton House (March), Gold-Sigrid will gern auf zwei Wochen nach England, arbeiten natürlich, und Ron Dennis offeriert: „Wenn du in unsere Fabrik willst — jederzeit!"

Im Hafen dümpelt die McLaren-Luxusyacht „Goddess" (Seegöttin), gechartert für eine halbe Million Dollar. Gleich daneben Günter Schmids „Wheels 2". Der Rial-Boß stürzt sich ins Night Life: „Früher konnte ich mich am Abend ins Bett legen. Aber seit ich Sponsoren hab ... Ich muß sogar nach Cannes fahren, mir für dreitausend Franc einen Smoking kaufen."

Im „Sporting Club": Tolles Essen, Victor Laszlo singt, Europas bester Pianist sitzt am Klavier — ehe wie von Zauberhand die Decke aufgeht: Sternenhimmel und ein Riesenfeuerwerk.

Nur Katherine, Piquets belgische Freundin, haßt diesen Grand Prix: „Alle ziehen ihre Show ab, jeder trägt die Nase hoch. Ein Leben in der Plastikwelt." Sie bleibt Nelsons treuester Fan, trägt sogar kleine Flugzeug-Anhänger als Ohrringe.

Yachten, Parties, Girls. Zwei Mädchen pirschen sich an Berger heran: „Welchen Startplatz hast du?" Wieso? Weil du der Berger bist. „Bin ich nicht", protestiert Gerhard, „das glauben nur alle. Ich bin der Reifenboy von Brabham." Enttäuscht ziehen die blonden Fans ab.

Als Senna 1987 gewann, da feierte er beim Lionel-Hampton-Konzert und nachher auf der Polizeiwachstube — weil ohne Helm auf dem Moped-Sozius erwischt. Trotzdem beteuert Ayrton: „Monte Carlo ist das große Glück meines Lebens!" Ich schätze: auch steuerlich.

Prost weiß: „Nach Imola muß Senna auch in Monte Carlo unbedingt gewinnen. Für mich ist es leichter: Weil unsere Autos schneller sind als die Konkurrenz, muß ich jetzt überall punkten. Wenn ich die WM gewinnen will: Das ist der richtige Weg. Überhaupt in dieser Phase der Saison, wo Senna immer sehr schnell ist."

Leiser Zusatz: „Aber Qualifikation und Rennen sind sehr verschieden ..."

„Prost hat ein *family problem*", verrät mir Cheever. „Wart erst ab, bis er die letzten Bremsen im Kopf lockert und wirklich flott Gas gibt und wirklich voll fährt."

Im „Restaurant du Port" bekommt Prost von der Vereinigung der Ex-

Grand-Prix-Fahrer noch die Trophäe für den „Champion aller Champions“ überreicht. Aber im Training stiehlt ihm Senna schon wieder die Show: Zeitweise hat der Brasilianer mehr als drei Sekunden Vorsprung. „Aber für mich ist das der Beweis, daß sich Alain nur an mir orientiert, nicht an Senna“, meint Gerhard Berger. „Prost ist viel zu clever. Der will Weltmeister werden und sich nicht wegen eines Prestige-Duells ein Bein brechen.“

Prost gibt zu: „Da mach ich nicht mehr mit, das ist mir zu gefährlich. Aber ich find nie meinen Rhythmus.“

Es gebe nur eine Ideallinie in Monte Carlos Kurvenkarussell, beteuert Senna. „Und die fahr ich.“ Warum schon wieder Trainingsbestzeit? „Weil ich der Beste bin. Wieso soll ich da nicht Bestzeit fahren?“

Senna feiert seine Pole-position mit einem privaten Abendessen in seinem Monaco-Appartement. Eingeladen ist Dungl-Masseur Josef Leberer, der sich freilich von Prost eine elegante Hose ausborgen muß — für Marlboro-Party und Senna-Dinner.

Unser Gerhard Berger hat seinen Smoking fürsorglich eingepackt, geht aber Samstag abend nicht zum Fürstendinner in den Grimaldi-Palast: Zu spät für Rennfahrer, Schlaf ist wichtiger. Aber zu diesem Zeitpunkt kann er ja noch nicht wissen: Vielleicht Siegerdinner am Sonntagabend?

Senna ist Sonntag etwas nervös, aber drahtig und voller Siegeswillen. Und Prost voll blauer Flecken: am rechten Ellbogen, der bandagiert werden mußte, ein Gruß von der Cockpitwand.

Nach der Fahrerbesprechung tänzelt Ron Dennis weder mit Prost noch mit Senna zurück zu den Boxen, sondern redet auffallend lang mit Berger. Man weiß, wie gern ihn Dennis schon 1986 zu McLaren geholt hätte. Jetzt holt er ihn vielleicht 1989 — falls Prost aufhört.

Ron Dennis redet erstmals von seinem gigantischen Saisonziel: „Alle sechzehn Rennen zu gewinnen!“ Aber Berger trotzt: „Ich gib die Saison noch nicht auf.“

Deine Taktik? „Am Start zwischen den beiden McLaren durch. Aber sicher denken die Fahrer hinter mir: zwischen den beiden Ferrari durch ...“

Senna, Prost und Berger starten super. Der Franzose ist überzeugt, Senna noch in der ersten Kurve, der Ste-Devote, austricksen zu können. „Aber dann bring ich den zweiten Gang nicht rein, verschalte mich. So kommt mir Berger zuvor.“ Der Weltmeister crasht bereits 150 Meter nach dem Start: Nelson Piquet, der auf Stadtkursen immer unter Klaustrophobie leidet, zusätzlich irritiert durch ein verpatztes Training und ein verregnetes Warm-up. Lotus-Teamchef Peter Warr: „Nelson haßt Monaco, und er haßt Regen. Am liebsten wäre er heute im Bett geblieben."

Monaco 1988 wird so enden, wie es begann: mit einem Crash.

Berger kalkuliert, Prost „in der zweiten Runde vorbeizulassen, damit er sich auf Senna wirft. Und ich vom McLaren-Duell profitieren könnte." Aber Berger überlegt es sich anders und bleibt bis zur 54. Runde vor Prost. Der Abstand schwankt.

Prost plagt sich, hinter Berger herzufahren. „Das Problem in Monte Carlo ist immer das viele Öl, das ausgespritzt wird. Darum mußt du oft zwei, drei Runden verlangsamen." Außerdem sorgt sich Alain um die Bremsen. „In Monaco weißt du nie, wann sie überhitzen. Mein rechter Fuß ist schon ziemlich heiß."

Prost beobachtet, „daß Berger nicht sehr spät bremst, ein ganz kleines bißl zick-zack fährt. Mit Risiko zu überholen, ist sinnlos." Und er bemerkt „zwei Passagen, in denen der Ferrari schneller ist: Massenet-Linkskurve zum Casino, Schikane am Hafen. Dort hat Berger mehr Traktion. Aber sonst ist überall mein Auto besser."

Das Duell aus Bergers Sicht: Warum fällt Prost immer wieder deutlich hinter Berger zurück — um wieder aufzuschließen? „Weil er Öl von mir aufs Visier bekam."

Zwischendurch ist er wütend auf den überrundeten Palmer — der rechtfertigt sich: „Ich erspäh zufällig ein Ferrari-Boxensignal: Berger 17 Sekunden vor Alboreto — das muß genügen. Zumal Gerhard weiß: Hinter mir lauert Patrese. Ist ja schon oft vorgekommen, daß du einen Schnelleren vorläßt — und dabei selber ausgetrickst wirst."

Michele Alboreto hat ganz andere Nöte: Bei seiner Karambolage mit Mansell ging ihm das Gurtschloß auf. „Fünfzig Runden muß ich ohne rechten Schultergurt fahren, bin bei jedem Bremsmanöver tief ins Cockpit gerutscht. Dazu die Angst: Was passiert, wenn du rausfliegst?"

Berger sieht „kein Problem, Prost bis zur Ziellinie hinter mir zu halten, mit Tricks, mit Zickzack-Fahren. Aber ich will doch nicht unfair sein."

Prost: „Mein Ziel ist der zweite Platz. Denn Senna Erster und ich bloß Dritter — das wäre ein schlechtes Ergebnis für mich gewesen." In der 54. Runde dreht Prost den Ladedruck maximal auf. In der Ste-Devote-Kurve preßt er sich an Berger vorbei, aber da ist Senna längst auf und davon. Ein Fernduell beginnt.

Dreimal hämmert Prost die schnellste Runde in die Stoppuhren, jedesmal kontert Senna mit einer neuen Fabelzeit. Als wolle er sagen: Der neue Herr im Haus bin ich.
Ferngelenkt? Ron Dennis war im Training „ganz stolz darauf, daß ich Senna über Boxenfunk auf jedem Streckenteil hören kann". Im Gegensatz zu Lotus-Chef Peter Warr, der früher „immer Angst davor hatte, Senna in einer kritischen Kurve zu stören", spielt der McLaren-Boß gern „Radio live".
Im Sport gibt es eine goldene Regel: von außen nie jemand anderen beeinflussen! Frankreichs „Ski-Napoleon" Honore Bonnet, der Killy-Entdecker, testete schon vor über 20 Jahren den Funk im Abfahrtstraining, setzte aber selbst die Regel durch, daß Funkhilfe im Rennen verboten wurde: „Ich hab viel zuviel Respekt vor dem Mann im Wettkampf!"
Prost mag den Boxenfunk nicht sehr gern. Senna redet öfter und lieber.
Neue Situation: Prost hat also Berger überholt.
Zuerst funkt Dennis sein Auto Nr. 11 an: „Alain — ist der zweite Platz okay mit dir?"
Okay, funkt Prost zurück.
Und daraufhin der Dennis-Funkspruch an Auto Nr. 12: *„Ayrton, don't worry, Alain is not trying to catch you, go slow, relax."* Also: mach dir keine Sorgen mehr, Prost wird dich nicht mehr angreifen, er ist schon zu weit zurück, fahr langsamer. *Take it easy.*
Okay, funkt Senna, der sich ohnehin schon zwei Runden lang Sorgen wegen der Hinterreifen macht. Außerdem schlägt der McLaren auf den Bodenwellen durch. Senna hat hart gepusht, „um vierzig Sekunden Vorsprung herauszuholen — als Notreserve für einen Reifenwechsel. Aber jetzt, mit vierundfünfzig Sekunden Vorsprung, verlier ich die Konzentration." Zuerst streift er am Casino die Leitplanke, dann schmeißt er nach drei Runden — in der Hafenkurve — alles weg: den Sieg und die mögliche WM-Führung.
„Das war komplett mein Fehler, denn mein Auto war traumhaft perfekt. Ich hab in der Hafenkurve innen den Randstein touchiert, so hart, daß ich das Lenkrad nicht mehr einschlagen konnte." Ungespitzt kracht Sennas McLaren links in die Leitplanken.
In Monte Carlo fühlte sich Senna dem Himmel am nächsten: „Close to perfection" das ganze Wochenende: „Wann immer ich im Auto saß, ich tat keinen Fehler. Im Regen, im Trockenen, im Qualifying — wann

immer. Wenn ich auch noch die Zielflagge krieg, muß ich sagen: mein bestes Wochenende, das ganze Leben. Aber gerade, weil ich so knapp dran bin, das zu tun, verlier ich plötzlich total die Konzentration. Kommt mir teuer zu stehen. Besonders bitter, weil ich mir eingestehen muß: die ganze Arbeit umsonst, so knapp vorm Ziel, wenn es am allerwichtigsten ist, wegen der WM, wegen Brasilien ... für mich alles unerklärlich. Da muß irgendwas dahinterstecken, das mir die Konzentration raubt, weil ich normal den größten Druck aushalt, mit jeder Situation zurechtkomm, plötzlich nicht mehr — warum?"

Prost sieht die Reifenspur („Klar, bei so einem Anschlag blockiert das linke Vorderrad") und deutet erfreut die Daumensignale der Streckenposten sofort richtig. Boxenfunk? „Hab kaum hingehört — war alles nicht zu verstehen." Und dann: die Zielflagge.

Berger jedoch verfolgt der zweite Platz von Monaco noch bis in seine Träume. „Natürlich hab ich mich geärgert, als ich das Senna-Auto in den Leitplanken stecken sah, kurz, nachdem ich Alain Prost vorgelassen hatte. Seither denk und grüble ich herum: Hätte ich gegen Prost weiterkämpfen sollen? Einerseits: Ich hatte meine Reifen stark beansprucht, hie und da ein Rad blockiert, wär vielleicht später selber rausgeflogen. Andererseits: Kann sein, daß sich Prost nach dem Senna-Ausfall gedacht hätte: Ein zweiter Platz hinter Berger, gut genug für die WM."

Für McLaren der 50. Grand-Prix-Sieg; für Prost ein glücklicher? „Ja — aber Monte Carlo gilt ein bißl weniger als Glückssieg: Motor, Chassis, Bremsen, der Fahrer — wir sind alle sehr ermüdet. Und mein rechter Fuß: wirklich verdammt heiß."

Berger steigt topfit aus: „Ich hätte gleich noch einen ganzen Monaco-Grand-Prix fahren können. Im Gegensatz zu Adelaide — da wollte ich am liebsten schon in der ersten Kurve rechts ranfahren und aussteigen."

Während Prost zum viertenmal als Sieger zu Rainiers samtbezogener Fürstenloge hochklettert, schleppt sich ein völlig geknickter Senna die 200 Meter bis zu seinem Appartement und geht sofort schlafen. Erst ab 20 Uhr hörte er das Telefon läuten, als ich auf seiner Geheimnummer anrufe. Monaco macht taub.

Frage an Berger: Tut dir Senna leid? „Nein, ich tu mir selber leid. Weil mir 50 PS auf die Honda fehlen."

Senna sieht sich jeden Grand Prix nachher auf Video an. Wie hast du den Crash empfunden? frag ich ihn, aber er bittet: „Red nimmer über Monte Carlo! Ich schau nur noch in die Zukunft."

Monte Carlo — dein schlimmstes Souvenir?
„Nein, mein allerbestes!" verblüfft Senna ein halbes Jahr später. „Jetzt erst kann ich drüber reden. Monaco ist der große Wendepunkt meiner ganzen Karriere, mein wichtigster Schritt als Rennfahrer und Profi, weil er mich aufgeweckt und näher an Gott herangebracht hat!"
Transzendentes — vom Himmel — hat Senna vorher nie geredet, „weil das als Rennfahrer gefährlich ist. Katholik war ich immer. Aber die Intensität, mein Glaube, haben plötzlich total gewechselt."
Was Senna wirklich tut, verrät er erst, als alles vorbei ist: Psychotherapie bei seiner Schwester! „Sie ist Psychologin und hat mir nach Monte Carlo die Augen geöffnet — mir Dinge gezeigt, die ich vorher nie gesehen hatte. Aber ich mußte sehr tief in mich reingehen, analysieren, was ich alles tat, im neuen Team, in der neuen Umgebung usw."
Ayrtons Schwester zeigt ihm einen neuen Weg, eine andere Richtung — aber zum gleichen Ziel: „Ich konnte es spüren ..., ich bekam sehr viel Kraft ..., bessere Kontrolle über meine Gedanken ..., fühlte, was ich tat ..., verstand Situationen besser und lernte, auf alle Probleme zu reagieren — vor allem richtig."
Konkret: was hilft die dir Psychotherapie im Rennwagen wirklich?"
„Ich ändere meine Einstellung, in vielen Dingen, und das beschützt mich in vielen Situationen. Vorher war ich zu offen — das beeinträchtigte mich, wenn ich im Auto saß. Also schütz ich mich viel besser in solchen Situationen — und gleichzeitig krieg ich viel mehr innere Kraft."
Aber der Gasfuß wird trotzdem nie einschlafen, wie man noch sieht.

MEXIKO: DER STURZFLUG DES JAHRES

Bob Beamons 8,90-Meter-Sprung „ins nächste Jahrtausend" von 1968 ist immer noch unerreicht, und Lee Roy Evans' 400-m-Weltrekord (43,86 sec) von 1968 hielt auch 20 Jahre lang. Von den „Höhenweltrekorden" im Radfahren, besonders Francesco Mosers Stundenweltrekord von 51,151 km/h, gar nicht zu reden. Nur die Formel-1-Motoren leiden in der dünnen Höhenluft von 2400 m ganz empfindlich: Die Sauger verlieren 25 Prozent, die Turbos werden bloß anders eingestellt. Was dafür jedes Jahr erfreut: das Wiedersehen mit Walter Wolf in Mexiko.
Der dunkelblau-goldene Spezial-Mercedes 500 mit dem Kennzeichen

„WW 1" und den Walter-Wolf-Fußmatten hat im Fond natürlich eine eigene Bar. „Mein Lieblingsspielzeug", freut sich der Ölmagnat und frühere Rennsportkönig Wolf, „vielleicht, weil ich als Kind in Marburg so wenig Spielsachen hatte ..."
Walter Wolf hat Jody Scheckter bereits 1977 für einen Zwei-Jahres-Vertrag 1,5 Millionen Dollar gezahlt. Aber Jody druckste herum: „Walter, da ist etwas, das du wissen mußt — vielleicht willst du mich dann gar nicht mehr. Mein Vater stammt aus Litauen, ich bin jüdischer Herkunft."
Wolf blieb unbeeindruckt: „No problem, Jody. Ich brauch einen Nummer-1-Piloten, keinen Priester."
Geheiratet hat Wolf inzwischen ein zweites Mal — seine bildhübsche Grazerin Elisabeth. Und die Formel 1? „Wenn ich zurückkomm, dann nur für ein Jahr. Aber nicht zum Rumspielen — dann muß ich gewinnen!" Mag sein, daß er immer ein Träumer war. Aber es braucht auch Träume, um zu gewinnen.
Nicht, um zu fliegen: Die Hubschrauber-Show ist verboten: Früher durften Mansell und Palmer noch eigenhändig mit dem Helikopter vom „Autodromo Rodriguez" zum Aristos-Hotel knattern, dort auf dem Flachdach landen — jetzt verboten: zuviel Wind, zu gefährlich.
Montezumas Rache, die gefürchtete, bleibt 1988 in Mexico City aus. Weil Nigel Mansell, Opfer von 1986, sein eigenes Roastbeef aus England mitbrachte und Alain Prost, stiller Leidtragender von 1987, diesmal nur Spezialmenüs ißt. Und auch Nelson Piquets Boshaftigkeit von 1986, als er seinem geplagten Stallrivalen Mansell sämtliche Toilettenpapier-Vorräte des Williams-Teams versteckte, findet beim Grand Prix Mexiko 1988 keine Wiederholung.
Diesmal leidet Mansell auf der Piste. Weil seine Williams-Spezial-Aufhängung (reactive suspension) kollabiert, prallt der Williams-Pilot so vehement auf einer Bodenwelle auf, daß es ihm den Kopf nach hinten reißt: Peitschenschlag-Syndrom, Kopfweh. Und der Brite gibt anschließend preis: „Eigentlich müssen wir diese Saison abschreiben."
„Für mich fängt die WM erst in Mexiko an!" trommelt Alboreto. Worauf Berger lächelt: „Für mich auch ..."
Nelson Piquet ist schon im Training fassungslos: „Zweihundert PS weniger als 1987, aber eine Sekunde schneller. Wie macht McLaren das?"
Lotus-Designer Gerard Ducarouge beharrt darauf: Aerodynamisch müßte Lotus um 1,5 bis vier Prozent besser sein als McLaren, also

schneller sein und weniger Sprit verbrauchen." Worauf ihm Lotus-Chef Peter Warr nur wieder vorhalten kann: „Dann haben Prost und Senna je zehn Liter Sprit in ihren Overalls versteckt."

Technik oder Zauberei? Bernie Ecclestone: „Alle Teams haben den ganzen Winter über das Pop-off-Ventil gejammert, aber Honda hat gearbeitet und fährt jetzt mit 2,49 bar, die anderen mit 2,40." Er glaubt: „Nicht der Honda-Motor braucht ein Pop-off-Ventil, sondern Senna. Er ist der Schlüssel zum McLaren-Speed. Der Zauberer ist Senna, nicht Honda."

Der Brasilianer habe bald den Pole-position-Weltrekord, traut ihm Berger zu. „Aber", sagt Senna, „das sind nur Nebenjobs auf meinem Weg zum großen Ziel: die WM zu gewinnen."

Die mörderischste Passage im „Autodromo Rodriguez" ist die 180-Grad-Zielkurve. „Etwa in der Mitte", erinnert sich Christian Danner an sein Mexiko-Rennen vom Vorjahr, „verlierst du die Orientierung, weißt nicht mehr genau, wo du bist." Aber immer wieder die große Mutprobe: Die um acht Grad überhöhte Zielkurve voll zu fahren.

1962 riskierte es Ricardo Rodriguez. Das mexikanische Wunderkind wurde aus dem Walker-Lotus geschleudert und starb. 1986 versuchte es Keke Rosberg und fabrizierte einen wilden Dreher. 1987 Nigel Mansell — und krachte gegen die Boxenmauer. Im Rennen zerschellte Derek Warwicks Arrows am Schutzwall, der aus Gummireifen bestand.

Diesmal durchpflügt Berger die Teufelskurve in 6,95 Sekunden als Schnellster, gefolgt von Senna (7,00), Prost (7,10), Alboreto (7,22) und Piquet (7,28). Berger fährt sie voll im sechsten Gang, „aber vernünftiger ist es, mitten in der Kurve in den fünften Gang zurückzuschalten. Sonst werden Querbeschleunigung und Fliehkräfte zu gewaltig, außerdem fällt die Drehzahl."

Auch Philippe Alliot fährt dort voll, aber der Lola war auch 20 km/h langsamer. Erster Versuch: geglückt. Den zweiten bezahlt der Franzose fast mit dem Leben: ein spektakulärer Crash, wie ihn die Formel 1 lange nicht mehr erlebt hat.

„Alliot wird mir als zurückhaltender, netter junger Mann geschildert", schreibt Enzo Ferrari in seinem letzten Buch. „Ich hab da meine Zweifel — wenn ich mir seine aggressiven Startmanöver anseh . . ." Zum Saisonauftakt hat die FISA überprüft, ob alle Piloten innerhalb der vorgeschriebenen fünf Sekunden aus ihren Autos herausspringen können. Alliot schafft es in 1,9 Sekunden als Schnellster — er hat Übung.

Alliot wird durch seinen Unfall, der Hunderte Male über alle TV-Sender flimmert, bekannter, als er je durch einen Sieg hätte werden können: wie Konrad Bartelski durch seinen Abfahrts-Sturz 1975 in Megeve.

Gerhard Berger starrt wie alle Piloten gebannt auf den TV-Scharm in der Box, über den pausenlos der Alliot-Sturz flimmert: „Das sind die Unfälle, nach denen du normalerweise nicht mehr aussteigst. So ein Crash vor fünf Jahren — und der Fahrer wäre jetzt mausetot."

Alliot kommt mit 250 km/h aus der Zielkurve. „Ich bin schon auf der Geraden, als der Lola plötzlich nach links ausbricht. Etwas muß gebrochen sein." Der Lola rattert über die Streckenbegrenzung, wird quer über die Fahrbahn geschleudert, knallt in die Boxenmauer und überschlägt sich mehrfach. Wrackteile reißen den Ferrari-Mechanikern die Signaltafeln aus den Händen und zerfetzen den Lotus-Schirm an der Boxenmauer. Alles geht in Deckung. Daß es keine Verletzten gibt, ist das Wunder von Mexiko.

Alliot: „Der Unfall dauerte endlos. Für mich lief er wie in Zeitlupe ab, ich hab alles mitgekriegt."

Das Monocoque, von dem Motor, Getriebe, Räder längst abgerissen waren, überschlägt sich mehrmals, rutscht wieder quer über die Fahrbahn, kippt um. Alliot: „Erst als ich die Feuerwehrleute heranrennen seh, hab ich plötzlich Angst vor Feuer, reiß die Gurte auf, nimm das Lenkrad und kriech heraus."

Von den Tribünen hallt donnernder Applaus. Alliot wird sofort zur Untersuchung ins medizinische Zentrum der Rennstrecke gebracht. Als er zurückkommt, ist er immer noch blaß, geschockt, aber unverletzt und dankbar: „Ich danke allen, die in der Formel 1 die modernen Sicherheitsbestimmungen durchsetzten. Ohne Carbonfiber-Monocoque wäre ich nicht mehr am Leben."

Alliot schläft schlecht, träumt zwar nicht vom Unfall, „aber ich hab viel nachgedacht". Die Mechaniker reparieren die halbe Nacht — im Rennen gibt Alliot, wie geplant, nach einer Runde auf.

Abendessen mit Berger und Piquet im „Fiesta Americana": Beide essen Backhendl — in der Nacht vorm Mexiko-GP will keiner „Montezumas Rache" riskieren. Gerhard erzählt, wie er in die Teufelskurve im „Autodromo Rodriguez" im sechsten Gang voll durchpfeilt, „mit Herzklopfen, aber das hast in dieser Kurve immer, auch ohne sechsten Gang" — worauf Nelson die Augen aufreißt: „Unmöglich! Sechster

Gang voll geht nie. Dagegen wette ich alles — meinen Lear-Jet, alles!" Berger hätte einwilligen sollen. Aber sein Ferrari liegt auch weniger miserabel als der Lotus. Bei 320 km/h sehen einander Piquet und Berger tags darauf wieder — beim Überholen.

Sennas Mexiko-Taktik ist die Flucht nach vorne. Und Prosts Plan: „Wenn Ayrton ein wahnwitziges Tempo einschlägt, halt ich mich zurück und schone meine Reifen. Wenn nicht, renn ich mit ihm." Dann öffnet Sennas Pop-off-Ventil am Start — und Prost ist auf und davon. Die Zahlen lügen nicht: Von 67 Runden ist Prost 59mal der Schnellere — und Senna nachher traurig.

Bergers Taktik: „Das Beschleunigungsrennen gegen Piquet bis zur ersten Kurve gewinnen, dann die Vorderreifen schonen und hoffen, daß sich die McLaren gegenseitig hetzen." Aber leider — Start verpatzt: „Weil das Pop-off-Ventil lang vor 2,5 bar Ladedruck aufmacht. Keine Leistung. Darum fahren mir die Lotus auf der Geraden vor. Nakajima ist zum erstenmal so weit vorn, entsprechend hart wehrt sich der Japaner. Ich muß hart kämpfen. Und gegen Piquet sogar noch härter — weil ich ihm auf der Geraden nie vorkomm. Dafür dann beim Ausbremsen." Die Jagd auf Senna beginnt. Aber: „Der Turbolader brummt gefährlich — ich fürchte schon: Nur ein paar Runden, und er geht k. o. Darum brems ich wieder mit dem linken Fuß — damit ich den Motor mit dem rechten Gasfuß auf Touren halten kann. Die Reifen sind am Limit. Und die vielen Papierbecher, die auf die Fahrbahn fliegen und wie ein riesiger Vogelschwarm aussehen, machen mir Angst."

Keine Probleme nur für den führenden Prost: „Es ist sehr leicht, vorn zu bleiben. Meine einzige Sorge: ein wenig Motorüberhitzung." Bei Senna wird der Sprit knapp, und auch die Reifen lassen nach. „Ich überlege sogar einen Boxenstop einzulegen."

In Mexiko beginnt Sennas „fight back": Er kämpft zurück. Aber bei ihm spinnt der Benzin-Computer. „Ich krieg am Display dauernd falsche Informationen, aber das kann ich ja nicht wissen. Ich kämpfe gegen die falsche Spritanzeige das ganze Rennen, bin laut Anzeige mit dem Benzin am Limit, dreh also den Ladedruck zurück, nimm Leistung weg und hab am Ende sieben Liter Sprit — was sehr viel ist."

Den Trick, den alle vier Honda-Piloten vom Cockpit aus kommandieren können: ein Bypass-Schlauch, der je nach Bedarf kühle oder heiße Luft zu den Ladeluftkühlern leitet. Kühle Luft heißt: mehr Leistung, aber mehr Spritverbrauch. Heiße Luft: weniger Leistung und gerin-

gerer Spritkonsum. Am Handrad gibt es fünf Stufen. Der Boxenbefehl für den Start-Ziel-Sieger Prost („Boost 3") läßt ahnen: Auch McLaren hat nicht Sprit im Überfluß.
Piquet: „Wir kontrollieren aus dem Cockpit nicht direkt den Ladedruck, sondern die Temperatur der Luft — die zuerst in den Intercooler strömt, danach übers Einspritzungssystem in den Motor."
Das Geheimnis ist also das Handrad im Cockpit: fünf Positionen. Die Honda-Piloten brauchen nur dran zu drehen, wenn sie jemanden überholen wollen — wie zum Beispiel Piquet in Imola gegen Mansell. Oder Prost in Monte Carlo gegen Berger — aber dazu brauchte Alain mehrere erbitterte Versuche. Und er muß nicht auf den Spritverbrauch achten wie z. B. in Imola, vielleicht Mexico City, ganz sicher Montreal: „Dort kostet das Handradmanöver Sprit — den du zurückzahlen mußt", sagt Piquet.
Berger muß seine Attacken auf Senna abbrechen, „weil ich auf der Sprituhr ins Minus gerate. Durch den Abbruch des ersten Starts und die Verkürzung auf 67 Runden gewinn ich Sprit für eine Runde. Solang ich im Plus bin, mach ich Jagd auf Senna. Aber plötzlich bin ich im Minus ..." Rundenrekord — nur noch drei Sekunden Rückstand — aber kurz vor Halbzeit muß Gerhard vom Gas. Der Rückstand wächst. „Wir kommen näher! Wenigstens hab ich das halbe Rennen einen McLaren-Heckflügel gesehen — immerhin schon ein Fortschritt." Mit Galgenhumor, halb frustriert, halb stolz („Ich bin immer noch WM-Zweiter") stürmt Berger aus dem „Autodromo Rodriguez", um den Flieger zu erwischen. Die Senna-Aussage („Mir wäre fast der Sprit ausgegangen") quittierte er mit einem mühsamen Grinsen: „Dann kann ihm McLaren nur 130 statt 150 Liter eingefüllt haben ..."
Wie nahe Berger einem zweiten Platz hinter Prost war, weiß er noch gar nicht. Fast schuldbewußt kommt Ferrari-Rennleiter Piccinini zu mir: „Sorry für Gerhard, die Computer haben falsch angezeigt. Im Cockpit genauso wie bei uns in der Box. Da war noch Sprit genug da — Gerhard hätte ruhig weiter seine schnellen Runden drehen können!"
Zwischen Prost und Senna: im Ziel sieben Sekunden.
Beide Lotus gingen mit Kolbenschaden k. o., wie Mexiko überhaupt ein Team-Match erlebt: zwei McLaren, zwei Ferrari, zwei Arrows, zwei Benetton. Den einzigen echten Zweikampf liefern sich zwei Teamkollegen — Cheever und Warwick aus dem Arrows-Stall. Prost und Senna noch nicht.

„Gratuliere — aber ihr macht die WM kaputt", sagt ein hoher FISA-Ingenieur zu McLarens technischem Direktor Gordon Murray. „You kill the championship." Die Bühne wechselt, das Stück bleibt gleich. Jeden zweiten Sonntag das gleiche: Kommissäre schnüffeln bis in die Nacht an den McLaren-Honda herum, litern die Motoren aus, nehmen Spritproben — ohne Erfolg.

Die Wunderautos rasen reglementskonform von Sieg zu Sieg. Nach Mexico City steht es 4:0 gegen den Rest der Formel 1 und 3:1 für Alain Prost gegen Ayrton Senna.

Tags darauf ruft Prost bei Stewart an, erzählt ihm alles, „glücklich wie ein kleiner Bub, daß es ihm gelungen ist, Senna zu besiegen", spürt Jackie. „Alain ist befreit und grenzenlos erleichtert. Als hätte man ihm Felsblöcke von den Schultern genommen."

Prost: „Jetzt kommen die beiden Rennen, die ich hasse: Montreal, Detroit. Wenn ich danach immer noch in Führung liege ..." Er muß, auch mathematisch. Aber mit 18 WM-Punkten ist unser Berger immer noch WM-Zweiter — mit 50 Prozent aller möglichen Punkte — aber ohne Siegeschance.

Vielleicht erbittet der fromme Rennleiter Piccinini Beistand von ganz oben: Sechs Tage nach Mexiko kommt der Papst nach Maranello.

„Wie schnell geht der auf der Geraden?" will Johannes Paul II. von unserem Gerhard Berger über dessen Formel-1-Ferrari wissen. Berger, an der Hand seine achtjährige Tochter Christina, erwidert: „Je nach Übersetzung, Heiliger Vater — aber über 300 km/h immer." Um mehr PS gegen die McLaren-Honda bittet er nicht.

Danach chauffiert Piero Lardi-Ferrari den hohen Besuch über die Teststrecke von Fiorano. Was Piero nicht gebeichtet hat: Daß er vom eigenen Vater als Chef der Rennabteilung entmachtet wurde.

Dem Papst-Besuch folgen bei Ferrari Inquisition und Köpferollen.

Und indirekt profitiert davon das Tyrrell-Team.

Bald flüstert der Formel-1-Zirkus: Ken Tyrrell muß eine gigantische Geldquelle angebohrt haben, jenseits aller Träume — reitet „Old Ken" auf Camel ins Schlaraffenland? „Ich wäre der letzte, der so etwas erfährt", druckst Palmer herum, „Ken behält seine Geheimnisse."

Tyrrell krempelt um. Aus Maurice Philippe — 1970 verantwortlich gewesen für Jochen Rindts tödliches Weltmeisterauto Lotus 72 — macht er einen „Senior Designer".

Seit Mexiko ist klar, daß Harvey Postlethwaite kommt — für viel

Geld. Die Universität von Birmingham bietet Harvey einen neugeschaffenen Lehrstuhl für Verbrennungsmotoren an: 20.000 Pfund Jahresgage. Harvey lehnt dankend ab.
Als er in Budapest seinen Tyrrell-Job antritt, kommt als erster Besucher Berger in den Wohnwagen geklettert. Alle Tyrrell-Ingenieure strahlen. Mit Postlethwaite kommt der Windkanal-Spezialist Migeot, wovon Barnard nicht gerade begeistert ist: weil er zuviel weiß. Davon später. Die Autos — 1987 noch Gewinner der Colin-Chapman-Trophy, also inoffizielle Sauger-Weltmeister — sind ein Desaster. „No grip", muß Tyrrell zugeben. Als die Ferrari-Renegaten kommen: Frage an Harvey Postlethwaite im August: Das Modell 1988 verbessern oder gleich für 1989 arbeiten? Keine Frage, next year.
Und später? „Wenn ich mein Team ganz langsam an meinen Sohn Bob oder sonstwen übergebe — zu den Rennen komm ich immer wieder!" verspricht Ken Tyrrell. „Weil ich ja ewig ein Race-Fan bin. Aber ich quatsch nicht im Fahrerlager herum, setz mich nur auf die Tribüne — und meine Frau Nora schreibt dann die Rundentabelle." Der RAC will ihn als Vorsitzenden. „No, thank you", lehnt Ken ab.
Er war schon immer da und fällt — unter dröhnendem Gelächter — immer noch auf jeden Piquet-Schmäh hinein. „Der gleiche Trick wie vor zehn Jahren", grinst Nelson. Nein, vor fünfzehn, korrigiert Tyrrell. Oder 50.
Was Piquet und Palmer verbindet: der Helikopter-Flugschein. Zu vielen Rennen fliegt der „Renndoktor" im eigenen Hubschrauber. Nach Monte Carlo siebeneinhalb Stunden bei Nebel und schlechter Sicht die Loire entlang, „bis ich irgendwo neben einem französischen Schloß landete. Ich fürchtete nur die Gendarmerie."
In Hockenheim sucht er nach einem Trainingsunfall den kürzesten Weg zur Box, durch den Wald — und verirrt sich völlig. „Ich hätte doch Pfadfinder werden sollen ... oder ich nehm nächstesmal einen Kompaß mit." Jonathan orientiert sich am Lärm der Autos — und findet heim zu Ken Tyrrell.
Ken Tyrrell über Palmer: „Er beklagt sich. Das ist normal, sein gutes Recht, und ich kenn auch die Probleme. Aber wenn Prost für mich fahren würde, hätte ich weniger Probleme."
Falls du die Mittel hättest, Prost zu bezahlen, sagt Palmer giftig.
Aber sein Hauptgegner, schätze ich, ist sein englischer Landsmann Nigel Mansell, den er einmal in Jerez zur Rede stellt, weil er sich von der

Strecke geboxt fühlt: „Du schießt uns absichtlich raus, weil du glaubst, wir sind nicht auf deinem Niveau. Aber auch du bist kein fehlerloser, perfekter Mensch. Ab sofort red ich kein Wort mehr mit dir!" Englischer Ego-Krieg, aber wie schon Rosberg sagt: An Kollisionen ist nie einer allein schuld ... Und dann sorgten Patrese und Bailey für den „Stellvertreter-Kieg": wieder Kollision.

Tyrrells neue Nr. 2 hat eine interessante Life-Story. Julian Bailey: „Als ich zwölf war, hat mein Vater auf der Insel Menorca zwei Supermärkte aufgemacht, und die ganze Familie ist mitgezogen."

Bailey jr. nicht ungern: Wegen der Sonne, und weil er sich zwei Jahre Schule ersparte.

„Als wir aus Spanien zurückkamen, war ich schon siebzehn. Da hatte ich keine Lust mehr, mich nochmals auf die Schulbank zu setzen."

Die Formel-Ford beherrschte er so wie früher Tim Schenken, Senna usw.: zwölf Siege hintereinander. Sein Aufstieg war eher still, aber schnell: Formel 2000, Formel 3, Formel 3000 — wo ihn Ken Tyrrell beobachtete: „Julian wurde in seinem ersten Dreitausender-Rennen in Donington Vierter trotz Problemen, gewann gleich darauf in Brands Hatch, von Start bis Ziel dominierend — das hat mir genügt. Ich war zufrieden mit dem, was ich sah."

Der Bursche aus dem Supermarkt — wenn er etwas älter wird, wird er aussehen wie Dr. Spock ohne Spitzohren — hatte seinen Formel-1-Vertrag: ein Jahr, zwei Jahre Option.

Und wie schätzt der große „talent scout" Tyrrell seine neueste Entdeckung ein? „Als künftigen Grand-Prix-Piloten — weil sonst würde er ja nicht mein Auto fahren." Typisch Ken.

Julian Bailey ist kein Rennfahrer auf Wolke 7, sondern totaler Realist. Die Formel 1 ging er ohne Weihrauch an: „Auch nichts anderes als Formel Ford, Formel 3000 usw. Nur, daß du halt 110 Prozent geben mußt und statt einer halben bis zu zwei Stunden im Rennauto hockst. Körperlich anstrengender — aber sonst genau die gleichen Rennen." Erst später begreift er, was ihm an Fitneß fehlt — und stürzt sich verbissen ins Konditionstraining.

Auch mit seiner Vorbilder-Galerie macht Bailey keine Kompromisse: „Prost und Stewart. Die zwei Fahrer mit den besten Rekorden." Und kein englisches Idol? „No." Kleine Pause, kurzes Schlucken: „Mansell ist sehr gut." Also doch: Vorbild an Zähigkeit. „Ich hab auch elf Jahre lang versucht, in die Formel 1 zu kommen." Dabei ist Bailey erst 26.

In Rio lobte ihn Gerhard Berger: „Die neuen Fahrer sind so unsicher, daß sie ja niemandem etwas verpatzen ... Bailey sah mich im Training im Rückspiegel kommen, wußte nicht sofort, wohin er ausweichen, wie er Platz machen sollte. Klar: Wenn du auf den glitzernden Belag, neben der Ideallinie kommst, fliegst unweigerlich raus."
Bailey wehrte Mitgefühl für seine häufigen Nichtqualifikationen trokken ab: „Nicht schnell genug. That's all."

KANADA: NACH DIR, AYRTON

Grand-Prix-Comeback in Kanada, weil der Streit zweier Bierfirmen beigelegt ist. Molson gegen Labbatt: Die einen wollten vier, die anderen acht Millionen Dollar zahlen, aber beide unbedingt verhindern, daß die Konkurrenzfirma sponsert. Bierbrauerei-Erbin Kate Molson, Stirling Moss' erste Frau, lebt heute als Krankenschwester mit einem Schlagzeuger auf den Bahamas. Moss mußte 1959 einen Scheidungsgrund angeben. Soeben war Chris Bristow in Spa verunglückt, worauf Stirling auf der Stelle beschloß: „Sagen wir: Er war's, genauso gut wie jeder andere."
Der bucklige, dreckige Kurs auf der Ile Notre Dame provoziert geradezu Unfälle. Bereits im Training: jede Menge Kleinholz. Yannick Dalmas, Nicola Larini, Stefano Modena und zweimal Oscar Larrauri — pausenlos kommen die roten Abbruchflaggen heraus.
Am schlimmsten aber ist der Crash von Derek Warwick. Wie 14 Tage zuvor in Mexiko (bei Philippe Alliot) hält die Formel 1 den Atem an. Philippe Streiffs AGS hat Schmutz und Steine auf die Piste gerissen. Darauf ist Warwick ausgerutscht. Sein schwerster Unfall seit Mexiko 1987. „Seither bringt es meine Frau Rhonda nicht mehr übers Herz, bei Autorennen zuzusehen. Uns ist klar geworden, was in diesem Geschäft alles passieren kann."
Nein, nein, dementiert Rhonda Warwick, „ich schau schon — nur halt zwischen gespreizten Fingern hindurch."
Wie wichtig ist es für Derek, bester Engländer in der Formel-1-WM zu sein — vor Mansell? „Sehr", glaubt Rhonda; „überhaupt nicht", sagt Derek. „Ich will WM-Sechster werden und Arrows zum vierten Platz bei den Konstrukteuren verhelfen, damit wir die Boxenstraße aufrükken, Lotus und Williams überholen — Motivation für die Mechaniker."

Sein Bruder Paul (19) kämpft im „Familien-Krieg" der Formel 3 gegen den Hunt-Bruder David, den Hill-Sohn Damon, die Brabham-Söhne Garry und David — und wohl bald schon gegen Paul Stewart. Rhonda Warwick: „Unser Paul blödelt viel weniger als Derek, ist viel ruhiger — aber das war Derek in seinem Alter auch."

Das Arrows-Fahrerteam bleibt drei Jahre lang unverändert. Aber mit den Fahrergagen ist Jackie Oliver knausrig. Plauderei am Frühstückstisch in Mexiko: Berger erzählt, wie Ron Dennis auf einer Ötztaler Skihütte für 150.000 Schilling eine perfekte Party geschmissen hat. Gerhard: „Das machen wir wieder." Darauf Oliver: „Für euch Fahrer kein Geld — was ihr verdient." Worauf sich Warwick entrüstet: „Das ist nicht wahr, Jackie — wie du ja am besten weißt."

Jetzt lacht Oliver: „Gegen Fahrergagen kämpfen, ist wie Laufen im Sand. Du sinkst immer ein. Am besten, stehen zu bleiben."

Geteilter Schmerz, halber Schmerz. Was Warwick und Cheever verbindet: Zusammen über 200 Grand-Prix-Starts, aber immer noch kein Sieg! „Prost bringt's noch auf vierzig Grand-Prix-Siege", prophezeit Eddie anerkennend, „aber mit mir red bitte nicht übers Gewinnen."

Auf einem langen Überseeflug spür ich: Das ist sein wunder Punkt.

Hast du schon aufgegeben? Keine Hoffnung mehr?

„Mein Hirn sagt: nein. Aber mein Hinterkopf: ja. Wie wenn du dauernd gegen eine Mauer rennst und dir am Kopf Beulen holst. Ich hau mich immer noch an — aber es tut nimmer so weh." So plastisch hat mir noch kein Formel-1-Pilot das Nichtgewinnen erklärt.

Und warum? „Es ist immer eine Frage, im besten Auto zu sitzen. Mit dem McLaren-Honda könnten heuer fünfzehn Fahrer Zweiter werden!" Eddie wohl inbegriffen. „Andererseits: schau Niki Lauda an. Es gab fünf, die besser und schneller waren, aber keine Intelligenteren!"

Seine große Chance hat er verpaßt: „Als ich bei Renault Nummer zwei hinter Prost war, hätte ich bleiben müssen."

Während eines TV-Interviews stopft er pausenlos Weintrauben in seinen Mund, während er redet — damit es besonders locker ausschaut.

Und auf seine vielen Sprachkenntnisse angesprochen: „Du weißt doch, ich bin ein Genie für alles — außer fürs Rennfahren . . ."

Am Rennmorgen über seine Chancen befragt, sagt Eddie: „Wir spielen hier nicht Karten . . . das ist High Tec." Und Technik schränkt ihn ein.

Arrows hat knapp über 600 PS, ist aber auf der Geraden um 15 km/h langsamer als die Benetton (kleinere Flügel). Das nervt.

Seinen Montreal-Crash schildert Warwick so: „Ich lenke ein, alles normal. Aber plötzlich wirbelt das Heck herum, ich rattere innen über die Kerbe, werde hochgeschleudert, dreh mich in der Luft und lande mit voller Wucht, Heck voran, in der Mauer. Die Schmerzen, als das Auto aufschlägt, sind schrecklich. Wie wenn dein Körper gleichzeitig zusammengedrückt und auseinandergerissen wird."

Warwick ist alle Luft aus den Lungen gerissen worden. „Das erste, was ich seh, ist ein roter Overall — Nigel Mansell." Der ist von der Box herübergelaufen und hat sofort begriffen. Das Carbonfiber-Monocoque hat standgehalten, keine Feuergefahr. Mansell: „Warte noch, Derek, bleib drin, steig noch nicht aus." Jeder kennt Warwicks Panikreaktion: 1986 in Zeltweg nach einem Reifenplatzer bei 300 km/h an die Boxen zurückgerannt, 1987 in Mexiko verwirrt die Strecke überquert.

Der Arzt kommt erst nach zehn Minuten. Da ist Warwick bereits herausgeklettert und bettet seinen Kopf auf Mansells Beine. „Thank you, Nigel, du hast mir viel geholfen." Steif und durchgeschüttelt, denkt Warwick nie ans Aufgeben. Der Crash kommt nicht als Alptraum wieder. Und der Arzt sagt ihm: „Montag hast du mehr blaue Flecken als Sonntag — also fahr ruhig das Rennen."

Fürs Rennen probiert Warwick eine Halsmanschette, nimmt sie aber wieder ab, „bevor ich mich dran aufhänge". Er fürchtet: „Unmöglich, die sechzig Runden durchzufahren", hält jedoch aus und wird, trotz aller Nackenschmerzen, tapferer Siebenter.

Wenn man die McLaren-Wunderautos irgendwo schlagen könnte, dann nur auf der bekannt spritfressenden Montreal-Strecke mit ihren langen Geraden und abrupten Brems- und Beschleunigungsmanövern. Das ist allen klar. McLaren wird bedroht, aber nicht von Ferrari. „Unser Sprit reicht nicht", weiß Konstrukteur Harvey Postlethwaite und irrt in einem Teufelskreis umher: flacher Flügel oder reduzierte Leistung oder abgemagertes Gemisch? Bei Version drei, im Samstag-Training ausprobiert, hat Berger Motoraussetzer, worauf bei Ferrari fast die Fetzen fliegen, so wie zu Laudas Zeiten.

In der Box: Grande Casino. Berger steigt wütend aus, fetzt die Handschuhe hin, fährt nimmer — weil sein Auto miserabel liegt und im anderen der Motor nicht funktioniert. Ing. Ascanelli brüllt den Magneti-Marelli-Mann nieder, die Computer- und Elektronikspezialisten spielen herum, aber die Batterie ist leer, und ihr Austausch dauert zwölf Minuten. Solche Szenen sehen bei Ferrari immer wie Mord und Tot-

schlag aus. Berger tobt, „aber ich bin eher bös mit mir, nicht mit euch". Piccinini beschwichtigt: „Du darfst nicht so emotionell ..." Schon gut, protestiert Berger, „aber wenn ich nicht so wäre, nicht soviel Adrenalin ausstoßen würde, könnte ich nie so schnelle Trainingsrunden fahren!" Gerhard liebt das Qualifying, dieses kontrollierte Chaos. „Heuer dreh ich oft zwei schnelle Runden hintereinander. Ohne Verschnaufpause — wie 1987."

Senna ist happy mit seinem Pop-off-Ventil, Prost total unglücklich, wechselt dreimal, montiert sogar das Senna-Ventil. Worauf sich Eric Silberman von Honda bei Senna anpirscht: „Hast du auch Probleme?" Senna: „Nein, alles fein, das Ventil öffnet nicht." Eric, vorsichtig: „Ich frag ja nur, weil Prost sagt, sein Ventil geht zu früh auf."

Senna: „Kommt eben alles darauf an, wieviel Druck du versuchst zu geben."

Ergo: Entweder benützt Senna weniger Boost als Prost, oder der Brasilianer kommt mit weniger Sprit aus — sollte man fast glauben.

Prost fürchtet auch nicht Ferrari, sondern nur die Benetton-Ford. „Ich muß, damit der Sprit reicht, 70 PS opfern." Und Alain prophezeit: „Alessandro Nannini kann gewinnen." Nannini, wenn schon nicht Berger: genau der neue Siegertyp, nach dem sich der Formel-1-Zirkus bereits sehnt. Fröhlich, schnell, respektlos.

Was entscheidet in Montreal das Duell Prost – Senna? Zuerst die schlechte Startposition von Ayrton. „Ich wollte den Platz tauschen, weil ich als Pole-Man auf dem größten Dreck starten muß, leider vergeblich. So kommt Prost nach vorn."

Für 19 Runden, dann macht Senna Dampf. „Vor allem, wenn Prost überrundet, gib ich Gas — damit ich jede Situation ausnütze." Was prompt passiert.

Erst im fünften Lauf: ihre erste direkte Begegnung auf der Strecke. Nach bereits 1300 Grand-Prix-Kilometern Prost und Senna erstmals Rad an Rad. Als hätte man Alain und Ayrton „auseinandergesetzt", wie Lendl und Becker oder Graf und Navratilova auf einem Tennisraster. Aber Formel 1 ist anders: Auch Lauda und Prost kämpften 1984 das ganze Jahr um den Titel — und trafen auf den Rennstrecken fast nie zusammen ...

Prost fällt auf: „Sennas Auto funktioniert besser als meines, heute ist er der schnellere Mann. Ich könnte ihn aufhalten und blockieren — kein Problem. Aber das ist nicht mein Stil. Wozu ihn aufhalten?" Als Senna in der Haarnadelkurve vor der früheren Ziellinie überholt, ist Prost für ihn kein Problem. Alain winkt Ayrton zwar nicht gerade vorbei — aber er läßt ihm fair Platz.

Berger ist bis zur 14. Runde Dritter, dann von Boutsen überholt, später auch von Nannini — dann geht die Elektrik k. o. „Gegen die Benettons habe ich mich nicht allzu wehren können — sonst wär mir sicher der Sprit ausgegangen. Ich muß Ladedruck zurücknehmen, langsamer werden, sonst wäre ich im letzten Drittel stehengeblieben!" weiß Berger. „Fast besser so, als ohne Sprit auszurollen — ich bin gar nicht so traurig. Nur elf von sechzehn Ergebnissen zählen!"

Gerhards „goldene Serie" ist abgerissen. Nach sechs Zielankünften en suite, davon zweimal Sieger, zweimal Zweiter, einmal Dritter, erstmals seit Oktober 1987 out!

Für die Ferrari-Box ist der Berger-Ausfall zuerst genauso rätselhaft wie für Gerhard selbst: Keine Vorwarnung auf dem Computer in der Box, wohin sämtliche Motordaten über Laser übertragen werden — nur Michele Alboretos Motortemperatur sieht man himmelhoch klettern. Der Kühler des Teamkollegen ist zerfetzt, alles Kühlwasser ausgeronnen.

„Wenn die McLaren dieses Tempo weiterfahren und auch ins Ziel kommen, versteh ich die Welt nimmer! Senna und Prost fahren ja, als hätten sie nicht 150, sondern 500 Liter Sprit an Bord!" Kopfschüttelnd verfolgt Gerhard Berger bei mir, in der TV-Kabine, den neuerlichen McLaren-Doppelsieg. Die ärgste Benzinschlacht des Jahres — und die McLaren wieder unantastbar. „Jetzt wird die Formel 1 leider fad ..."

Weit hinter den Superstars: beinahe der Aufstand der Kleinen. Weltmeister Piquet hat drei Underdogs am Hals, die er früher höchstens beim Überrunden sah: Streiff im AGS (gebrochene Radaufhängung), Modena im EuroBrun (Getriebe blockierte) und vor allem Andrea de Cesaris im „blauen Ferrari", dem kleinen Rial. Andrea geigt, ohne Kupplung, respektlos auf Platz 5, bis ihm der Sprit ausgeht.

Den Bordfunk hat Günter Schmid ausgebaut: „De Cesaris mag ihn nicht." Dabei hätte der stürmische Andrea viel erzählen können; wie ihm zuerst eine 100-Meter-Holztafel die Frontpartie zerriß. Wie ihm ein Stein den Kühler demolierte. Wie er im Warm-up mit Alliot kollidierte und später seitlich in den Reifen-Schutzwall abflog. Seufzte Günter Schmid: „Jetzt sag ich bald das gleiche wie McLaren 1980 über Andrea. Wäre er mein Sohn, dann wäre ich jetzt unglücklich."

„Mit Kupplung“, trotzt de Cesaris, „hätte ich auch noch Piquet gekriegt. Ohne Kupplung war’s verdammt schwierig, keinen Fehler zu machen.“ Andrea geigt auf Platz 5, aber Berger fürchtet bereits: „Sein Sprit wird nicht reichen.“ Ein halber Liter fehlt dem Rial zu seinen ersten WM-Punkten. Zwei Kurven vor der Zielflagge bleibt Nummer 22 schlagartig stehen. „Schön und gut — aber so kann man mit dem Chef nicht reden“, sagte Schmid über die Art, „wie mich Andrea angegiftet hat. Fährt 1,28er-Runden und behauptet, das ganze Auto wäre Mist.“

Zwischen Ex-Renault-Feind Arnoux und den Arrows eingeklemmt, verliert Prost binnen einer Runde vier Sekunden. Im Finish steigt Prosts Wassertemperatur, die Box signalisiert: „Boost 1“ — geringer Ladedruck. Senna gewinnt und meldet sich erst auf der Zielgeraden über Bordfunk: „Thank you — ich dank euch allen.“

Mit Senna und Prost klettert endlich ein Benetton-Pilot aufs Siegerpodest. Nicht Nannini (kein Öldruck), sondern sein genauso liebenswerter Teamkollege, für den jedes Training 1988 ein Spießrutenlauf ist. Thierry Boutsen gewinnt das „Rennen der zweiten Gruppe. Dort hatte ich das schnellste Auto.“ Nur leider um 25 Kilogramm zu schwer, was 0,5 Sekunden kostet.

Aber die 215-Liter-Tanks waren gar nicht voll gefüllt.

Die Sensation blieb auf halbem Weg stecken. 20 Runden fuhr Boutsen gleich schnell wie die McLaren, dann übersteuerte sein Auto, die Reifen wurden zu heiß. „Darum fuhr ich auf einen sicheren dritten Platz.“

Die Benettons hatte Berger vorbeigelassen: „In der Hoffnung, daß Boutsen oder Nannini schnell genug sind, die McLaren in einen Defekt zu hetzen.“

Leere Kilometer in Kanada. Aber das wußte Ferrari schon vorm Start. McLaren zitterte nie. „Wir wußten: Wenn wir irgendein Rennen 1988 verlieren, dann am ehesten Montreal“, gibt McLaren zu. „Jetzt haben wir vor nichts mehr Angst!“

Senna hat im McLaren-Stallkrieg gegen Prost auf 2:3 aufgeholt, ist in der WM an Berger vorbei, jetzt Zweiter. „War zu erwarten, daß das irgendwann kommt“, war Berger illusionslos. Er hatte „das schlechteste Ferrari-Resultat der Saison“ befürchtet und leider recht gehabt.

Von Begnins am Genfer See zurück in den Formel-1-Zirkus: Jackie Stewart, dreifacher Weltmeister und erst von Alain Prost entthronter GP-Rekordsieger, erlebt in Montreal seinen ersten GP 1988: Die totale

Vom Brabham-Boy (oben, sitzend) zum McLaren-Big Boss und Honda-Partner: Ron Dennis — märchenhafter Aufstieg und neue Maßstäbe.

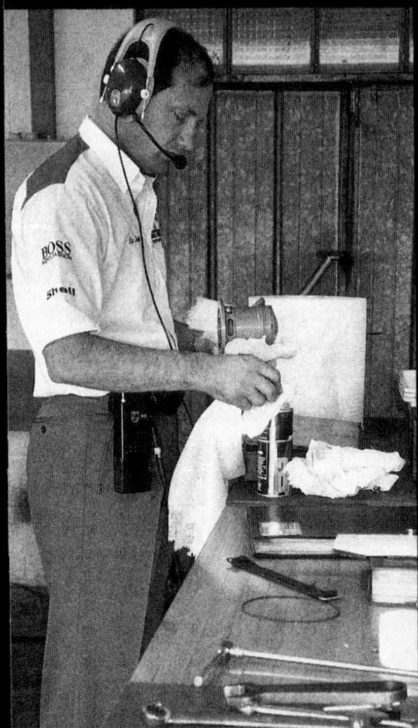

Die WM schon im Winter gewonnen: Die beste Position des Pop-off-Ventils (unten links) war wichtig. Oben: gestripptes Wunderauto.

12.000 km aus Tokio ferngelenkt? Oben: Radio = Boxenfunk, Boost = Ladedruck. Unten: Stabilisator, aus dem Cockpit verstellbar.

Ewige Faszination Monte Carlo: Senna überrundet einen Lola, stolpert aber später in der Hafenkurve, vor der Einfahrt zum Tunnel, und geht so-

fort in sein Appartement schlafen. Seine größte Enttäuschung 1988? „Nein — mein positivstes Erlebnis", sagt er heute.

Bergab ging es mit Piquet: Erstmals seit 1980 kein GP-Sieg, dafür aufregende Stunden im englischen „Phantom"-Überschalljäger.

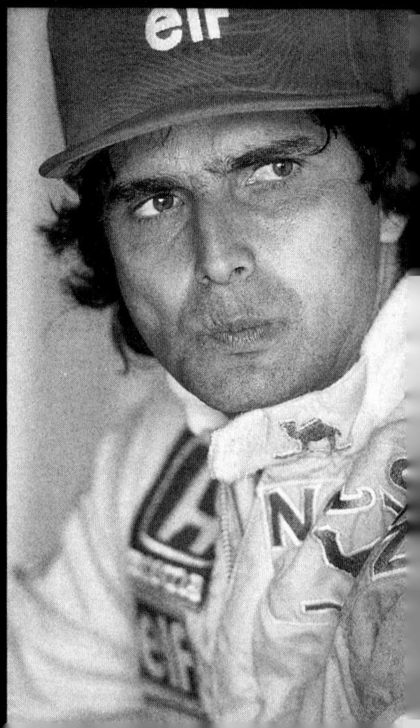

„Magic Mansell", Zweiter in Silverstone (oben) und Budapest, heuer ohne Turbo-Power. Rechts: Williams, John Judd und sein Motor.

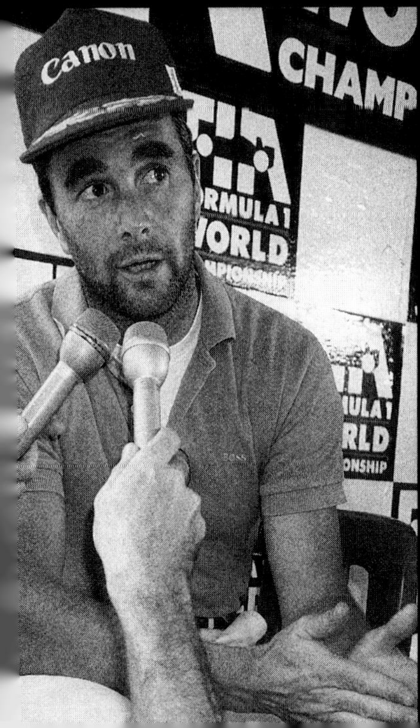

Niki Lauda wurde vorm Fernseher „fast schlecht vor Angst wegen soviel Risiko“: Berger vor Senna in der Regenschlacht von Silverstone.

McLaren-Show. Ich plaudere mit Stewart über McLaren, über Fahrtechnik und die Piloten. Jackie, wie siehst du die Situation?
STEWART: „McLaren hat die totale Herrschaft. Früher, bei jedem anderen Team, war das Problem immer, im Rennen halbwegs mitzuhalten. Aber Senna und Prost fahren ja ihre eigenen Rennen. Sieh dir nur die Rückstände an: 50 Sekunden oder gleich eine ganze Runde. Das sind ja keine Rennen mehr. Wenn man daran denkt, wie verschieden die Leistungsfähigkeit der Autos ist, kann man nur sagen: Es ist für die McLaren-Piloten nicht sehr schwierig, unter diesen Umständen ihre Rennen zu fahren — und zu gewinnen."
Siehst du irgendwann eine Konkurrenz für McLaren?
STEWART: „Der einzige, der die Rennen heuer lebendig hält, ist Gerhard Berger. Aber er kämpft gegen viele Widerwärtigkeiten. Ich fürchte, es wird das ganze Jahr nicht möglich sein, die McLaren zu schlagen. Außer, sie bringen sich selbst in Schwierigkeiten."
Alles rätselt über die die Geheimnisse. Du auch?
STEWART: „Die Antwort ist der Honda-Motor. Denn das McLaren-Chassis ist zwar gut, aber nicht die große Zauberei. Auch das Benetton-Chassis ist sehr gut."
Was sagst du zu Prosts spezieller Fahrtechnik — er bremst und lenkt oft gleichzeitig?
STEWART: „Es ist im Rennauto immer besser, zuerst den einen Vorgang abzuschließen und dann erst den nächsten anzufangen. Aber wenn das Auto gut ist, kann man natürlich viel machen. Ich bin überzeugt: Prost und Senna fahren gar nicht am Limit! Vielleicht behaupten sie es, aber es stimmt nicht. Das wird man sehen, wenn Ferrari einmal die McLaren wirklich pushen und bedrängen kann, McLaren in Schwierigkeiten bringt, die Fahrer ans Limit gehen müssen. Denn das ist noch lang nicht erreicht."
Welche Schwierigkeiten? Von der Leistung oder von der Zuverlässigkeit her?
STEWART: „Vom Fahrverhalten her. Denn daß der Motor hält, darum kümmert sich die Elektronik, das Motor-Management. Aber wenn die McLaren richtig attackiert werden, dann wird man sehen: Das Chassis würde nicht mehr so tadellos auf der Straße liegen, es würde über- oder untersteuern, wäre nicht mehr so komfortabel zu bremsen, so bequem in die Kurven zu lenken — wie wenn der Fahrer ans absolute Limit gehen muß."

Die McLaren-Dominanz, vergleichbar mit früheren Epochen?
STEWART: „Nein! Mercedes hat 1954/55 von dreizehn Rennen zehn gewonnen, aber eine Periode so totaler Herrschaft wie jetzt haben wir noch nie erlebt. Der Grund dafür ist der ganze Background von Forschung und Entwicklung."
Reden wir von den Fahrern. Wer ist der beste?
STEWART: „Berger fährt sicher härter als die McLaren-Piloten, am härtesten von allen, aber er braucht noch ein Jahr, um ganz an die Spitze zu gelangen. Für mich ist Prost immer noch ein klein wenig vor Senna."
Zwischen Montreal und Detroit zigeunern die meisten Piloten ins Schloßhotel Montebello oder nach New York. Bernd Schneider schaut sich mit Erich Zakowski die Niagara-Fälle an. Nelson Piquet ist ja mit eigenem Lear-Jet unterwegs.
Berger und ich fliegen auf die Bermudas. Dort, wo früher Jim Clark gelebt hat. Steuerschonend, schottisch sparsam und ohne Air-Condition. Wann immer seine Gäste Jochen Rindt und Jackie Stewart vor Hitze schmachtend fast umkamen, wies sie Jimmy zurecht: „Ihr bildet euch die Hitze nur ein — denkt nicht dran!"
Britische Noblesse ist für den ungeduldigen Tiroler eine Zwangsjacke. Der Taxichauffeur rügt ihn, weil er die Tür zu laut zugeschmissen hat. Gerhard: „Ich freu mich jetzt schon aufs Aussteigen ..." Aber er vergißt — nie rachsüchtig. Das Hotel ist sauteuer, aber schrecklich kompliziert, mit Anstellen und Dinner-Booking schon beim Frühstück — also wird das berühmte Bermuda-Moped (mit Helm) gemietet, und wir landen in einem Hafenrestaurant.
Gerade gleitet ein Ozeanriese herein, so groß, daß es den Mond verfinstert. Ron Dennis auch schon da? will ich gerade fragen, da erzählt Gerhard: „In der Schul' hab ich eine Redeübung über den Untergang der Titanic gehalten. Hat mich echt fasziniert."
Einmal ruft Ing. Ascanelli an: „Riesenaufregung bei Ferrari, weil du behauptet hättest, du wärst froh, wenn Piccinini weg ist." Stimmt nicht, dementiert Gerhard, nie gesagt.
Aber die Formel 1 verfolgt ihn auch auf die Bermudas: Der Kanada-GP flimmert nochmals über den TV-Schirm. „Schad, daß die zwei McLaren so überlegen sind. Das Jahr wäre sonst superspannend."
Aber Berger prophezeit richtig: Senna gewinnt zum drittenmal in Detroit, obwohl auch Ecclestone will, daß jetzt Ferrari gewinnt. Weil die

McLaren-Show fad wird. „Was ich nur nicht begreif: Wie McLaren mit dem Sprit soviel Leistung fahren kann.“ Das kann keiner.

DETROIT: AUSGLEICH ZUM 3:3

Detroit heißt Motown Music, Diana Ross (früher mit den Supremes), Detroit Tigers (Baseball), Detroit Red Wings (Eishockey) und Detroit Pistons (die erst im siebenten Spiel die US-Basketballmeisterschaft gegen die Los Angeles Lakers verlieren). Vom Basketball reden alle, von der Formel 1 weniger.

Trotz pausenloser TV-Shows, in denen es heißt: „Senna fährt wie ein Detroiter: schnell und aggressiv.“ Worüber Alan Jones mühsam lächelt: „Die Zeit der Straßenkämpfer ist vorbei. Heut kann eine Primaballerina gewinnen: Tanzen auf den Pedalen, Balancieren zwischen den Asphaltaufbrüchen.“

20 Kurven, davon 10 rechtwinkelige: 13 nach links, 7 nach rechts. Ich schau mir die Getriebe-Diagramme an. Am häufigsten schaltet Warwick — 58mal pro Runde, total 3600mal. Am wenigsten Boutsen: nur 31mal.

Die Amis haben eine andere Rennsport-Auffassung, aber mit der Sitzgurtenpflicht waren sie früher dran als die Europäer. Olivier Gendebien sträubte sich noch in Watkins Glen: „Wir Europäer brauchen keine Gurten. Wir fahren nämlich mit dem Kopf oben, nicht unten.“ Prompt überschlug er sich gleich in der ersten Kurve . . .

Kleine Automobil-Geschichtsstunde: Besuch bei Ford draußen in Dearborn.

Als der berühmte Walter Hayes, Fords Motorsport-Chefideologe, in den Geheimakten Henry Fords II. stöbert, stößt er verblüfft auf einen Goldschatz: den geheimen Vertragsentwurf für den geplanten Verkauf Ferraris an Ford 1965! Die Straßensportwagen, steht da zu lesen, hätten Ford-Ferrari, die Rennautos dagegen Ferrari-Ford heißen sollen. Dazu eine handgekritzelte Randbemerkung von Big Henry: „Achtzig Millionen Dollar — ist Ferrari wirklich soviel wert?“ Ein Vielfaches davon, Mister.

Aus den Akten geht auch hervor, daß die Ford-Spezialisten bereits die gesamte Ferrari-Fabrik durchgekämmt hatten. „Was macht ihr da?“ brüllte Enzo Ferrari entsetzt auf. „Nur Inventur“, sagten die Amis.

Worauf Ferrari die Käufer voll Empörung und Abscheu vor die Tür setzte: „Ich laß niemanden bei mir herumspionieren!" Der Verkauf platzte.

Der Vornamen-Generationswechsel ist für alle Zeiten vorherbestimmt: auf Henry folgt immer Edsel, auf Edsel Henry II., auf den wiederum Edsel II.

Ich treffe Edsel Ford zum Abendessen im „Greek Village" von Detroit. Er hat Probleme: Sein Vater ist 1987 gestorben, jetzt kämpft er mit seinen zwei Schwestern gegen die Stiefmutter ums gigantische Erbe — 300 Millionen Dollar! Da kann man sich nicht allzuviel um die Formel 1 kümmern. Im Fernsehen redet er von fünf Ford-Autos. Es sind dreimal soviel.

„Vor zwanzig Jahren", blickt Ford-Zeremonienmeister Jackie Stewart in den Rückspiegel, „war ein Ford fast so schlimm wie ein VW. Image vom Billigauto, kann sich nichts Besseres leisten. Aber seit Fords Formel-1-Offensive ab 1967 hat sich alles total verändert. Heut fahr ich im Scorpio mit Chauffeur beim Buckingham Palace vor — von allen akzeptiert und respektiert. Auch Honda, längst vom Plastikauto-Image weg, stürmt in diese Richtung." Zu schnell und zu rasant für viele.

Der Supermann von Detroit ist aber jedes Jahr der rennfahrende Filmstar Paul Newman: bereits 62jährig, aber schon in seinem 16. (und vorletzten) Rennjahr viermal US-Champion.

Ich freu mich jedes Jahr auf unser Frühstück bzw. Abendessen. Beim Dinner verabschiedet sich Newman von seiner Racing-Crew: „Morgen, sechs Uhr früh, Treffpunkt zum gemeinsamen Schwimmen im Detroit River. Falls ich noch nicht da bin, fangt ohne mich an."

Beim Frühstück dankt er dem Wiener Hotelmanager Karl Hofer für die sanfte indirekte Beleuchtung des Badezimmers: „Der erste Blick in den Spiegel — jeden Tag eine Freude. Nice shot of you." Klingt fast so, wie wenn unsere „Miß World" über ihren ersten Blick in den Badezimmerspiegel sagt: „Ich kenn dich nicht, aber ich wasch dich trotzdem."

Dann erzählt Newman, wie ihm ein Regisseur einmal während Dreharbeiten das ganze Auto mit Popcorn vollgefüllt habe, „worauf ich ihm als Revanche Tausende Girls ins Haus schickte: Dieser Mann sucht noch Mädchen, um Rollen zu besetzen."

„Gemma Newman schauen", ist für die Amis in Detroit jedes Jahr ein Hit. Aber Paul — graues T-Shirt, riesige Sonnenbrillen, Micky-Maus-Mütze — entzieht sich durch Verkleidung der Treibjagd, zu der ein

US-Radiosender aufruft: „Dreihundert Dollar für den ersten Anrufer, der uns verraten kann, in welchem Hotel Paul Newman sich heimlich versteckt hält!"
Paul Newman zwinkert: „Du rufst beim Radio an — und ich check blitzartig aus dem Hotel aus. Wenn alle hereinstürmen, bin ich schon weg. Die 300 Dollar teilen wir uns." Der „Clou" in der Formel 1. Oder: Butch Cassidy and the Sundance Kid. Was würde Newman erst mit Ecclestone anstellen ...?
Jeder Film brachte ihm 20 Millionen Dollar plus Einspiel-Prozente — nur hat Newman seit der „Farbe des Geldes" keinen Streifen mehr gedreht. Er kümmert sich um sein Salat-Dressing („Paul's Own") — und ums Rennfahren.
1988 ist nicht sein Glücksjahr: In Long Beach und Dallas gegen die Mauer geknallt, in Detroit im Training von allen 40 der Langsamste: Im ersten Auto spinnt die Elektrik, das zweite hat kein Handling. Der Superstar scheidet früh aus dem Hitzerennen.
Kein Windhauch. Hitze, die sich zwischen den Betonmauern staut. Berger schaudert vor der Erinnerung an sein Gruppe-C-Rennen in Hockenheim: „Sechsundachtzig Grad Hitze im Auto! Die letzten fünf Runden konnte ich nimmer ..."
„Strietzel" Stuck kommt um so aufgewühlter von der Strecke zurück: „Unglaublich, wenn du siehst, wie aufopfernd Berger draußen fightet, aber nirgendwo hinkommt — und wie mühelos die McLaren auf Schienen rollen."
Aber für den dritten Platz am Freitag muß Berger den Ferrari, bei seinem Teufelsritt über tausend Bodenwellen und Kanaldeckel, bis zum äußersten auspressen: „Im unteren Drehzahlbereich spricht der Motor nicht an" — und Detroit hat fast nur Zweite-Gang-Kurven! Einmal gradaus in den Notausgang, einmal gedreht — Berger kämpft mit 120 Prozent.
Aber Ferrari, total verstrickt in Schlammschlachten und Diadochenkrieg, hat offenbar vor lauter Politik vergessen, das Auto schneller zu machen.
Die halbe Woche, als er auf den Bermudas für Detroit trainierte, hat er sich eingehämmert: „Ich muß wieder aufs Siegerstockerl, das Champagnerspritzen geht mir schon ab — ich muß einen McLaren schlagen!" Er fürchtet, gegen eine Betonmauer zu rennen, ist aber nie bereit, Risiko zu reduzieren. „Ich kann nichts anderes, als mit totalem Einsatz fahren.

Schau meine Radaufhängungen an!"
Samstag stößt Gerhard mit Bestzeit im Abschlußtraining sogar in die erste Reihe vor: „Ich freu mich, hab auch alles gegeben, mit totalem Einsatz gekämpft — aber ich glaub: Prost hat das Training ein bißl verschlafen." Prost hat die Chips gewechselt, ist erst 20 Minuten vor Trainingsschluß auf die Piste gestürmt — zu spät, Berger ist uneinholbar. Er hat das Duo der „Unbesiegbaren" gesprengt, die McLaren-Hondas aufgesplittert! Neben Berger: Ayrton Senna, hinter Berger: Alboreto und Prost. Gerhards Ziel: „Einen McLaren-Honda schlagen!"
Aber seine große Angst: „Wenn der Asphalt schon im Training aufbricht — was blüht uns erst dann im Rennen? Mörderisch, die vielen Steine. Wenn kein Unfall passiert — ein Wunder!" Schon Samstag müssen zwei Piloten ins Krankenhaus: Stefano Modena (Nackenverletzung, Gehirnerschütterung) und Ivan Capelli (Knöchelbruch) nach einem Reifenplatzer-Unfall.
Bergers Renntaktik: „Ich häng mich an Senna an und wart, was passiert." Er befürchtet das schwierigste, heißeste Rennen des Jahres — dementsprechend panzert und bewaffnet er sich: „Asbest-Schuhsohlen für die glühenden Pedale, bandagierte Füße gegen die Beinkrämpfe, Knie- und Ellbogenschützer wegen der mörderischen Bodenwellen — und zum erstenmal nehm ich eine Trinkflasche ins Auto mit!"
Eines der Geheimnisse: In Detroit kann es sich McLaren leisten, die Benzintanks nicht vollzufüllen — statt mit 150 fahren Senna und Prost mit nur 140 Liter Sprit! „Damit wir für die ersten Runden Gewicht sparen und die Bremsen schonen."
Die Ferrari-Befehlsausgabe ist gleich wie immer: „Fahrt möglichst nebeneinander in die erste Kurve — damit euch ja keiner von hinten vorkommt!" Berger startet super, besser als Pole-man Senna, holt rasch die paar Meter auf, „aber dann hab ich den zweiten Gang nicht reingebracht. Die Schaltung klemmte." So reiht sich Berger hinter Senna ein. „Ich versuche, mich an ihn anzuhängen. Aber schon nach drei, vier Runden liegt der Ferrari schlecht, dann immer miserabler — einmal hab ich mich auf der Geraden fast gedreht!" Reifenschaden — genau vor der Joe-Louis-Arena geht der Ferrari endgültig k. o. „Ich bin ausgestiegen und hab nimmer zurückgeschaut. Ein Tag zum Vergessen!"
Später registrieren die Mechaniker: Ein grober Schnitt an der Reifenschulter links hinten — Gerhard muß über irgendein Wrackteil gefahren sein. Ein symbolischer „Patschen": Ferrari ist auf der verzweifel-

ten Jagd nach den „Wunderautos“ die Luft ausgegangen. Ohne Schuld: „Ich hab Gerhard beim Überholen touchiert!“, gibt Thierry Boutsen nachher zu. „Ob mein Frontflügel in sein Hinterrad geschnitten hat?“ Auch Alboreto im zweiten Ferrari hatte Pech: zuerst mit Nannini kollidiert, Reifenwechsel, dann Unfall, als er den jungen Caffi attackiert.
So gibt es ungefährdet den sechsten McLaren-Sieg 1988, den vierten Doppeltriumph. Farbe bringen höchstens die Boxenstops. Senna: „Ich wollte gar nicht Reifen wechseln, aber die Box hat mich reinbefohlen. Und weil ich wußte, daß du in der Box warst“, sagt Senna zu Prost, „bin ich halt auch reingekommen.“ Ayrton wird in 10,7 Sekunden abgefertigt — Prost hatte 16 gebraucht. Aber da war das Stallduell längst entschieden.
In der zweiten Rennhälfte schleichen die Superstars 20 (!) Sekunden langsamer als im Training um den Kurs. Senna und Prost, im Chor: „Die Strecke ist aufgebrochen, viel zu gefährlich. Es wäre blödsinnig, einen Fehler zu machen und den Erfolg wegzuschmeißen.“
Das halbe Rennen sieht Gerhard aus der Ferrari-Box, dann flüchtet er in sein Hotelzimmer — und sieht die langweilige McLaren-Honda-Prozession vom Fenster aus, ehe er zum Flugplatz hetzt. „Ferrari steht momentan still — da geht nichts weiter!“ Ayrton Senna schlägt Alain Prost um 38,713 Sekunden — das Titelduell steht 3:3!
Im Windschatten der McLaren erlebt das deutsche Rial-Team in der US-Motorcity seine Sternstunde: vierter Platz für Andrea de Cesaris, die beste Placierung für ein deutsches Formel-1-Auto seit 1962 (damals Porsche). Und diesen Triumph erlebt Günter Schmid nicht live mit. Geschäfte zwingen ihn nach dem Training zum Heimflug, er verfolgt den Grand Prix vor dem Bildschirm. „Vielleicht ganz gut so, denn ich bin immer so nervös beim Rennen“, sagt Schmid später.
Die Rial-Mannschaft feiert ihren vierten Platz ausgelassener als McLaren den Doppelsieg.
„Der Beweis, daß wir es können“, strahlt Teammanager Ali Strasser, in Montreal noch so bitter enttäuscht. Aber in Detroit verfeuert de Cesaris nur 143 der eingefüllten 160 Liter Sprit. Dafür ist nach zehn Runden die Kupplung defekt. De Cesaris: „Ich mußte gut 3000mal ohne Kupplung schalten — aber Gustavs Getriebe hat gehalten. Nur hätte ich zwei Runden mehr nicht geschafft.“
Brunner: „Das sind eben die Probleme, die ein kleines Team hat. Mehr Standfestigkeit heißt meist Qualität verbessern. Denn ob wir Vierund-

zwanzigster, Vierter oder Erster werden — der Einsatz ist immer der gleiche. Nur die Mittel sind anders." Siehe McLaren-Honda.

Die typische de-Cesaris-Story passiert aber in New York: Kennedy Airport, der Pilot muß Warteschleifen fliegen: „Liebe Passagiere, wegen des dichten Anflugverkehrs müssen wir noch ein paar Runden drehen." Worauf de Cesaris das Bordmikro packt und übermütig hineinbrüllt: „Leider wird der Sprit nicht reichen, und wir haben auch nicht genug Fallschirme, um euch alle hinunterzulassen."

An Bord entsteht Panik. Nach der Landung wird de Cesaris sofort von der Flughafenpolizei geschnappt — und verpaßt wegen der Verhöre den Weiterflug.

VIP-Lounge im Kennedy Airport. Die Tür springt nur auf eine bestimmte, geheime Zahlenkombination auf. Ecclestone weiß sie, Piccinini muß draußen bleiben, obwohl auch der Ferrari-Rennleiter alle Plastikausweise hätte. „Not today", grinst Bernie. „Gilt heute nicht."

Seit der Papst die Autos gesegnet hat, kommt kein Ferrari mehr ins Ziel ...

„Ich bin am Tiefpunkt — schlimmer noch als 1987 in Hockenheim! Damals ging es nach dem 260-km/h-Unfall wenigstens aufwärts!" Deprimiert, wie mit einem rostigen Nagel im Herzen, fliegt Berger nach Hause — wieder nur leere Kilometer! „Langsam aber sicher vermiß ich meine Tourenwagenrennen: Die Hetz dabei und die Freude am Gewinnen ..."

Wird es noch schlimmer? McLaren-Konstrukteur Gordon Murray: „Jetzt, wo die schnellen Rennstrecken kommen, werden unsere Autos noch überlegener."

Colin Chapman prägte einst den legendären Spruch: „Gewinne einmal, dann gratulieren alle und freuen sich mit dir. Aber gewinne zweimal — und alle hassen dich." McLaren-Honda gewinnt permanent, natürlich doppelt. Demgemäß groß sind Neid und Eifersucht im Formel-1-Zirkus.

McLAREN: RON DENNIS, SUPERMAN

Die Graffitti haben Symbolwert. „Das ist der Unterschied zwischen uns und der Titanic", hat ein Williams-Mechaniker auf die Boxenmauer in Detroit gekritzelt: „Beim Untergang der Titanic spielte das

Bordorchester." Wie Williams gehen 1988 alle Formel-1-Teams gegen McLaren-Honda unter — während die rot-weiße Supertruppe von Triumph zu Triumph gespült wird.
Nach dem sechsten McLaren-Erfolg, gleichzeitig vierten Doppelsieg der Saison, sagt Prost voraus: „Jetzt können wir wirklich alle sechzehn Läufe gewinnen." Und Ayrton Senna, mit Bestzeit in jedem Training: „Nichts ist mehr unmöglich."
„Zu siegen wird nie fad", strahlt McLaren-Teamchef Ron Dennis, während mir ein siegestrunkener Honda-Techniker zum ersten Mal die echten PS-Zahlen des Honda-Turbo verrät: 685. Das ist gewaltig, verglichen mit den 630 PS von Ferrari oder den 600 PS der Sauger-Konkurrenz.
Die maximale Drehzahl liegt im Training bei 13.500 Umdrehungen pro Minute, im Rennen bei 12.500 Touren. Honda macht also den geringeren Ladedruck (von 4,0 auf 2,5 bar reduziert) mit höheren Drehzahlen zum Teil wieder wett. Dazu kommt der sogenannte „Overboost"-Knopf im Cockpit, mit dem man den Ladedruck kurzfristig hochpeitschen kann. Mittels dieses Knopfes läßt sich das Motormanagement — innerhalb der Ladedruckbegrenzung von 2,5 bar — verändern; den Piloten stehen kurz, zum Beispiel für einen Überholvorgang, 20 bis 30 PS mehr zur Verfügung.
Im Cockpit also zwei wichtige Schalter: für den Ladedruck (Stufe 1 bis 5) und zur Gemischveränderung: anreichern oder abmagern. „Aber wieviele Zwischenstufen, ist bei jedem Rennen verschieden."
Derlei Aktionen und sämtliche Motordaten können nicht nur die Honda-Ingenieure an der Box live vom Computer ablesen. Seit neuestem können sogar die Honda-Spezialisten im Werk in Tokio, über eine Distanz von 15.000 Kilometern direkt ans Renngeschehen angeschlossen, das ebenfalls tun.
Aber die Formel 1 ist nicht nur High Tech, sondern auch raffinierteste Spionage. Ich erfahre eine Sensation: Um hinter die Tricks und Schliche des McLaren MP4/4 zu kommen, hat Ferrari den englisch-japanischen Wunderwagen im Maßstab 1:3 in allen Details exakt nachgebaut und im eigenen Windkanal getestet. Das Ergebnis dieser einzigartigen, bisher in der Formel 1 noch nie dagewesenen und bislang geheimgehaltenen Aktion verblüfft.
Ferraris Aerodynamik-Spezialist Harvey Postlethwaite verrät mir: „Wir wissen jetzt alles über den McLaren! Wir kennen seine aerodyna-

mischen Stärken, seine Schwächen. Er ist gar nicht das strömungsgünstigste Auto. Der Benetton, von dem wir Teile nachbauten, hat zum Teil bessere Werte, der Ferrari auch, und der Rial hat sowieso die beste Aerodynamik."

Warum die McLaren allen anderen Teams davonfahren, kann Postlethwaite nicht beantworten ...

Bevor McLaren seinen eigenen Windkanal hat, mietet man einen der acht „Windtunnels" des „Maritime Instituts". Der Boden bewegt sich mit bis zu 320 km/h. McLaren-Modellgröße: ein Drittel.

Für Gustav Brunner war das McLaren-Chassis schon immer „nichts Besonderes. Ein Viereck, eine Kohlenkiste, wenn auch eine gute — aber am Auto ist nichts Spezielles." Ferraris gefeuerter Formel-1-Konstrukteur Mauro Forghieri sieht den Erfolgsgrund im „tiefergesetzten Chassis. Gordon Murray ist nach seinem superflachen Brabham seinen Weg weitergegangen." Hinzu kommt, daß McLaren für den um 25 Millimeter niedriger gewordenen Honda-Motor ein flacheres Getriebe baute (was Lotus verschlafen hat).

Peter Warr wittert ein Geheimnis in den japanischen Showa-Stoßdämpfern, aber Gérard Ducarouge trotzt: „Niemand kennt das McLaren-Geheimnis, ich auch nicht. Wüßte ich es, hätt ich es längst kopiert. Wahrscheinlich handelt es sich um eine Summe von Details. Doch wenn ich mir das Auto auch noch so genau ansehe, ich kann nichts Sensationelles feststellen. Nur eines weiß ich gewiß: Es ist besser als unseres."

Das beste Rennauto aller Zeiten? Gordon Murray, der technische Direktor: „Es gab schon ein besseres Auto als den MP4/4. Mein Brabham-Ford von 1980 war der beste Rennwagen, der je gebaut wurde!"

Analyse eines Superautos — womit beginnen? Der MP4/4 ist extrem flach. Schmale Nase. Tiefliegendes Getriebe. Kein PS-Verlust durch die Kraftübertragung. Nicht *ein* Grund, viele Gründe.

Der größte Unterschied zu 1987, glaubt Ex-McLaren-Pilot Johansson, ist die neue Radaufhängung. „Weil damit das permanente Untersteuern weg ist."

Andere vermuten: der große Trick ist das niedrige Getriebe. „Wegen viel mehr Bodenhaftung beim Herausbeschleunigen aus den Kurven." Besonders den langsamen. So sagt Piquet: „McLaren gewinnt in den langsamen Kurven, denn auf der Geraden bin ich nicht so schlecht." Dafür schwört Williams-Konstrukteur Patrick Head: „Hätten wir noch Honda-Motoren, würden wir McLaren schlagen." Dennoch lobt er:

„Der McLaren ist ein verdammt gutes Auto, eingesetzt von einem extrem guten Team, mit einem außergewöhnlichen Motor, der ein sehr gutes Ansprechverhalten und alle Leistungsvorteile hat, was wiederum zum Beispiel extrem große Flügel erlaubt. Das kommt wieder dem Fahrverhalten zugute."
Berger weiß, daß er die McLaren „mit viel Herz bis zur Kurvenmitte halten" kann. „Aber dann steigen Senna und Prost aufs Gas und gewinnen schlagartig 20 bis 30 Meter." Thierry Boutsen, im Benetton-Ford sowohl in Montreal als auch in Detroit als jeweils Dritter der beste Nicht-McLaren, kämpft gegen Windmühlen. „Der McLaren hat ein sehr gutes Chassis, phantastische Traktion, perfekte Balance. Aber wie ich in den beiden letzten Rennen gesehen habe, könnten die McLaren noch deutlich schneller fahren", bestätigt der Belgier.
Daß McLaren-Honda schwindelt, sagt keiner. FISA-Chefingenieur Gabriele Cadrigher hat erst kürzlich wieder „jedes McLaren-Teil zwei Stunden lang untersucht. Ich fand nichts Illegales." In Italien kursieren technische Zeichnungen, wie Honda künstlichen Unterdruck erzeugt, um dadurch den Ladedruck auf 2,65 bar zu erhöhen. „Aber Honda hat seinen Vorsprung nicht durch Schummeln", glaubt Brunner, „sondern durch Technologie." Porsche-Mann Hans Mezger, Konstrukteur des erfolgreichen TAG-Formel-1: „Ich bin mir ziemlich sicher, daß da keine krummen Sachen laufen, das können sich Firmen wie McLaren und Honda überhaupt nicht leisten."
Für Berger ist immer noch „das größte Rätsel, wieviel Leistung McLaren mit 150 Liter Benzin fahren kann".
„Honda nützt eben das Benzin besser aus als alle anderen", konstatiert der Schweizer Motortuner Heini Mader. „Das Gerede vom Magnetfeld hat etwas auf sich."
Mike Kranefuss von Ford: „Honda und das Zigaretten-Kapital sind eine unschlagbare Kombination. Wenn noch die richtigen Leute dazukommen ..." Oder alle anderen geträumt oder gezwungenermaßen die falsche Entscheidung getroffen haben: Wie Ferrari mit seinen Testfahrten ohne Pop-off-Ventil oder Lotus mit dem schlechten Chassis.
Und was sagt mir John Barnard, das abtrünnige Genie? „Keine Geheimnisse. Die zwei besten Fahrer, der stärkste Motor, der günstigste Spritverbrauch. Und sehr gute Spezialisten im mittleren Bereich: Sobald sich einer in die falsche Richtung verrennt, zupfen ihn die anderen wieder zurecht."

Wieviel „John Barnard“ steckt eigentlich noch im MP4/4? „Die Philosophie ist immer noch die gleiche: ein schnelles, haltbares, sicheres Auto, easy dran zu arbeiten — weil du dich ja immer fragst: Wie leicht, wie schwer mach ich's für die Mechaniker?“

Auf die 1988 ein Geldregen niederprasselt. Im Lauda-Prost-Jahr 1984 hat jeder McLaren-Mechaniker pro WM-Punkt 50 Pfund zusätzlich kassiert — 1988 erhöht Dennis auf 55 Pfund. Macht bei 199 Punkten pro Mechaniker genau 10.945 Pfund Bonusgelder — fast eine Viertelmillion Schilling!

Barnard hat McLaren verlassen, „weil mir die ewigen Siege langweilig wurden“. Niki Lauda hätte schwören können, „daß der Barnard-Effekt nach einem halben Jahr abreißt“ und ist jetzt, wie alle, „von den McLaren-Designern aus dem zweiten Glied überrascht: stärker als alle glaubten“.

Prompt hat Ron Dennis später im August riesige Mühe, sein Designer-Team zusammenzuhalten: als Steve Nichols von Lotus geködert und auch von Ligier gelockt wird — mit einer Million Dollar Handgeld!

Barnard redet nicht über seine Nachfolger: „Viele Gründe, warum die McLaren gewinnen. Die Siege überraschen mich nicht. Aber der Vorsprung!“

Weil die Besitzverhältnisse bei „McLaren International“ ein Staatsgeheimnis sind, hier die Wahrheit: nur 25 Prozent gehören Ron Dennis, 75 aber Mansour Ojjeh. Und weil auch die Sponsorzahlungen geheim bleiben: Marlboro brennt pro Jahr 15 bis 18 Millionen Dollar, Shell für einen Dreijahresvertrag 9 Millionen Dollar. Jahresbudget 1988: 25 Millionen Dollar, nochmal so hoch der Einsatz von Honda!

In Genf wird das „Honda-McLaren“-Team als Teil der TAG-McLaren-Gruppe verkündet. Es scheint, als habe TAG-Chef Mansour Ojjeh verkauft, aber er dementiert: „Hab ich nicht.“ Und warum „Honda“ vorangestellt wird? „Aus Respekt vor ihrer Leistung.“

Die 25 Porsche-Motoren wanderten ins Museum. Und dann gibt es noch eine Geheimabteilung, zu der keiner Zutritt hat: das „Model-Shop“ mit lauter Zukunfts-Rennwagen.

Honda wollte schon immer McLaren, bereits 1986, für 1987, aber Ron Dennis verpatzte sich die Chance — der Goldschatz fiel ihm aus den Händen. In Tokio lag bereits der Vertrag auf dem Tisch. „Okay“, sagte Ron, „den nimm ich mit nach London und zeige ihn unserem Rechtsanwalt.“

„Wenn Sie das tun, Mister Dennis, verpflichten wir uns Williams für noch ein Jahr", trotzte der damalige Rennleiter Sakurai — Lotus hatte er ja schon.

Damit rutschte McLaren in den Wartesaal. Ron Dennis studierte fortan japanische Historie und Tradition, „um im Umgang mit Honda ja keinen Fehler mehr zu machen".

Im Mai kündigte Honda bei Lotus, so verzweifelt sich Peter Warr & Co. auch bemühten, diese bittere Tatsache zu verdrängen. „Nach außen hoffen wir immer noch."

Ron Dennis wußte längst, daß er ab 1989 die Honda-Motoren exklusiv hat. „Aber es liegt nicht bei mir, das auszuplaudern."

Der McLaren-Honda-Vertrag läuft drei Jahre, bis 1990. Genauso lang wie der Vertrag McLaren-Senna.

Sind die McLaren deshalb so zuverlässig, weil ihr Chef soviel von der Technik versteht? Ron Dennis würde bereits die Frage als Beleidigung empfinden: „Mein hitchbag ist, daß ich einmal Mechaniker war", klagte er Niki Lauda. „Das hängt an mir wie ein Rucksack."

Ein im Pulverdampf der Rennen schwerhörig gewordener Weltmeister, Jack Brabham, wird 1988 beim deutschen Grand Prix gefragt: „Sind Sie 1970 beim ersten Hockenheim-Grand-Prix noch gefahren?" Da rasselt „Black Jack" los: „Natürlich, aber leider hat mir mein Mechaniker Ron Dennis die Kupplung verkehrt montiert, so daß ich am Start eine halbe Runde verlor. Ich war so wütend, daß ich gleich in der zweiten Runde den Rundenrekord brach." 18 Jahre später ist Ron Dennis der Supermann des Jahres, dem man zu seinem alle Rekorde brechenden Team gratulieren muß.

„Zuversicht ist eine Schwäche", doziert Ron, der auch nach Doppelsiegen oft mit Leichenbittermiene durchs Fahrerlager geht. Und seinen besiegten Gegnern fast leid tut: der Mann, der sich über Siege nicht freuen kann? Oder seine Emotionen versteckt?

Weil Liz Dennis ihr zweites Baby erwartet, ist die McLaren-Box damenlos: mit Ausnahme der französischen Zeitnehmerin Ann der reinste Männerorden. No sex, we are british.

Ron Dennis, private eye: „Ron ist wie der KGB", sagt Eddie Cheever. Der McLaren-Boß hat ein unglaubliches Sicherheitsnetz aufgebaut: sieht, hört, weiß alles. Sommer 1985: Niki Lauda taucht zufällig in einer Londoner Disco auf, trifft genauso zufällig einen Williams-Mann — 20 Minuten später steht Ron Dennis da: „Hände weg von Niki!"

droht er. „Wir haben einen Vertrag bis 1986." Kein Wort wahr. Oder der berühmte Geheimvertrag Lauda-Renault in Paris: Fünf Minuten, nachdem Niki aus dem Zimmer ging, wußte Ron in London alles.
Einmal gleitet Ron in einer Luxuslimousine davon: livrierter Chauffeur, irrsinnig langer Radstand. Ein Sponsor schaut ihm nachdenklich nach: „Manchmal frag ich mich: Wer bezahlt das alles am Ende des Tages?" Ron Dennis, Supermanager.
Irgendwann 1988 wird Ron Dennis der böse Satz nachgesagt: „Meine Fahrer werden fürs Gewinnen bezahlt, nicht fürs Interviewgeben." Er dementiert: „Hab ich ganz anders formuliert: Jede technische Information ist für meine Ingenieure so wichtig, daß ich meine Fahrer erst drei Stunden nach dem Training für Interviews freigeben kann." Prost: „Ich arbeit gern zusammen — aber bitte organisiert euch." Senna: „Meine Erziehung verbietet mir, daß ich jemandem, der mich anredet, den Rücken dreh" — aber dann wird Senna in Budapest von einem italienischen Star-Reporter bös angerempelt.
Balestre befiehlt Pressekonferenzen und läßt sie wieder abblasen — krächzende Mikros, schlechte Lautsprecher, und von draußen der Lärm der Rahmenrennen. Aber: Nach dem Rennen müssen die ersten drei antanzen — widrigenfalls 30.000 Dollar Strafe!
Weil Billardweltmeister Steve Davis einmal nicht zur Pressekonferenz kommt, muß er 25.000 Pfund Strafe zahlen. Den drei Erstplacierten der Formel-1-Rennen drohen bei Nichterscheinen 30.000 Dollar.
Gala-Pressekonferenz in Mexico City. Warum, fragt ein Mexikaner, gewinnt McLaren alles, aber Lotus mit dem gleichen Honda-Motor nichts?
Senna, angesprochen, spielt den Ball weiter: „Eine gute Frage für Ron Dennis." Und schon knattert der Chef los: „Weil wir das bessere Chassis haben ..., das bessere Auto ... und überhaupt die Besseren sind." „Alle suchen das große Geheimnis, aber es gibt keins. Nur: das komplette Package. Kein schwacher Punkt. Fantastische Organisation. Zwei Fahrer, die befreundet sind", sagt Prost oft. Alain wollte nie McLaren-Aktien, „weil es schwierig wird, wenn du auf zwei Seiten kämpfst", aber dafür moralisch (nicht finanziell) in alle Teamentscheidungen eingebunden wirst.
Und die Zukunft?
Ron Dennis im Juli: „Ich kann Prost nicht zwingen, 1989 für McLaren zu fahren — aber ich kann verhindern, daß er für jemand anderen

fährt!" Längst verhandelt McLaren mit Prost für 1990. „Aber ich warte die ersten drei, vier Rennen 1989 ab und entscheide mich dann. Ob ich aufhör, weiterfahr, bei McLaren und überhaupt in der Formel 1 bleib oder Gruppe C fahr — mit Peugeot oder Mercedes." Längst hat Alain ein Sauber-Angebot.

Prost fährt weiter, weil er sich finanziell noch nicht total abgesichert fühlt, verrät mir sein großer Mentor — Jackie Stewart. „Was ist, wenn er einen Lear-Jet will? Statt seiner gebrauchten Citation? Also sagt er: Er braucht eine neue Herausforderung — und Senna ist das Beste, was ihm passieren konnte. Er wird also noch zwei, drei Jahre fahren. Außer Senna zerstört ihn im Kopf. Franzosen können so unheimlich emotionell sein. Wenn sie verlieren, werden sie verwirrt, ratlos, total unsicher."

Aber Alain gibt auch zu: „Ein anderes Leben — ohne Rennfahren — kann ich mir noch gar nicht vorstellen."

Immer wieder wird er als der ideale, computerkonstruierte Rennfahrer bezeichnet: Klein — damit er ins Cockpit paßt, seinen Designern Gewicht spart und Hundertstelsekunden gewinnt. Gescheit — damit er mit der Formel-1-Computerwelt zurechtkommt. Liebenswürdig und vielsprachig — damit er mit Sponsoren und Reportern französisch, englisch und italienisch parlieren kann. Und ausgeglichen — nach zwei WM-Titeln und Grand-Prix-Siegrekord muß Prost niemandem mehr etwas beweisen. Vor allem nicht sich selbst.

Ab 1988 gehört also auch Prost zu den Privatfliegern. Mit einem Citation-II-Jet, die auf den Bahamas registriert ist. Alains Pilot Jean-Claude Jonqua ist offenbar nicht ganz ausgelastet — er konstruiert auch das Sportflugzeug „Canard" (Ente), mit dem er auch den Ligier-Designer Michel Tetu mitnimmt: Nachhilfe in Aerodynamik.

Außerhalb der Rennstrecken ist Prost ganz anders. „Laß ihn zwei Glas Wein trinken, und er ist der lustigste Kerl der Welt", grinst Jackie Stewart. „Dann singt er sogar." Nicht unbedingt die Marseillaise.

Prost war in seiner Jugend ein extremer Schlafwandler, hat manchmal immer noch Vollmond-Probleme und glaubt an Reinkarnation. „Nur was ich in meinem früheren Leben einmal gewesen bin: keine Ahnung."

Roger Benoit findet die Spur nach Armenien. Alains Mutter, eine geborene Katachian, stammt aus der gleichen Provinz wie Charles Aznavour.

Früher war er von früh bis abends auf der Rennstrecke. „Wenn ich

früher ging, Golfspielen oder Schwimmen, hatte ich fast ein Schuldgefühl. Jetzt nimmer. Ich tu die gleiche Arbeit von 9 bis 16 Uhr."
Touristische Ambitionen: wenig. „Normal fahr ich vom Hotel auf die Strecke, von der Strecke ins Hotel — wenn's geht, dazwischen auf den Golfplatz."
Sepp Herbergers „Elf Freunde sollt ihr sein" (mit Handhalten und Absingen strammer Lieder) ist heute nur noch Gartenlaube. Rapid-Fußballer waren miteinander verfeindet wie Puskas-Czibor aus dem ungarischen Wunderteam. „Ruderprofessor" Karl Adam züchtete im Deutschland-Achter richtigen Haß aufeinander. Dafür schlafen Ski-Favoriten vor einer Olympiaabfahrt oft nebeneinander im Doppelbett, der eine träumt von einer Eispiste, der andere von Weichschnee — Skirennläufer brauchen die Kameradschaft. Formel-1-Piloten nicht. Mansell/Piquet, Berger/Alboreto schliefen nie im gleichen Hotel, geschweige denn Zimmer.
Weil der Stallkollege prinzipiell dein größter Gegner ist: Derjenige, an dem du als erstes gemessen wirst.
Kameradschaft, Teamgeist: im Sport ein schwieriges Wort.
Das Klischeebild, das 1988 alle zeichnen: die Parallelen zum McLaren-Team 1984: Die Rolle des Team-Routiniers Lauda spielt heute Prost, und der junge, hungrige Prost von damals heißt heute Senna.
Auch wenn der Franzose bremst: „So bedingungslos auf der allerletzten Kante wie Senna, ob auf der Jagd nach der Trainingsbestzeit oder beim Überrunden, bin ich nie gefahren. Ich bin nicht bereit, so viel zu riskieren." Denn: „Sennas Risiko ist immer gewaltig. Unglaublich, auf welcher Messerschneide er fährt — im Qualifikationstraining oder beim Überrunden. Da verlier ich oft auf einen Schlag vier Sekunden!"
Niki Lauda hat damals „die Art beeindruckt, wie mich Prost immer beobachtet hat".
Also: Stimmt das Klischeebild, Alain? Eine Frage zu Saisonbeginn.
Prost: „Ja und nein. Ja, weil es in unseren Karrieren den gleichen Unterschied gibt: Ich war schon Weltmeister (wie Niki), hab schon viele Rennen gewonnen (wie Niki). Nein, weil meine Karriere anders weitergeht als jene Nikis. Als ich zu McLaren kam, wußte jeder im Team: Lauda ist der nächste, der aufhört — daher wurde ich zum neuen, jungen Adler, der nur warten muß, bis Lauda aufhört. Aber Senna hat nichts, auf das er bei mir warten kann: Weil ich noch lang Rennen fahren will — ich geh nicht so bald!"

Und die Gerüchte, daß du 1988 aufhörst?
Prost: „Alles bullshit. Ich mag nicht aufhören. Die Formel 1 war mir noch nie so sympathisch wie jetzt. Ich wüßte gar nicht, was ich Besseres zu tun hätte. Kein Gedanke ans Aufhören."
Im Frühsommer 1988 aber doch: Aus Alains engstem Kreis erfahre ich vertraulich: Für uns ist fast sicher, daß er aufhört!
Lauda und Prost... Alles erinnert sich an Nikis Ferrari-WM-Titel '75/77, aber ich glaub: 1984 fuhr er am besten überhaupt! „Im Training war Prost ein, zwei Sekunden schneller — das kann ich nicht. Aber im Rennen kann ich ihn halten." Brands Hatch 1984: Flucht im Hubschrauber, mit Mansell und seinem TAG-McLaren-Vertrauten Charlie Crichton-Stuart an Bord: „Die wollen mich austricksen— aber ich werde sie austricksen!" Es klang wie ein Schwur, und allein aus der Art, wie Lauda schaute, wußte Charlie: „Weltmeister wird nur Lauda, obwohl wir alle spürten und fühlten und wußten: Mansour Ojjeh, Ron Dennis — sie alle wollen Prost als Champion!"
Dennis war immer hinter Senna her wie der Teufel hinter der armen Seele. Bereits 1982 (!) hat der weitsichtige Ron dem damaligen Formel-Ford-Piloten Senna 50.000 Pfund für einen Formel-1-Vorvertrag angeboten — von Ayrton zu Rons maßlosem Erstaunen abgelehnt. Und wann immer Dennis die folgenden Jahre bei Senna anklopft und bei Prost vorfühlt — von Alain hört er immer nur: „Mir egal, mit wem. Kein Problem, auch mit Senna nicht."
Für Prost ist Senna die größte Herausforderung seiner Karriere. Und wenn er die Challenge verliert? Prost ist ein so gut ausbalancierter, charakterfester Mensch, daß er auch Niederlagen akzeptieren würde — no problem. Und selbst, wenn Senna alle 16 Rennen gewinnt: Prost muß niemandem mehr etwas beweisen — er hat zwei WM-Titel, Rekord an Siegen, Rekord an Punkten.
A true sportsman, lobt ihn McLaren-Direktor Creighton Brown, *no hangups.*
Später, als alles vorbei ist, gibt Prost vertraulich zu: „Mein Gefühl war, daß Honda lieber Senna zum Weltmeister machen will! Nicht aus marktpolitischen Gründen — sondern weil Ayrton mit Goto besser zusammenarbeiten kann."
Prost fühlt 1988 sofort den Druck. „So einen wie Senna hab ich noch nie erlebt! Er kommt in die Box, zählt die Benzinkanister, checkt die Reifen, überprüft alles. Und bin ich draußen auf der Strecke, hängt er

mit Argusaugen am Computer, verfolgt alle Motordaten, sieht und weiß alles — überall und jederzeit. Das erhöht den Druck aufs Team — und auf mich. Weil ich, wenn ich nichts verpassen will, künftig genauso arbeiten muß."

Freundliches, aber gespanntes Belauern. Stundenlanges Briefing und Debriefing, ehe Alain im Sommer resignieren wird: „Das sind nicht meine Methoden — dieser Arbeitsstil macht mich kaputt." Lieber geht er fortan zu Ligier Kartentippeln.

Senna fuhr noch nie in einem Team, wo er nicht die Nummer 1 war. Bei McLaren ist er Nummer eineinhalb.

„Aber die Situation wird immer komfortabler, die beiden arbeiten immer besser zusammen, schauen aber bei allem Egoismus zuerst aufs Team — wie es sein sollte." Die McLaren-Philosophie: „Wir würden sehr gern denken: Wir tun unseren Job erstklassig — und erwarten von den beiden das gleiche: zwei Superprofis, beide hochintelligent." Taktik? Nur: aufpassen in der ersten Kurve — sonst nichts. Dazu sind beide zu vernünftig. Prost macht nie Fehler am Start — und Senna auch nie", glaubt McLaren im Sommer.

Keine Stallorder, nie Teamtaktik. Allenfalls gegen Saisonende, wenn ein Konkurrent dem „Solo für zwei" gefährlich werden kann. Beide wissen: Wer als erster neun Rennen gewinnt, ist Weltmeister — bei 8:8 oder 7:7 entscheiden die zweiten Plätze. Also kann sich — trotz haushoher Überlegenheit — keiner den geringsten Fehler leisten: weil er den Titel kosten kann.

Das Team ist anfangs kritisch, „weil du ja nie weißt, wie sich ein neuer Pilot einfügt". Dann erklärt Prost im August: „Ayrton und ich sind Freunde, das waren auch schon Niki und ich — aber mit Ayrton wächst die Freundschaft noch."

Prost über Senna: „Ein sehr intensiver, spannungsgeladener Konkurrent und Fahrer — und ein sehr intensiver, spannungsgeladener Mensch. Der WM-Titel ist für ihn sein Leben, was ich schwierig find zu begreifen, aber respektier — nur ich bin ganz anders. Ich nehm die Dinge lockerer, zwing mich nicht zu mehr und noch mehr Motivation — weil ich mich genau kenn. Manchmal brauch ich eine Pause — dann komm ich zurück und bin noch besser."

Als Bumerang für die Gegner. Als Superstar fürs Publikum. Aber als Showman?

Prost: „Ich weiß, ich bin vielleicht nicht der aufregendste Fahrer zum

Zuschauen. Aber das war auch Jim Clark nicht — und trotzdem für mich der Beste von allen. Ich fahr absichtlich so, ganz natürlich, und mag das auch gar nicht ändern."

Prost heizt sich vor Superrunden nicht auf: „Ich beschließe nicht: Jetzt fahr ich superschnell, um jeden Preis — ich gib einfach Gas." Jahrelang träumt er von der perfekten Runde: „Nie einen Zentimeter weg von der Ideallinie."

Cheever sagt: „Prost — das ist Intelligenz und Klasse. Senna: die Konzentration." Also gehen wir ins Detail:

IHRE ABSTIMMUNG: So verschieden ihr Fahrstil sein mag — ihr Set-up ist (bis Monza) praktisch immer identisch. Prost mag sein Auto mit einem ganz kleinen Hauch mehr *understeer.*

IHR MOTOR: immer gleich abgestimmt. Nur hat Senna seit drei, vier Jahren die Gewohnheit, den Motor auf hoher Drehzahl zu halten — wegen der früher berüchtigten Turbo-Verzögerung. Heute: nimmer notwendig.

IHR FAHRSTIL: Prost fährt immer weich, ob mit oder ohne Gas — bei Senna hört man immer das Stakkato der Gasstöße, wenn sein rechter Fuß auf dem Gaspedal Samba tanzt. Spritverbrauch: bei beiden gleich.

IHRE KURVENTECHNIK: Prost gilt als „bester Fahrer in die Kurve hinein", weil er gleichzeitig lenkt und bremst — wo doch jedem Rennfahrerschüler bereits in der ersten Kursstunde eingebleut wird: „Erst den Bremsvorgang komplett abschließen, dann erst — mit stabilem Auto — in die Kurve einlenken." Prost geht also härter in die Kurve hinein, balanciert das Gaspedal mehr als Senna — und beschleunigt normal heraus. Senna dagegen bremst hart, geht total vom Gas und steigt wieder voll drauf, so früh er kann.

IHRE KURVENLINIE: Ergibt sich aus den Unterschieden im Fahrstil. Prost fährt sie tiefer, Senna höher — damit er früher beschleunigen kann.

IHRE RENNTAKTIK: Senna wird immer versuchen, vorn an der Spitze zu fahren wie einst Clark, Rindt oder Stewart — seine Natur zwingt ihn dazu. Prost dagegen fährt eher wie Lauda, bestimmt sein eigenes Tempo.

IHRE SPRÜCHE: Senna redet über den Boxenfunk gern ein bißl mehr als Prost — Alain funkt nicht so gern aus dem Cockpit.

IHR ERSATZAUTO: Alternierend für Senna und Prost — in Rio

durch Münzaufwurf entschieden. Seither hat bei den ungeraden WM-Läufen Ayrton Senna, bei den geraden Prost erste Wahl fürs Reserveauto. „Sehr demokratisch, frei und gleichwertig", applaudiert sich das Team.

Aber auch Triumphe können zur Gewohnheit werden. Je öfter (und doppelt) McLaren gewinnt, um so sachlicher wird die Stimmung im Team. „Irgendwie", klagt Prost im Sommer seinen französischen Reporterfreunden, „ist die Freude an den Siegen verflogen. Der Druck dafür fürchterlich. Wir sind zu Siegesmaschinen geworden — kein Platz mehr für Spaß und Vergnügen."

Die gemeinsamen Essen Prost — Senna hören langsam auf. Ein Formel-1-Team mit zwei Champion-Piloten ist keine Fußballmannschaft. Aber technisch wird nichts verheimlicht: totale Offenheit. „Alles liegt offen auf dem Tisch, und auch Senna versteckt nichts. Nur schade", bedauert Prost, „daß man sich nicht mit kleinen Tricks helfen kann."

Ihr Verhältnis, trommelt die McLaren-Propaganda, „wird immer besser und besser". Ein ewiger Ohrwurm sind bald die TV-Doppelinterviews, mit denen Ecclestones FOCA-TV Sonntag früh in Le Castellet anfängt. Alain und Ayrton blödeln beide.

Stallduelle um den WM-Titel endeten schon oft genug in Tragik: Phil Hill gegen Graf Trips (Ferrari) 1961 — Tod in Monza. Ebenso Mario Andretti gegen Ronnie Peterson (Lotus) 1978 — trotz klarer Stallorder, oder zuletzt Piquet gegen Mansell (Williams) 1987 — schwerer Unfall.

„Prost und Senna reden über alles mögliche." Dungl-Masseur Josef Leberer „wundert sich selber, aber es wird nicht so bleiben". Erste, humorige Ratschläge: „Bitte, brich dem anderen einen Finger." Oder: „Massier ihm wenigstens einen Krampf in den Gasfuß."

„Hunger! Hunger!" ist ihr Schlachtruf nach jedem Training — besonders von Senna. Josef serviert an Trainingstagen: vormittags Salate, Müsli und Kräutertee, nachmittags: Vollwertnudeln mit Obers, Knoblauch und Zwiebel.

Im Cockpit hat Senna immer seine Trinkflasche mit, Prost nur selten — von Mexiko bis Hockenheim überhaupt nicht. Und dann: Mineralwasser ohne Kohlensäure — bloß zum Anfeuchten. Senna trinkt mehr.

Als Leberer direkt vom Friseur kommend nach Spa fliegt, fragt ihn Prost: „Bitte, verrat mir wo du Haarschneiden warst. Damit ich dort ja nicht hingeh."

Dem Supermanager Ron Dennis, laut Sponsor-Biographie „bescheiden und publicity-scheu", gibt der Erfolg recht — keine Frage. Aber Niki Lauda gefällt das System nicht: „Für deine eigenen egoistischen Ziele sicher richtig", sagt er einmal zu Ron, „aber menschlich falsch. Du setzt zuerst mich durch den Prost unter Druck, dann den Prost durch den Senna, und jetzt schaust du schon, wer der nächste sein kann."

Darauf Ron: „Ich hab halt Angst, daß ich sonst Senna nicht auf seinem hohen Niveau halten kann . . . außer durch Competition im Team."

Lauda: „Der Erfolg gibt dir recht. Indem du schon den nächsten aufbaust, wirst du immer den anderen demotivieren. Aber was tust du, wennst einmal keine Fahrer hast?" Dann zerbricht das System.

Lauda kann mit Prost mitfühlen: „Alain wäre der König der Formel 1, überglücklich, würde jedes Rennen gewinnen. Jetzt hat er Senna im Team und muß sich jeden Tag fragen: Wozu brauch ich den? Er hat Frust jeden Tag, trotzdem muß er jeden Tag voll angasen, volle Leistung bringen — und weiß: trotzdem wahrscheinlich langsamer."

Darum rät Niki dem Franzosen: „Steck dir einen Zehn-Dollar-Schein in die Hosentasche. Greif jedesmal hin, wenn du Ärger hast. Dann spürst du wenigstens das Geld . . ."

Rennfahrer reden immer von Zehnteln. Im Gegensatz zu Prost, der sich auch bei „neuneinhalb Zehntel" einbremsen kann, muß Senna immer zehn Zehntel fahren: absolut voll, stets am äußersten Limit, auch beim Testen — anderes Autofahren kennt er nicht. Daher auch die Fehler. Weil er nicht gewohnt ist, langsam zu fahren — vielleicht, weil er jahrelang schlechtere Autos bis ans Limit peitschen mußte. Schwer, sich umzustellen: Vom Kämpfer zum Chauffeur.

Der Unterschied zwischen Senna 87 und Senna 88? „Ein Jahr älter, mehr Erfahrung, mehr Reife, mehr Motivation — die größte, die ich je hatte!"

Und der Unterschied im Auto? „Ich hatte nie ein Auto, gut genug, daß ich damit Weltmeister werden kann, hab nie mehr als zwei Rennen pro Jahr gewonnen — bis heuer."

Und alle, die glauben, ihm wäre das Traumauto in den Schoß gefallen: „Als ich jahrelang nie das beste Auto hatte und immer mit mörderischem Einsatz fahren mußte, um auszugleichen, habt ihr mich auch keiner bedauert . . ."

Niki Lauda sieht in Senna bereits „eine neue Rasse. Die neue Generation von Fahrerpersönlichkeiten, weil er sich mit einer derartigen Akribie und Kompromißlosigkeit durchsetzt — für sein Leben und für seine Umwelt."

Blick in den Rückspiegel: „Zuerst gab es die Gentleman-Fahrer: Betrieben die Rennerei als Hobby zwischen schönem Leben und schönen Frauen — aber letztlich amateurhaft. Danach: mehr Rennen, mehr Entwicklung, der Schritt zum Profi, der mit relativ wenig Arbeit immer noch sehr viel Geld verdienen konnte. Schließlich die Auto-Entwickler wie Stewart und mich, die dauernd testeten — aber andere haben immer noch gespielt und herumgewixt.

Und jetzt kommt Senna und sagt: Ich ändere das alles, ich bin nur noch Autorennfahrer — 365 Tage im Jahr. Rechne dazu sein mörderisches Talent: Das alles macht ihn zur herausragenden Persönlichkeit. Ob es für Charisma und Image der Formel 1 das Beste ist — egal. Darum geht's nicht. Aber darum bringt Senna solche Leistungen. Und die ihn schlagen wollen, müssen sich ganz etwas Neues einfallen lassen . . ."

Wenn er mit Testfahrten fertig ist, bleibt er oft noch ein, zwei Tage heimlich auf den Rennstrecken, legt sich hinter Büsche oder Leitplanken und beobachtet seine Konkurrenten. Senna lebt, ißt, trinkt und schläft die Formel 1. Viele behaupten: Würde er von Prost lernen, zu relaxen, das Rennfahren nicht mehr so schrecklich intensiv sehen, sondern lockerer nehmen — er würde noch viel besser fahren. Ich glaube das Gegenteil: Das wäre dann nicht mehr Senna — den Zauberstab verloren?

Für Piquet war er auch als Grand-Prix-Sieger immer noch „the taxi driver", für Peter Warr jedoch „Magic", der Zauberhafte, für Ron Dennis ist er eine Spur zu verbissen. Es ist eben verdammt hart, der Beste zu sein.

„Egoistisch und unkameradschaftlich", erinnert sich Lauda, habe sich Senna anfangs aufgeführt. „Er hat nur an sich selber gedacht." Paradebeispiel Monte Carlo 1985: „Da blieb er mit abgewetzten Reifen bis ans Ende des Qualifikationstrainings draußen auf der schmalen Strecke, nur um uns aufzuhalten und im Weg zu stehen." Alboreto hätte ihn damals am liebsten auf den Mond hinaufgeschossen.

Aber Ron Dennis ganz bestimmt runtergeholt.

Sein Programm zwischen den Rennen ist meist unverändert: heim nach Brasilien, ausrasten, Jogging.

Jeder Pilot hat seine Schwachstellen. Lauda die Handgelenke, Berger den Magen, Senna das linke Knie. Vom vielen Lauftraining im Winter tun die Außenbänder weh — sogar beim Fahren.

Er trinkt nicht, höchstens Champagner, „wenn ich mir eine Hetz machen will". Und hat auch nie geraucht — obwohl er drei große Tabakkonzernen (John Player, Camel, Marlboro) in drei Jahren die Millionenbudgets stürmisch durcheinandergewirbelt hat.

Plötzlich tauchen Gerüchte auf, als Weltmeister 1988 würde Senna sofort zurücktreten. Was er schon 1982, als Formel-Ford-Fahrer für ein paar Monate getan hat. Unter Druck seiner Mutter, die ihn dringend bat, „mit diesem Blödsinn aufzuhören".

In der Formel Ford hieß er „Ayrton da Silva", in der Formel 3 „Ayrton Senna da Silva", jetzt nennt er sich nur noch nach seiner Mutter. „Senna" heißt in England ein Abführmittel. „Auf mich hat sein Name die gleiche Wirkung", keift ein böser Fahrerkollege.

Berger ist gegen Senna schon lang vor der Formel-1-Zeit gefahren. Erstmals bereits im Herbst 1981 in Hockenheim, Formel Ford 2000: „Ich hab am Start einen Unfall mit zehn Totalschäden verursacht — Senna gewann." Und danach: Das Formel-3-Rennen in Macao 1983, „mein wichtigstes Rennen, weil das englische Fernsehen übertrug und alle Teamchefs zusahen". 1. Senna, 2. Guerrero, 3. Berger.

Damals war Senna — kurzfristig — verheiratet. Jetzt hat er mit seiner Freundin Adriana schon wieder vage Hochzeitsideen. „Wir heiraten, so lange ich noch Rennfahrer bin." Und wie lang ist das? fragt ihn Roger Benoit. „Mindestens noch drei Jahre, falls ich die negativen Seiten unseres Sports (die Egotrips) weiter verdrängen kann."

Einfallslos immer noch auf das strittige Piquet-Interview angesprochen, blockt Senna stets ab: „Kein Kommentar." Anwalt braucht er keinen. Als ihn bei Silverstone-Testfahrten einmal ein Weltmeister fragt: „Du hast zwei Supergirls, kannst du mir eins davon borgen?" lehnt Ayrton ab: „Nein, die gehören beide zu mir."

Eine junge Dame aus dem Waldviertel erzählt freimütig: „Ayrton war der einfühlsamste Liebhaber, den ich je hatte." Super-Fitmacher Willi Dungl verrät: „Senna ist meiner jüngeren Tochter Claudia solang nachgestiegen, bis ich ihm zweimal die gelbe Karte zeigen mußte ..."

Und als im Zuge der Olympiadiskussionen „Sex vor dem Wettkampf" Prost und Senna gefragt werden, wie sie es damit halten, packt Ron Dennis blitzschnell das Mikrofon: „Das will ich beantworten. Meine Piloten sind Vollprofis, benehmen sich entsprechend, halten strenge Diät und haben vorm Rennen wirklich anderes im Kopf. Bitte nur noch seriöse Fragen, thank you."

Er hat das Image des „eiskalten Engels" (Alain Delon): unnahbar, ein Maschinenmensch. Aber das ist nur der Donnerstag-bis-Montag-Senna. Grundsätzlich vertrauensvoll, aber seit er für McLaren fährt auch sehr vorsichtig, sagt er: „Wenn mich ein Journalist einmal enttäuscht hat, kommen wir in neunundneunzig von hundert Fällen nicht mehr zusammen. Ich laß mich doch nicht auf Papier kaputtmachen!"
Viele klagen, daß er sich total abkapselt. Ich red mir leicht mit ihm. Greifen wir eines von vielen Senna-Interviews heraus.
Mit deinen Rekordjagden, dem Streben nach totaler Perfektion bist du schwer einzuordnen. Wer sind deine Vorbilder?
SENNA: „Fittipaldi, Villeneuve, Lauda, Stewart. Als Persönlichkeit Fußballstar Pele, für mich der populärste Sportler der Welt, aller Zeiten. Und als Racing-Persönlichkeit: Enzo Ferrari."
Frühzeitig reden wir über seine WM-Marschroute.
SENNA: „Ich seh die WM als ganze Sache an. Aber jedes Rennen ist ein Teil davon."
Traust du McLaren den totalen Erfolg zu — 16 Siege?
SENNA: „Nichts ist unmöglich. Mag sein, daß die Statistik ein bißl dagegen ist — aber die kannst du immer korrigieren."
Und dein Pole-position-Weltrekord?
SENNA: „Könnte das Resultat meiner Leistung sein, aber das Ziel ist ein anderes: So viele WM-Punkte wie nur möglich."
Wie viele Punkte, schätzt du, brauchst du für den Titel?
SENNA: „Nur einen Punkt mehr als der Zweite ..."
Alain Prost?
SENNA: „Prost ist sehr professionell, sehr kompetent, alles zusammengenommen, der beste Fahrer. Der einzige, von dem ich noch etwas lernen kann."
Und du — der schnellste?
SENNA: „Das kannst nicht sagen. Das sollten andere beurteilen. Aber warum immer vergleichen? Piquet mit Mansell, Berger mit Alboreto, mich mit Prost. Ich hab kein *feeling* für Vergleiche und mag sie auch nicht kommentieren. Aber das Ziel ist klar: Tu deinen Job, gib dein Bestes — und sei am Ende des Jahres der Erste."
Erleben wir 1988 den schnellsten und besten Senna, den es je geben wird?
SENNA: „Als Rennfahrer mußt du dich immer weiterentwickeln, sonst gehst du zurück. Ich steigere mich immer noch, geh jedes Training,

jede Testfahrt mit dem Vorsatz an, perfekte Arbeit zu leisten. *Do the perfect job.*"

Alle schwärmen von deinem fotografischen Gedächtnis, mit dem du Eindrücke auf jedem Millimeter Rennstrecke sammelst?

SENNA: „No secret. *Only try my best all the time.* Kein Geheimnis. Immer nur das Beste geben."

Irgendwelche Pläne, wie lang du fahren willst?

SENNA: „Solang ich will. Dann bin ich weg von der Formel 1. Teammanager mag ich sicher keiner werden."

Prost oder Senna: Wer wird Weltmeister 1988? frage ich im Juli alle Formel-1-Piloten. Ergebnis: Zwölf Fahrer (darunter Titelverteidiger Piquet) glauben an „Champion Prost", neun Piloten (eher die jüngeren) an „Weltmeister Senna", sechs (darunter Berger) enthalten sich der Stimme. Hier die einzelnen Tips — mit Begründung:

Michele Alboreto: „Prost, weil er mehr Erfahrung hat."

Philippe Alliot: „Ich weiß wirklich nicht ..."

Julian Bailey: „Senna — der schnellere Mann. Und auch mental, im Kopf, schon ein Champion."

Gerhard Berger: „Prost oder Senna? Keine Ahnung. Entscheiden wird das Glück: das Glück nämlich, kein Pech zu haben ..."

Thierry Boutsen: „Weiß ich erst nach Silverstone. Momentan steht's für mich 50:50 oder 7:7, aber Prost leicht vorn."

Alex Caffi: „Senna holt den Titel — weil er der Schnellere ist."

Ivan Capelli: „Senna — weil er sehr jung und hungrig ist und überall, in jedem Rennen, unheimlich pusht. Ein ganz großer Kampf."

Eddie Cheever: „Prost — weil er Senna auf den superschnellen Strekken schlägt."

Yannick Dalmas: „Prost — weil er mehr Erfahrung hat und in Le Castellet das Schlüsselrennen der Saison gewinnen wird."

Andrea de Cesaris: „Prost — weil er mehr Punkte hat."

Piercarlo Ghinzani: „Eher Senna."

Maurizio Gugelmin: „60:40 für Senna, weil er ein bißl schneller ist und auch taktisch sehr clever, obwohl man das immer nur Prost zubilligt."

Nicola Larini: „Prost — weil er die schnellen Strecken mag."

Oscar Larrauri: „Senna — aber er braucht dazu Glück, weil beide so sagenhaft schnell sind."

Nigel Mansell: „Ich verbrenn mir nicht die Finger ... Aber die WM wird ganz sicher noch hochinteressant!"

Pier-Luigi Martini: „Ich tipp auf Senna, obwohl Prost phantastisch viel Erfahrung hat. Zwei große Champions."
Stefano Modena: „Ich hab damit nichts zu tun, denk nicht dran — interessiert mich nicht."
Satoru Nakajima: „Unmöglich zu beantworten. Hängt alles davon ab, wie aggressiv die zwei gegen Saisonende fahren. Vielleicht wird es nicht wie Piquet – Mansell bei Williams — andere Charaktere."
Alessandro Nannini: „50:50 — alles ist möglich."
Jonathan Palmer: „Senna wird Weltmeister — rein nach Gefühl. Er ist schon reif genug."
Riccardo Patrese: „Prost — weil jetzt mehr schnellere Strecken kommen. Damit rettet er seinen Punktevorsprung."
Luis Perez-Sala: „Prost hat ein leichtes Plus, weil er führt."
Nelson Piquet: „Prost — weil er auf die sehr starke Herausforderung durch Senna mit Superrennen antwortet — seine stärkste Saison, so gut wie heuer ist er überhaupt noch nie gefahren" — wie Le Castellet beweisen wird.
Bernd Schneider: „Ich sag Prost."
Philippe Streiff: „Prost — weil er nur dort riskiert, wo er mag, weniger Druck hat, weil er schon zweimal Weltmeister war. Und weil er zeigen kann: Wenn er will, fährt er Pole-position."
Gabriele Tarquini: „Senna."
Derek Warwick: „Titel für Prost, weil er übers Jahr die besseren Rennen fährt — auch wenn Senna oft der Schnellere ist. Aber auf schnellen Strecken kann auch Prost flott Gas geben."

LE CASTELLET: DUELL IN DER SONNE

„Die Formel 1 auf dem Totenbett!" schlägt eine Schweizer Zeitung Alarm und bezichtigt Supermanager Ron Dennis, er sei schuld daran. „Aber was kann ich dafür, wenn wir so überlegen sind? Es ist das Problem der anderen, aufzuholen." Bonjour fadesse auch am französischen Mittelmeer in Le Castellet?
Alain Superstar hat das halbe Jahr prophezeit: „Für mich beginnt die WM erst mit den schnellen Strecken. In Le Castellet greif ich zum erstenmal voll an. Senna darf nicht wieder gewinnen, sonst hätte er ein psychologisches Plus. Das brauch jetzt ich."

Alles schaut auf Prost — obwohl drei Franzosenteams in der Formel 1 konkurrieren. Aber Ligier ist schon fast untergegangen wie Atlantis — AGS fightet wenigstens auf den Stadtkursen oft mit Piquet — und die Lola-Publicity lebt lang von einem Unfall.
Fragen wir einen Franzosen — den ersten Turbo-Sieger Jean-Pierre Jabouille. „Von diesen Franzosenteams“, doziert er, „wird keines je die WM gewinnen! Sobald die Regierung nur ein bißl nach links oder rechts rückt, sind sie total verwirrt. Ihr Niveau haben sie alle schon erreicht. Weiter geht's nicht. Den WM-Titel schaffen sie nie.“ Auch nicht Prost — mit einem eigenen Team? „Alain vielleicht . . .“
Ligiers Doppelchassis-Auto mit den zwei Tanks und der Servolenkung ist ein totaler Flop. Der JS 31 sieht von oben aus wie eine Tellermine (kreisrund), ist aber ein Rohrkrepierer. Die Aerodynamik ist schlecht, weil das Auto nicht steif genug ist — obwohl nur bestes, teuerstes Material verwendet wird.
Für die Zukunft hätte man alles: Geld, eigene Teststrecke. Bloß keine Spitzenfahrer und keinen Top-Designer. Darum das Spitzenangebot an den Williams-Aerodynamiker Frank Dernie: 3 Millionen Schilling — aber der geht lieber zu Lotus.
Trauriger Tiefpunkt: nicht die vielen Nicht-Qualifikationen. Sondern wie Ligier nach zweitägigen Testfahrten in Imola wieder einpacken und heimfahren muß, ohne eine einzige Runde gedreht zu haben.
„Wenn du gut bist und Erfolg hast, ist die Stimmung wunderbar — das ist normal. Wenn nicht . . .“ René Arnoux muß nicht weiterreden. Arnoux sieht die Ligier-Situation „très difficile, très delicate“. Ligier war immer die „Equipe de France“, das französische Nationalteam. Ziel: ein reinrassiges französisches Auto — mit lauter Franzosen. „Aber die sind nicht leicht zu finden. Seit fünf Jahren drücken die großen Teams alle an die Wand — das ist normal.“
Aber: „Guy Ligier tut alles für gute Ergebnisse — wir müssen nur unsere Probleme kennenlernen.“
Ligier gehört nicht mehr dazu: Französische Gloire, verblaßt. Letzter WM-Punkt: Monte Carlo 1987 . . .
Heute hat man fast schon vergessen: Bevor Senna kam, war René Arnoux der einzige Teamgefährte, der jemals schneller war als Prost (bei Renault).
Jetzt untergetaucht, am Schwanz des Feldes, auf Seite 2 der Computer-Ranglisten — ein Mann von gestern? Phillippe Alliot dementiert in

Monte Carlo: „Ich bin im Training hinter Arnoux hergefahren. Er fightete wie verrückt: querstehend mit unheimlichem Einsatz. Keine Chance, zu überholen."
Was René bestätigt: „Heutzutag muß ich mich mehr anstrengen, um mich zu qualifizieren, als früher meine achtzehn Pole-positions zu erkämpfen."
Und als ich ihn in Silverstone frage: Tippst du auf Prost oder Senna als Weltmeister? „Keine Ahnung. Mir scheißegal. Glaub mir, ich hab selber Sorgen genug . . ."
Arnoux war einer der ersten Turbo-Piloten überhaupt. „Ich wünsch mir heute nur die Hälfte der Turbo-Leistung . . . 1300 PS für ein 600-kg-Auto, das war unglaublich. Im 6. Gang noch durchdrehende Räder, die gleichen brutalen Kräfte wie im 2. Gang. Aber das Wahnsinnserlebnis war nicht die Beschleunigung, sondern die Zentrifugalkraft. 240 km/h in der Bosch- und Rindt-Kurve des Österreichrings. Oder die langgezogene Kurve in Buenos Aires: Du durftest dich nicht aufs Lenken konzentrieren, nur auf deinen rechten Fuß — daß er nicht vom Gaspedal weggerissen wird. Ein Leben wie die Jagdflieger!" Und die verbotenen Flügelautos, René? „Die hätten dir in den Kurven fast den Kopf abgerissen: noch viel schlimmer als die vielen PS."
Also der erste Turbo-Pilot. Jetzt irrlichtert er durch die letzten Startreihen.
„Solang ich Rennen fahr, will ich keine Kinder. Erst wenn ich aufhör", hat er seiner Freundin Pascal oft genug eingebleut. Als ihn Pascal im Winter mit der freudigen Nachricht überrascht, kracht die Beziehung auseinander. Heute ist Arnoux stolz auf seine Tochter.
Und seine Ex-Frau Nelly, mit der er legal noch verheiratet ist, sieht er auch wieder öfter. Pech: Nelly lebt ihrerseits mit einem sehr netten Kerl zusammen.
Ligier buk ihm heuer eine Geburtstagstorte mit 40 Zündkerzen: René Arnoux ist der älteste Pilot der Formel 1, aber sicher nicht der angenehmste. „Den Sturzhelm", giftet ihm ein Reporter nach, „braucht er wohl nur aus kosmetischen Gründen." Ein komischer Kauz, sagt Berger: „Es kann sein, daß er dich dreimal vorbeiwinkt — beim viertenmal sieht er dich nicht und knallt dir ins Auto." Wie 1987 in Monte Carlo, wo er Berger gegen die Leitplanken drückte.
„Wirklich?" fragt Arnoux überrascht zurück, „weiß ich gar nimmer."
Warum bist du so schwer zu überholen oder zu überrunden?

„Auch nicht schwerer als jeder andere."

Und warum schaust du dann so selten in den Rückspiegel?

„Weil sie zu klein sind. Jedes Jahr sag ich der FISA: Ihr müßt endlich größere Rückspiegel beschließen."

Ob's viel nützen würde?

Stefan Johansson, die neue Nr. 2 bei Ligier, ist genauso unglücklich. Er macht viel mit: „Oft sag ich einem Ingenieur, was zu tun ist — er gibt das einfach dem nächsten Mechaniker weiter. Und der Reifendruck wird oft gemessen, bevor die Reifen noch abgekühlt sind."

Entsprechend sarkastisch seine Kommentare: „Auto unfahrbar". Hoffnungslos? „Sag lieber: einfach schlecht." Nachfolgerauto? „Ich weiß nichts von Plänen." Was ist neu seit letztem Mal? „Die Startnummer pickt jetzt 10 Zentimeter höher." Also Flucht nach den USA — wie von so vielen enttäuschten GP-Piloten? „Für heuer leider schon zu spät."

Kein anderer als Johansson hatte die Chance, drei Jahre lang McLaren UND Ferrari zu fahren — und sie so schlecht genützt. Oder wie siehst du das? „Ich war überall im falschen Jahr. The story of my life", sagt Stefan, ohne anzuklagen.

Stefan Johansson — Schwedens letzte, einzige Verbindung zur Formel 1. Anderstorp weg, Ronnie Peterson verunglückt. Und im Winter plötzlich: Selbstmord der Peterson-Witwe Barbro, auch wenn ihr tragisches Ende als „open verdict" in den Gerichtsakten steht.

Die hübsche, blonde Barbro hat sich vom Schock-September 1978 nie richtig erholt: Fehlgeburt, Ronnies verhängnisvolle, lang geheimgehaltene Startkarambolage mit James Hunt in Monza, vom Hubschrauber aus ersichtlich — und seither immer wieder Depressionen.

Sie verlangt von ihrem Freund John Watson: „Hör mit der Rennfahrerei auf", der Ire sträubt sich, worauf man sich trennt — kurz vor Weihnachten.

Plötzlich ein angstvoller Anruf der Barbro-Tochter Nina-Louise (11): Mama im Badezimmer eingesperrt, öffnet nicht. Watson alarmiert sofort die Polizei, rast selber los nach Maidenhead — aber Barbro ist nicht mehr zu retten.

Niki Lauda, mit Ronnie und Barbro immer eng verbunden, versteht nicht, „warum Barbro nicht an ihre Tochter gedacht hat". Staffan, Freund und Manager, muß zum zweitenmal den Nachlaß ordnen. Heute lebt Nina-Louise bei Ronnies Bruder in Schweden.

LOLA: Aufgebaut wurde Lola — „mit einer leeren Halle, einem Schreibtisch und einem Telefon" — 1987 vom Engländer Eric Silbermann. „Typisch französisch, und genauso haben sie mich verabschiedet." So kam er zu Honda.

Gerard Larrousse, der Teamchef, denkt längst voraus — indirekt wird er Partner des Chrysler-Chefs und Bestsellerautors Iacocca: Lamborghini gibt Lola die Motoren auf 3 Jahre und zahlt noch dazu schönes Geld. Larrousse über 1989: „Am wichtigsten ist der Konstrukteur. Gerard Ducarouge ist teuer, aber wir brauchen ihn. Die Fahrer sind eigentlich das unwichtigste . . ."

Hauptsache, sie überleben böse Stürze. In Jerez kippt Alliot ein Vorderrad unters Auto. „Die vielen Unfälle werfen uns zurück", bilanziert Larrousse. „Wir sind ein kleines Team, und wenn wir statt weiterzuentwickeln reparieren müssen, verlieren wir viel Zeit." Wozu kommt: „Die Lola sind auf schnellen Strecken nicht schnell genug."

1987 gab es noch WM-Punkte — im Gegensatz zu 1988: Nicht der erfahrene Alliot, sondern die Nr. 2 rettet Lola mit zwei 7. Plätzen vor der Vorqualifikation: der kleine Yannick Dalmas, Ex-Formel-III-Sieger in Monte Carlo, in Frankreich schon recht populär. Wohnort: Le Beausett, Hausstrecke also: Le Castellet. Einmal läßt Lola für ihn einen Radaufhängungsbolzen mit dem Überschallflugzeug „Concorde" einfliegen — gegen Saisonende gerät Dalmas selber in Not. Er erwischt die gefürchtete „Legionärskrankheit", eine durch Air-condition übertragene Virusinfektion, die bei einem offiziellen Dinner in Paris ausbricht. Hohes Fieber (über 40 Grad), Krankenhaus, langsame Genesung.

„Wenn ihr ihm schreiben wollt", sagt Larrousse, „dann: Yannick Dalmas, France. Das genügt."

AGS: Die AGS-Truppe arbeitet in Gonfaron, wo nach französischer Legende sogar „die Esel fliegen können". Ein reiner Männerorden, bis die Sekretärin Catherine dazustößt. Gonfaron ist 25 km von St. Tropez entfernt, ab diesem Winter kommt eine eigene Teststrecke in Le Luc dazu.

Das Budget: 29 Millionen Franc — in Schilling das Doppelte. AGS hat mit zwölf Leuten begonnen, hat jetzt 19, seit Imola einen neuen Heckflügel und darf sogar in den Windkanal von St. Cyr. „Wir haben bessere Werte als Tyrrell", freut sich Philippe Streiff.

Geld ist also kein großes Problem: AGS-Sponsor ist bis August der Bau-

konzern Boygues, der momentan ein atemberaubendes Projekt vorantreibt: den Tunnel durch den Ärmelkanal! Ein Abenteuer wie der Suezkanal (gebaut vom Österreicher Negrelli und dem Großvater des jetzigen Formel-3-Fahrers Lesseps), der Panama-Kanal, der Montblanc-Tunnel oder die Großglockner-Hochalpenstraße.
Der Ärmelkanaltunnel wird wohl fertig sein, bevor AGS den ersten Grand Prix gewinnt.
Philippe Streiff ist der längste Fahrer im kleinsten Formel-1-Team. „AGS ist meine zweite Familie", sagt der Vater zweier Buben, die er im Sommer oft mitnimmt — beim Heim-Grand-Prix im Hotel auf der Insel Bendor.
Viele Rennfahrerfrauen sind nicht mehr da, um permanent in der Box zu hocken — die Computer haben ihnen Rundentabelle bzw. Stoppuhr längst aus der Hand gerissen. Aber Renée Streiff sagt: „Es ist wichtig, da zu sein, weil Philippe dann weiß, daß ihm nichts passieren kann. Aber da ist ein Moment lähmenden Entsetzens für uns alle: der Start. Weil dir erst bewußt wird, wie gefährlich es ist."
Die Streiff-Familie zieht 1988 in die Schweiz: in eine Genfer-See-Villa, gemietet vom Tennisstar Henri Leconte.
3:3 — noch lang nicht der Matchball. Aber Hobby-Tennisspieler Prost weiß: Das 4:3 ist ein ganz wichtiger Punkt. Aus symbolischen Gründen. Und psychologisch unbezahlbar."
Genauso für den Grand-Prix-Sport: Die McLaren-Show wirkt schon längst wie ein Computer-Schachspiel, mit Zug und Gegenzug — und dann erleben wir ein 300-km/h-Duell für Scharfdenker, ohne Bedenkzeit, mit der drohenden Benzinkatastrophe im Nacken.
Senna hält „die Zeit für reif, daß ich auf dem Niveau von Prost gemessen werde". Für Prost ist Senna „die totale Herausforderung". Längst ist ihm klar: „Um Senna zu schlagen, brauch ich eine zusätzliche Motivation. Die gibt mir mein Heimrennen." Vielleicht auch die Sicherheit der Rennstrecke.
In Le Castellet fühlt sich Prost nicht nur zu Hause, sondern auch absolut sicher: Überleben ist immer noch der größte Sieg.
„Die Formel 1, wie sie sich heute darstellt, ist die sicherste, die es je gegeben hat!" analysiert Niki Lauda. „Denk nur an die so sicher gebauten Autos — zu meiner Zeit war das Carbonfiber-Monocoque noch nicht so perfekt. Und natürlich auch die Rennstrecken: Wurden für 1400-PS-Autos gebaut bzw. modifiziert, um mit der PS-Eskalation Schritt zu

halten — jetzt spielen sich diese Fahrer mit ihren 600 bis 700 PS. Und jeder, der jetzt ein- oder umsteigt, genauso."

Die schönste Serie der Formel 1: Im Sommer 1988 sind es 100 Grand-Prix-Rennen ohne tödlichen Unfall! Lauda: „Früher hatten wir einen Toten pro Jahr."

Aber Prost in Le Castellet: Das ist die gleiche Siegessicherheit wie bei Annemarie Mosers Olympiaabfahrt 1980 in Lake Placid oder Florence Griffith-Joyner im 100-m-Olympiafinale von Seoul. Die eine hat schon am Start vor Siegesfreude gelächelt, die andere vierzig Meter vorm Ziel. Und Prost? Hat einen heißen ersten Tag.

Die aufregendsten Ereignisse am Trainingsfreitag: Ein Boxenfeuer bei Prost, zwei Kollisionen von Berger mit Larrauri und das Comeback von John Barnard in der Ferrari-Box.

Das Feuer: wegen einer lecken Tankabdichtung, aber sofort gelöscht: Prost bleibt sogar im Auto sitzen. Nur Capelli, der gerade hinausfahren will, wird gestoppt. Mit dem reparierten Auto fährt Alain dann sogar Bestzeit.

Die Kollisionen: „Der Larrauri wird mich noch einmal umbringen", schimpft Berger sarkastisch nach zwei Karambolagen mit dem sturen, überforderten Argentinier — wie in Detroit. Die Folge: ein Reifendefekt.

Das Barnard-Comeback: Ferraris 3-Millionen-Dollar-Mann sieht aus wie ein Mittelmeer-Strandurlauber: erholt, relaxt, unberührt vom Streß und Intrigantenstadl des Formel-1-Zirkus — erstmals seit Hokkenheim wieder in der Box.

„Was, elf Monate war ich weg? Kommt mir gar nicht so lang vor."

Wahrscheinlich, weil du alles im TV miterlebt hast, sag ich zu ihm.

Das Genie lächelt: „Ich hab immer nur für den Start aufgedreht und dann für den Zieleinlauf. Dazwischen war ich im Garten arbeiten ..."

Wir plaudern über die McLaren-Siege, über Ferraris 12-Zylinder-Baby, und Barnard lächelt freundlich: „Wir können jederzeit reden. Aber mit italienischen Reportern — bitte wirklich nicht."

Fiat-Auto-Boß Vittorio Ghidella prägt im Sommer seinen berühmten Spruch: „Die Japaner haben keine Phantasie, erzielen aber ihre Erfolge dank ihrer Systematik. Ferrari hat Phantasie, muß aber die Organisation umkrempeln."

Dr. Pier-Giorgio Capelli sieht in Le Castellet sein erstes Formel-1-Rennen, zieht aber bereits messerscharfe Schlüsse: „Ich seh keinen

Abschied vom letzten Tycoon: Enzo Ferrari mit Sohn Piero. Beim Papst-Besuch in Maranello war der Rennsportkönig bereits bettlägrig.

Ferraris 90. Geburtstag, alle seine Piloten gratulieren. Unten: Achse Berger — Barnard, neues Duo Capelli — Castelli, rechts: Ghidella.

„Berger und Alboreto, der Drache schaut runter auf euch“: Doppeltriumph in Monza in memoriam Enzo Ferrari — ein Monat danach.

„Wenn ich aus dem Ferrari dem Honda-Motor nachschau, muß ich weinen." Aber trotz seines Handicaps (bis 70 PS) forderte Berger die McLa-

ren unbeirrt, schlug die „Unbezwingbaren“ im Silverstone-Training und besiegte sie in Monza: Die Formel-I vom McLaren-Fluch erlöst.

Berger WM-Dritter hinter Senna und Prost, aber der Weg dorthin war lang. Alboretos düstere Zukunft: Was kommt nach Ferrari?

Italien braucht neue Helden: Sandro Nannini (Nr. 19) ist nie kamerascheu, Thierry Boutsen immer verliebt — in seine Frau Patricia.

Neue Töne im Formel-I-Zirkus: March, der Aufsteiger des Jahres. Capelli mit Krücken, Talisman und Eßstäbchen. Unten: Gugelmin.

Grund, warum wir Honda nicht schlagen sollten ...“
Mit dem 12-Zylinder-Sauger fertig, kann Barnard mit dem Turbo über nacht keine Wunder wirken. Zwar haben Alboreto und Berger den größten Topspeed, aber die Beschleunigungswerte sind katastrophal, und am Chassis ist ein halbes Jahr nicht gearbeitet worden.
Zweimal gibt es haargenau das gleiche Ergebnis: 1. Prost, 2. Senna, 3. Berger, 4. Alboreto. „Genau, wo wir hingehören. Eine Sekunde zurück, sogar auf kurzem Kurs — das sagt alles.“ Berger steigt eine Viertelstunde vor Trainingsende aus und geht Spaghetti essen.
Samstag packt Prost einen Trick aus: „Ich bau über Mittag einen anderen Stabilisator ein.“ Senna meldet „keine Beschwerde. Mein Auto läuft tadellos.“ Aber der französische Mensch Prost schöpft Extra-Kraft. Gleich nach Beginn des Abschlußtrainings knallt er Bestzeit hin, kreist permanent unter 1,08 — gegen die Senna wie eine Mauer anrennt: fast eine halbe Sekunde langsamer.
Der Formel-1-Napoleon ist wiederauferstanden: Applaussalven oberhalb, coole unbewegte Gesichter in der McLaren-Box nach dem Gladiatorenkampf. Ron Dennis: „Ich freu mich für Alain, es ist ja sein Heimrennen.“
Der erste rostige Nagel im Herzen von Ayrton Senna: sein Traum von 16 Pole-positions ist geplatzt. Erste Trainingsbestzeit für Prost seit über zwei Jahren — Monte Carlo 1986.
„When I was young“, sagt mir Prost lächelnd, als ich gratuliere. „Damals war ich noch jung ...“
Ein Duell unter glühender Sonne zeichnet sich ab: der erste direkte Zweikampf Prost – Senna. Berger hat einen Logenplatz — aber wie lang? „Ich darf nur 2,2 bar fahren, sonst reicht der Sprit nicht. Und muß zweimal Reifen wechseln. Die McLaren und Sauger höchstens einmal.“ Berger hat in Le Castellet noch nie die Zielflagge gesehen.
FISA-Präsident Balestre gibt auch Gas — Demonstrationsrunde mit dem brandneuen, aber schon weltberühmten Ferrari F 40. „Hier sind die Schlüssel, Herr Präsident“, sagt der Ferrari-Ingenieur. Darauf Balestre: „Weltpräsident — ich hab Ihnen doch gesagt, wie ich heiße ...“
Und dann erleben wir ein Rennen, das die eingeschlafene Formel 1 aufweckt. Endlich das erste direkte Duell Prost gegen Senna, 70 von 80 Runden Pulverdampf und Rad an Rad: Es reißt Millionen von den Sitzen.
Prost führt vom Start weg. Wie geschworen, verschärft er heute den

Druck auf Senna, „weil auch er zu schlagen ist". *Vive la France.* 51 der 80 Runden ist Prost der Schnellere, 29mal Senna. „Mein Auto ist eigentlich überall ein bißl besser", freut sich Alain.
Er verliert die Führung nur beim Reifenwechsel. Weil aber später auch Ayrton an die Box muß, holt Prost den Brasilianer wieder ein. Das ist nicht mehr der vorsichtig-behutsam taktierende Prost, der wie auf Schienen gleitet. Ungewohntes Bild: Prost räubert über die Randsteine, bremst am letzten Millimeter, überrundet mit letztem Risiko.
Mich erinnert Prost in Le Castellet an den Niki Lauda in Zandvoort 1985 — weil er sich genau wie damals Niki gegen einen jüngeren, schnelleren Teamrivalen aufbäumt. Und sich über Senna wahrscheinlich das gleiche denkt wie Lauda damals über den jungen Prost: „Um mich heute zu schlagen, müßte er mich umbringen!"
Die Ferrari-Stallduelle mit Clay Regazzoni 1975/76 waren leichter: „Ich wußte, daß Clay ein Rennen pro Jahr unschlagbar ist — sonst hab ich ihn immer kontrolliert." Was Mario Andretti 1978 bei Lotus mit Peterson tat — aber nur wegen der Stallorder, die bei Ferrari 1982 Pironi gegen Villeneuve verletzte. Ergebnis: Haß und nie mehr ein Wort — bis über den Tod hinaus. Gilles starb 1982 in Zolder, Didier 1987 bei einem Motorbootrennen, ehe seine Freundin Catherine Zwillinge zur Welt brachte.
Pironis Kinder, die ihren Vater nie sehen können, heißen Gilles und Didier ...
Bei McLaren existiert keinerlei Stallorder, aber Boxenfunk und der besorgte Blick auf die Sprituhr. Ron Dennis, alarmiert: „Wenn Prost und Senna ihr Mördertempo der ersten Runden durchhalten, sieht keiner von beiden heute die Zielflagge. Weil beiden der Sprit ausgehen muß." So betrachtet: ein Glücksfall für McLaren, daß der führende Senna Getriebeprobleme bekommt, „weil er sich einbremsen muß — womit auch Prost langsamer fahren kann". Und „verlorene Runden" zurückgewinnt. Denn Alain bestätigt: „Zeitweise sind wir mit dem Sprit ganz schön im Minus."
Sennas Getriebe-Ärger: „Ich verlier nacheinander den fünften, sechsten und zweiten Gang, manchmal kommt er wieder — aber vor lauter Angst, daß ich den Motor zu sehr hochjag und überdreh, darf ich ihn nicht mitbremsen lassen. Darum laß ich mein linkes Vorderrad zweimal absichtlich blockieren" — jedesmal steigt in der Startkurve bzw. in Le Beaussett blauer Reifenqualm auf.

Und dann, nach bereits 2000 Grand-Prix-Kilometern 1988 endlich der erste richtige, beinharte Kampf um die Führung — das erste echte (und sensationelle) Überholmanöver.

Gigantisch, wie „Professor“ Prost in der 61. Runde zuschlägt: genau wie 1987 in Jerez, wo er sich zurückfallen ließ, um dann Berger/Alboreto wie mit einem einzigen Prankenschlag niederzufighten.

Die diesmalige Situation: Der zweimal überrundete kleine Martini (Minardi), der eine Runde zurückliegende Piquet, Senna und Prost mit fast 300 km/h in der gefürchteten Signes-Kurve nach der Mistral-Geraden. Ein Überrundungsmanöver, das entscheiden muß.

Senna sagt: „Daß mir Piquet nicht hilft, ist ganz normal. Hätte ich auch gar nicht erwartet. Aber Martini kreide ich an, daß er nicht sofort Platz macht, wenn er zwei Rot-Weiße im Spiegel heranfliegen sieht.“

Piquet als Augenzeuge sieht einen Fehler von Senna, „weil er zu dicht zu Martini aufschließt — zuviel Turbulenzen, blockiert von Martini. Und der Kurvenausgang ist dreckig und rutschig — darum kann Senna nicht richtig herausziehen.“

Prost hat das alles so kommen sehen und richtig gewittert: „Ich hab ganz spät gebremst und Senna überholt.“ Das ist der Fangschuß für Senna — 19 Runden vor Schluß.

In der gleichen Rechtskurve — Le Beausset — hat sich Gerhard Berger gedreht, „weil ich mich dort jedes Jahr dreh“. Diesmal ohne Kollission, ohne Schuld von Martini oder Danner — ganz von allein. „Ich hab mich verschaltet, vom vierten in den ersten statt dritten Gang, war in der Wiese, hab sofort wieder durchgestartet und mich dabei ein zweites Mal gedreht.“ Darum ein früher Reifenwechsel. Damit ist der 3. Platz (mit 15 Sekunden Vorsprung auf Alboreto) verloren, Dreher und Boxenstop kosten 50 Sekunden — am Ende fehlen Gerhard 19 Sekunden auf Platz 3. Aber wenigstens besiegt er den Benzinteufel, „denn zeitweise bin ich mit drei Runden im Minus“.

Das Traumergebnis dieser Saison für Ferrari: Daß sich einmal beide McLaren ins Spritdebakel hetzen und liegenbleiben — und Berger gewinnt. Tatsächlich ist Prost phasenweise mit 2,8 Litern im Minus. So besehen, ist Sennas Getriebeschaden ein wirklicher Glücksfall — beide lassen nach.

Aber da ist noch ein Defekt, über den weder Senna noch McLaren redet: Ayrton hat, weil er über einen Randstein gefahren ist, ein Loch im Chassis — und braucht für Silverstone ein neues Auto.

Senna spürt keine Bitterkeit: „Alain fährt sehr gut, er verdient absolut, zu gewinnen." Mit oder ohne Getriebeschaden im Auto Nr. 12: „Die letzten fünf, sechs Runden hab ich überhaupt kein Getriebe mehr. Nur noch einen Gang hier, einen Gang dort."
So schleppt sich Ayrton ins Ziel. „Ich kann's mir leisten, auch wieder einmal Zweiter zu werden."
Bei „Radio McLaren" trotzdem noch Hochspannung: Dennis will Prost und Senna über Bordfunk die Benzin-Marschroute befehlen, „aber die letzten zehn Runden hat keiner von beiden mit mir reden wollen." Beide haben abgedreht. „Weil", wie Prost scheinheilig verrät, „immer mehr Feinde mithören wollen. Die Störungen auf unserer Frequenz häufen sich."
Im Ziel schlägt Prost Senna um 30 Sekunden, geht im Stallduell wieder 4:3 in Führung — das wichtige siebente Game. 15 Punkte Vorsprung: Prost könnte es sich leisten, bis Monza fünfmal Zweiter hinter Senna zu werden — er bliebe trotzdem WM-Leader. „Aber was viel mehr zählt, sind Siege!" Wirklich vergehen vier Rennen, bis Prost wieder gewinnt.
„Vielleicht mein allerbestes Rennen. Der zweiunddreißigste Sieg war mein schönster", jubelt Alain. „Ich attackier in Silverstone genauso. Vielleicht weniger im Training, aber ganz sicher im Rennen."
Und Senna sagt mir: „Unser Zweikampf, Rad an Rad, geht sicher bis zum letzten Rennen — und bis zum letzten Tropfen." Benzin, nicht Blut, denn es ist kein Duell des Hasses wie Piquet – Mansell, sondern, eh schon wissen: wie Lauda – Prost 1984.
Noch stimmt Prosts WM-Marschroute: „Die erste Saisonhälfte nimm ich easy — Le Castellet ist der Wendepunkt." Was Alain nicht ahnen kann: Die Regenrennen in Silverstone und Hockenheim — und Regen haßt er.
Manche pflegen sogar nach McLaren-Doppelsiegen griesgrämig mit Begräbnis-Gesicht herumzulaufen — um so erfrischender ist es, sich an den Erfolgen des Aufsteiger-Teams Nr. 1 mitzufreuen: March mit Ivan Capelli und Mauricio Gugelmin. Hier wird noch gelacht, gibt es Hetz, keine coole Eisschrank-Atmosphäre — und trotzdem kommt diese Equipe unaufhaltsam Schritt für Schritt nach oben.
Die Aufsteiger des Jahres? Das meistverbesserte Team 1988? „Ich würde gern so denken", lächelt Rennleiter Ian Philips, „aber ganz sicher hat Adrian Newey das beste Chassis der ganzen Formel 1 gebaut. Wir

spüren das schon lang. In Silverstone kommt's zum erstenmal ans Licht.“ Bodendruck, Abtrieb, Aerodynamik: alles perfekt.

Der türkisfarbene March hat nur eine einzige Schwäche: das Getriebe — aber nur bis Silverstone. Dann wechselt man den Hersteller des Kegel/Tellerrades, und schon stimmt die Verzahnung.

Kurzer Blick zurück: Der erste March-Sieger überhaupt war Jackie Stewart: Pole-position 1970 in Kyalami, Sieg in Jarama. Für seine TV- und Magazinserie „Ich teste die Formel 1“ steigt Jackie im Sommer 1988 in Silverstone auch in einen March — und crasht in Woodcote fürchterlich. Dieses Team verschweigt nichts.

Capelli und Gugelmin sind immer ansprechbar, immer bestens gelaunt, arbeiten dennoch wie Vollprofis, von einem „Team Dream“ kann keine Rede sein. Nur ihr „Background“ ist total verschieden: Gugelmin hat die klassische englische Rennausbildung mit Formel-Ford, Formel 3 usw. hinter sich und dadurch immense Testpilotenerfahrung. Capelli ist eher das Naturtalent, nicht nur als Schauspieler.

Alle erinnern sich, wie Capelli in Rio zum Spaß mit vergipstem Arm in den Boxen aufkreuzte, worauf sich Ligier-Pilot Johansson sofort anbot: „Wenn ihr einen Ersatzmann braucht, ich fahr gern.“ Der Beingips in Detroit war leider echt. Davor, dazwischen, danach erschien Capelli als japanischer Butterfly, mit großen Dr.-Spock-Ohren, Plastiknase usw. Langweilig ist ihm nie.

Originell, wie Capelli zum Rennsport kam. Indirekt schuld ist Niki Lauda. „Ich wollte ursprünglich unbedingt Fußballstar beim AC Milan werden.“ Bis Vater Capelli, ein Kameramann, den 13jährigen Ivan mehrmals ins Autodrom von Monza mitnahm, wo er einen Lauda-Parmalat-Werbespot fürs italienische Fernsehen zu drehen hatte. Ivan: „Die Atmosphäre im Autodrom hat mich so begeistert, daß ich spontan beschloß: Fußball addio, ich muß Rennfahrer werden!“

Als Capelli 1984 Formel-3-Europameister war, kämpfte er mit Berger und Johnny Dumfries (später Ferrari-Testfahrer, Lotus-Formel-1-Pilot, 1988 Le-Mans-Sieger) Rad an Rad, um jeden Punkt. Berger: „Ich hätte den EM-Titel gewinnen können, aber ich stieg wegen der Formel 1 aus und hab meinem Teamchef Pino Trivellato zahlen müssen — ganz schön viel Geld.“

Berger hat recht: „Wenn jemand — wie Capelli — in der Formel 3 super gefahren ist, dann muß er sich auch in der Formel 1 durchsetzen.“ Die March-Kommuniques nach dem Rennen bescheinigen Capelli im-

mer neue „Heldentaten". Und oft genug gibt Ian Philips zu: „Capelli hat diese WM-Punkte verdient — aber das Team nicht." Ivan würde so etwas nie sagen: ein perfekter „Team Man", der inmitten seiner Mechaniker-Crew überhaupt nicht auffallen würde. „Das ist mein Arbeitsstil: Jedem einzelnen das Gefühl zu geben: Du gehörst zur Familie. Wichtig, daß wir alle einander verstehen — das macht den Job angenehmer, leichter und besser."

Sein Rennfahren macht Capelli momentan „restlos glücklich. Ich seh bei mir auch keine großen Fehler mehr — nur ein paar Kleinigkeiten, noch nicht ganz perfekt."

Manche glauben: für einen Formel-1-Piloten ist Capelli viel zu sehr „nice guy", zu freundlich, um Erfolg zu haben: „Nice guys finish last." Soll sich keiner täuschen: „1989 fahren wir bereits ums Gewinnen — und logische Folge von Siegen ist der WM-Titel."

Capelli ist ein ganz großer Tierliebhaber — darum bleibt mir die Szene nach dem Kanada-Grand-Prix unvergeßlich. Ivan füttert auf die riesigen Montreal-Brücke nach dem Rennen Hunderte Möwen, als plötzlich ein Mechanikerauto heranprescht und mitten durch den Möwenschwarm braust — ein Chaos anrichtend. Capelli sammelt unter Tränen die vielen gebrochenen Flügel.

Grund Prix '88: Zwischen dem Bermuda-Dreieck McLaren-Honda-Superfahrer und der Möwe Jonathan.

Spätestens im September versteht man die Entscheidung von Robin Herd: „Ich hätte für 1989, vor Zakspeed, die Yamaha-Motoren haben können, aber ich hätte den Japaner Suzuki als Fahrer akzeptieren müssen. Ich wollte aber unter allen Umständen Capelli und Gugelmin behalten und keinen von beiden opfern müssen." Darum auch die Vertragsverlängerung bis 1990. Mit beiden Piloten.

Wieder ein Brasilianer mit einem lustigen Namen: Gugelmin — gesprochen „Guschelmin". Auch der Name seiner Mutter, wie wir ja von den Herren Nelson Soutmaior (Piquet) und Ayrton da Silva (Senna) gewohnt sind?

„Nein, Gugelmin heißt mein Vater. Meine Mutter ist mit 34 gestorben — damals war ich acht."

Aber schon rennverrückt. „Emerson Fittipaldi war der Held meiner Bubenzeit. Damals träumte ich davon, eines Tages selber in einem Formel 1 zu sitzen. Gar nicht zu fahren. Nur zu sitzen ..."

Die Gugelmins sind keine Armen. „Wie Sennas Familie hat auch mein

Vater riesige Landwirtschaften. Jetzt ein bißl kleiner geworden. Aber für europäische Begriffe immer noch riesengroß", lacht Gugelmin, sonnig wie Rio.
Begonnen hat er, wie alle Brasilianer, mit Kart-Racing. „Aber gegen Senna bin ich nie gefahren — weil Ayrton immer schon eine Stufe höher war. In Rio hätte ich meine erste Chance gehabt, ihn zu schlagen." Aber dann ging Sennas Getriebe beim ersten, Gugelmins gearbox beim zweiten Start k. o.
„Aber Senna ist viel besser als ich. Gestern, heute, morgen. Mit Karts, in der Formel 3, in der Formel 1."
Gugelmins Hobbies — Jet-Ski, Kawasaki 650, Wasserski, Jogging „und alles, was mit Motoren zu tun hat" — decken sich mit Sennas Freizeitinteressen. „Nur ein Motor muß immer dabei sein."
Das einjährige Studium (Busineß-Management) hat Gugelmin gereicht. Er stürmte rasch durch die Formeln nach oben: Mit sechs Jahren, noch vor der Volksschule, ein Kart mit 8 PS. Mit zwölf bereits brasilianischer Kart-Champion. Formel-Fiat zum Übergang, aber dann — wie Fittipaldi, Piquet, Senna — auf nach England: Aufsehenerregende Serie (13 Siege) in der Formel-Ford-Meisterschaft 1982, dann Formel-Ford 2000, englischer Formel-3-Champion 1985 auf Ralt mit Siegen in den letzten zwei Rennen, Gewinner des Formel-3-Klassikers in Macao, danach Formel 3000, Sieg in Silverstone 1987, 4. Gesamtrang.
Für die Formel 1 war er längst reif. Senna wollte ihn unbedingt als Nr. 2 bei Lotus. Aber der (damalige) Sponsor John Players winkte ab: „Zwei Brasilianer — unmöglich, ein Brite muß her." Warwick wurde von Senna verhindert, also kam Dumfries.
Tut's dir leid, daß du nicht direkt in die Formel 1 aufgestiegen bist? „Nein, heute nimmer. Eigentlich ist es so besser: Ich hab mehr Erfahrung sammeln können." Aber streng geheim saß er im Mai 1987 in Suzuka schon in einem Williams-Honda. „Nur Motortestfahrten. Mister Sakurai hatte mich eingeladen. Da war mir klar: nächstes Jahr Formel 1."
Geleitet, wie immer seit 1982, von seinem ungewöhnlichen Sponsor aus der Hühnerzucht — „Perdigor" produziert 28.000 Stück Federvieh pro Stunde. Und einem Schutzengel, „denn 1987 hatte ich in Snetterton meinen ärgsten Crash. Voll im fünften Gang, 260 km/h. Ich war kurz bewußtlos, total verkrümmt — aber dann flog ich nach Gars, und Willi Dungl hat mir den Rücken in drei Tagen wieder geradegebogen."

„Ayrton hat mir jahrelang gute Tips gegeben. Aber in Rio, bei meinem ersten Grand Prix, haben sie aufgehört", erinnert sich Mauricio lächelnd. Nicht mehr nötig. March ist eine Himmelstürmer-Truppe geworden. Philips: „Für uns ist alles ganz phantastisch. Wir sind eine junge, fröhliche Truppe, die viel Freude hat, und Rennsport soll doch Vergnügen bereiten, oder? Ich gratuliere jedem einzelnen von uns!" Mag das Budget auch unbeschränkt sein, die von Philips genannten 10 Millionen Pfund sind „nur die Hälfte von Williams und Benetton. Und höchstens 20 Prozent von McLaren."
Ein Traum von Robin Herd, der im Frühjahr vom Vorsitzenden zum Präsidenten wurde, „weil wir an die Börse gingen und jetzt im Vorstand auch ein paar Rennsportunkundige brauchen", wäre: zwei March-Teams in der Formel 1. Die Besitzverhältnisse sind eher kompliziert. Aber das Rennteam gehört March zur Gänze, mit den Direktoren Herd, Newey, Halloway und Philips. „Man muß", ist das Geheimnis, „dem Spiel immer ein bißl voraus sein."
March — 1969 von Max Mosley (heute FOCA-Verbindungsmann zu den großen Automobilwerken), Alan Rees (Arrows-Rennleiter), Graham Coaker (bei privaten Testfahrten verunglückt) und Robin Herd gegründet — erlebte ein anderes Schicksal als die „Beatles": Zwar brach auch dieses Quartett auseinander, weil jeder eigene Wege ging, aber zu bestehen hat die Firma nie aufgehört.
Zwar kaufte Günter Schmid 1976 den Namen und die FOCA-Mitgliedschaft, borgte sich John McDonald 1982 den Namen und die Fabrik aus, nachdem bereits für Tyrrell und Penske Formel-1-Autos gebaut wurden, aber die ganz großen Erfolge stehen erst bevor.
Gut für den superreichen Sponsor: „Leyton House", der Geldgeber, ist Japans größter Immobilien-Gigant. Als March in eine AG umgewandelt wird, kauft Akira Akagi gleich 29.650 Akten zu je 137 Pfund — was die Firma um 4 Millionen Pfund reicher macht.

SILVERSTONE: DIE BENZINKRISE

Silverstone — jedes Jahr ein Rendezvous für Popstars. Leo Sayer wieselt durch die Boxen, Ex-Beatle George Harrison, hinter dicken Sonnenbrillen, dazu Blues-Gitarrist Eric Clapton und Dire-Straits-Gitarrenwunder Mark Knopfler. Gerhard Berger hat seine eigene Popgruppe

mitgebracht: Die „Casanovas“ aus der Wörgl-Gegend spielen sogar im Privat-Jet ihre alpenländischen Hits.
Dazwischen gibt es draußen auf der Strecke einen Prominentenlauf, das Alfa-Prominentenrennen usw. Skispringer Eddie Edwards („The Eagle“) macht überall mit — und wird nie Letzter ...
Zwischendurch ein Sensationsbesuch: Yoshitoshi Sakurai, Hondas gefeuerter Ex-Rennchef, macht in Zivil seine Aufwartung! Bei der Gartenparty im Fahrerlager, in den Boxen, in den verschwiegenen Motorhome-Wagenburgen. Ein Überläufer, der japanische High-Tech und raffinierte Honda-Tricks anbietet? „Nein“, dementiert mir Sakurai, „ich hab jetzt mein eigenes Busineß und verkaufe Software, Formel-1-Videos und anderes.“ Speziell verabredet hat er sich mit Piccinini. Aber der muß sich sogar bei Berger entschuldigen, „daß ich nicht in der Box sein kann“. Er liegt mit Grippe im Wohnwagen.
Noch nie hat ein Österreicher in Silverstone gewonnen: Jochen Rindt fightete 1969 den großen Jackie Stewart nieder, bis ihm der Heckflügel brach und auch noch der Sprit ausging. Niki Lauda war Zweiter, aber nie Sieger.
Silverstone beginnt sensationell: Zum erstenmal 1988 werden die McLaren-Superstars in einem Training besiegt. Aber Freitag vom „falschen“ Ferrari: Nicht von Berger, sondern von Alboreto. Zwar dominiert der Tiroler das ganze Training, läßt dann aber in der Box einen längeren 6. Gang einbauen. Alboreto fährt mit der neuen Abstimmung Bestzeit — als Gerhard wieder auf die Piste schießt, hält ihn erst Patrese, dann Johansson auf. Dann kommt der Regen.
„Genau, was ich befürchtet hab“, ärgert sich Berger. „Einmal sind die McLaren nicht überlegen — und dann hab ich keine freie Runde.“ Alboreto ist um 77 Tausendstel schneller. „Und alle wollen von mir wissen: warum?“ giftet sich Gerhard. „Als ich in jedem Training schneller war als Michele, hat mich nie einer gefragt: Wieso?“
Ron Dennis kündigt lässig an: „Unsere Autos sind noch nicht perfekt ausbalanciert — morgen sind wir wieder vorn.“
Was auch Berger befürchtet. Aber er fährt zum Triumph mit Wut im Bauch: Er springt zwischen zwei Ferraris hin und her, „beim einen geht der Motor net, beim anderen sind die Reifen am Ende“. Gerhard wechselt die Pneus, entreißt Alboreto elf Minuten vor Trainingsschluß die Pole-position und knallt insgesamt drei Runden hin, alle gut genug für den Startplatz Nr. 1.

„Viele gute Runden, aber keine phantastische“, bremst Berger. Einmal steht ihm ein Ligier (Johansson) im Weg, einmal er selbst in der Woodcote-Schikane quer — trotzdem 1:10,2. Und in der allerletzten Runde noch um ein Tausendstel schneller — 1:10,133.
Die „Unbesiegbaren“ bezwungen — erste Trainingsniederlage für Senna/Prost 1988. Ein Aufatmen geht durch die Formel 1 — als hätte Berger den ganzen Grand-Prix-Zirkus erlöst. Bergers erste „Pole“ seit Adelaide 1987, Ferraris erster Trainings-Doppelsieg seit Alboreto/Arnoux in Zolder 1984. „Unheimlich wichtig für uns alle“, gratuliert Bernie Ecclestone.
Die Honda-Superstars zerschellen fast an Berger: Senna zweimal am bösen Crash vorbei — zweimal mit 300 km/h gedreht. Prost verbessert sich dreimal — trotzdem nur Vierter. Wir gehen nebeneinander zurück zum Fahrerlager. McLaren-Chef Ron Dennis, nonchalant: „Gut gemacht, heute kannst du bestimmt gut schlafen — aber wart auf Sonntag.“ Berger: „Ich weiß, der Spritverbrauch ...“
„Kann ich morgen mit eurem Hubschrauber mitfliegen?“ fragt er noch. „Ich hab Startzeit 18 Uhr in Luton.“
„Oder noch früher“, lächelt Dennis verkniffen, „wenn dein Ferrari zusammenbricht ... oder dir der Sprit ausgeht.“
Alboreto fürchtet: „Wenn ich dieses Tempo im Rennen fahr, kann ich mir die letzten fünf Runden auf der Tribüne anschauen.“ Berger: „Dann wird er mich treffen — ich sitz schon zehn Runden dort ... Ich bring das nicht zusammen, spazierenzurollen — das geht über meine Nerven. Ich muß voll mitfahren! Aber dazu brauchen wir zuviel Benzin. Nicht einmal, wenn's regnet, dürfte ich mir vollen Ladedruck erlauben ...“
Ursprünglich ist Bergers Taktik: „Ich fahr voll, so schnell ich kann, und roll dann vor den Boxen ohne Sprit aus, damit alle sehen, daß ich schuldlos bin“, aber er disponiert jetzt um. „Ich hab lang und scharf nachgedacht. Ich fahr nur nach der Sprituhr!“
Ferrari-Marschtabelle: Rundenzeiten von 1:14 bis 1:15 — Ron Dennis hält die McLaren-Sollzeiten streng geheim. Dafür verrät Senna: „Wir können 1:13 fahren — sogar 1:12,8 ...“
Aber das McLaren-Briefing dauert vier Stunden — länger als je zuvor! In die falsche Richtung verspekuliert: Die McLaren-Erklärung läßt John Barnard nicht gelten. „Billige Ausrede. Sagen sie nur, weil wir Pole-position haben!“

Sonntag ist es saukalt — und dann kommt der Regen. Die erste menschliche Prost-Story: Vorm Hubschrauberflug zur Rennstrecke spielt er mit ein paar Fröschen im Tümpel. „Ich brächte es nie übers Herz, Froschschenkel zu essen — was können die armen Tiere dafür?" Dabei gelten die „Grenouilles" als französische Spezialität. Prost ist Feinschmecker — aber einer mit Herz.

In den Boxen sind alle alarmiert. Mir fällt auf, welch flackernde Augen Berger plötzlich kriegt: „Silverstone im Regen, das wird lustig. Mit 260 km/h durch nasse Kurven, die im Trockenen mit 295 km/h fährst — ein richtiges Abenteuer!"

Er ruft nach Mansell, und Nigel verrät ihm die „Geheimlinie" bei Regen in Silverstone. „Genau, wie ich auf dem Österreichring jeden Zentimeter kenn und genau weiß, wie ich dort im Regen fahren muß."

Senna, der Supermann im Regen, bleibt cool: „Ich hab in der Formel 3 in Silverstone auch schon einmal gewonnen — bei noch böserem Regen."

Der Anfang ein Traum, das Ende leider ein Alptraum: Berger in der Regenschlacht von England — das ist die Story von Hemingways altem Fischer, der um seine Riesenbeute heroisch kämpft — aber letztlich nur ein Skelett an Land zieht, von Raubfischen angeknabbert.

Pole-Man Berger startet in die Regenhölle mit einem Supertrick: „Ich fahr im zweiten Gang los" — und sofort übernimmt er die Führung vor Senna. Ich achten Lauf der erste Nicht-McLaren auf Platz 1!

Niki Lauda wird zu Hause vorm TV-Apparat „schon allein vom Zuschauen schlecht vor Angst, wenn ich seh, wie blind Senna in die Regengischt von Berger hineinteufelt".

Der Sommer der Regenrennen in der Formel 1: Länger als drei Jahre (seit Estoril und Spa 1985) hat die Sonne den Formel-1-Zirkus beschienen, gab es zwar immer wieder verregnete Trainings, aber nie Schlechtwetterrennen — die sich plötzlich häufen: Regen in Silverstone, Regen später auch in Hockenheim! In den USA werden Autorennen abgebrochen, sobald der erste Tropfen fällt. Aber in Europa fragt sich ein TV-Millionenpublikum: Wie sehen Piloten im Regen — noch dazu mit 198 km/h wie Ayrton Senna in Silverstone?

Der erste Regen-Grand-Prix seit 1985: eine Wasserhölle mit Acquaplaning, durchdrehenden Rädern, riesigen Gischtfontänen, kaum Bodenhaftung, dampfende Overalls, beschlagene Rückspiegel, schlechte Sicht: Das alte Übel bei Regenrennen. „Zuerst rinnt dir das Wasser in den Helm ..., dann ins Hirn ..., und dann drehst dich." Zitat: Lauda.

Aber wie orientieren sich Formel-1-Piloten im Regen? Das Hauptproblem: daß man nichts sieht. Rudi Caracciola, der Vorkriegschampion, wußte einen Trick: Er rieb sich das Visier immer mit Asche ein — und war im Regen unschlagbar. Und seit Jackie Stewart 1968 die legendäre Regen- und Nebelschlacht auf dem Nürburgring mit vier Minuten Vorsprung gewonnen hat (2. Graham Hill, 3. Jochen Rindt), müssen alle Autos eine Heckleuchte haben, damit der Hintermann erkennt, wie nahe er dran ist.

Im Pulk — und das ist sensationell — fahren Formel-1-Piloten im Regen nach Gehör! Ausgenommen natürlich der Führende. Übereinstimmend sagen mir alle Fahrer in Silverstone und Hockenheim: „Die ersten zwei, drei Runden hab ich überhaupt nichts gesehen!“ Und wieso trotzdem kaum Kollisionen, der Alptraum im Regen?

Alle sagen das gleiche: „Zuerst hörst du am Lärm, wie weit du vom anderen weg bist, dann schaust du auf die Spuren — und fährst mehr oder weniger nach Gehör im Blindflug hinterher.“ Der Trick dabei: „Wenn das Reifenmuster auf der Straße deutlich zu sehen ist, bist du dem anderen schon ganz nah — ist die Spur jedoch verwaschen, hast du noch viel Zeit. Oder mußt eben noch fester Gas geben, um aufzuschließen!“

Bodenhaftung? Wird durch mehr Abtrieb, steiler gestellte Flügel usw. erhöht.

Früher gab es auch „Intermediates“ — Reifen für nasse und trockene Fahrbahn, die weder Rindt noch Lauda je gemocht haben: „Wie wennst mit dem Campingwagen auf Urlaub fährst. Da kannst weder gscheit schlafen noch schnell fahren.“

Untrügliches Zeichen, wann der Pilot von Regenreifen auf die profillosen Slicks wechseln sollte: Sobald die Pneus keine Gischt mehr aufwirbeln.

Gerhard Berger mag solche wechselnden Bedingungen: „Da bin ich immer am stärksten“ — wie im Monza-Training 1984, bei seinem erst zweiten Grand Prix: eine Viertelstunde lang Pole-position!

Jackie Stewart orientierte sich bei seinem „Blindflug ohne Radar“ 1968 an den vielen Wasserbächen, die quer über die Straßen strömten. „Pro Runde hab ich 28 gezählt.“ Einmal rutschte Stewart fast aus: ein neuer, der 29. Bach, war dazugekommen.

Die letzten vier Regenrennen hat alle Ayrton Senna gewonnen. „Ganz klar: Ein junger Pilot, der aus der Formel 3 direkt in die Formel 1 kommt, riskiert mehr", hat Piquet über Senna gesagt — aber heute? Der legendäre Wiener Carlo Abarth wird schon gewußt haben, warum er mit Vorliebe bebrillte Piloten in seine Autos setzte: „Die bremsen später, weil sie schlechter sehen, besonders im Regen."

Ein Regen-Grand-Prix: So weit wie von Wien bis Salzburg im strömenden Regen, aber mit 1500 Kurven, fast 200 km/h Schnitt, und bei jedem Überholmanöver in der Gischt der Lastwagen geduscht.

Regenrennen: Da sind die Visiere offen, nie ganz zu, damit sie sich beschlagen können — nur Berger macht zu. „Wenn sich der Horst Röger um meinen Helm kümmert, weiß ich: Der ist in Ordnung."

Berger spürt: „Ich hab Senna unter Kontrolle. Und mein Ferrari ist an diesem Tag perfekt — ein Auto zum Gewinnen!" Berger fährt mit Herz, Einsatz und Hirn. Nicht Senna besiegt ihn, sondern der Sprit. „Ab der achten Runde lese ich von meiner Spritfuhr ab: Bin schon im Minus — ich verbrauch zuviel Benzin." Da führt Gerhard 2,4 Sekunden vor Senna: sein größter Vorsprung im Rennen. „Aber dann muß ich vom Gas." Bis zur 14. Runde verteidigt Berger heldenhaft die Spitze, dann überholt ihn Senna in der Bremszone der Woodcote-Schikane, läßt Wasserfontänen zurück, entschwindet — und von hinten rücken die anderen näher.

Keke Rosberg war immer total frustriert, wenn er Sprit sparen mußte („Ich bin Rennfahrer, kein Taxichauffeur"), worauf ihn Berger zurechtwies: „Mußt halt den Ladedruck einstellen — und dann ganz normal rennfahren." Aber 1988 muß er zugeben: „Keke hat recht!"

In Silverstone kommentiert Keke das frustrierende Berger-Rennen im TV so: „Gerhard fährt wie mit dem Leihwagen." Gerhard, zerknirscht: „Ich hätte ruhig meine ganze Familie im Rennauto mitnehmen können — bei diesem Tempo ..."

Weit hinter Berger: das Drama Prost. Alain, erstmals mit Karbonkupplung gestartet, ist hoffnungslos ins Mittelfeld abgesackt, schleudernd und rutschend. Als er nicht einmal mehr mit den Youngstern Caffi und Modena mitkommt, wirft er das Handtuch: „Mein Auto geht von Anfang an nicht", gibt Prost zu. „Und dadurch verlierst natürlich auch die Motivation. Ich fahr hintennach, versuch aufzuholen, seh aber keinen Sinn mehr und hab auch keine Chance." Niemand weiß, daß Prost seit Trainingsbeginn vorn im Chassis einen Riß hat. Die McLaren-Boys versuchen vergeblich, ihn zu kitten — der Defekt bleibt streng geheim. Er wird Prost auch im Rennen plagen.

Prost sagt: „Das Problem kommt von der Wagenschnauze — daß sich die Frontflipper bewegen. Wir haben eben eine andere Frontpartie, und mein Flügel bewegt sich links-rechts. Aber das hat mit der neuen Aerodynamik nichts zu tun."
Beinahe kracht es noch beim Überrunden zwischen ihm und Senna — hätte Alain nicht im letzten Augenblick in Woodcote zum Kurvenausgang gelenkt. Gleich darauf (25. Runde) fährt er an 16. Stelle langsam an die Box — und steigt aus.
Der wird heuer nimmer Weltmeister, denkt sich Lauda in diesem Augenblick vorm TV-Apparat. „Ich bin zwar 1976 in Fuji auch im Regen ausgestiegen, aber ich hatte keine Substanz mehr, einen Unfall vorher — Prost nicht."
Dabei konnte Prost das Wasser im Helm wegzwinkern — Lauda damals, ohne Augenlid, jedoch nicht.
Prost-Kommentar: „Jeder Mensch hat das Recht, mit seinem Rennauto und mit seinem Leben zu machen, was er will. Mir ist die Sache zu gefährlich, das Risiko zu hoch. Und wenn ich dadurch den WM-Titel verspielen sollte — ich bereue nichts."
Der gleiche Prost, der in Le Castellet wie ein Löwe gekämpft hat, um das erste Rad-an-Rad-Duell mit Senna zu gewinnen, zieht sich eine Woche später noch während des Rennens um und fliegt heim. „Schade für ihn", sagt ihm Senna nach.
Prost-Ehefrau Anne-Marie ist überrascht, daß Alain so zeitig zur Tür hereinkommt: Sie hatte den Fernseher gar nicht aufgedreht und vom Prost-Ausstieg gar nichts gewußt . . .
Was in Alains Kopf vorgeht, ist für Lauda kein Geheimnis. „Du denkst an deine Villa, deinen Privatjet, an alles, was du dir zusammengefahren, verdient, erarbeitet hast. Das willst du genießen, nicht dein Leben wegschmeißen. Gewiß, Senna hat auch schon Villa, Lear-Jet und Millionen. Aber er war noch nie Weltmeister. Sobald er das hat, wird er auch ein bißl nachdenken. Und dann kommt der nächste Hungrige."
Und wie reagiert sein Boß? „Daß Prost im Regen aufgibt, tolerier ich einmal. Aber kein zweites Mal. Es darf nicht zur Gewohnheit werden."
Weil Prost aber jede Kritik an seinem „Mut zur Feigheit" so bitter trifft, korrigiert sich Dennis später in Hockenheim: „Seit Alain freiwillig aufgehört hat, hab ich vor ihm womöglich noch mehr Respekt als früher . . ." Die geschmeidige Sprache der Politiker.
Manche französischen Reporter werfen Prost nach Silverstone zweier-

lei vor: Erstens total ausgebrannt vom Rennen in Le Castellet — zweitens Feigheit im Regen. „Die hab ich mir genau gemerkt!" Und mit denen führt Alain fortan Krieg. „Ich war immer aufrichtig, hab nie gelogen. Und wenn ich behaupte, mein Auto war im Silverstone-Regen unfahrbar, dann muß man mir das auch glauben!"
Berger kämpft längst mit dem Rücken zur Wand. Rundenzeiten von 1,14 bis 1:15 haben die Ferrari-Ingenieure programmiert — aber dann kommt Berger nicht einmal mit 1,32 durch. Bei Halbzeit ist er sogar mit fünf Runden im Minus. Alboreto traut sich gar nicht mehr, den 6. Gang einzuspannen, wechselt, „reiner Verzweiflungsakt", sogar als einziger auf Slicks, „um vielleicht doch etwas Benzin zu sparen".
So wird Berger in der 50. Runde von seinem zukünftigen Ferrari-Rivalen Mansell überholt, in der 52. von Nannini (nach zwei Drehern), in der 53. von Gugelmin, in der 61. von Piquet. Und der bittere Nachschlag, der letzte Fußtritt: In der allerletzten Kurve wird Berger noch der eine, armselige Punkt für den 6. Platz gestohlen: Beide Arrows und, besonders bitter, sogar Patrese jagen am wehrlosen Ferrari vorbei. Als der erste Arrows vorbeigeht, beherrscht sich Berger mit Mühe. Dann kommt der zweite. Ohne Motorkraft rutscht Berger auf die Wiese und rollt ohne Sprit ins Ziel: Platz 9. Auch Alboreto geht das Benzin aus. „Nicht im Ziel, keine Punkte, und nicht lang geführt — weder Erfolg, noch eine Show. Alles für die Katz."
Senna triumphiert 23 Sekunden vor Mansell, der vom 11. Startplatz vorgestürmt ist — für die Briten wieder der Held des Tages. Als Dritter klettert zum erstenmal Nannini aufs Podest.
„Das schlimmste Rennen meines Lebens. Mit Autorennfahren hat das nichts mehr zu tun. Es wird immer ärger bei uns, und keiner weiß warum." Wütend, traurig, vor allem deprimiert verläßt Berger die Silverstone-Strecke. Und jetzt Hockenheim — wegen dem Herausbeschleunigen aus den drei Schikanen und der langen Geraden ein noch mehr spritfressender Kurs. „Am gescheitesten", resigniert Berger, „wäre, gar nicht hinzufahren." Das sagt auch Piccinini.
Die alte Regel „Regenrennen dauern länger, brauchen aber weniger Sprit" in Silverstone über den Haufen geworfen. Piccinini: „Verrückt, der Regen hat unser Benzinproblem verschlimmert statt verbessert: Weniger Leistung, trotzdem höherer Spritverbrauch. Unsere Ingenieure wissen nicht, warum." Hat Ex-Ferrari-Motorenchef Jean-Jacques His seinem alten Team noch schnell ein Ei gelegt?

„His war plötzlich weg, und wir standen mit den Ingenieuren da, die uns übrigblieben. Jetzt holen wir zwei, drei qualifizierte Leute aus der Motorabteilung von Fiat."

Und der neue Sportchef Pier-Giorgio Capelli: „Wir wollen arbeiten, nicht Leute austauschen — Zauberer gibt es sowieso keine. Und Spritprobleme hatten auch andere."

Was war der Grund? Wahrscheinlichste Erklärung: Seit 1985 kein Regenrennen mehr — darum kaum Regen-Verbrauchsmessungen. Die kalten Temperaturen und der größere Rollwiderstand der Regenreifen haben einen größeren Spritverbrauch zur Folge — bei Ferrari waren 150 Liter (das Maximum für Turbos) zuwenig. Nigel Mansell hatte in seinem Williams-Judd-Sauger 190 Liter getankt, wovon 25 nachher ausgepumpt wurden — also hatte er sogar 165 Liter verfeuert!

Warum kam Honda aus? Das große Geheimnis: Die Japaner nützen das Benzin besser aus als alle anderen. Wie, glaubt der Schweizer Motorenzauberer Heini Mader zu wissen: „Sehr gute Zerstäubung des Kraftstoffs, wahrscheinlich mit Ultraschall!" Experimente damit gab es schon mit Formel-2-Motoren, aber nur ganz wenige sahen die sagenumwitterte Maschine, die Energien in Gas umsetzte, mit Sauerstoff vermischte und alle Partikel verbrannte — um den Sprit voll auszunützen. Kraftstoffzerstäubung mit Ultraschall: der große Trick?

Für Senna hat jeder Sieg eine besondere Bedeutung, speziellen Wert. „Auch Silverstone, weil ich noch nie in England gewonnen hab. In Deutschland auch nicht."

Sonntagabend in Silverstone wird der Boutsen-Transfer zu Williams offiziell: seit zwei Wochen klar, seit drei Tagen unterschrieben. „Mit Mansells Weggang hat das nichts zu tun", verrät mir Boutsen. „Wäre Nigel geblieben, hätte Patrese gehen müssen."

Prost verbringt zehn ruhige Tage zu Hause. Ohne Testfahrten, ohne Aufregung. Sein TV-Freund Jacques Deschenaux lotet den Prost-Seelenzustand aus: „Wenn er Weltmeister werden wird, hört er vielleicht auf oder fährt weiter. Aber wenn er den Titel nicht mehr schafft, dann fährt er sicher noch 1989!"

Hinter den Kulissen braut sich eine Sensation zusammen, bleibt aber auf halbem Weg stecken: Prost hat ein gigantisches Angebot von elf, 1989 den Williams-Renault zu fahren, denkt lang und scharf nach — und sagt ab: „Ich bleib bei McLaren. Ich will Senna nochmals herausfordern — mit identischen Sauger-Autos!"

Längst rotiert das Transferbusineß: Ferrari tauscht Alboreto gegen Mansell aus.
Seit Monte Carlo spürt Michele, „daß ich von Ferrari weg muß. Aber keiner sagt mir etwas." Italienische Reporter, die Alboreto nicht mögen, kritisieren: „Er glaubt, er ist der einzige gescheite Mensch auf der Welt, alle anderen wären stupid. Er redet freundlich, hält aber seine Gesprächspartner für Deppen." Starker Tokab. Ein Überlegenheitskomplex?
Ferrari kommt ihm (angeblich) auf ein paar Unwahrheiten drauf. So klagte Michele in Estoril 1987: „Gut, daß der Motor kaputtging — er war genauso schlecht wie der alte." Was Alboreto nicht wußte: Erstmals hatte der Ferrari-Computer die Drehzahl aufgezeichnet — 15.500. Dazu kam ein böses „Autosprint"-Interview über Ferrari. Michele dementierte: „Hab ich alles nie gesagt." Aber plötzlich lag das Tonband auf dem Tisch ... Ferrari-Politik? Gelenkte Aktionen? Gezielte Intrigen?
Italienische Volksmeinung: Alboreto bremst früher und steigt später aufs Gas. „Aber er hatte zuletzt auch Pech", entschuldigt ihn Berger. Jackie Stewart hat anfangs so imponiert, „wie sich Alboreto entwikkelt", und Niki Lauda bei seinem Comeback 1982 empfunden: „Prost und Alboreto sind von den Neuen die Besten." — Was ist draus geworden?
Ein Geheimnis: Einen Teil der Alboreto-Gage zahlt seit Jahren der italienische Multimillionär Guggi Zanon. Ohne jede Gegenleistung — genau wie früher jahrelang für Ronnie Peterson. „Und auch Ronnie hatte Mitte seiner Karriere eine schwarze Periode durchzumachen", vergleicht Michele, „genau wie ich." Rennfahrer hoffen immer.
Aber daß ihn Berger seit Budapest 1987 in jedem Qualifikationstraining besiegt, verwirrt ihn. „Bis Sommer 1987 waren wir beide gleich schnell. Aber dann ist irgend etwas passiert." John Barnard weiß, was Michele meint: „Er glaubt, er bekam andere Motoren. Von mir hörst du zu Alboreto keinen Kommentar. Dabei glaub ich, er ist ein ziemlich guter Fahrer — im Rennen besonders."
Und er kann auch sehr lustig sein: Beim Alfa-Prominentenrennen in Estoril setzt Alboreto den Sturzhelm der „Miß Portugal" auf, überholt seinen führenden Manager Domingos Piedade, der ihn natürlich erkennt und total geschockt ist, als ihm die falsche Miß durchs geöffnete Fenster noch fröhlich zuwinkt.

Seit vier Jahren sagt Alboreto zu Tyrrell: „Eines Tages fahr ich wieder für dich, weil ich meine Formel-1-Karriere dort abschließen will, wo sie begonnen hat — bei dir!" Und seit vier Jahren stöhnt Ken Tyrrell: „Ich wüßte nicht, wie ich dich bezahlen soll . . ."

Berger mit wem 1989? Er will „nicht wieder einen italienischen Teamkollegen: zu viele Emotionen. Sondern einen Franzosen oder Engländer — am besten wäre Prost. Und ja keinen Langsamen — sonst schlafst ein."

Die ursprüngliche Ferrari-Wunschliste lautet: 1. Boutsen, 2. Capelli, 3. Nannini, aber die beiden Italiener sind nicht frei — und Ferrari hat Verträge noch immer respektiert.

Danach gibt es drei Gruppen: Piccinini redet sehr viel mit Boutsen — die „Nationalen" bei Ferrari wollen Stefano Modena — und die Fiat-Gruppe ist aus marktpolitischen Gründen in England und den USA für Nigel Mansell. Worauf Mansell in Kanada mit Berger sehr lang und ausführlich redet.

Hast du was gegen mich bei Ferrari? Nein — im Gegenteil.

Williams versucht, Nigel zu halten und bietet ihm „mehr Geld, als ich mich zu verlangen getraut hätte" — aber die Würfel sind schon für Ferrari gefallen.

Im Juli wird die Ferrari-Kündigung offiziell. Ferrari streut für den Fußtritt noch Blumen und dankt Alboreto „für fünf Jahre loyaler Zusammenarbeit auch in schwierigsten Zeiten". Als neuer Legionär wird bereits Mansell präsentiert — Ferraris englische Linie (Collins, Hawthorn, Brooks) geht weiter.

Nigel, freust du dich auf Ferrari?

MANSELL: „Unheimlich. Ferrari hat 1989 sein stärkstes Package seit vielen Jahren. Und mit Gerhard seh ich sowieso keine Probleme. Wir waren schon Freunde, bevor er in die Formel 1 kam. Gerhard ist heute einer der schnellsten Rennfahrer der Welt, aber ich komm ja nicht als Bedrohung, sondern um zusammenzuarbeiten."

Ferrari — für dich ein Zauberwort wie für alle?

MANSELL: „Schon als Bub hab ich von Ferrari geträumt. Als ich in der Formel 1 anfing, gab es für mich überhaupt nur zwei Teams: Lotus und Ferrari. Ich hab das Privileg, für beide fahren zu dürfen!"

Deine Gage: drei Millionen Pfund oder fünf Millionen Dollar?

MANSELL: „Das ist vertraulich. Aber ich hätte auch für zehn Millionen Dollar nichts unterschrieben, wenn ich nicht überzeugt wäre: Dort

zu fahren, macht mich total happy. Ich hab mir nämlich auch überlegt, zurückzutreten und nur noch Golf zu spielen, Handicap 1,6."
Und 1989 — wirst du Italienisch lernen? Nach Italien übersiedeln?
MANSELL: „Ich bleib weiter auf der Insel Man, aber wenn ich Schwierigkeiten hab, schnell zu Ferrari zu kommen, dann zieh ich einfach meine Polizistenuniform an. Ich bin ja Polizisten-Fahrlehrer. Italienisch lern ich nicht. Und die Ferrari-Politik ist mir Wurscht. Ich bin Profirennfahrer, kein Politiker. Aber sehr glücklich und jetzt schon aufgeregt — für Ferrari zu fahren, ist wie eine Einladung vom Papst."
„Nur gut, daß die March mit dem gleichen Motor so gut laufen", sagt Berger einmal ganz im Spaß zu Mansell. „Also muß es bei euch bei Williams wohl am Fahrer liegen. Da kann niemand mehr sagen: Der Judd ist schuld!" Nigel ballt ebenfalls im Scherz die Faust: „Na warte nur, nächstes Jahr bei Ferrari . . ."
Im Spätsommer beginnt Berger, Mansell ein bißl zu studieren: wenn er hinter dem Williams herfährt oder draußen auf der Strecke ausgefallen ist. „Mir fällt auf: Mansell bremst genauso spät in die Kurven hinein, fährt genau die gleiche, aggressive Linie wie Senna und ich. Alboretos Linie ist viel flüssiger."
Abgeklärt wird Mansell nie sein. Er stürmt noch heute aufgeregt die ganze Boxenstraße hinunter, um Augenzeugen zu finden: „Hast du gesehen, was der oder der getan hat?" Nach fast einem Jahrzehnt: immer noch voll Formel-1-Leidenschaft.
1986/87 gewann er jedes Jahr mehr Rennen als der jeweilige Weltmeister, aber 1988 schaut finster aus. Sieben Rennen, sieben Ausfälle! „Wenn ich bloß meine Motoren immer so rasch wechseln könnte wie meine Kappen . . .", grinst Nigel in die TV-Kameras und wechselt, während er interviewt wird, genau wie die Indianapolis-Sieger mit fliegenden Händen seine Kopfbedeckungen: damit alle Sponsoren zufrieden sind.
Wenn er jemanden mag, dann für ewige Zeiten. Anfangs seiner Formel-1-Karriere kleidete sich Mansell bei jedem Nürburgring- oder Hockenheim-Besuch bei „Boss" in Metzingen ein, bekam anständige Rabatte und revanchierte sich mit einem Gratis-Werbeaufnäher am Overall — nur für den deutschen Grand Prix. Heute kostet ein solches „Pickerl" viel Geld.
In Cascais verrät er Berger ein Geheimnis: „Ich könnte sofort in den Golf-Profizirkus einsteigen und im ersten Jahr garantierte zwei Mil-

lionen Dollar verdienen!" Gerhard staunt: Und das alles ohne Risiko? Mansell: „Aber ich wart noch mit meiner großen Golfkarriere, bis ich mit der Formel 1 aufgehört hab."

Lassen wir Frank Williams über Nigel reden: „Außerhalb des Autos a pain in the neck, schwer zufriedenzustellen, weil er immer pusht, alles will, so angespannt und anspruchsvoll ist. Aber sobald er ins Auto steigt: zauberhaft, absolut brillant. Und das ist es ja, was du von deinem Fahrer willst."

Frank Williams, the winner, tut sich hart, „diese Saison zu schlucken. Vor jedem Grand Prix muß ich mich ein bißl narkotisieren lassen — anders halt ich die McLaren-Domination nicht aus. Aber das macht uns für 1989 nur noch schärfer!"

Mir gefallen die Werbesprüche der Williams-Sponsoren. „Der Duft der Sieger", trommelt Denim für Mansell und Patrese. Und Canon fragt keß: „Wie gefällt Ihnen unser neuer Firmenwagen?"

In Rennprogrammen ist immer noch häufig von Patreses „zweifelhafter Taktik, umstrittener Fahrweise" usw. zu lesen. Mit dem Hinweis, er wäre öfter schon am Ende seiner Karriere angekommen und müsse „an diesem Wochenende beweisen, daß er doch ein echter Grand-Prix-Pilot ist". Frank Williams: „Wir suchen uns den Schreiber und fragen ihn möglichst höflich: Was ist Ihr Problem, Mister?"

Patrese kann sanft sein wie Eros Ramazotti, aber auch launisch bis unwirsch, speziell, wenn er sich draußen gedreht hat. In welcher Kurve? „Ist doch völlig egal", befindet er.

In Adelaide stellt er den Grand-Prix-Weltrekord ein: 176. Start. Aber zu überrunden oder zu überholen ist er genauso schwierig wie eh und je. Berger: „Der macht sein Auto immer besonders breit."

In Silverstone hat Berger genug. Er stellt Patrese, der ihm wieder eine Superrunde zusammengehaut hat, bei der Fahrerbesprechung scharf zur Rede. Riccardo empört sich: „Ja, sieht denn keiner von euch, welche Probleme ich mit meinem Auto hab?" Berger: „Und darum mußt du deine Probleme auf uns übertragen?"

Auf dem Golfplatz benimmt sich Patrese nicht anders. Er ist Golf-Anfänger, Nannini sein bester Freund — trotzdem streiten sie auf dem Green „auf Mord und Brand, wer nun neun und wer zehn Schläge gebraucht hat. Zwei US-Profis, die aufs Putten warten, amüsieren sich königlich."

Im Mai 1988 — zwischen Monte Carlo und Imola — wird aus Patrese ein Ehemann. „Mein lieber Riccardo", fragt der Pater in der Kirche von Padua, „eine Ehe ist eine sehr, sehr ernste Sache. Hast du dir auch wirklich alles genau überlegt?" Patrese lächelt: Neben ihm und seiner Suzy stehen ihre drei gemeinsamen Kinder: Simone (11) und die Zwillingstöchter, die auch schon schulpflichtig sind.

HOCKENHEIM: COMEBACK DER SILBERPFEILE?

Ende Juli rotieren die Formel-1-Boliden in Hockenheim — aber die echte Sensation rund um Deutschlands Großen Preis braut sich 100 Kilometer entfernt, in Stuttgart-Untertürkheim, schon seit Monaten zusammen: Rückkehr der Silberpfeile — kehrt Mercedes nach dem Comeback in der Sportwagen-WM auch in die Formel 1 zurück?

Hockenheim 1988. Am Montag vor dem deutschen Grand Prix ist Niki Lauda in geheimer Mission in Untertürkheim: Er redet stundenlang mit Vorstandsmitglied Herzog über die Formel-1-Zukunft von Daimler-Benz. Laudas BMW-Sportberatervertrag läuft im Dezember aus. Weil BMW den großen Motorsport nicht mehr will, hat Sportchef Wolfgang Peter Flohr bereits gekündigt — und Lauda ist ein Freund des Hauses.

Am Donnerstag darauf sind dann Bernie Ecclestone und Max Mosley zu einem Gipfeltreffen in Untertürkheim, konferieren hinter dicken Polstertüren bei Keks, Kaffee und Mineralwasser zwei Stunden lang mit Jürgen Hubbert, dem Stellvertreter von Werner Niefer. Zwar ist der Besuch des großen Formel-1-Zampano seit Jänner geplant gewesen, von den Deutschen aber immer wieder verschoben worden. „Wir hatten ja noch kein Konzept. Worüber hätten wir da mit Herrn Ecclestone reden sollen?" Jetzt gibt es Anlaß.

„Das ist das Beste, was uns passieren kann, denn Mercedes braucht die Formel 1", freut sich der FOCA-Boß schon lange auf die Rückkehr von Mercedes in die höchste Motorsportklasse. Hubbert: „Wir tun nicht, was für Herrn Ecclestone das Beste ist, sondern für unser Haus." Und ergänzt: „Wir finden fast schon keine Erklärungen oder Ausreden mehr, warum wir nicht groß Motorsport betreiben sollten."

Ecclestone ist klar: „Wenn Mercedes in die Formel 1 einsteigt, dann richtig, mit Stil." Der FOCA-Boß agiert sanft, diplomatisch, drückt den Deutschen nicht gewaltsam die Formel 1 aufs Auge, sondern redet über alle Sparten: Tourenwagen, Gruppe C, Silhouette (die Mercedes übrigens ablehnt) und Formel 1.

Mosley schürt das Feuer: „Fünf japanische und drei europäische Motorenhersteller drängen in die Formel 1." Was die Deutschen, die großräumig planen müssen, am meisten fürchten, ist eine plötzliche Reglementsänderung. Ecclestone beruhigt Hubbert in diesem Zusammenhang mit einer sensationellen Zusage. „Ich garantiere Ihnen, daß das Formel-1-Reglement mindestens zehn Jahre stabil bleiben wird, vielleicht sogar bis ins Jahr 2000."

Seither spricht einiges für eine baldige Rückkehr von Daimler-Benz in die Formel 1. Offiziell fällt die Entscheidung immer „in drei bis sechs Wochen. Aber dann", so ein hoher Daimler-Manager, „müssen wir schleunigst anfangen, unseren Motor zu bauen". Längst geistert die Zahl von 850 Millionen Mark für ein Fünfjahresprogramm durch die Formel-1-Boxen.

Niki Lauda als Berater, John Barnard als Konstrukteur, Alain Prost und Gerhard Berger als Fahrer? Hubbert: „Die genannten Herren genießen in diesem Geschäft einen glänzenden Ruf, spielen also in unseren Überlegungen sicher eine Rolle. Aber wir denken momentan über vieles nach." Prost, zum Thema Mercedes angesprochen: „Wart ab, wir werden sehen."

Mercedes muß sich eigentlich offiziell nie zum Comeback entschließen, weil man den 3,5-Liter für die Gruppe C sowieso baut und sich dann „immer noch entscheiden kann, ob wir mit diesem Triebwerk in die Formel 1 gehen". Langsam wird klar, daß man eher kein eigenes Auto baut, sondern sich, im Fall eines Comebacks, eher mit einem englischen Team liiert:

Entweder mit McLaren — wenn der Honda-Exklusivvertrag abgelaufen ist. Oder mit March — einem steil aufstrebenden, sympathischen Team mit Zukunft.

Porsche-Motorenchef Hans Mezger verhilft Lotus zu Gerüchten: „Wir sind im Gespräch, sogar ernsthaft", bestätigt Mezger die Behauptung, Porsche würde möglicherweise mit Geld von Camel einen Opel-Motor in Auftragsproduktion für Lotus bauen.

Mezger: „Wir reden, aber es gibt noch keine endgültige Entscheidung. Das dauert Monate. Wir haben Kontakte mit fast zehn Teams, die von uns Motoren wollen." Doch Porsche hat längst festgelegt: Formel 1 nur als Auftragsproduktion — ohne eigenes Geld.

In Weissach existieren Entwürfe für einen Formel-1-Motor. Mezger: „Machbar ist alles. Die Leistung bestimmt nicht die Technik, sondern nur die Konkurrenz — und das Geld." 620 PS könnte Mezger garantieren. „Und nach einem Jahr 20 PS mehr."
Mercedes ist die ruhmreiche deutsche Vergangenheit und Zukunft — Rial und Zakspeed die Gegenwart.
Die deutsche Rivalität ist stark: Erich Zakowski schaut schon immer beim Frühstück, mit wem er auf die Strecke mitfahren kann. Schmid giftig: „Wenn ich mir kein Leihauto mehr leisten kann, hör ich auf ..."
Aber wir steht's um die deutschen Fahrer?
„Der beste Deutsche seit Kriegsende war Stefan Bellof", schwärmt Ken Tyrrell noch heute. „Und hat im ganzen großen Deutschland keinen Sponsor bekommen — außer einem Steakhouse."
Am tragischen Bellof-Tod fühlt sich Tyrrell heute noch indirekt schuldig. „Im ersten Vertragsjahr waren seine Porsche-Einsätze noch erlaubt. Im zweiten: streng verboten. Aber er bettelte am Telefon so oft, so lang ... Mein Fehler", sagt Tyrrell leise.
„Das einzige, was der Formel 1 jetzt noch fehlt", hatte Bernie Ecclestone vorigen Sommer bemäkelt, „sind ein Neger und ein schneller Deutscher."
Im Dezember, bei den Estoril-Tests, grinste Christian Danner: „Zwei Deutsche bei Zakspeed — aber immer noch kein Neger."
Da stand der Münchner schon auf der Abschußliste, weil er a) die erste WM-Punkte-Feier Zakspeeds (Brundle 5. in Imola) geschwänzt hatte, b) nach seiner Monaco-Disqualifikation noch vorm Eintreffen der großen Direktoren des Sponsors „West" abgehaut war und c) angeblich sogar versuchte, die Zigaretten-Sponsorgelder zu Lola umzudirigieren. Zakspeed aber mußte, um den Sponsor zu halten, sofort einen deutschen Piloten verpflichten — und das war im November Bernd Schneider aus Saarbrücken, Dritter beim Macao-GP, bereits im „West"-Kampfanzug.
Er hätte nicht zu Zakspeed müssen. Mercedes-Mann Gerd Krämer hatte Bernd im Herbst für den großen Marlboro-Pilotentest in Snetterton empfohlen. Konzilium: James Hunt („solang ich was seh"), Ron Dennis, Earl Howe etc. Von allen Piloten machte Schneider den besten Eindruck.
Onyx versprach sofort einen Formel-3000-Vertrag, winkte mit einer Formel-1-Offerte für 1989. Aber Erich Zakowski bekam Wind von der

Sache und angelte den Deutschen, indem er ihm „Tausende Testkilometer" garantierte — es wurden knapp 300.
In Rio sprang Schneider ins kalte Wasser: nicht qualifiziert. Hoffentlich beurteilt ihn die Wegwerfgesellschaft Formel 1 nicht gleich danach. Abgestempelt ist man schnell.
Umgekehrt: Jeder junge deutsche Rennfahrer ist immer gleich der „neue Bernd Rosemeyer".
Bernd Schneider vielleicht noch eher als manch andere.
„Mein Vater — der früher selber auf NSU und BMW Rennen fuhr — arbeitete 1964 an der Begrünung der Autobahn Frankfurt – Darmstadt." Dort ist Bernd Rosemeyer 1938 bei einem Weltrekordversuch tödlich verunglückt — und dort steht auch ein Gedenkstein.
Für Horst Schneider, den Befestigungstechniker, stand augenblicklich fest: „Mein Sohn, der demnächst auf die Welt kommt, wird Bernd getauft!"
Senna kennt der heute 24-jährige ja noch vom Kart. „Aber da war ich noch bei den Junioren, er schon bei den Senioren. Gegeneinander gefahren sind wir nie."
Obwohl sich Bernd „ein bißl älter gemacht hat". 1980, mit 16, war er Junioren-Weltmeister in der 100-ccm-Klasse. 1983 in Laval EM-Vierter hinter Modena. „Wir sind lang gegeneinander gefahren, Kart und Formel 3. Aber der Italiener hat bei wichtigen Rennen immer mehr Glück gehabt, war fast immer vor mir." Auch beim Formel-3-Classique von Monte Carlo — Schneider Achter. Nur nicht in Macao — 3. Schneider, 5. Modena. Das war der Zakspeed-Vertrag.
In Estoril, wo er zum erstenmal einen Formel 1 fuhr, war Schneider aufgeregt und begeistert: „Wahnsinnige Umstellung. Unheimlich, wie spät man bremsen kann. Der Abtrieb ist für mich das größte. Ich hab unheimlich Respekt vor den Formel-1-Fahrern, die das durchstehen ..."
Danner sagte damals zu Schneider immer „Schröder": „Ich find, der Bernd müßte Schröder heißen." Bernd Schneider ist ein gewissenhafter, ernster junger Rennfahrer, der zuzupacken versteht — durch seinen erlernten Beruf (Stahlbetonbau) mehr geprägt als durch seine Rennerei-Anfangserfolge.
Weil aber Schneider und Ghinzani wenig weiterbringen, schreit das deutsche Rennvolk nach dem erfahrenen Danner. Christian Danner wird als Testpilot angeheuert. „Mehr darf ich laut Vertrag nicht verraten. Testpiloten sollen testen, nicht Kommentare abgeben." Immer-

hin: „Das Auto ist immer noch recht ähnlich zu 1987." Danner, vertraulich: „Wenn du fast ein Jahr Distanz hast, kannst du über Dinge offen reden. Das 87er-Auto war auch nicht besser als das diesjährige — darüber redete ich jetzt auch mit Martin Brundle. Wir sind nur immer am oder über dem Limit gefahren."

Was Danner dafür kriegt? „Seine Kosten", sagt Zakowski, „und eine kleine Anerkennung." Denn: „Wir freuen uns über jedes Hundertstel zusätzlich Ladedruck, das wir finden."

Rial und Zakspeed haben vor Hockenheim aufgerüstet, aber dennoch Frieden geschlossen: entgiftete Atmosphäre nach Streit und Klagedrohungen. „Alles dreht im grünen Bereich", beruhigt der übergelaufene Konstrukteur Gustav Brunner, der am Mittwoch vor dem deutschen Grand Prix „im ATS-Hemd" plötzlich in Günter Schmids Firma aufgetaucht war. Und weil der Rial-Chef „unbedingt ein ruhiges Hokkenheim-Wochenende" braucht, gibt es plötzlich etwas, was zwischen Schmid und Brunner nie existiert hat — einen schriftlichen Vertrag.

Brunner verpflichtet sich, bis zum 10. August alle den Rial betreffenden technischen Anleitungen, Skizzen und Pläne, besonders sämtliche Zeichnungen für das Getriebe, an Schmid zu übergeben. Des weiteren werden Geheimhaltungs- und Wohlverhaltensklauseln ohne Rechtsanwaltshilfe in die Maschine getippt. Brunner verlebt sein letztes Wochenende in der Rial-Box, ehe er „offiziell ab 1. August" für Zakspeed arbeitet.

Für die Zukunft will Schmid „gleich zwei Konstrukteure. Ich habe sie schon an der Hand."

Ich erlebe die letzten Wochenend-Dialoge zwischen Schmid und Brunner am Kopfhörer des Rial-Boxenfunks mit: sachlich, nüchtern, ohne Hektik: Schmid: „Andrea, can you hear me?" de Cesaris, nie ein großer Plauderer im Cockpit, versteht alles. Der neue Rial mit größerem 194-Liter-Tank schlägt vorn auf. Brunner: „Kein Problem, härtere Federn." Derweil testet Andrea im alten Auto den neuen, um 15 PS stärkeren Motor: 580 PS, wesentlich günstigeres Drehmoment. Schmid am Funk: „Was sagst du, Andrea, ist der neue Motor nicht super? Er klingt schon viel giftiger. Vier davon können wir kriegen." Aber er erzeugt so heftige Vibrationen, daß die Auspuffrohre gegeneinanderschlagen.

Und dann der Schreck am Samstagvormittag: FISA-Chefkommissar Corsmit befiehlt de Cesaris zu sich, weil er in der Boxenstraße mit 104,5 km/h gestoppt wurde. Erlaubt sind (im Training) nur 50 km/h.

Der strenge Corsmit: „15 Minuten Trainingspause — als gelbe Karte. Aber die rote liegt bereit."

Durch diesen Dschungel watet Zakowski reinen Herzens, mit sauberer Seele. „In der Formel 1 bist du von so vielen Sachen abhängig ... du kannst nicht immer, wie du willst."

So mauschelt er sich durch, nicht immer auf schnurgerader Linie, auf dem schmalen Grat zwischen Publicity und Kohle. Einerseits, schätze ich, hat Zakowski gewisse Abneigungen gegen allzu „sophisticated" Ingenieure, pflegt lieber andächtig seinen Zakspeed-Club und die Presse, andererseits liebt er das Bild vom armen Ostpreußen, der mit fester Hand zupackt, um allein gegen die Giganten mit Millionenbudget anzukämpfen — solang er nur die Nr. 1 in Deutschland bleibt. Zakowski vertraulich in Rio: „Hätte ich gewußt, daß Günter Schmid wirklich zurückkommt, hätte ich über den Winter mehr getan ..."

Sein Filius kämpft sich durch die deutsche Formel 3. „Und die ist momentan härter umkämpft als die vielgepriesene englische. Nur in Italien geht's noch wilder zu." Der Familientraum? „Zakspeed Zakowski auf Zakowski in der Formel 1. Das hat's seit Brabham auf Brabham nicht mehr gegeben ..."

„Der Druck auf mich", sagt auch Schneider vor seinem großen Heimspiel, „ist unheimlich." Sogar die Mama wird bei der Milchfrau dauernd gefragt: „Was ist denn los mit Bernd und Zakspeed?" Darum geht Schneider das Training „ganz aggressiv an. Ich versuch, mich im Windschatten von Prost mitzuretten, verschalte mich — aber dann erwische ich den Windsog von Sala."

Offiziell hat Zakspeed „die Airbox-Position verändert, am Potentiometer viel gearbeitet". Statt 2,29 bar haben Schneider und Ghinzani im Heimrennen 2,47 bar: mehr Leistung als je zuvor. „Das macht", freut sich Bernd, „50 bis 70 PS." Topspeed und Beschleunigung passen: Bernd ist mit 314 km/h Siebentschnellster auf der Waldgeraden und auch auf der Ziellinie unter den ersten zehn.

Hockenheim 1988: Viel Mercedes-Geflüster, viel Prominenz. Walter Wolf mit US-Astronaut und Mondflieger Pete Conrad in der Box. Und Willi Dungl, der Formel-1-Superfitmacher Nr. 1, erstmals nach drei Jahren wieder bei einem Grand Prix — mit Kürbissuppe und vielen Feinheiten. „Zuerst bist du froh, daß du das ganze Klumpert nimmer siehst. Aber dann: ein Gefühl, als wärst du nie weggewesen. Die Autos sind so schön und ästhetisch wie noch nie. Aber das fällt dir nur auf, wenn du sie lange nicht gesehen hast ...“ Und die vielen Unnötigen, die sich wichtig machen? „Die gehören auch dazu“, sagt Dungl, „wie die Ameisen im Garten.“

Prost muß in Hockenheim „unbedingt gewinnen, weil der Hungaro-Ring eher Senna liegt, Spa meist eine Wetterlotterie und auch Monza schwer vorauszusagen ist. Aber die Rennen laufen momentan für mich nicht so, wie ich will ...“

Senna dagegen liebt Hockenheim bei jedem Wetter: „Meine Lieblingsrennstrecke! Zu den Schikanen fährst du durch die Waldgerade wie durch einen Tunnel, klimperst die Gänge herunter, spürst im Wald, daß es gleich um ein paar Grad kühler und frischer wird“ — genau wie Skirennläufer, wenn sie auf der Kitzbühler Streif in die „Alte Schneise“ eintauchen. „Und jede Runde freust du dich auf die Einfahrt ins Motodrom: weite, freie Flächen, steile Tribünen wie im Maracana-Fußballstadion von Rio.“

Für Josef, den Masseur, ist es „immer noch unerklärlich, wie die beiden klaglos zusammenarbeiten — und sogar beim Umziehen noch miteinander reden. Ich wunder mich selber. Aber ich find keine Rivalität.“

Wie gleich sind die Autos? „Ayrton und ich versuchen, mit mehr bzw. weniger Heckflügel den Unterschied für den Spritverbrauch herauszuarbeiten, sonst sind die Autos identisch, höchstens verschieden gedämpft — aber die Differenz ist minimal.“ Prost hat Samstag Schaltprobleme und tauscht das Getriebe.

Bei Berger im Hotel: Wir studieren die geheimen Zeitnahme-Tabellen, auf denen die Strecke in vier Abschnitte eingeteilt wird, und ich lerne den Unterschied zwischen Weltklasse und Superweltklasse:

„Von der Ziellinie bis zur ersten Schikane fahr ich Alboreto um sieben Zehntel davon. Auf jedem anderen Teilstück nur um ein Zehntel. Oder schau Prost an: in dieser Runde auf diesem Teilstück schnell, in den anderen Passagen langsam. Oder umgekehrt. Nur Senna kann alles zusammenhängen: In seiner schnellsten Runde in jedem Abschnitt der Beste — da paßt alles.“

Wieder kämpft Berger gegen Windmühlen. Trainingsergebnis: wieder Senna vor Prost und Berger. Und ich frag Gerhard: Was tust du gegen den Frust?

1986 in Hockenheim erstmals die schnellste Runde, 1987 dein 12. Unfall wegen Materialbruchs — dein totaler Tiefpunkt?

BERGER: „Den hab ich jetzt wieder ...“

Was ist für dich der größere Frust: die Ferrari-Benzinkrise — oder das Wissen, daß du gegen die McLaren-Honda nicht gewinnen kannst?
BERGER: „Daß ich nicht gewinnen kann! Dabei denk ich mir oft: Eigentlich könnt ich jetzt selber im McLaren drinsitzen. Aber nur nachher, nie während der Rennen."
Und wie bekämpfst du deinen Frust?
BERGER: „Indem ich mir einrede: Dann halt nächstes Jahr! Das sagst dir als Rennfahrer immer. Aber mein Einsatz, meine Leistung sind immer die gleichen. Ich will, ich muß heuer WM-Dritter werden! Dafür fahr ich."
Fad für dich?
BERGER: „Richtig fad! Mir kommt die Formel 1 überhaupt so langsam vor. Ich wein schon meinen alten Turbos nach: 1400 PS — da mußtest du höllisch aufpassen, daß du dich nicht auf der Geraden drehst. Aber jetzt fährst du jede Runde drei Sekunden langsamer. Konzentration brauchst genauso, aber sonst ist dir fad."
Wo kannst du heuer die McLaren noch aufsplittern?
BERGER: „Nirgendwo, wenn sie nicht stehenbleiben."
Wo eventuell Pole-position holen — wie in Silverstone?
BERGER: „Auch nirgends! In Zeltweg wär's möglich gewesen ... Aber weil ich gegen die McLaren-Honda keine Chance hab, sind für mich die Qualifikationstrainings heuer die echten Rennen."
Im Sommer riskiert Berger viel: „In Silverstone hab ich mich in meiner schnellsten Runde gedreht — das hätt nicht sein müssen." In Hockenheim hämmert er sich ein: „Ich muß unbedingt wieder in die erste Startreihe! Weil es das einzige ist, das mir momentan Spaß macht. Gegen das eigene Auto kämpfen, das Limit an jeder Ecke suchen. Okay, wenn du um Zehntel kämpfst. Aber meist ist vor mir ein Loch von einer Sekunde — und hinter mir genauso."
„Ich mag Berger sehr", sagt Derek Warwick, „aber manchmal hab ich Angst um ihn — wie früher um Gilles Villeneuve."
Im Abschlußtraining geht Berger über die Risikogrenze. Zuerst rattert er über die Kerben, prallt im Sturzflug fast gegen den Mansell-Williams.
An Arnoux preßt er sich schon fast neben der Strecke vorbei. „Aber da hab ich wenigstens noch zwei Räder auf dem Asphalt. Eine Runde später überhol ich Cheever, der gerade Larrauri aus dem Windschatten überholt. Zu dritt nebeneinander — dafür ist die Straße zu schmal."

Für Gerhard „die gefährlichste Situation, in der ich je war! Ich kann nur hoffen, daß Cheever mich im Rückspiegel sieht — wenn nicht, fahr ich ihm halt auf der Wiese vor."
Cheever sieht Berger „erst im allerletzten Moment. Aber da ist es zum Bremsen schon zu spät." Mit über 300 km/h mit allen vier Rädern aufs Gras — und dann ein mörderischer Sturzflug, ein Hochgeschwindigkeitsdreher von ganz links bis ganz rechts, durch den Pulk.
„Ich hab nur die Augen zugemacht, schon geglaubt: Jetzt bin ich tot...", gesteht mir Gerhard später, was sich alles in seinem Kopf abspielt.
Cheever sagt mir: „Wir haben touchiert, aber gottlob nicht Rad an Rad, sonst müßtest du heute noch nach den Trümmern suchen."
Im ersten Schock glaubt Eddie: „Jetzt wird bei Ferrari ein Platz frei." Aber der Ami, glaubt Berger, „hat sich auch mehr geschreckt als ich". Berger sucht keine genialen Rettungsaktionen: „Riesenglück gehabt! Ich hab den Dreher nicht kontrolliert, war nur noch Passagier. Wennst länger leben willst, darfst solche Sachen nimmer machen."
„Was sagen die Österreicher jetzt über mich? Halten sie mich für einen Mörder?" fragt mich Cheever tags darauf. Der Sturzflug, immer und immer wieder gespielt, erschreckt Millionen TV-Zuschauer.
Als Berger ein paar Tage später seinen 320-km/h-Dreher auf Video sieht, erschrickt er, „weil ich draufkomm: Ich leb momentan zu gefährlich. Ich muß zurückstecken, muß aufpassen. Rallyefahrer dürfte ich keiner sein. Weil ich einfach zu übermütig bin. Mir gefällt's, so zu fahren, das ist lustig — aber irgendwann einmal . . ."
Ein vertrauliches Gespräch mit mir: Zum erstenmal grenzt Berger seine totale Risikobereitschaft ab. „Meine Angst ist nur: Wenn ich endlich einmal in einem Auto sitz, in dem ich Weltmeister werden kann, dann bin ich vielleicht nicht mehr aggressiv genug."
Erstens seh ich da keine Gefahr. Zweitens haben auch die Weltmeister zuerst überleben müssen — wie Berger im Sommer klar wird.
Der Samstagabend gehört, wie immer, dem „Boss"-Dinner in Heidelberg. Eine der nettesten Traditionen im Formel-1-Zirkus. Nur gemeinsam fotografieren lassen sich Senna und Prost nicht mehr so gern. Langsam hassen sie die gezwungenen Kameradschaftsbilder. Gastgeber Jochen Holy placiert Dennis, Prost und Senna an verschiedenen Tischen. Alain geht um 9.30 Uhr schlafen, Ayrton erst eine Stunde später.
In der Nacht: Sturmwarnung, abgetragene Zelte, der Blitz schlägt ins Tribünenhotel ein. Der Himmel grollt mit Sommergewittern.

Regen in Hockenheim, da denkt man immer an Jim Clark 1968. Und Didier Pironi 1982 — besonders Prost, der Regen haßt: „Larrouse war damals der letzte Teammanager, der mich ins Auto zwang, wenn ich nicht wollte."

Für Prost ist die WM zur Lotterie geworden: „Vielleicht gewinn ich das nächstemal, vielleicht regnet es wieder, vielleicht steig ich dann wieder aus — was soll ich sagen?"

Aber wo bleiben in Hockenheim die TV-Livekameras in den March-Boliden? Wo die mitreißenden Bilder aus dem Cockpit — für ein Regenrennen unbezahlbar? March hat bis jetzt 40.000 Dollar für die TV-Kamera bezahlt, damit den Sponsor hocherfreut — aber jetzt mag Ian Philips, der Teammanager, nicht mehr: „Wir sind keine Mitläufer mehr, die froh sein müssen, wenn sie irgendwo ins Bild kommen dürfen — wir kämpfen um Plätze auf dem Siegerpodest. Darum verlangen wir ab jetzt Chancengleichheit. Entweder TV-Kameras in allen Autos — oder 5 kg Gewichtsballast für die anderen. Weil wir uns nicht als einzige durch schlechtere Aerodynamik bestrafen lassen."

Die geheime FOCA-Abstimmung ergibt: 16 Teams auf March-Seite — aber die Ballast-Kameras scheitern am Ferrari-Veto.

Rutschend und schleudernd setzt sich das Feld in Bewegung. Senna kommt am besten weg, dahinter Berger und Nannini. Prost, behutsam gestartet, ist Vierter, von den Regenfontänen geduscht, „erschrocken und mit ein bißl Angst. Ich verlier das Rennen schon am Start!"

Aber noch schlimmer der Blindflug für jene im Pulk, die nur nach Gehör fahren können. Plötzlich, vor der ersten Kurve, ein Bruch. Derek Warwick schildert: „Ich hör nur aufs Motorengeräusch meines Vordermanns, warte, bis der Lärm nachläßt — in dem Moment geh auch ich vom Gas. Der hinter mir tut das gleiche. Aber weil der Erste zu früh gebremst hat, steigen wir alle vor der ersten Kurve nochmal aufs Gas — und haben alle noch einmal beschleunigt."

Die Ostkurve ist spiegelglatt wie ein Eislaufplatz. Dort muß man höllisch aufpassen.

Vier Piloten haben es riskiert, auf regennasser Fahrbahn mit profillosen Slicks zu starten: Piquet, Alliot, Streiff, Larini. Sie alle fliegen raus. Piquet als Erster, schon in der ersten Kurve. „Ein glatter Wahnsinn", klagt Berger an, „nur Selbstmörder können bei solchem Wetter Slicks montieren!" Prost kritisiert noch schärfer, weil Piquet & Co. ja auch die anderen gefährden. Aber Nelson trotzt: „Was soll's — in den

Kurven hab ich mit den Slicks genausoviel Grip wie die anderen mit ihren Regenreifen."
Senna hat kein leichtes Rennen: „Kalte Bremsen, schwierige Reifen." Prost hat „noch größere Probleme mit den Hinterreifen — so kann ich gegen Senna nichts ausrichten". Der Franzose verliert in den ersten vier Runden auf Senna 10 Sekunden. „Ich hoff, daß die Strecke irgendwann auftrocknet. Aber leider hört der Regen nie auf."
Senna ist der Regenkünstler, trotzdem findet er Regenrennen „immer schrecklich und gefährlich. Ich fahr so schnell und sicher wie möglich." Prost überholt Nannini (8. Runde) und Berger (12. Runde) und versucht aus aussichtslosem Rückstand Senna einzuholen. „In manchen Passagen attackier ich hart, um meinen Rückstand zu verkleinern. Das Auto ist okay." Aber Alain verliert beim Überrunden von Arnoux viel Zeit, und in der Schikane kollidiert er mit Nakajima. „Heute kann ich gegen Senna nichts ausrichten — schon am Start verloren. Auf solchen Kursen bin ich immer schnell — wenn's nicht regnet."
Ganz hört der Regen nie auf. „In keiner einzigen Runde", sagt Berger, „wären Slicks besser." — „Schade", bedauert Prost, „daß es nicht abtrocknet. Aber wenn du Weltmeister werden willst, mußt du eben überall gut sein."
Die Deutschen schlagen sich tapfer: Für Schneider „körperlich kein anstrengendes Rennen, aber dafür psychologisch". De Cesaris fightet verbissen, muß mit einer krummen Felge an die Box, dann bleibt der 2. Gang stecken — ein Mechaniker hämmert mit der bloßen Hand drauf, worauf Andrea weiterfahren kann. „Ohne Kupplung im Regen — ziemlich unangenehm." Er dreht sich zweimal, wird aber noch 13. — zwischen den Zakspeeds. Drei deutsche Autos am Start, drei im Ziel. Schneider geht gleich nach der Zielflagge der Sprit aus.
Nannini muß kurz vor Schluß an die Box: ein Bolzen gebrochen, der Gaszug klemmt, vier Runden verloren. Was ihn so wütend macht, daß er im Finish die schnellste Runde des Rennens hinknallt — 1,8 Sekunden schneller als der Nächste!
Für Berger wiederholt sich die Schrecksekunde vom Training um ein Haar: Zakspeed-Pilot Ghinzani paßt vor der Schikane nicht auf, bleibt stur auf seiner Linie. Schon wieder Herzklopfen. „Aber zum Unterschied zu Cheever hat er vorher in den Rückspiegel geschaut. Ich verlaß mich also darauf, daß er die Ideallinie freigibt — zu spät." Wieder muß Berger rechts vorbei, über die Wiese — Riesenglück, daß der Fer-

rari auf dem nassen Gras nicht ausrutscht. „Gestern Cheever, jetzt Ghinzani. Zweimal die gleiche Situation — zweimal zuviel", stöhnt Gerhard. Er wird Dritter — zum erstenmal nach Mexiko wieder auf dem Stockerl.
Die gute Nachricht: In der gleichen Runde mit Senna und Prost. „Diesmal reicht der Sprit, aber wir müssen noch unheimlich viel am Benzinverbrauch arbeiten."
Die schlechte Nachricht: „Keine Hoffnung für die nächsten Rennen — wir können heuer nimmer gewinnen, egal bei welchem Wetter" — aber zum Glück irrt er sich.
„Hast du auch während des Rennens geschlafen?" fragt mich James Hunt ätzend, als er die BBC-Mikrofongarnitur abnimmt. „Ich bin diesmal nur für zehn Minuten aufgewacht . . ." Die anderen rechnen: „Sennas fünf Siege sind wichtiger als meine Punkte", kalkuliert Prost. „Und wenn Senna gewinnt — er wäre kein schlechter Champion."

BUDAPEST: BERGER BESTELLT REGEN

Zum nächsten Rennen nach Budapest kommt Senna mit Muskelkater: „Ich bin in Monte Carlo viel gelaufen, ich hab ganz schwere Beine." Josef massiert ihm die Müdigkeit aus dem Gasfuß.
Komm, Zsigan: Zeltweg liegt im August im Pußtaland. Durch die Ö-Ring-Absage avanciert der Große Preis von Ungarn praktisch zum „Heimrennen" der österreichischen Formel-1-Fans. Sonderbusse — alle Reisebüros melden Rekordinteresse. Günstiger heuer: die Eintrittskarten. Dafür klettern die Hotelpreise um ein Drittel. Österreichische Lösung: die Campingplätze rund um den Hungaroring. 20.000 kommen, um Gerhard Berger zum Erfolg zu peitschen.
1986 knapp über, 1987 knapp unter 200.000 Besucher — auch der dritte Formel-1-WM-Lauf im Ostblock wird ein Superhit! Zweimal hat Nelson Piquet gewonnen, heuer heißt der Favorit Ayrton Senna. „Ihm liegt das Kurvengeschlängel mit den vierzig Gangwechseln pro Runde am besten", glaubt auch Alain Prost.
Schreibt Prost die WM 1988 bereits ab? „Sieben Siege sind heuer zuwenig, um Weltmeister zu werden. Wahrscheinlich brauchst du mindestens acht. Aber sicher wird derjenige von uns World Champion, der als erster neun Rennen gewinnt!" rechnet Alain in Budapest.

Günter Schmids Comeback: mit Rial, dem „blauen Ferrari" und de Cesaris. „Noch ein Jahr mit ihm hätte ich nicht ausgehalten . . ."

Zakspeed hatte ein mühsames letztes Turbo-Jahr, aber Debütant Schneider (links, rechts Ghinzani) war tapfer: Bernd wie Rosemeyer.

„Der Eurobrun war schlechter als Modena (links), aber besser als Larrauri (rechts) ahnen ließ.“ Unten: Walter Brun mit Pavanello.

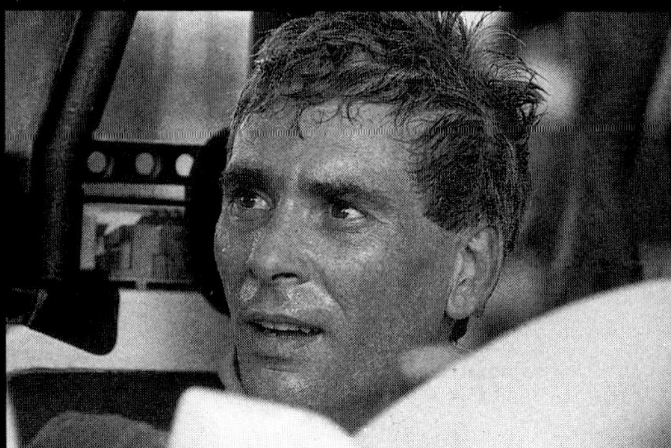

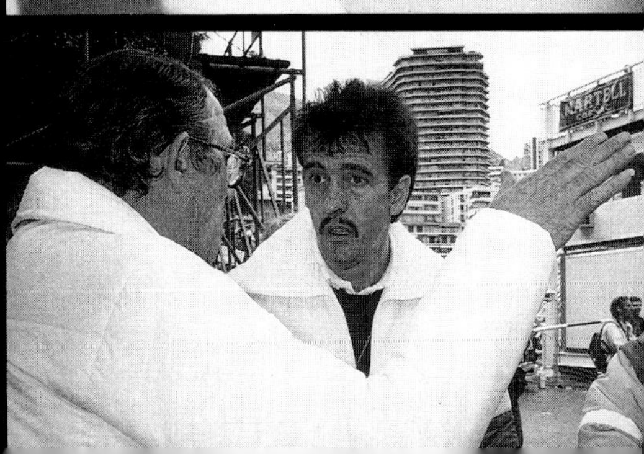

Als die Formel I den Atem anhielt: Derek Warwicks dramatischer Trainingssturz in Montreal – zwei Wochen nach einem ähnlichen Crash

Philippe Alliots in Mexiko. Tags darauf wurde Warwick Siebenter. Das schönste Jubiläum: Über 100 Große Preise ohne Todessturz.

Neue Gesichter: Oben Perez-Sala, Tarquini, Bailey — Mitte Caffi und sein Dallara — Unten Larini und Schlesser, der Monza entschied.

Entente cordiale: Williams (mit Patrese) rüstet auf Renault-Motoren um.
Zakspeed goes East: Gantner, Zakowski, Yamaha-Bosse.

Perspektiven 1989: Der Ferrari-12-Zylinder-Sauger, Kollegen Berger — Mansell, Lamborghini-Motorchef Forghieri, Honda-V-10.

Momentan 5:4 für Senna. Noch sieben Rennen, von denen Prost also fünf gewinnen müßte — gegen Supermann Senna fast unmöglich.
Und darum denkt Prost bereits weiter. Sensationelle Aussage in Ungarn: „Natürlich wäre es fantastisch, würde ich heuer die WM gewinnen — aber sogar noch phantastischer für mich wäre, wenn der neue Weltmeister Senna heißt. Weil Ayrton dann 1989 nicht mehr so total motiviert wäre, sondern nachlassen würde, alles lockerer nimmt — um so eher könnte dann wieder ich den Titel gewinnen!"
Aha — kluger Mann baut vor. Was Prost denkt, filtert im August auch durch die Storys seiner französischen Hofpoeten: WM-Titel für Prost gar nicht mehr so wichtig — wer sonst hat 32 Siege —, kein Beweis nötig, wer der Allergrößte ist...
Prost denkt also bereits an Revanche, bevor er noch verloren hat. „Denn ich fahr sicher noch 1989, vielleicht länger."
„Hotel Forum" an der wunderschönen Budapester Kettenbrücke, gleich nach der total ausverkauften Piloten-Präsentation. Gerhard Berger grinst vergnügt in sein Wiener Schnitzel hinein: „Alain", ruft er zu Prost hinüber, „ich hab für dich Regen bestellt." Der Franzose macht die internationalste aller Gesten — das französische Schulterzucken: „Schick deinen Teller zu Senna — ich esse biologisch..."
Am Abend treffe ich Prost auf der Fischerbastei beim Abendessen: „Napoleon" mit seinen Offizieren — Prost mit seinen bevorzugten französischen Reportern. Sein seelischer Zustand an diesem Wochenende wechselt sprunghaft wie seine Resultate.
Ein trauriger Grand Prix für die Magyaren: Ihre große Hoffnung Csaba Kesjar, 1987 sogar schon probeweise in einem Zakspeed gesessen, ist bei einem Formel-3-Meeting in Deutschland tödlich verunglückt. Der legendäre Ferenc Szisz, 1906 erster Grand-Prix-Sieger aller Zeiten, findet keine Nachfolger.
Der Hungaroring ist langsam, zu langsam sogar, weil man für 1988 eine Schikane wegnimmt — also relativ sicher. Für Berger: „Volles Risiko." Erst Spa wird wieder gefährlich: „Ab dort muß ich zurückstecken."
Nach Silverstone und Hockenheim sitzt allen Piloten noch der Schock im Nacken — allen graust vor einem neuerlichen Regenrennen. Sogar Berger, der Schlechtwetter-Fan, betet, daß es nicht regnet: „Bei Hitze ist der Hungaro-Ring sehr anstrengend, bei Regen aber absolut unfahrbar. Nicht direkt gefährlich, dazu sind die Kurven zu langsam, die Ge-

schwindigkeiten nicht hoch genug — aber die Autos werden unkontrollierbar. Wenn die Strecke schon im Trockenen so rutschig ist, daß sich kaum Reifengrip aufbaut."

Prompt regnet es Freitag früh. Und das heißt zwangsläufig „Holiday on Ice" — eine gefährliche Rutschpartie auf nasser Strecke mit Pirouetten-Rekord. Über 50 Dreher, vor denen keiner verschont bleibt, auch nicht Berger, der in der „Wasserhölle Budapest" nur drei behutsame Runden dreht: „Eigentlich total sinnlos. Überall Wasserlacken. Wirklich nicht lustig." Als wieder einmal ein rausgeflogener Bolide angeschoben wird, will Gerhard ausweichen, „aber ich komm in ein Pfütze und dreh mich".

Aber der Alptraum des dritten Regenrennens hintereinander verfliegt bald. Mittags kommt die Sonne heraus, nach 30 Trainingsminuten ist die Strecke wieder trocken.

Jetzt beginnt, was für Senna „das härteste Qualifying des Jahres" ist. „Ab der ersten Runde muß ich gegen alle Autos kämpfen." Vor allem gegen Nigel Mansell, der nur einen einzigen Fehler macht: Den Rat seiner Ärzte mißachtet, zu Hause zu bleiben, nachdem ihn seine Kinder mit Windpocken (Feuchtblattern) angesteckt haben.

Senna und Mansell, die ersten auf Slicks, duellieren sich um die Pole, Berger ist kurz Zweiter, aber die Turbo-Rückabstimmung vom Nassen aufs Trockene stimmt nicht. In der allerletzten Minute wechselt die Bestzeit dreimal: Mansell, Patrese, Nannini. Zuletzt Prost, aber nie Berger, der fünf Minuten vor der Zielflagge an die Box geholt wird: falsches Timing bei Ferrari, was Berger verärgert: „Ich mußte ja glauben, daß mein Motor überhitzt. Aber leider — ein Irrtum. Ich wär noch gern draußen geblieben." Wütend stürmt Gerhard aus der Box.

Samstag macht ihm Larrauri seine zwei schnellsten Runden kaputt. Der sture Argentinier — wie so oft. Und fünf Minuten vor der Zielflagge das Symbolbild: Berger im Sand — Ferrari am Sand.

Nigel Mansell, mit Dreitagebart und Riesenherz, ist die Sensation im Training: Bis kurz vor der Zielflagge Bestzeit — die erste Pole-position für einen Sauger-Piloten seit Rosberg 1983 in Rio? Nur Senna mit einer Superrunde vereitelte die Sensation gerade noch um ein Zehntel.

Womit der Sauger-Brigade restlos klar ist: „Wenn wir die McLaren 1988 irgendwo schlagen können, dann nur in Budapest."

Prost hat nur den 7. Startplatz, direkt vor Berger. Pole-Mann Senna ist umzingelt von gefährlichen Sauger-Piloten:

Mansell — den 1987 in Budapest ein weggebrochener Radbolzen den WM-Titel gekostet hat,
Boutsen — der sich für seinen belgischen Heimat-Grand-Prix in Spa richtig aufwärmt,
Capelli — der Schuhe in zwei verschiedenen Farben trägt, „damit ich immer weiß, welchen Fuß ich mir in Detroit gebrochen hab, wie ich jetzt hinken muß“,
Nannini — der sich unverändert vor jedem Training bzw. Rennen aus dem Ferrari-Zelt einen Espresso abholt, um aufzuwachen, worauf Berger dem Ferrari-Koch immer grinsend befiehlt: „Luigi, tu ihm Schlafpulver in den Kaffee!“
Patrese — der Unangenehmste im Zweikampf. Sie alle stehen zwischen Senna und Prost. Keiner macht sich Illusionen, was auf ihn zukommt.
Der 1988 alle erstaunt, ist Nannini. „Er hat Boutsen im Griff! Und wir wissen alle, wie schnell Thierry ist“, wundert sich z. B. Ducarouge. Die Folge: Alle wollen Nannini — ausgenommen McLaren. Aber Ron Dennis hat ja schon 1985 die Superlizenz für den Italiener verhindert. Damals wollte ihn Minardi Formel 1 fahren lassen, die FISA schoß Sperrfeuer, aber die Formel-1-Kommission war einstimmig für Nanninis Superlizenz — ausgenommen Dennis: „Nannini? Nie von ihm gehört.“
Jetzt um so mehr: ein erfrischender neuer Typ, wie er beim Publikum ankommt, wie ihn die Formel 1 braucht: ein langersehnter Siegertyp?
Andere mögen 14- bis 18jährig ihre Kart-Rennen gefahren sein — Nannini ist über Motocross und Rallyes zum Rennfahren gekommen: viel Naturtalent — und trotzdem völlig normal. Immer gut aufgelegt, freundlich. Und risikobereit.
Als er Cheever im Winter auf der Autostrada Mailand-Bologna trifft, geht sofort ein Privatrennen mit 220 km/h los. Mit dem üblichen Geschubse „just for fun“.
In Mexiko tut er mit Bergers Leihwagen das gleiche — genau vor den Boxen. Aber gefühlvoll, ohne Beulen. „Sandro spielt halt gern mit Autos“, entschuldigt sein Team.
Die Testarbeit schmeckt ihm überhaupt nicht, die überläßt er Boutsen. Was Nannini interessiert, ist nicht die Formel-1-Technik, sondern nur das schnelle Rennfahren.
Das Boutsen-set-up wird nicht auf Nanninis Auto übertragen. Alessandro begreift sein Rennauto sehr schnell, stimmt es aber anders ab als

sein Teamkollege. „Ich mag die Schikanen, mit schnellen Richtungswechseln und blitzartigen Schaltmanövern! Ich hasse die öden Vollgaspassagen, bei mir muß sich dauernd was abspielen, das Auto dauernd in Bewegung sein."

Dafür versetzt er sich mit autogenem Training in Stimmung: „Bevor ich rennfahr, suggerier ich mir: Sandro, du mußt aggressiv, zornig, richtig böse sein!" Denn: „Nur so krieg ich das Maximum aus mir heraus."

Er glaubt, er ist der Beste und brennt darauf, es allen zu beweisen. „Am liebsten wäre mir, eines Tages im gleichen Team zu fahren wie Senna! Damit wir endlich wissen, wer wirklich der Schnellste von allen ist."

Nannini wird ab 1989 gutes Geld verdienen — weil ihm Benetton nach seinem Kometen-Aufstieg mehr bezahlt als zugesagt. „Das ist normal."

Alessandro managt sich selber — im Gegensatz zu seiner Schwester Gianna. Im Juni nimmt Gianna in London ihre neue LP auf, die im Oktober herauskam. Benetton hofft, „daß wir über den Winter etwas zusammen tun können: Unser Formel-1-Auto bei einem Rockkonzert. Oder Open air beim Grand Prix von England."

Längst redet man mit Bernie Ecclestone: Pop und Formel 1, bunt gemixt. Ideallösung: Alessandro Nannini fährt, Gianna Nannini singt. Popkonzert mit Plattenpräsentation mit einem Benetton-Rennwagen. Prompt sponsert Benetton die Herbsttournee der Gianna Nannini.

Wie schnell die Welt sich dreht. „Hat man im Vorjahr in Italien noch gesagt: Alessandro Nannini, der Bruder der berühmten Rocksängerin, so wird es Ende 88 heißen: Gianna, die Schwester des berühmten Formel-1-Stars", lächeln die Benetton-Leute. Kommt auch auf die neue LP an.

„Aber die Nummer 1 in unserer Familie", sagt mir Alessandro, „bleibt immer noch meine Schwester: viel berühmter als ich."

Nannini ist ein gutes Beispiel, wie relativ schnell man einen Spitzenmann aufbauen kann: Schnurgerade geht er seinen Weg nach oben, durch nichts zu beeindrucken: Ob er schneller oder langsamer ist als Boutsen — ihm völlig egal. „Weil er sowieso überzeugt ist, daß er schneller autofahren kann als Berger und Mansell."

Ein angenehmer Kerl. Gut zusammenzuarbeiten. Daß ihn im Sommer Ferrari als Alboreto-Nachfolger will — für Nannini kein Thema. „Ich bleib, wo ich bin." Natürlich hat Benetton auf ihn eine Option — aber was heißt das schon in der Formel 1? Freilich — Ferrari hat noch nie

Verträge gebrochen. Daran scheiterte 1985 der Transfer von Bellof. Was für ein neuer italienischer Superfahrer, kombiniert die Spaghetti-Presse längst, aber Sandro dementiert: „Zu Ferrari komm ich nur Kaffee trinken." Berger braucht nur einen — vorm Qualifying.
„Dem ist alles wurscht", beobachtet Gerhard. „Nannini ist im Kopf so stark: Acht Kaffee am Tag, Zigaretten noch am Start — aber schau, wie fertig er oft nach zwanzig Runden aussteigt."
Walter Hayes von Ford: „Nannini ist der Schwarm meiner Mutter. Das ist die Publicity, die wir heutzutag kriegen ..."
Und sogar Anne-Marie Prost bittet ihren Alain: „Besorg mir von Nannini ein Autogramm ..."
Wofür er selber überhaupt kein Gefühl hat: Geschichte und Tradition der Rennerei. Da weiß er nichts und kennt niemanden.
In Monte Carlo gratuliert ihm eine schwarzhaarige englische Lady — jahrelang „The Queen of Motor Racing" — zu seinem Aufstieg: „Ich bin Bette Hill. Mein Mann war selber Rennfahrer." Ein berühmter? fragt Nannini. Bette lächelt und nickt: „Graham hat fünfmal in Monte Carlo gewinnen." Oh, gratuliert Nannini, ist er hier?
Er weiß nicht, daß Graham Hill 1975 mit dem Flugzeug abgestürzt ist. Aber er erkennt auch Jackie Stewart nicht, der für TV-Aufnahmen in seinen Benetton klettert. „Wer ist dieser Kerl? Holt ihn sofort raus aus meinem Auto!"
Nannini hat als Bub weder Formel-1-Hefte verschlungen noch je Autogramme gesammelt — unserem Berger nicht unähnlich. Gerhard: „Der ist noch besser als ich."
Nannini hat das gleiche medizinische Problem wie Jackie Stewart — der deswegen einmal sogar operiert werden mußte: mangelhafte Durchblutung der rechten Sehne, darum Schmerzen, wie Alessandro. Oft brüllt Alessandro im Cockpit vor Schmerzen — aber das hört draußen natürlich keiner. Aber die Sehne ist der Grund, warum Nannini oft zu lang am Gas- oder Bremspedal bleibt — und sich darum dreht.
Berger: „Nannini hält durch, aber für einen Dreher und Fehler pro Rennen ist er immer gut."
Benetton versetzt die Pedale, um den Druck auszugleichen, zusätzlich arrangiert Peter Collins Elektro-Akupunktur. „Und Konzentrationsübungen, weil Alessandro im Kopf viel ruhiger werden muß. Er muß spüren, wo er sich gehen läßt — und wo er seinen Ehrgeiz besser einbremst."

Die Benetton-Philosophie ist simpel: „Wir wollen keinen Million-Dollar-Fahrer, sondern stecken das Geld lieber in die Entwicklung. Weil ein guter Pilot in einem guten Auto phantastisch — aber der phantastischeste Fahrer in einem schlechten Auto nicht gut sein kann."
Darum: alles Geld fürs Team. „Was immer Roy Byrne zusätzlich will, zehn Mechaniker oder eigenen Windkanal — er kriegt alles."
Mike Kranefuss bilanziert: „Benetton kannst du heute schon in einem Atemzug mit Williams nennen. Wir sind das fünfte Team, aber im Begriff, ein, zwei Teams heuer zu überholen. Trotz Kompromissen: dem zwanzig Jahre alten Motor und niedrigem finanziellm Niveau."
Am stärksten sind die Benetton, wenn sie „high downforce" (viel Bodendruck) und schnelle Kurven fahren müssen — wie in Monza und Suzuka.
Die „rasenden Sternspucker" sind sie immer noch: „Wir fahren sehr knapp überm Boden, vielleicht einen Zentimeter — und das Chassis ist sehr steif." Darum sieht man die Nr. 19 bzw. 20 immer wieder aufschlagen, aber nur höchst selten über die Kerben rattern: „Ein paar flache im Kurvenausgang benützen wir ein bißl — aber grundsätzlich bemüh ich mich, die Kerben zu vermeiden."
Einziger Nachteil: „Unser Auto ist zu groß, zu schwer: 522 kg — die 22 kg zuviel kosten uns eine halbe Sekunde." Rory Byrne weiß, warum: „Weil ich glaubte, wir brauchen mehr Sprit, baute ich einen 215-Liter-Tank. Das war, was Cosworth berechnet hatte." Aber sonst hält Rory Byrne den Benetton „für ein vernünftiges Auto".
In Imola gewinnt Peter Collins, der Rennleiter, das Alfa-Prominentenrennen mit Herzklopfen: Bis kurz vorm Start hat ihm Berger, der Lausbub, den Zündschlüssel versteckt. Bist du ein besserer Rennfahrer als Rennleiter? „Nein, ein gleich schlechter ..."
Schlimmer für Nannini: sein Gaspedal-Sensor, der die Drosselklappe reguliert, spielt oft verrückt — fünfmal 1988. Das ganze Gemisch, Zündzeitpunkt usw. stimmt nicht. Aus der Box muß Nannini in Monza mit einer Runde Verspätung losstürmen, reiht sich direkt vor Senna ein, fährt die gleichen Rundenzeiten wie Senna und Berger. Eine tolle Show.
Meistens grinst er: „Car phantastic, engine good, driver shit." Aber, im Ernst: „Mein Ziel ist, in jedem Rennen unter die ersten drei zu kommen. Ich will immer aufs Podium." Das schafft freilich Boutsen öfter als er.

Gäbe es auch 1988 (wie 1987) eine „Jim Clark Trophy", hätte der „Sauger-Weltmeister" unbedingt Thierry Boutsen geheißen: sechsmal auf dem Siegerpodest der ersten drei, „aber immer nur als Dritter hinter zwei McLaren-Honda: Das ist für mich wie ein Sieg!" Weil niemand den „Supermacs" folgen kann: „Die sind weg." Der große Frust? „Natürlich, aber gegen soviel Power-Überschuß kann keiner etwas ausrichten. Ich auch nicht."

Schon über fünf Jahre in der Formel 1 (Debüt: 1983 in Spa), aber noch immer wartet Boutsen auf den ersten Sieg. 10.000 Triumph-Poster sind in Belgien schon vorgedruckt. Darum waren die Brun-Sportwagen-Siege für ihn Goldes wert. „Niemand kann sich vorstellen, wie wichtig es ist, daß du manchmal gewinnst: Gut für dein Ego, sonst verlierst du den Glauben an dich selbst."

Mit Berger bei Arrows, dann Gerhards Nachfolger bei Benetton. Offiziell ist Boutsen voll des Lobes: „Da ist genug Geld, ich kann endlich testen, leb in echter Profi-Atmosphäre, arbeite mit Rory Byrne, dem besten Ingenieur, den ich je gekannt hab" — und streut lauter Rosen. Privat vertraut er mir an: „Benetton ist das beste von allen mittleren Teams, kann auch ohne weiteres Grand-Prix-Rennen gewinnen — aber irgend etwas fehlt immer: zuwenig Ingenieure, zuwenig Geld." Nicht, daß die regelmäßige Popmusik-Berieselung in den Boxen stören würde, „aber vielleicht fehlen gerade darum immer Kleinigkeiten: etwas wird vergessen — oder ist ganz einfach schlecht". Die erste Saisonhälfte: kaum ein Training, bei dem Thierry nicht alle Arten von Problemen hat.

Seit 1987 redet er mit Williams. Der Übertritt wird immer konkreter. „Es geht nicht ums Geld — ich würde auch gehen, wenn mir Benetton das gleiche zahlt." Oder gar Ferrari?

Eine Ferrari-Connection hatten alle belgischen Rennfahrer — nicht nur wegen Ex-König Leopold. Da war Le-Mans-Rekordsieger Olivier Gendebien, der seiner Frau zuliebe den Rennsport aufgab — und sie durch einen Unfall verlor. Sein Copilot Paul Frère — Fachjournalist und Porsche-911-Experte. Der ungestüme Willy Mairesse, vor dem alle Teamchefs ihre Fahrer gewarnt hatten: „Laß dich mit ihm ja auf keinen Zweikampf ein" — nach vielen Unfällen erhängt auf der Toilette aufgefunden. Oder der elegante Jacky Ickx — heute Rennleiter in Monte Carlo. 1988 spricht Piccinini mit Boutsen.

Er redet freundlich und leise, doch mit Überzeugungskraft — aber

schimpfen hab ich ihn noch nie gehört. Am besten versteht er sich mit Senna: „Der wird viel mißverstanden.“ Umgekehrt glaubt Senna: „Boutsen — der meistunterschätzte Fahrer.“ So schließt sich der Kreis.
Immer nett, immer fit: „Viel Konditionstraining. Ich versuch, jeden Tag zehn bis fünfzehn Kilometer zu laufen. Viel mehr kannst nicht für deine Ausdauer tun. Der Rest kommt vom Rennfahren.“ Nie Alkohol, nie ein Ausrutscher: „Weil dich jeden Tag dein Teammanager anrufen und dir befehlen kann: Komm morgen testen!“
Thierry und Patricia sind das vielleicht netteste Paar im Formel-1-Zirkus: unzertrennlich, lieb, freundlich. Noch kinderlos, „aber wir trainieren fleißig“. Auch im Alfa 164: Beim Prominentenrennen in Spa wird Patricia Zweite, Thierry im Heim-GP Dritter. „Na wart nur, heute nacht“, droht er zum Spaß, aber Ken Tyrrell hält ihr sofort einen Vertragsentwurf hin: „Fünf Jahre. Exklusiv. Das falsche Familienmitglied ist Rennfahrer geworden ...“
Ihr Arbeitsplatz ist oft Ibiza: bei ihrem Manager Ortwin Podlech. „Den halben Tag im Büro, den Rest am Strand“ — so läßt sich's leben.

Hondas Geheimwaffe gegen die Sauger: Turbo-Schaufeln aus Keramik, zwecks besseren Ansprechverhaltens. Ferraris Verzweiflungsaktion: Man will den Ladeluftkühler mit einem Bypass umgehen, höhere Ladelufttemperatur in Kauf nehmen, durch weniger Sauerstoff 20 bis 30 PS verschenken, dafür aber ein bis drei Prozent Sprit sparen — doch am Renntag ist dafür die Hitze zu groß.
Aber die ganze Formel 1 dreht sich in Ungarn im roten Bereich. Im Warm-up knallt Prost Bestzeit hin. „Wäre ich in der ersten oder zweiten Reihe gestartet“, trotzt Alain später, „hätte ich gewonnen!“
Senna nützt die Pole-position perfekt, aber Mansell hängt wie eine Klette an ihm. Von hinten kommt Berger mit einem Superstart durch, „meinem besten überhaupt: Ich will genau zwischen Prost und Gugelmin durch — hab ich den Brasilianer touchiert?“ Aus dem Pulverdampf der 76-Runden-Schlacht später Erinnerungsfetzen: „Ich muß unheimlich viel kämpfen. Mit Nannini, gegen den ich einmal total quersteh. Ich touchier mit Dalmas, Nakajima tut einmal blöd — aber weil ich auf der Geraden so langsam bin, muß ich in den Ecken überholen.“ Berger hat, wie er verblüfft feststellt, „heute ein Auto, gut genug zum Gewinnen. Aber der Spritverbrauch ist schrecklich, ich muß dauernd den Ladedruck zurückdrehen und hab weniger PS als die Sauger.“

Die Senna an diesem Tag das Leben zur Hölle machen. Für Niki Lauda fährt Senna „ein sensationelles Rennen, sein reifstes und bestes des Jahres: Immer an der Spitze. Mansell kontrolliert er.“ Aber warum so knapp, mit Millimeterabstand — wenn sich einer verbremst, reißt er doch den anderen mit? „Weil Senna wegen dem Spritverbrauch nicht mehr Gas geben kann. Aber so schnell er fahren darf — so schnell fährt er.“

Mansell ist solang lästig, bis er in einer schnellen 5.-Gang-Kurve mit dem rechten Hinterrad aufs Gras kommt und sich spektakulär dreht. Nach zweimaligem Reifenwechsel muß der bärenstarke, voll trainierte, nur leider kranke Brite aufgeben. Die Mechaniker ziehen ihn völlig erschöpft aus dem Cockpit — Feuchtblattern-Opfer der Formel 1.

Woraus Berger später ableitet: „Jetzt hör ich endgültig auf, Kondition zu trainieren. Ich hab überhaupt kein Problem. Mir selber ein Rätsel, wie fit ich bin ...“

Patrese im zweiten Williams erbt von Mansell Platz 2, bis er wegen Motoraussetzern zurückfällt. Worauf Senna Plus-Signale auf Boutsen erhält, ehe in der 47. Runde, nach langer, zäher, mühsamer Aufholjagd, Prost nach vorn kommt und endlich zu Senna aufschließt.

Beim Überrunden agieren Senna und Prost oft grundverschieden. Ayrton schneidet durch den Pulk meist wie mit glühenden Messern — Prost ist da eine Spur vorsichtiger. Leichtgemacht wird es den McLaren-Superstars das ganze Jahr nicht.

Weil ihr so schnell heranbraust, daß euer Speed die anderen blendet? No, no, lächelt Senna, „die sehen uns schon lang, bevor wir kommen. Aber nur wenige von ihnen machen sofort Platz, lang nicht alle.“

Prost äußert sich einmal kritisch, daß die FISA es neuen Fahrern viel zu leicht mache, in die Formel 1 zu kommen — und dort den Millionenteams mit ihren sündteuren Autos im Weg zu stehen.

Senna: „Das behauptet Alain, nicht ich. Jeder muß irgendwo anfangen. So zu reden ist leichter, wenn du schon oben, aber nicht, wenn du noch draußen bist und herein willst. Sicher: Für jemanden, der etabliert ist und seine Position hat, ist die jetzige Situation unrichtig — aber für andere, die erst vor einem Jahr oder jetzt in die Formel 1 gekommen sind, nicht so falsch.“ Man hört: Senna als Weltmeister — gar kein so schlechter Ambassador für seinen Sport.

Mit einer Serie schneller Runden kämpft sich Prost an Senna heran, attackiert ihn im 51. Umlauf. „Senna macht mir innen sogar ein wenig

Platz, was mich so überrascht, daß ich die Situation gar nicht richtig ausnütze.“ Alain hat schon gebremst, jetzt steigt er zwar nochmals aufs Gas, aber Senna kontert blitzschnell, zieht innen vorbei und liegt sofort wieder in Front.

„Alain ist im Rennen schneller als ich, weil er sein Auto besser abgestimmt hat“, gibt Ayrton zu. „Aber ich krieg zuerst die Zielflagge — was am wichtigsten ist.“

Prost trotzt: „Wäre mein Manöver gelungen, hätte ich gewonnen. Aber ich bekomm leider keine zweite Chance.“

Dazu kommen Vorderrad-Vibrationen wegen eines schadhaften Radlagers links vorn, die Prost durchschütteln. Und bei den zahlreichen Überrundungsmanövern kontrolliert Senna den Rivalen.

Am McLaren-Expreß bleibt Boutsen so knapp dran wie noch nie: „In den Kurven bin ich sogar schneller, aber auf der Geraden haben die zwei ihren Turbo-Vorteil.“ Der Belgier liegt auf der Lauer, bis ihm 15 Runden vor Schluß der Auspuff bricht: „Das kostet pro Runde zwei Sekunden.“ Dahinter wird Berger großartiger Vierter — von 20.000 Landsleuten zu drei WM-Punkten gepeitscht.

Senna schlägt Prost um wenige Meter (0,529 Sekunden), hat nach Punkten auf 66:66 ausgeglichen, führt aber nach Siegen bereits 6:4. Aber Prost — mit seinem Wechselbad der Gefühle — vertraut auf Spa: „Weil ich diese Strecke liebe, genauso wie Monza und Estoril.“

REQUIEM FÜR ZELTWEG

Von Budapest wäre der Formel-1-Zirkus normal nach Österreich weiterzigeunert. Aber 1988 zieht die Karawane an Zeltweg vorbei.

Als 1970 der deutsche Grand Prix vom vorsintflutlichen Nürburg- erstmals auf den modernen Hockenheimring verlegt wurde, streikte Dr. Denis Jenkinson. Spleeniger Engländer, Ex-Seitenwagenweltmeister, jetzt Journalist mit Vollbart, den er verwettet hatte, „daß Jochen Rindt nie einen Grand Prix gewinnt“. 150.000 stürmten damals die Hockenheim-Arena — Jenkinson aber saß einsam und trotzig auf der leeren Nürburgring-Tribüne, negierte Hockenheim, verpaßte Rindts letzten Sieg.

18 Jahre später, zum Traditionstermin Mitte August, meidet der Formel-1-Zirkus den Österreichring: erstmals seit 1970, nach 18 Rennen

also, kein Österreich-Grand-Prix! Niemand, wie seinerzeit Jenkinson, trotzt. Aber manche fragen: Was wäre gewesen, wenn . . . ?
„Ich hätte wie in Silverstone Pole-position holen können!", glaubt Berger. „Meine letzte Chance 1988 — weil Zeltweg keine langsamen Kurven hat, sondern ähnlich schnelle wie Silverstone. Schad drum! Außerdem tun mir meine Fans leid. Ich hab die meisten in Österreich — und die konnten mich heuer nicht sehen. Außer, sie kamen nach Ungarn."
Das Rennen? Hätte wohl den elften McLaren-Honda-Sieg gegeben — wegen des Spritverbrauchs. Alain Prost: „Wir wären zumindest genauso überlegen gewesen wie auf den anderen Strecken — für unsere Gegner aber wahrscheinlich noch schrecklicher." Prost ist „Mister Zeltweg": Dreimal hat er den Österreich-GP schon gewonnen, Nummer 4 war fällig.
Die Absage kostet alle die traditionelle Österreich-Ferienwoche. Prost fällt um seine Golfpartie in Dellach um. Senna um seine Modellflugabenteuer mit Weltmeister Hanno Prettner, Piquet um seine Disco-Girls, Lotus-Chef Peter Warr um die Bregenzer Festspiele, der Honda-Motorenboß um Sachertorte und Festwochenkonzert – aber viel schlimmer: Die Menschen der Region Zeltweg verlieren 120 Millionen Schilling!
Und 1989? Auf der „schönsten Rennstrecke der Welt" (Piquet über seine Lieblingspiste) werden alle Auflagen erfüllt: Startgerade vier Meter verbreitert, Bosch-Kurve 100 Meter nach innen verlegt, mehr Sturzräume in der Rindt-Kurve, neue Asphaltierung.
Jetzt kommt's nur aufs kaufmännische Geschick an. „Denn eigentlich", weiß auch Berger, „geht's ja gar nicht um die Sicherheit. Wir fahren auch in Mexiko — dort sind die Autos drei Meter in der Luft. Aber das Geld stimmt." Monaco hat null Sturzräume, aber keiner schimpft — weil 60 Prozent der Formel-1-Stars im Fürstentum wohnen. Detroit ist am buckligsten, hat hundert Kanaldeckel — aber es ist halt die US-Motorcity.
Die Zeltweg-Umbauten werden von der FISA „wohlwollend aufgenommen", aber drauf verlassen darf man sich nicht. Bernie Ecclestone, nachdem das WM-Programm durch Kalender- und Formel-1-Kommission geschleust wurde: „Es gibt keine provisorische, offizielle oder inoffizielle Liste. Nichts hat sich geändert. Die FISA entscheidet im Oktober."

1989 hätte Zeltweg Jubiläum: Vor genau 25 Jahren (1964) erster Formel-1-WM-Lauf — damals noch auf der holprigen Flugplatzpiste.
Innes Ireland, erster Zeltweg-Sieger, durfte als Prämie einen Hirschen erlegen. Die Böcke schossen später die anderen.
Am 6. Oktober wird der „neue" Ö-Ring vom FISA-Sicherheitschef Bruynseraede kommissioniert: alles happy. „Ich bin froh, daß man die Strecke nicht auf 4,1 Kilometer gekürzt hat. Der Österreichring muß so bleiben, wie er ist." Die A-Lizenz ist kein Problem: „Für alle Rennen geeignet — auch für die Formel 1."
Aber am 12. Oktober der nächste K.o.-Schlag. Place de la Concorde 8 in Paris: Ich bin bei der entscheidenden Sitzung des FISA-Exekutivkomitees, das sich jetzt hochtrabend „World Motorsport Council" nennt. Wobei sich deutlich zeigt: Österreich hat in der großen Motorsportpolitik nichts mehr mitzureden. Die Zeiten, da der Wiener Martin Pfundner, dem wir ab 1967 die ersten Autorennen verdankten, in Paris als Vizepräsident die Fäden zog — für allemal vorbei.
Typisch, welchen Rat der igelhaarige Holländer Jan Corsmit dem österreichischen Delegierten Peter Soche gibt: „Am besten den Mund halten, gar nicht wegen Zeltweg fragen, ja keine schlafenden Löwen aufwecken — sonst ist Balestre verärgert und ihr kriegt nicht einmal ein Ersatzrennen." Also schön brav kuschen.
Es kommt, wie es kommen muß: Mit 45 von 47 Stimmen segnen die Delegierten den Kalendervorschlag ab — ohne Österreich. Zeltweg wird erstes Reserverennen, weil Rio und Detroit wackeln. Die Brasilianer müssen eine Million Schilling an die FISA zahlen, die Amis bis 31. Dezember ihre neue Insel-Strecke präsentieren — oder ihre schreckliche Buckelpiste neu asphaltieren.
„Habt Geduld, Montreal ist auch zurückgekehrt", sagt mir Balestre gönnerhaft. „Monsieur le Président du Monde", der Weltpräsident, weiß ja schon längst: „Die achtziger und neunziger Jahre gehen als die Ära Balestre in die Formel-1-Geschichte ein."
Diesen hohen Herrn fragt Soche verzweifelt: „Wenn ich zu Hause nicht erklären und argumentieren kann, warum ich wieder ohne Grand Prix heimkomme, wird mich mein Präsidium rausschmeißen."
Darauf Balestre gönnerhaft: „Lieber Freund, dann können Sie gleich morgen auf meinem Gut in Frankreich als Gärtner anfangen. Sogar mit elektrischem Rasenmäher — wenigstens auch ein Motor . . ."
Wenig später fliegt Detroit wirklich aus dem Kalender, „aber das heißt

noch lang nicht, daß Österreich automatisch aufrückt". Für die Formel 1 (und ihre Sonsoren) ist ein WM-Lauf in den USA lebenswichtig. Comeback in Kalifornien? Riverside, Laguna Seca — alles möglich. „Aber keine dieser Strecken ist kommissioniert", warnt Bruynseraede. „Keine Frage der Sicherheit", schäumt Soche, „alles nur eine Frage des Geldbeutels. Aber wie dick der sein muß, weiß ich nicht." Jimmy Haslinger, Pionier aus Knittelfeld: „Unser erster Grand Prix war billiger als eine Million Dollar. Heute sind sechs Millionen Dollar zuwenig." Einer klagt nicht, sondern handelt: Verkehrs- und Verstaatlichtenminister Streicher, dem die leidende Region am Herzen liegt, redet mit Niki Lauda — der schon einmal den Österreich-GP gerettet hat: „1981, in meinem Wiener Büro, wurde der Vertrag mit Max Mosley ausgehandelt. Für 3,5 Millionen Schilling wurde Bernie Ecclestone umgestimmt, ihm das Risiko übertragen, er hat selber veranstaltet — und unser Grand Prix durfte weiterleben."

Jetzt fragt Streicher, ob Lauda „nochmals mit Herrn Ecclestone reden kann". Und darum fliegt Niki in geheimer Kommandoaktion im Spätherbst zum WM-Finale nach Australien. Mit dem Minister-Auftrag: „Retten Sie Zeltweg — bringen Sie den Grand Prix nach Österreich zurück."

Niki redet nicht vom Sekretär, der Ecclestone-Briefe unbeantwortet ließ, weil er nicht englisch kann. „Fehler sind nur aus der Kommunikation entstanden — und weil Österreich die Schwachpunkte und Problematik der Formel 1 nicht erkannt hat. Hätten wir rechtzeitig gewußt, was Bernie will und was dann getan werden muß, wäre der Grand Prix nie weggewesen!" Jetzt redet Lauda sofort mit Bernie, „der soviel Vertrauen zu mir hat, mir die wahren Gründe zu nennen." Grundsätzlich, sagt Bernie, besteht eine Chance: „Ich komm jederzeit nach Wien."

Worauf Niki das große Treffen Streicher – Ecclestone arrangiert.

„Wäre ja wirklich total schizophren: Das Motorsportland Nr. 1, an den Erfolgen gemessen, hat einen Superkurs, der für 24 Millionen modifiziert wird — nur damit wir keinen Grand Prix fahren dürfen. So vertrottelt darf Österreich nicht sein."

ENZO FERRARI: TOD EINER LEGENDE

Am Traditionstermin des abgesagten „Geister-Grand-Prix“ sitz ich mit Niki Lauda, statt in den Zeltweg-Boxen, im „Café Royalty“ auf Ibiza. Aber diesen 15. August merkt sich keiner wegen Zeltweg: Es ist der Tag, an dem Enzo Ferrari stirbt — der letzte Tycoon, der größte Name im Autorennsport, ein halbes Jahr nach seinem 90. Geburtstag. Damals saßen wir im „Sacher“, und Niki sprach mir seine Gedanken über Enzo Ferrari aufs Tonband:

Über die Person Ferrari: Es gab selten eine so starke Persönlichkeit, einen so bis zum letzten egozentrischen Italiener, den ich kenne. Die Betonung liegt auf Italiener, weil ihn auf der einen Seite der Egoismus zur Nummer eins in der Welt gemacht hat, der einem Auto ein derartiges Charisma mitgegeben hat, was ja noch kein Mensch erreicht hat. Wenn man ausgeht von Mercedes, BMW, de Tomaso, Lamborghini oder AC Cobra oder wie sie alle heißen, heute gibt es auf der Welt nur ein Auto, das jeder Mensch, jedes Kind kennt, und das ist eben der Ferrari. Aber nicht, weil der Ferrari ein technisch derart fortgeschrittenes, ein derart durchdachtes Superprodukt ist, das die Menschen anregt, es zu kaufen, denn Ferrari ist im großen und ganzen um nichts besser oder schlechter als alle anderen Sportwagen, die auf der Welt gebaut werden. Aber durch die Persönlichkeit des Enzo Ferrari bekommt dieses Auto ein derartiges Leben in sich, daß es von der Großmutter bis zu kleinen Kindern alle anspricht. Denn das Stück Blech oder das Stück Technik genügt ja bei weitem nicht, um ein derartiges Charisma in der Welt zu erzeugen, was so ein Ferrari kann. Das tut ja nur die Persönlichkeit, die dahinter steht.

Es stehen eben hinter vielen Autos viele Persönlichkeiten, die aber nie so in der Größe durchs Leben gezogen sind wie eben Enzo Ferrari. Deswegen auch dieser irrsinnige Output, was dieses Auto angeht.

Mit ihm zu arbeiten ist deswegen schwierig, weil er eben nur eines im Kopf hat, das ist der Erfolg. Den zieht er durch, und wenn es Seelen und Menschenleben kostet, dann ist das eben so und wird auch so gemacht. Das zieht er mit seiner ganzen Kraft durch, um auf der anderen Seite, weil er ein emotioneller, sensibler Mensch ist, die Dinge im Bauch spürt, die andere vielleicht nur mit Gedanken erleben können.

Dadurch entscheidet er im weitesten Sinne ja auch, wie seine Autos ausschauen sollen. Es entsteht ein derartiges Flair um ein Auto, weil sein gesamtes Gefühl für diese Technik den anderen Menschen vermittelt wird, was andere eben nicht können. Um das durchzusetzen, braucht er eine gewisse Art der Brutalität und Engstirnigkeit, um seine Normen weiterzugeben. Auf der anderen Seite ist er eben ein Italiener, der immer wieder in der letzten Instanz dem Fahrer gegenüber menschliche Züge zeigt, weil er andererseits ein irrsinnig lustiger und ironischer Mensch ist, der in der Lage ist, in gewissen Situationen Offenheit und Wärme auszustrahlen, die man eigentlich von seinem Äußeren her nie erwarten würde. Und weil er vor allem ein Gespür für Menschen hat, besonders für die, die er gerne hat. Menschen, die er nicht gerne hat, die ihn enttäuscht haben, werden von ihm kalt links liegengelassen, bis sie exekutiert werden, auf irgendeine Art und Weise. Fast alle seine Fahrer sind Beispiele dafür, von Ickx bis Regazzoni. Die anderen sind jene, zu denen er eine Beziehung gehabt hat. Die entstehen nur dadurch, daß der Fahrer ihm genau die Gefühle vermittelt, die er von einem Fahrer erwartet.

Das war sicher Villeneuve, einer der wenigen, die er sehr gerne gehabt hat. Das waren die offenen, schnellen, geradlinigen Leute mit Charakter, die eine Persönlichkeit waren. Irgendwelche „Wehs" hat er ja nie akzeptiert. Dadurch gab es natürlich auch mehr Konflikte, weil er auch eine große Persönlichkeit hat. Auf der anderen Seite: Respekt. Wenn er einmal Respekt für einen Fahrer empfand, dann konnte man von ihm auch Wärme, Geborgenheit und irgendwo Gefühle vermittelt bekommen. Die aber dann sofort wieder unter den Tisch gefallen sind, wenn aus einer Emotion heraus eine Leistung nicht gepaßt oder sein Auto nicht gesiegt hat. Denn für Enzo Ferrari gibt es ja nur eine Wahrheit, nämlich die, daß sein Auto das beste ist. Aber gerade in der Formel 1 kann es ja so sein, daß das nicht zutrifft. Aber ihm diese Message zu geben, daß sein technisches Wunderding versagt hat, das bedarf charakterlicher Größe und Stärke bei der Rennfahrerpersönlichkeit, um ihn durch die Wahrheit, die er einem auch glaubt, zur Verbesserung seiner Technik zu zwingen. Viele Fahrer waren nicht in der Lage, ihm diesen technischen Transfer zu vermitteln, um dadurch auch besser zu werden, weil sie von ihrer Persönlichkeit her zu schwach waren oder er sie overruled hat.

Deswegen waren die Tiefs in den Ferrari-Jahren, die es ja immer wieder gab, nur darin zu suchen, daß die Fahrer die richtige Kommunikation zu ihm und seinen Technikern nicht gefunden haben, um das Wun-

derding Ferrari vielleicht eine kurze Zeit lang zu entheiligen, aber die Menschen dafür zu zwingen, es zu verbessern und dann wieder zu siegen.

Wenn starke Persönlichkeiten bei Ferrari waren, hat das auch immer funktioniert. Das ist meine persönliche Meinung. Weil Ferrari dann intern eine persönliche Challenge hatte, sei es, um mit dem Fahrer zu streiten, um seine Techniker wieder auf Vordermann zu bringen, um hier eine Leistung zu bringen, die man eben braucht, um Große Preise zu gewinnen.

Ich hatte Höhen und Tiefen in jeder Art mit ihm durchgemacht. Meine schönste Zeit war sicher, 1974 meinen Aufstieg mit Ferrari mitzuerleben, 1975 Weltmeister, das beste Auto des Jahres, eigentlich die einfachste Saison meines Lebens. 1976 war der Unfall, der mich die Weltmeisterschaft gekostet hat. Aus verschiedensten Gründen. Zum ersten: In Japan zu sagen, unter diesen Bedingungen fahre ich nicht, das war von mir, im Nachhinein gesehen, sicher eine Fehlentscheidung, weil der Regen aufgehört hat, aber damals war ich nicht in der Lage, das umzusetzen. Das würde ich auch nicht mehr tun, denn irgendwann ist es aus. Damals war es für mich aus. Zusätzlich waren das auch noch Nachwehen vom Unfall her, was den Einsatz betrifft und die Substanz — ich hatte keine Reserven mehr. Diese Kombination hat mich gezwungen, unter den erschwerten Bedingungen aufzugeben. Aber fairerweise muß man sagen, daß ich trotzdem Weltmeister geworden wäre, wenn ich durch den Unfall nicht drei Rennen versäumt hätte oder in Kanada mir nicht die Radaufhängung gebrochen wäre. Also, mir alleine das umzuhängen ist sicher nicht richtig. Wenn, dann haben wir beide die Weltmeisterschaft verloren. Er durch technische Defekte am Auto, ich durch meine Feigheit, in Japan nicht zu fahren. Damit sind wir irgendwie pari.

Was mich nur dann enttäuscht hat, war, daß Reutemann als Nummer eins bei Ferrari angestellt wurde. Ich war immerhin der, der 1975 die WM gewonnen hatte, 1976 bis zum Ende geführt hatte und mich 1977 von null auf im Team etablieren mußte, weil das Vertrauen Ferraris — und da kommt jetzt sein egozentrischer Egoismus durch — nicht da war. Er war überzeugt, daß der Lauda erledigt ist, weil ich in Japan aufgegeben hatte. Der Unfall, das war alles zuviel für ihn — Lauda ist weg. Er hat mir eigentlich keine Chance gegeben, weil er mich als Nummer zwei hinter Reutemann nach Argentinien geschickt hat. Ich werde

nie vergessen, wie Forghieri zu mir gesagt hat: Du schau zu, wie Reutemann unten in Südamerika fährt, denn der ist unschlagbar.
Eine kleine, lustige Episode am Rande: Reutemann hat gleich im ersten oder zweiten Rennen ein Auto hinausgeschmissen in Argentinien. Daraufhin bin ich gleich zu Forghieri gegangen und hab ihn gefragt, ob ich dieselbe Linie nehmen soll, um hier etwas zu lernen ...
Damit will ich nur sagen, wie schwierig es für mich war, aus dem Minus des Unfalls, aus der verlorenen Weltmeisterschaft in mein Ferrari-Nest zurückzukehren, wo ich eine gewisse Geborgenheit und Wärme absolut gebraucht hätte. Ganz im Gegenteil wurde ich dort degradiert zum Landchauffeur und mußte von null beginnen, mich im eigenen Team gegen Reutemann etablieren. Reutemann hatte in Brasilien gewonnen, ich war Dritter. In Südafrika durfte ich gnädigerweise wieder testen. Dann hab ich den südafrikanischen Grand Prix gewonnen — die berühmte Geschichte. Plötzlich ging es wieder bergauf. Aber ich mußte mich wirklich ohne seinen Support wieder hochrappeln. Da hab ich mir von ihm mehr Empfinden mir gegenüber erhofft. Auf der anderen Seite ist es auf Grund seines uneingeschränkten Egoismus, für sich selbst zum Erfolg zu kommen, verständlich: Ich gehandikapt, Reutemann ein Supermann „at the time", was er eh nie war, da hat sich Ferrari eben geirrt, weil Weltmeister ist er nie geworden, wurde im Gegenteil dann gefeuert, und ich hab es eben wieder geschafft. Nur, man geht selbst durch eine Entwicklung durch, und für mich war es damals fast unverständlich und hat dann sicher auch meinen Abgang 1978 mitbeeinflußt. Ich wollte neu beginnen. Die Entscheidung war, rein sportlich gesehen, für mich vollkommen falsch, zu Brabham zu gehen, da gebe ich ihm recht. Daß er sagte, ich hätte bei Ferrari fünfmal Weltmeister werden können, mag theoretisch stimmen. Aber die sportlichen Entscheidungen und die persönlichen Entscheidungen muß man auseinanderhalten. Ich wollte ein neues Aufgabengebiet finden, ich wollte neue Menschen um mich herum haben, neu beginnen. Keine Diskussion. Persönlich war die Entscheidung, zu Brabham zu gehen, richtig, sportlich war sie falsch, im nachhinein gesehen. Aber das war damals nicht das Kriterium.
Ich schätze und ehre, das muß ich wirklich sagen, diesen Mann uneingeschränkt wesentlich stärker, als ich die negativen Seiten von ihm sehe. Die positiven Seiten überwiegen für mich absolut, keine Diskussion. Ich glaube aus meiner Erziehung zu wissen, wie ältere Menschen reagieren, wie man sich zu benehmen hat, um mit ihnen auszukommen.

Ich glaube, daß mir das auch immer irgendwie geglückt ist. Ich weiß auch, daß trotz aller Probleme im Hinterkopf immer eine gesunde Basis des Verständnisses mit mir da war, was sich gezeigt hat in Imola durch die wirklich herzliche Versöhnung mit ihm. Das war 1982. Es war nie eine richtige Versöhnung für mich, denn ich war nie zerkracht mit ihm. Ich bin nur weggegangen, weil ich woanders fahren wollte, und nicht, weil ich ihn gehaßt habe. Verehrt habe ich ihn trotzdem. Das eine hat mit dem anderen nichts zu tun.

In Imola hat er demonstriert, daß er eigentlich mehr für mich empfindet als er sagt. Ich habe immer viel für ihn empfunden. Er hat mich wie seinen Sohn umarmt, obwohl eigentlich kein Grund war — ich bin woanders gefahren. Ich hab ihm zum Geburtstag ein Telegramm geschickt, die Antwort war mit violetter Tinte geschrieben, alles beim alten.

Über eines bin ich allerdings nach wie vor traurig: Ich mußte 1987 das große Treffen in Maranello im letzten Moment absagen, weil ich einen Termin nicht verschieben konnte. Das wäre sicher eine gute Gelegenheit gewesen, ihm zu zeigen, daß ich dorthin natürlich als erster komme zu seinem Fest. Aber für mich war der andere Termin eine sehr wichtige Entscheidung für meine Fluglinie. Ich bin immer noch traurig darüber — ich wäre sehr gern hingegangen. — Soweit Niki Lauda.

Und womit beginnt für dich die Ferrari-Geschichte? Gerhard Berger, der mit Ruhm, Mythos und Vergangenheit „nix anfangen kann", lächelt entwaffnend: „Mit Gerhard Berger ..., ich hab natürlich den Niki mitgekriegt und Gilles Villeneuve — aber sonst wenig."

Aber jedesmal, wenn er in Fiorano ist, besucht Gerhard den alten Herrn. Oft ist er zum Mittagessen eingeladen. „Aber übers Rennfahren reden wir gar nicht soviel — meist fragt er mich, wie es meinen Lkw geht."

Enzo Ferrari, in Italien fast so populär wie der Papst? frage ich Gerhard Berger für unsere TV-Dokumentation über Ferrari. „Nein — ich glaub, noch populärer!" Dieser Vergleich (mit analoger Zeitungsüberschrift) erzürnte hohe kirchliche Würdenträger in Österreich, weshalb ich, damals gerade bei der Winterolympiade in Calgary, als „Wiedergutmachung" den legendären kanadischen Eishockeycoach Pater David Bauer für ein Interview suchte und auch fand. „1956 in Cortina hat er für uns Sportler eine Messe gelesen", erinnert sich Ingrid Wendl, „und jedem von uns einen Rosenkranz geschenkt." Wenn sein Hockey-Team gewann, lächelte der Pater: „Ich hab eben die direktere Beziehung zum lieben Gott."

Alle spüren, wie wichtig dieser 90. Geburtstag ist, alle wollen dabei sein. Hunderte TV-Stationen, Tausende Reporter reißen sich um ein Ferrari-Geburtstagsinterview. Aber Enzo Ferrari sagt allen ab. „Laß mich zuerst feiern — und dann gib ich in meinem Leben noch zwei Interviews: Eines der RAI, als Italiener, und eines dir", läßt mir Ferrari über Dr. Gozzi ausrichten.

Ich freu mich wochenlang. Aber die Geburtstagsfeier strengt den alten Herrn zu sehr an. Unmittelbar danach wird er „schrecklich müde", kommt wochenlang nicht mehr ins Büro. Schwere Grippe, Prostataentzündung. Im Februar geben ihm die Ärzte noch vier Monate.

Der Commendatore ist zwar Katholik, hat seine Religion aber bislang nicht allzu heftig praktiziert.

Aber dann schenkte Enzo Ferrari der Kirche großzügig ein ausgedehntes Grundstück in Fiorano und schloß nach seinem 90. Geburtstag auch inneren Frieden mit der Kirche: Im Mai gebeichtet, am Tag vor dem Papst-Besuch noch die Kommunion empfangen.

„Il Papas" Besuch bei Ferrari ist ein Medien-Hit. Eingefädelt von Kardinal Casaroli, bei einem privaten Maranello-Besuch.

Enzo Ferrari ist von der Papst-Audienz tief beeindruckt. Jedoch, als der Papst dann nach Maranello kommt, liegt der Rennsportpapst mit Grippe und Fieber im Bett und kann mit „Il Papa" nur telefonieren. „Ich will nicht, daß mich der Heilige Vater in meinem Zustand sieht: Ich kann ja nicht einmal mehr aufstehen", klagt er.

Der letzte Fahrer, der für Enzo Ferrari gewonnen hat, ist Gerhard Berger (Adelaide 1987). Auch der letzte, der mit ihm einen Vertrag geschlossen, mit ihm geredet hat. „Im Mai, zwischen Imola und Monte Carlo. Dr. Gozzi, sein Zeremonienmeister, hat übersetzt: Was im Rennteam momentan nicht stimmt." Und Berger erinnert sich: „Enzo Ferrari hat fürchterlich getobt, losgeschrien und ein gewaltiges Donnerwetter losgelassen." Ein letztes Aufflackern.

Revolution und Köpferollen bei Ferrari! Gerhard Berger ist der einzige Fixpunkt — aber sonst bleibt kein Stein auf dem anderen. Offiziell gibt Ferrari am 8. Juni die „Reorganisation seines Rennstalles" bekannt. Wer ist in, wer out?

Im Klartext: Die Gruppe Enzo Ferrari — John Barnard — Gerhard Berger gewann, die Gruppe Piero Lardi-Ferrari — Harvey Postlethwaite — Michele Alboreto verlor: Totale Macht für Barnard, Harvey abserviert, Piero vom eigenen Vater entmachtet.

Fiat gehören seit 1969 ja 50 Prozent von Ferrari, der 90jährige Enzo besitzt 38, die, wenn die Erbfolge aktuell werden sollte, an Fiat übergehen, und Piero 12. Er wird irgendwann als Ferrari-Bannerträger an die Spitze der Rennabteilung zurückkehren — aber das große Sagen hat dann Cesare Fiorio.

Langsam schleust Fiat seine besten Leute ein wie der KGB, aber nicht als „tote Briefkästen": Ing. Lombardi als Konsulent für Barnard, Dr. Ing. Capelli als das große Fragezeichen, „weil wir zuerst die besten Leute holen und erst dann bestimmen, was jeder tun soll" (Piccinini). „Ich frag nix und niemanden", hat Berger beschlossen, „damit mich keiner anzulügen braucht."

Rauschende Ferrari-Party: Piero Lardi-Ferrari schmeißt im Juni ein riesiges Sommerfest für 350 Gäste — als wollte er damit beweisen: „Mein Vater hat mich zwar aus der Rennabteilung rausgeworfen, aber ich bin stellvertretender Generaldirektor, bin immer noch da!" Bei dieser Sommerfete sieht Berger auch erstmals seine neuen Chefs:

RAZELLI, schon immer die rechte Hand des obersten Ferrari-Fiat-Chefs Ghidella und Chef der Serienproduktion, ist jetzt kaufmännischer Leiter der Rennabteilung.

CAPELLI, bereits von Razelli ausgewählt, ist der neue „Direttore sportivo", also Ferraris Sportchef.

CASTELLI ist ab sofort im Werk für die Weiterentwicklung der Rennwagen zuständig, kommt aber selbst nicht an die Rennstrecken.

Damit hat Fiat im Ferrari-Rennstall bereits die Macht übernommen. Und weil Fiat hundertprozentig hinter dem Konstrukteurgenie John Barnard steht, bleibt der Brite auch „Direttore Tecnico", bis sein Vertrag im Herbst 1989 abläuft.

Aber die anderen? Rennleiter Marco Piccinini hat an Einfluß verloren — er soll sich ab jetzt vornehmlich um „Kontakte zu den Medien" kümmern und Ferrari bei der FISA vertreten. Harvey Postlethwaite, seit Hockenheim 1987 immer auf den Rennstrecken, wird ein Job in der Serienproduktion angeboten. Mag Postlethwaite nicht — er geht zu Tyrrell.

„Das ganze Ferrari-Problem ist, daß Management und Organisation seit 1950 nicht verbessert wurden! Und du kannst ein Rennteam nicht in der gleichen blödsinnigen Art leiten wie vor bald vierzig Jahren. Das berühmte Ferrari-Casino ist zwar lustig mitanzuschauen — aber es hilft uns nicht im Rennsport!" Scharfe Kritik Postlethwaites.

So offen wie der „Doc" (seit 1981 bei Ferrari) hat noch kein Ferrari-Angestellter die „Maßschneiderei für Rennwagen" kritisiert. Schon die defekte Benzinuhr von Mexico City, die Berger vielleicht den zweiten Platz kostete, war für Postlethwaite „eine typische Ferrari-Aktion. Und ich kann gar nicht einmal garantieren, daß so etwas nicht wieder passiert."

Einmal hat mich Postlethwaite vorm Start pessimistisch und sarkastisch gefragt: „Hast du eine Zeitung, die wir dem Berger ins Cockpit mitgeben können? Damit er während des Rennens wenigstens irgend etwas zu tun hat! Denn gewinnen kann er unmöglich — nicht einmal durchkommen . . ."

„Als Person habe ich auch Harvey Postlethwaite gern gehabt. Aber in der Technik ist John Barnard einsame Spitze. Kein Mann für Schnellschüsse, sondern ein totaler Perfektionist", beurteilt Berger.

Aus Silverstone hat Piccinini dem alten Herrn zum letztenmal angerufen. Bergers Pole-position — die letzte Freude in seinem Leben. Danach war das berühmte „rote Telefon" tot. Enzo Ferraris letzte Runde hat begonnen.

Der 90jährige dämmert in seinem Haus in Modena dahin, hat Nierenentzündung, Kreatinwert 17, der Körper wehrt sich gegen die Dialyse. Sein Sohn Piero wacht Tag und Nacht an seinem Bett. Alle wichtigen Fiat-Bosse müssen ihre Ferienadressen angeben, um notfalls binnen 24 Stunden in Modena zu sein.

Als Berger im Juli den Ferrari-Sohn fragt: „Na, hast jetzt viel Zeit fürs Motorbootfahren?", verneint Piero traurig: „Momentan nicht, weil ich viel zu Hause sein muß — meinem Vater geht's nicht so gut." Blutwäsche wäre nötig, aber er will nicht ins Krankenhaus. „Laßt mich zu Hause in Frieden sterben . . ."

In Hockenheim breiten sich die traurigen Gerüchte bereits wie Buschfeuer aus: „Da wird Ferrari seine Autos wohl zurückziehen . . ." machen sich die ersten Leute wichtig. Piccinini dementiert: „Es geht ihm nicht phantastisch, aber er lebt."

Am Sonntag, 15. August, schläft Enzo Ferrari ein, kurz nach 5 Uhr früh. Wie mir seine Familie berichtet: beim ersten Sonnenstrahl, der durchs Fenster dringt. Der letzte Tycoon, der letzte berühmte Autoname, Enzo Ferrari, der jahrzehntelang Männerträume verwirklicht hat, ist tot. Jetzt erst trauen sich die italienischen Behörden, ihr Autobahn-Tempolimit zu verkünden . . .

Die Testamentseröffnung — einen Monat später — bringt keine Überraschungen: Fiat erbt 38 Prozent, Piero behält seine 12.

Vor seinem Tod regelte der Commendatore also noch die Nachfolge. Der Wert seiner Fabrik, seines Namens ist unfaßbar — auch wenn Niki Lauda sagt: „Vergiß seine Autos. Der Mythos Ferrari: Das ist Enzo Ferrari ganz allein." Dabei hatte der Commendatore (1930 gab er seinem 1957 an einer heimtückischen Krankheit verstorbenen Sohn Dino zuliebe seine Rennfahrerkarriere auf, wurde Alfa-Rennleiter, baute ab 1947 seine eigenen Autos, die zu den berühmtesten der Welt wurden) eigentlich Opernsänger oder Journalist werden wollen. „Nur gut, daß er beides nicht geworden ist", sagt Niki Lauda, „denn was er für den Rennsport getan hat, war gigantisch."

Und die Geschichte seiner Autos ist eng mit Österreichern verbunden: Lauda war für Ferrari zweimal Weltmeister (1975/77), Jochen Rindt gewann für ihn 1965 LeMans, Berger befreite ihn von einer langen Mißerfolgsserie.

Aber dieser Sommer 1988 hat bei Ferrari alles auf den Kopf gestellt. Seit Le Castellet steht wieder der technische Direktor John Barnard — dem Enzo Ferrari nochmals die totale Vollmacht bekräftigte — nach einem Jahr Rennabstinenz an den Boxen. Seit Le Castellet auch der graumelierte Physik-Doktor Piero-Giorgio Capelli, offiziell als „Rennassistent".

„Das kann man erst in einem halben Jahr beurteilen. Das geht langsam und braucht Zeit", sagt Gerhard Berger über sein neues Ferrari-Leben. „Ich stehe unheimlich auf John Barnard."

Was in Fiorano wirklich passiert, sieht man in den Boxen nicht. Wie Schachfiguren purzeln sie vom Brett. Harvey Postlethwaite arbeitet seit 1. August bei Tyrrell, ebenso Windkanalchef Migeot, jetzt ersetzt durch Henri Durand. Motorchef Jean-Jacques His ist zurück zu Renault gegangen. „Der eine", klagt Barnard, „weiß jetzt alles über die Aerodynamik unseres Sauger- Autos, der andere alles über unseren Zwölfzylindermotor." Claudio Degoli, verantwortlich für die Rennwagen-Präparation in der Fabrik, ist weg, ebenso Prüfstand-Chef Setti.

Ein echter Überläufer: Ferrari-Motorenchef Jean-Jacques His. Zuerst noch bei den heimlichen Ferrari-Sauger-Testfahrten — zwei Tage später gefeuert — jetzt bei Renault. Ferrari macht um den 12-Zylinder ein Riesengeheimnis, Mordsstreit mit Journalisten, Fotoreportern werden Filme aus den Kameras gerissen — aber His hat Renault und

Williams sicher schon alles über das Barnard-Wunderauto erzählt. Und Windkanal-Chef Midgeot ist der nächste Ferrari-Mann, der abspringt.
Ich erinnere mich, welches Einstandsgeschenk ein Ferrari-Pilot vor Jahren mit nach Maranello brachte: eine elektronische Einspritzung, geklaut aus der Rennabteilung seines vorigen Teams. Heute ist die Technologie-Spionage wesentlich komplizierter — nicht mehr wie 1980, als ein Lotus-Mann (mit Fotoapparat und Notizblock) an den Beinen unter einem Williams hervorgezogen wurde ...
Glück für Barnard, daß er keine italienischen Zeitungen liest und viel zu stark und mächtig ist, um in der Rivalität Ferrari – Fiat zerrieben zu werden. Viele Ferraristi sehen in dem genialen Engländer die letzte Wahl Enzo Ferraris — also gehen die Ingenieure und Mechaniker bedingungslos mit ihm. Aber die Fiat-Leute? Als Barnard mit einer vier Seiten langen Liste kommt, was alles im 1:1-Windkanal von Fiat in Orbassano getestet werden müsse, sieht er hochgezogene Augenbrauen: „Mister Barnard, was haben Sie achtzehn Monate lang gemacht, wenn wir noch soviel testen müssen?"
Die Fiat-Leute nehmen das Barnard-Auto auch im Computertest auseinander. Capelli: „Die 45 Kilo Übergewicht sind erlogen, aber die 0,02 Sekunden pro Schaltmanöver sind wenigstens auf dem Papier ein großer Vorteil."
Barnard, der bis an die Grenzen des Machbaren vorgestoßen ist, ist sich sicher, den richtigen Weg zu beschreiten. „Aber wir müssen noch viel am Getriebe arbeiten und sind permanent im Windkanal."
Während Testfahrer Dario Benuzzi den Sauger-Ferrari bereits über die Teststrecke Fiorano drischt, während für den Testpiloten Roberto Moreno ein Sitz maßgeschneidert wird, strampelt Ferrari mit dem Turbo-Modell weiter. Barnard: „Da fehlt überall etwas. Zum Beispiel wird jetzt erst der Motor neu abgestimmt — sechs Monate zu spät."
Was ist Dichtung, was die Wahrheit? Ich spreche mit Fiat-Chef Vittorio Ghidella, der bei Ferrari fortan die Weichen stellt und schwört: „Ferrari muß wieder siegen!"
Wie weit ist der neue Ferrari mit 3,5-Liter-V12-Motor für 1989?
GHIDELLA: „Momentan ist der neue Rennwagen noch in der Entwicklungsphase, wir arbeiten sehr hart, die Aussichten sind positiv und vielversprechend. Aber natürlich sind wir ein Jahr im Rückstand."
Angeblich haben Sie, weil Konstrukteur John Barnard wegen Über-

beschäftigung nicht zum großen Meeting nach Fiorano kommen konnte, angeordnet: weg mit dem zu komplizierten elektronischen Siebenganggetriebe.
GHIDELLA: „Ich bestätige, daß wir einige Veränderungen am Chassis vornehmen, weil wir 1989 die ersten Rennen mit mechanischem Getriebe fahren — auch wenn wir mit dem elektronischen weiterarbeiten."
Wie ist Ihr Verhältnis zu Barnard, dem Enzo Ferrari noch alle Vollmachten gegeben hat?
GHIDELLA: „Eine sehr gute Beziehung. In seiner Rolle als Techniker ist Barnard ganz ausgezeichnet. Aber mit diesem neuen Auto setzt er seine Reputation aufs Spiel — wie wir die unsere. Wir müssen nur einen Weg finden, seine und unsere Interessen in erfolgreichen Einklang zu bringen."
Was wird mit der englischen GTO-Fabrik, deretwegen sich Enzo und Piero Ferrari gestritten haben?
GHIDELLA: „Die bleibt als eine der modernsten Ferrari-Fabriken in England, mit und nach Barnard."
Rennleiter Marco Piccinini ist weg vom Fenster?
GHIDELLA: „Er hat schon unter Enzo Ferrari gebeten, entlassen zu werden. Piccinini wird mein Berater für Public affairs."
Sie haben eine internationale Technikergruppe: den Engländer Barnard, den Deutschen Hahn, früher die Franzosen His und Migaux.
GHIDELLA: „In den letzten Monaten habe ich fünf neue Italiener eingestellt. Ich würde gern sehen, wenn die italienische Tradition gewahrt bliebe."
Was denken Sie über das massive Vordringen der Japaner — nach Honda kommen jetzt noch Subaru und Yamaha in die Formel 1.
GHIDELLA: „Die Formel 1 ist eben die NASA der technischen Forschung. Die Japaner haben System, aber keine Phantasie, wir dafür sehr viel Phantasie."
Wie sehen Sie persönlich die Ferrari-Zukunft?
GHIDELLA: „Ferrari hat in der Formel 1 seinen Hauptkanal für die Werbung. Ferrari muß Rennen fahren und natürlich gewinnen."
Wieviel Zeit haben Sie für Ferrari?
GHIDELLA: „Einmal pro Woche bin ich in Maranello, aber das ist nicht genug, um Ferrari zu steuern."
Eine große persönliche Verantwortung?
GHIDELLA: „Eine riesengroße! Der Name wiegt schwer, die Bürde,

die ganzen Pflichten. Nicht nur Ferrari gegenüber, sondern auch allen anderen Marken."
Alfa Romeo natürlich auch. Was passiert dort?
GHIDELLA: „Wir haben in den Alfa 164 sehr viel investiert. Wenn die Silhouette-Formel platzt, sind wir zumindest die moralischen Sieger. Aber wir suchen uns andere Möglichkeiten: die Langstrecken-WM, Rennen in den USA, auch die Formel 1 — aber nicht in Konkurrenz zu Ferrari."
Also ist etwa ein Formel-1-Ferrari mit Alfa-Motor unmöglich? Wegen eines Geheimvertrages, der allen anderen Konzernmitgliedern die Formel 1 verbietet?
GHIDELLA: „Ferrari und Alfa sind komplett getrennt. Zusammenarbeit kann es geben, aber nie Vermischung."
Barnard nach der Ferrari-Reorganisation: „Es ist besser so." Was hat Ferrari seinem 3-Millionen-Mann nicht alles angetan: Falsche Daten, gelinkte Informationen aus dem Windkanal — und als Höhepunkt hat man in Italien sogar heimlich einen „Anti-Barnard"-Sauger-Ferrari gebaut!
Barnard ist bereit, zwölf Stunden täglich nachzudenken, wie er sein Auto schneller machen kann. Aber er haßt es, sich mit der Politik auseinanderzusetzen: Wer heute an der Macht ist, wer morgen und wer nächste Woche kommt.
Geld ist Barnard wichtig: Er will nicht nachdenken müssen, wann und ob er sich einen Monat Südsee-Ferien leisten könnte. Seinen Preis hat er Ferrari diktiert. Aber daß er im Oktober 1989 seinen 3-Jahres-Vertrag verlängert, glaubt keiner.
Blick in die Zukunft: Wie kann der „Grand-Prix-Wagen 2000" aussehen? Eine Frage, die Barnard fasziniert. „Das Jahr 2000 ist gar nicht mehr so lang weg. Mehr und mehr elektronische Spielereien, kleiner, leichter, besser und verläßlicher. Die Aerodynamik ist schwer vorauszusagen — aber sicher ein kontinuierlicher Fortschritt. Und der Fahrer wird weniger wichtig sein als heute — er rutscht mehr nach hinten."
„Mit dem 12-Zylinder-Auto bin ich an die Grenze des Machbaren gegangen", sagt er selbst. „Alle Erkenntnisse daraus helfen mir, mein nächstes Auto zu bauen." Für Mercedes?
Bergers Renningenieur bleibt Ing. Giorgio Ascanelli, meist mit Gletscherbrillen und Gel-Frisur. Er war früher Junioren-Mittelstürmer bei Spal Ferrara. „Aber zehn Jahre jünger und zwanzig Kilo leichter."

Dazu kommt deutsches Blut: Ferrari verhandelt mit Ing. Gerhard Schumann von Arrows, ehe beide beschließen: Lassen wir es bleiben. Dafür schlägt der Frontwechsel des 42jährigen Ing. Ralf Hahn — als TAG-Porsche-Projektbegleiter 1984 für Niki Laudas WM-Titel zuständig gewesen — in Italien haushohe Wellen. „John Barnard hat mich zu Ferrari gelockt", verrät mir Hahn. „Wie gut man mit ihm zusammenarbeiten kann, wissen wir ja." Hahns Vertrag: längerfristig. „Denn wegen ein paar Monaten wäre ich nach zwölf Jahren nie von Porsche weggelaufen."

Und was reizt den Deutschen an Ferrari? „Vom Namen, Mythos und Glorienschein abgesehen: Daß Ferrari hundertprozentig Formel 1 macht. Nicht wie bei Porsche mit Fremd- oder Eigenentwicklungen. Da gibt's eine große Truppe, die hat alles, die macht Formel 1."

Wieviel PS hat der Ferrari wirklich? Nach einem besonders enttäuschenden Sommerrennen kommt der Rennmotor direkt vom Auto auf den Prüfstand: schwache 570 PS!

Dann hat der Ferrari genug PS, bringt sie aber nicht auf den Boden — weil die Räder durchdrehen.

Schließlich John Barnards Genieblitz: etwas Leistung wegnehmen, Drehzahl von 12.500 auf 11.500 reduzieren — zugunsten einer günstigeren Leistungskurve.

Stachanowist in Fiorano? „Soviel getestet hab ich überhaupt noch nie", schnauft Berger. „Zeitweise: jeden Tag. Automatikgetriebe, aktive Radaufhängung, Motorabstimmung, ab Oktober den Sauger — aber kein Mitleid, selber schuld, weil ich verlangt hab: Ich mach alles selber — wir brauchen keinen Testpiloten."

Ehe im Spätsommer doch einer engagiert wird: der kleine Brasilianer Roberto Moreno, Formel-3000-Champion.

Eine Woche, irgendwann 1988. Berger ist so kaputt, „daß ich die Hände nimmer bewegen kann: völlig kraftlos". Er schläft zu Hause den ganzen Samstag, aber Sonntag fährt er nach München — kartfahren. „Am liebsten wäre mir: Die höchste Gage von allen, ein Auto wie den McLaren und so wenig Testarbeit wie bei Osella ..."

Zum Geld hat er ein gesundes, ungetrübtes Verhältnis: „Mit der Europatrans möchte ich heuer hundert Millionen Schilling Umsatz machen." Und als Rennfahrer? „Piquet war dreimal, Prost zweimal Weltmeister. Das muß bezahlt werden. Aber die anderen, Senna, Mansell, ich, sind ja auch nicht langsam."

Er findet völlig zu Recht, daß er genauso schnell ist wie die 5- bis 7-Millionen-Dollar-Superstars, zum Teil sogar schneller. „Also will ich auch soviel Geld“, kalkuliert Berger im April. „Wenn ich bei Ferrari das gleiche krieg, wie mir andere zahlen würden, bleib ich. Wenn nicht — Williams, Benetton, vielleicht geht McLaren wieder auf — oder ich hab eine neue, große, faszinierende Möglichkeit.“
Der 100-m-Sprinter Andy Berger sagt: „Ich bin der schnellste Österreicher auf zwei Füß — und trotzdem nur der zweitschnellste Berger.“
Das Herz des Gerhard hängt nicht grenzenlos an Auszeichnungen, dennoch wundern sich alle: Wieso wird nicht er, sondern ein Rallyefahrer zu „Österreichs Motorsportler des Jahres“ 1987 gewählt? Soviel ich weiß, saß in der Jury kein einziger Journalist ...
„Laß Berger nur ein bißl älter werden“, rät Stewart oft. „Erst Wissen und Erfahrung geben die Reife. Denk an Einstein, der 75 wurde, oder an Hemingway ...“
Soviel Zukunft — und schon soviel Vergangenheit: Ducati schickte Berger jetzt ein „Superbike“ für 265.000 Schilling, vielleicht, weil sich die Italiener erinnern, daß er 1981 drei Motorrad-Eisrennen auf Ducati 500 bestritten hat. Erster in St. Johann, Zweiter in Eibisee trotz Grippe und Fieber, Erster in Cortina d'Ampezzo — das war Berger, der Eiskratzer.
Er hat ein Herz für Nachwuchs und für Teamkollegen.
1987/88 hilft er dem jetzt 19jährigen Kufsteiner Karl Wendlinger in die Formel 3. Ein paar Anrufe bei wichtigen Sponsoren — und schon haben Gerhard und Dr. Helmut Marko das Budget für ihren Schützling beisammen. „Damit wir wieder einen Tiroler in der Formel 1 haben — wenn ich einmal aufhör.“ In Hockenheim schlägt „Berger II“ alle Italiener.
Und seinem langjährigen Copiloten im BMW-Renntourenwagen, Roberto Ravaglia, verhilft er sogar zu Formel-1-Testfahrten. Roberto hat sich immer gewünscht, ein einziges Mal in einem Formel 1 zu sitzen. „Mach ich dir“, hat Gerhard versprochen, sein Ex-Team Benetton angerufen — und schon durfte Ravaglia Gas geben.
In der Sponsorpflege, kommt mir vor, war Berger in jungen Jahren viel reifer als heutige Youngsters. „Ich sammelte alle Zeitungsausschnitte über mich in dicken Alben, um sie meinen Sponsoren zu schikken. Mir war sofort klar, wie wichtig das ist. Anzurufen, ob das Geld schon überwiesen wurde, ist ein bißl wenig.“

Einmal empört ihn eine Reporter-Indiskretion derart maßlos, daß er noch fester Gas gibt. „Jetzt weißt du, warum ich 1,2 schneller bin als Alboreto."

Sein Fahrstil? „In den Kurven rauf auf die Kerben, aber immer mit Vollgas", staunt Bailey. Und Cheever: „Beim Runterschalten ist er jedesmal am Drehzahlbegrenzer. Keiner überdreht so wie Berger!"

Das Verhältnis Barnard — Berger ist perfekt. „Anderen Fahrern mußt du oft auf die Zehen steigen, daß sie dreißig Minuten stehenbleiben — aber Berger mag immer freiwillig übers Auto diskutieren. Und wenn uns nichts mehr einfällt, wechseln wir das Thema, blödeln herum — bis zum nächsten technischen Fingerzeig."

Und als Pilot? „Ist Gerhard phantastisch. Einziges Problem: seine Beine sind zu lang. Weshalb ich ihm schon gedroht hab: Laß dich operieren . . . Je kürzer, um so besser."

Unglaublich — aber noch jeden seiner Siege hat Berger mit dem Ersatzauto herausgefahren! Anderer Wagen, andere Mechaniker-Crew. Darum klebt ihm sein Chefmechaniker Pietro ab Jerez eine Patrone an die Boxenwand: „Wenn du wieder das Ersatzauto nimmst, erschieß ich dich."

Irgendwann werden die Zweidreiviertel-Stunden-Autohetzjagden von Kundl nach Fiorano zu strapaziös. Im April touchiert Berger auf der Brenner-Autobahn mit einem Lkw und beschließt spontan: „Ich fahr nimmer! Der Flieger soll mich abholen, gleich mit Skiern, auf ein paar Tage nach Hochgurgl."

Ferrari drückt ein Aug zu. „Weilst einem echten Tiroler das Skifahren nicht verbieten kannst. Da hör ich eher mit dem Rennfahren auf."

Wie lang willst du noch fahren? „1989 — und dann noch drei Jahre. Ende 1992 hör ich auf." Mit zwei oder drei WM-Titeln? „Mir egal . . . aber einmal Weltmeister möcht ich schon werden! Nur: die Zeit geht so rasch vorbei, dann hört man womöglich auf — ohne daß man je Weltmeister gewesen ist."

1989 also wieder Ferrari „und dann noch drei Jahre".

Ein heimlicher Wunsch: Indianapolis! „Einmal will ich dort fahren" — im Nudeltopf der Bleifußpiloten. „Obwohl die Indy-Stars nicht soviel verdienen: etwa 1,5 Millionen Dollar." Neben dem Andretti-Clan, Al Unser junior und senior, Fittipaldi, Sullivan usw. fährt 1988 ein Holländer in der Spitze mit — Arie Luyendijk, den Berger aus dem deutschen Kaufmann-Team kennt: „Ich fuhr Formel 3, Arie Super-Vau.

Sein Vater arbeitete als sein Mechaniker, war ganz stolz auf seinen Buben, immer sehr aufgeregt — bis zum Herzinfarkt beim Rennen."
Wenn Gerhard vom Rennsport weg ist, will er ganz weg sein. „Ich komm sicher nie zuschauen, mag auch kein eigenes Team aufziehen. Ich kümmer mich dann nur noch um die Firma."

SPA: DIE VERFRÜHTE KAPITULATION

Für Ferrari beginnt das neue Zeitalter: 430. Grand Prix, aber der erste nach dem Tod des Commendatore. Triste Stimmung, aber weder Gedenkminute noch Trauerflor an Wagen oder Overalls, „weil Enzo Ferrari das nicht gewollt hätte" (Piccinini). Berger spürt den Unterschied sofort im Herzen: „Früher hattest du immer das Gefühl, du fährst für den alten Herrn persönlich — jetzt auch nur für irgendeine Company."
Die Ferrari-Box von Spa, beim ersten Grand Prix danach: Noch mehr Signori in Zivil bzw. grauen Jacken — die Fiat-Leute.
In den anderen Boxen sehr viel Neues: Die blonde Belgierin Katherine, Piquets Freundin, hat ihrem Nelson einen Buben geschenkt. Jetzt hat der lebenslustige Weltmeister schon so viele Söhne wie WM-Titel, nämlich drei — mit drei verschiedenen Müttern. „Aber ich hätte nichts dagegen, auch zehn Buben zu haben ..."
Dafür fehlt Mansell wegen seiner Feuchtblattern. Williams holt als logischen Ersatz Martin Brundle: früher Tyrrell und Zakspeed — jetzt auf dem Weg zum Sportwagenweltmeister.
Gegend und Wetter sind kein Hit. Warum — außer geographischen Notwendigkeiten — leben so viele ausländische Profisportler in Belgien? Englische und irische Radprofis, die auch als Weltmeister „noch leben wie irische Arbeiter", skandinavische Motocross-Fahrer, von den vielen Ex-Fremdenlegionären und internationalen Söldnern in den Brüsseler Bars gar nicht zu reden? Weil Ausländer in Belgien nur 20 Prozent Steuer zahlen — freilich wird ihr Reichtum lebenslänglich kontrolliert. Formel-1-Fahrer hat es (außer Jarier) nie nach Belgien gelockt, Boutsen dafür nach Monaco vertrieben.
Das Wetter ist wie immer in Spa: Kälte, Wind Regenschauer — also die traditionelle belgische Grand-Prix-Kulisse. Das Trainingsergebnis auch: Freitag früh Prost, am Nachmittag Senna vor Prost und Berger, der unbedingt Rennsportgeschichte schreiben möchte: „Ich will der

erste sein, der auf dieser extremen Mutstrecke die gefürchtete Senke von Eau Rouge voll im sechsten Gang fährt — die abenteuerlichste Kurve der Formel 1." Hier hat jeder Pilot Herzklopfen, hier gibt fast jeder, vor allem Berger, zu: „Jede Runde muß ich hier an Stefan Bellof denken" — und dessen Unfall im Langstrecken-WM-Lauf 1985.
Mit einem Fuß im Himmel, aber voll im 6. Gang: eine gigantische Mutprobe. „Bis jetzt hat sich das keiner getraut, aber einer muß es ja einmal tun", hat sich Berger vorgenommen.
Unheimlicher Anpreßdruck. Du willst schalten, kannst aber nicht. So fest sind deine Hände aufs Lenkrad genagelt. Deine Hände kämpfen gegen die Fliehkraft, aber du verlierst immer.
Berger besteht die Mutprobe, „aber den Berg hinauf muß ich Gas wegnehmen, weil der Ferrari auszubrechen droht. Und später, auf der Geraden, geht mir sowieso immer das Pop-off-Ventil auf — wozu soll ich da in Eau Rouge mein Leben riskieren?"
Er plant den Vollgas-Angriff erneut fürs Samstagtraining, wird aber von der Wetterhölle Spa besiegt: Regen und Nebel, wie befürchtet.
Im McLaren-Hubschrauber, der vom Schloßhotel nach Spa knattert, halten alle die Luft an. Tiefhängende Wolken und Nebelfetzen machen den Flug viel zu gefährlich. Der Pilot kehrt um — und Senna teufelt mit dem Leihauto zur Strecke. So richtig zum Aufwärmen: Ayrton ist Schnellster im Vormittagstraining, das abgebrochen wird, weil Alboreto rausgeflogen ist, Berger Zweiter, aber mit vollen Tanks.
Auffallend: Ab August gibt es keine offiziellen Höchstgeschwindigkeitsmessungen mehr — nur noch den Speed an drei verschiedenen Streckenpunkten. Die FISA weiß, was im Training passiert, macht aber nur hie und da einen McLaren auf — that's all. Beim Ventil beträgt der Boost natürlich nur 2,5 bar. Beim Lufteinlaß aber oft 2,95 ...
Daß Honda die 2,5 bar zumindest im Qualifying „überdrücken" würde, hat Frank Williams schon beim Japaner-Fußtritt in Monza 1987 angekündigt: „2,9 oder 3,5 bar — für Honda kein Problem." Aber auch die Konkurrenz schläft nicht. Ein Deutscher, ein hervorragender Techniker, hat im Winter als erster einen Trick ausgeheckt, traut sich aber nicht, ihn zu verwenden.
Zuerst wird das Ventil zugeklebt, geht jedoch auf, wenn es zu heiß wird. Daher: Leitbleche in die Airbox, die, banal ausgedrückt, den Luftstrom umleiten — wie das Industriebeispiel vom Gasfluß in Röhren. So kommt man völlig legal auf 2,95 bar Ladedruck.

Oder der Trick mit dem Paraffin: Es wird flüssiggemacht, während der Fahrt automatisch hart, worauf es das „Pop-off-Ventil" blockiert — und erst bei 80 Grad wieder schmilzt. Jetzt erst geht das Ventil auf. Spuren: keine.
BMW-Motorenchef Paul Rosche in Hockenheim zu einem Zakspeed-Techniker: „Ich weiß, was ihr macht's — Paraffin!" Ja, wenn's so leicht ginge?
Oder: Ein Plastikteil (keine Metallplatte) blockiert das Pop-off-Ventil, wird jedoch in Nichts aufgelöst, wenn aus einer zusätzlichen Leitung Benzin draufgespritzt wird. Dazu ein winzigkleiner Schalter im Cockpit.
„Bitte zeigt mir das, damit auch ich endlich weiß, wie das funktioniert", verlangt Zakspeed-Teammanager Helmut Barth. „Hätten wir diesen Trick wirklich angewandt, hätten wir uns stets qualifiziert", dementiert Bernd Schneider. FISA-Chefingenieur Gabriele Cadringher: „Wir haben alles untersucht — und nichts gefunden."
Die Gerüchte, Zakspeed würde mogeln, verstummen bald. Aber natürlich kennt Gustav Brunner, seit er das schreckliche Ungetüm von Kauhsen-Formel-1 gebaut hat, wichtige Leute an der technischen Uni von Aachen, die sogar einen Windkanal hat. Aufgabe: den Luftstrom in die Airbox so umzuleiten, damit man die 2,5 bar austricksen kann. Erster Versuch: mit einer Schnecke — zu kompliziert. Zweiter Versuch: funktioniert.
Als Zakspeed damit nach Hockenheim kommt, kriegt Arrows-Boß Jackie Oliver Stielaugen: „Erich, bitte verkauf mir das System! Ich zahl jeden Preis." Zakowski lehnt ab. Ab Monza hat Arrows — über welche Kanäle? — das gleiche, raffinierte System.
Woher? fragt Zakowski verärgert. Oliver tippt sich aufs Auge: Holzauge, sei wachsam.
Aber irgendwann 1988 geht durch jedes Turbo-Team ein Ruck. Bei Ferrari: in Silverstone. Bei Zakspeed: in Hockenheim und Spa mit verblüffendem Topspeed von über 300 km/h. Bei Arrows in Monza — mit 3,8 bar Ladedruck, wird mir geflüstert.
Auch wenn die FISA drei Megatron-Motoren untersucht — und nichts findet: „Wir haben nun einen anderen Verdacht: Additive, also Treibstoffzusätze — aber die sind nicht nachzuweisen."
Limit 102 Oktan — früher durfte auch Flugbenzin (bis 140 Oktan) verfeuert werden. BMW, der erste Turboweltmeister, heckte einen Spe-

zialtrick aus. Drei Jahre suchte BMW nach Spezialbenzin aus dem Dritten Reich, von dem Paul Rosche wußte: Es ist besonders schwer. Schweres Benzin heißt kühler, der Motor kann heißer laufen, weil der Sprit kühlt — das heißt mehr PS. So wurde Piquet mit BMW 1983 der erste Turboweltmeister!

Und wenn die Konkurrenz heute von einem 178-Liter-Tank (mit Ventil) flüstert, empört sich Zakowski: „Dann hat Arrows 185 Liter!"

In der McLaren-Box: ein Riesenstrauß roter Rosen für Senna („deine Patricia"). Für Berger: riesige Transparente mit „Happy birthday" und roten Herzen. Aber Gerhard hat sich seinen 29. Geburtstag anders vorgestellt: als Ardennen-Offensive. „Bisher hatte ich immer Freitag Pole, dann regnete es die ganze Nacht, trocknete aber vorm letzten Training auf — und ich war die Trainingsbestzeit los. Diesmal will ICH attackieren — da kommt der Regen."

Das Abschlußtraining ertrinkt in Regen und Nebel: kein Fahren nach Sicht, sondern eher ein Blindflug nach Gehör. Auf der Geraden im Wald bleiben die Wasserfontänen stehen, so daß du nie weißt: Ist der Vordermann 50 Meter vor dir oder 500?

Regenbestzeit fährt überraschend der Mansell-Ersatz Martin Brundle. Prost bleibt regenscheu in der Box, Senna ist Vierter, Berger Zehnter: „Wozu unnötig riskieren? Jetzt rauszufliegen, wäre teppert." Der Regen stört Gerhard nicht: „Du hast im Nassen genug Grip, darum sind die Zeiten nur um zehn Sekunden schlechter — aber durchs hohe Tempo wird's wieder gefährlich."

Die Gespenster von Silverstone tauchen wieder auf. „Wenn's auch Sonntag regnet, fahr ich nicht", läßt Prost durchblicken.

Falls Regen, bekommt Berger als erster ein absolut beschlagfreies Visier — Senna und Prost stehen da noch auf der Warteliste. Der Beweis: Alles sehnt sich nach einem neuen Sieger.

Wenn es regnet: Berger, weil er mit seinem Mut viel ausgleichen kann. Aber weil es Sonntag trocken ist: wieder McLaren-Honda.

Prost und Senna appellieren noch an die Formel-1-Reporter: „Bitte, schürt kein Feuer. Erzeugt keine Spannung und künstliche Rivalität zwischen uns. Es gibt keine."

Alain weiß, daß sich ein Schlüsselrennen der Saison zusammenbraut. Entsprechend versprüht er Optimismus — fast wie in Le Castellet: „Ich muß gewinnen! Und dann kann ich in Monza auf 6:6 ausgleichen."

Aber die Prost-Offensive währt nur 1,3 Kilometer oder 28 Sekunden.

So lange führt er vor Senna, der extrem behutsam gestartet ist. Manche wollen gesehen haben, daß sich Prost überhaupt nicht wehrt, als ihn Senna überholt „und sogar zustimmend genickt hat". Was Senna heftig dementiert: „Die Situation war gut für mich, aber kampflos läßt mich Alain deswegen noch lang nicht vorbei!"
Als gleich nach dem Senna-Manöver auch Berger an Prost vorbei will, schneidet ihm der Franzose brutal den Weg ab. Was Gerhard unklug findet: „Den Senna läßt er ganz bequem vorbei, aber mir schmeißt er die Tür zu. Wo er sich doch denken könnte: Besser, der Berger hetzt den Senna — vielleicht hab ich dann bessere Chancen."
Mit Prost hält Berger problemlos mit. „Den hätte ich sicher gepackt."
Ähnlich wie 1987, geht es bei Ferrari im Sommer still und leise aufwärts: Super-Topspeed, besserer Spritkonsum. Solang Berger mit Prost kämpft, stimmt seine Benzin-Marschroute haargenau.
Aber leider muß Berger schon nach drei Runden an die Box, Zündkerzen wechseln, und nach elf Runden endgültig aussteigen. „Genau das gleiche Problem wie in Kanada. Ich bin traurig, weil das Auto heute sehr gut gelegen wäre — gut genug, um die McLaren anzugreifen."
Kaum ist Berger in der Luft, muß auch Alboreto mit einer riesigen Rauchfahne aufgeben.
Bergers schnellste Runde erreicht keiner mehr. Und Prost weiß nach 20 Runden endgültig, daß er gepokert und verloren hat: Seine fürs Rennen in letzter Sekunde geänderte Abstimmung — flacherer Heckflügel für weniger Spritverbrauch — kommt als Bumerang zurück. „Weil die Strecke immer rutschiger wird, paßt mein Rezept immer weniger."
Das „Solo für zwei" stört keiner mehr. Boutsen wird Dritter. Seit sich der Belgier gedanklich von Benetton verabschiedet hat, werden seine Rennen immer besser. „Jetzt spür ich immer deutlicher, daß ich bei Williams 1989 um den Titel mitkämpfen kann."
Der Schreck danach: Als Boutsens Benzin überprüft wird, stellt sich im Labor heraus: Oktanzahl zu hoch — 0,16 Prozent über der Toleranzgrenze! Aber Thierry hat ein reines Gewissen: „Mobil checkt den Sprit vor und nach jedem Rennen." Ob Disqualifikation — und Vorrücken der Nächstplacierten —, entscheidet die FISA erst im Dezember.
Auch von Capelli kommen 1988 noch große Dinge, „aber Spa ist mein bestes Rennen, das mir auch die meiste Freude macht. Ich überhol Fahrer wie Cheever, Piquet und Patrese — nie leicht zu überholen."

Für Senna ist der belgische Grand Prix in der Erinnerung nahezu perfekt: „Gutes Rennen, gutes Auto, guter Motor. Alles sehr gut.“ Für Prost weniger: falscher Reifendruck.
Senna gewinnt 30 Sekunden vor Prost, geht nach Punkten 75:72, nach Siegen aber schon 7:4 in Führung. Sein vierter Sieg hintereinander ist fast Weltrekord: Der erste seit Jochen Rindt 1970, der vier Große Preise in Serie gewinnt. Aber niemand ahnt, daß vier weitere Rennen verstreichen bis zum nächsten Sieg.
In Spa sieht Senna bereits ganz wie der Weltmeister aus. „Fast unmöglich für Prost, das noch aufzuholen. Aber ich muß weiterkämpfen“, rechnet Senna. „Ich weiß, daß ich dem Traum meines Lebens schon ganz nahe bin. Die Chance, den Titel zu gewinnen, ist größer als je zuvor.“
Aber dann stockt der als emotionsloser Renncomputer verschrieene Formel-1-Wunderknabe plötzlich — über sein Gesicht rinnen Tränen der Freude. Der angehende Champion weint — der Verlierer lacht.
„Für mich bist du schon der neue Weltmeister, und du verdienst es. Nicht nur, weil du heuer so gut bist, sondern auch wegen allem, was du die letzten zwei Jahre geleistet hast“, gratuliert Prost. „Für mich ist die WM jedenfalls verloren. Aber ich bin nicht traurig“, verabschiedet er sich lachend vom WM-Titel. „Professor“ Prost, der größte Sieger der Formel-1-Geschichte, hat kapituliert.
Der Abend von Spa: Prost sitzt noch lang im Mobilhome, in vertraulicher Konferenz mit zwei Marlboro-Bossen. So kann's aussehen, wenn die Zukunft festgelegt wird.
Dann eben nächstes Jahr, tröste ich Prost.
„Next year?“ fragt er fast erstaunt zurück. „Dann bin ich 34 . . .“
Ich erzähle ihm vom brutalen Rempler bei der Straßen-WM der Radprofis, die gleichzeitig mit dem Formel-1-Lauf in Belgien stattfand. Alain ist verblüfft. „War das schon die echte Weltmeisterschaft? Hab ich gar nicht gewußt.“ Prost, der Allround-Sportfan, der sich für alles interessiert, der immer alles weiß, hat die Rad-WM total vergessen. Die letzte Chance in Spa muß für ihn wirklich immens wichtig gewesen sein.
Irgendwann Krach: Vom benachbarten Lotus-Wohnwagen schmeißt der beste Koch der Formel 1 einen Cracker — worüber sich jemand maßlos aufregt: „Weißt du jetzt, warum Lotus nichts mehr gewinnt? Weil sie solche Kerle wie dich engagiert haben.“

Montag rufe ich Senna in Monte Carlo an: „Ja, es sieht gut aus, ich spür: Der Titel rückt näher und näher. Aber noch hab ich ihn nicht gewonnen. Noch wartet ein hartes Stück Arbeit."
Hast du die Kapitulationserklärung von Prost geglaubt — oder vermutest du dahinter einen Psycho-Trick? Um dich zu entspannen, dich in Sicherheit zu wiegen? muß man ihn später fragen.
Senna: „Vielleicht glaubt er wirklich, daß die WM für ihn vorbei ist. Aber tief drinnen, glaub ich, hat er noch nicht resigniert. Ein Prost hat noch nie aufgegeben — und er wird nie aufgeben. Ich rechne auch gar nicht damit. Ich hab ihn ein bißl kennengelernt, übers Jahr, und wenn du seine Rekorde, seine Erfolge anschaust: Der ist nicht die Art von Kerl, die aufgibt." Und recht hat er.

MONZA: BERGER — VOM HIMMEL GELENKT

„Gerardo", fragt ein italienischer Reporter, „warum müssen wir immer so weit fliegen, um dich siegen zu sehen — Mexiko, Japan, Australien?" Komm nach Monza, grinst Berger zum Spaß. Seinem Vater fällt längst auf: „Seit du nimmer gewinnst, steht weniger in den Zeitungen." Als Berger den klassischen GP von Italien stimuliert, hängen 30.000 rennverrückte Tifosi an Bäumen und Reklametafeln.
Drei kleine Italiener-Teams, die nicht immer leicht einzuschätzen sind: Coloni mit Gabriele Tarquini, Osella mit Nicola Larini und „Scuderia Italia" (Dallara) mit Alex Caffi.
Enzo COLONI, ehemaliger Formel-3-Champion, ist der Mann, der dem AGS-Team wichtige Leute abengagiert — vor allem Konstrukteur Vandenpleyn. Das gelbe Auto schlägt sich in allen Vorqualifikationen beherzt, aber Tarquini weiß: „Sobald bei uns der geringste Defekt passiert, sind wir weg." Er sieht in seinem bunten Overall aus wie ein Motorradrennfahrer, spielt aber Fußball beim Viertklaßler Giulianova und ist in seiner Freizeit Wirtschaftsstudent.
Das Wunder: bis zum vorletzten WM-Lauf hält sich Coloni unter den besten 13 Teams — wird erst von Streiffs AGS aus der sicheren Qualifikation für 1989 herausgeboxt.
OSELLA, oft schon totgesagt, überrascht hie und da: „Gutes Chassis, das Team hat viel gearbeitet." Auffallend, daß der Wagen nicht mehr Osella-Alfa heißt: „Auch der Motor ist jetzt ein Osella. Weil wir viele

Teile auswechselten und jetzt selber erzeugen: Zylinderköpfe, Kolben, Kurbelwelle.“

Wie oft sieht man den Osella-Piloten Nicola Larini während des Trainings, Sitz in der Hand, zu den Boxen zurücksprinten — um nach einem Defekt ins Ersatzauto zu springen. In Jerez ist er die Trainingssensation. Ken Tyrrell lädt ihn sofort zu Testfahrten, aber die Sponsoren sind dagegen: Marlboro-Pilot in Camel-Auto, das paßt nicht.

FOCA und FISA schreiben für 1989 zwei Autos pro Team vor, aber Enzo Osella glaubt: „Nur ein Wagen wäre für uns besser.“ Darum kocht er einen Trick mit dem „Taxi“ aus: Das zweite Auto soll kein echtes Rennauto sein, sondern bloß ein „Taxi“, früher genannt: „Starting money special“, und jeweils nach drei bis vier Runden an die Box kommen. Als Taxifahrer vorgesehen: der Schweizer Franco Forini.

Dann wird Ghinzani von Zakspeed zurückgeholt, dazu Paolo Barilla. Aber wo kommt Larini unter?

Die größte Zukunft gib ich DALLARA mit Alex Caffi. In meiner privaten „Top Twenty“-Rangliste gehört Caffi sicher unter die ersten zwölf. Platz 7 in Estoril, 8 in Detroit, 10 in Spa und Jerez — viel mehr, als man erwarten durfte. Wenn man die Voraussetzungen kannte: „Neues Team, neues Auto, ich ohne Erfahrung — und 1987 keine einzige Zielflagge gesehen.“

Um so mehr freut Caffi seine „happy season“ 1988: „Jedes Rennen — für mich eine neue Erfahrung. Vergiß nicht, wie wenig ich gefahren bin.“ Von der Formel 3 direkt in die Formel 1 — ohne Formel 3000, ohne Gruppe C.

Caffi ist ein kleiner, zäher, ewig blasser Bursche. In Nordamerika erwischt er einen unangenehmen Gesichtsausschlag — weshalb er sich einen Bart wachsen lassen muß. In Jerez holt er sich eine schwere Lebensmittelvergiftung, schafft gerade nur zwei, drei Trainingsrunden — verbeißt sich aber im Rennen und hält durch. Ein erstaunlicher Kerl.

Als ihm Dallara einen neuen 2-Jahres-Vertrag anbietet, greift Caffi glücklich zu und unterschreibt sofort. Danach, schätze ich, ist er reif für ein großes Team.

In dieser „Scuderia Italia“ versucht Keke Rosberg, seinen finnischen Schützling J. J. Lehto unterzubringen — etwa zur Monza-Zeit sieht es auch bestens aus. Aber dann bekommt de Cesaris den Platz. Zwischendurch auch Comebackgerüchte um Keke Rosberg. „In welcher Altersklasse? Oldtimerrennen?“

Sein Ego hat durch den Rücktritt nicht gelitten. Als ihn Alan Henry bittet, für sein Buch „50 berühmte Rennen“ das Vorwort zu schreiben, fragt Keke: „Wieso fünfzig? Wenn ich doch nur fünf gewonnen hab?“
In Monza hat Ferrari immer Heimvorteil. Ferrari darf beim Testen private Zeitnahmen errichten, wo man will — Konkurrenten werden verjagt. „Aber wir haben doch den gleichen Ausweis“ — solche Argumente prallen von den Polizisten ab: „In Italien ist alles anders.“
Wie immer, huscht der Pfarrer von Monza, Hunderte Tifosi hinter sich herziehend wie Christus seine Apostel, durch die Box und segnet die zwei Ferrari. Hochwürden hat immer gebleichte, zerknitterte, verblaßte Fotos der ersten Monza-Unfälle in den Falten seiner Soutane verborgen — und zeigt sie mir jedes Jahr: „Ich leistete schon damals Erste Hilfe — und gab die Letzte Ölung.“
Wer gewinnt? frage ich Hochwürden. „Berger natürlich!“
Die „Hölle von Monza“ — zum letztenmal? Ecclestone droht mit Entzug, falls Stadtverwaltung und die Grünen weiter den Boxenumbau boykottieren — im letzten Moment kommt das Okay: für 70 Millionen Schilling. Monza addio — unvorstellbar.
Manches auf dem Transfermarkt auch. „Wieso schreibt ihr, ich hab Patreses Williams-Cockpit gestohlen?“ rügt Alboreto die italienische Presse. „Warum sagt keiner, daß mir Mansell meinen Ferrari weggenommen hat?“
Der Platztausch Alboreto — Mansell scheint längst perfekt. Shakehands-Abkommen Williams — Alboreto in Silverstone, aber Vertragsabschluß in Spa verzögert, weil Patrick Head plötzlich befindet: „1989 wird sowieso nur ein Zwischenjahr, wozu für Alboreto soviel Geld rausschmeißen? Behalten wir Patrese. Der kann wenigstens sofort den Williams-Renault testen, ohne seine Freigabe abzuwarten.“
Alboreto spürt, „daß mich der Konstrukteur nicht mag. Dieses Problem brauch ich kein zweites Mal, das hab ich schon bei Ferrari.“ Er sagt telefonisch selber ab. Riccardo kann aufatmen.
Während sich Patrese am Lido von Venedig erholt und strahlend lächelnd samt großer Familie fotografieren läßt, starrt Alboreto in eine ungewisse Zukunft.
Fühlst du dich von Williams im Stich gelassen? „Ja“, sagt Alboreto gradeaus. „Was macht er jetzt, der Libanese?“ fragt Berger und meint Libyen — wo Michele geboren worden ist.
In einer Fahrerlagerecke faucht Alboreto den Ford-Motorsportgeneral

Mike Kranefuss an: „Wenn ihr endlich wieder Rennen gewinnen wollt, müßt ihr mich nehmen, sonst keinen! Wenn nicht, wixt ruhig weiter mit euren jetzigen Fahrern."

Von Ferrari gefeuert, von Williams verraten, bei Benetton unerwünscht, für kleine Teams zu teuer: Armer Alboreto. Und das noch dazu beim Heimrennen in Monza.

„Berger und Alboreto, der Drache schaut runter auf euch!" knallen Transparente auf den Tribünen. Am Sonntag wird Ferrari-Zeremonienmeister Franco Gozzi ergriffen sagen: „Er hat Gerhard und Michele vom Himmel aus gelenkt."

Eher ist zu fürchten: Freitag hat Enzo Ferrari im Grab rotiert. Berger knallt schon in der 3. Runde Pole-position hin, Beifallsgetrampel — dann geht sein Getriebe k. o. Wehrlos muß er aus der Box zusehen, wie ihn Senna, Prost Alboreto überholen, kann nicht ins Ersatzauto umsteigen, weil Alboreto gleichzeitig der 5. Gang gebrochen ist, und sitzt 30 Minuten sinnlos im aufgebockten Ferrari, bis er frustriert aussteigt. Langer, stummer Blickwechsel mit Ascanelli: Ferrari hat die Ersatzteile vergessen — und damit die Pole-position verschlampt.

Dafür ist, kaum daß bei der Boxenausfahrt Grünlicht aufflammt, Senna bereits klar: Die Prost-Kapitulation von Spa war nicht echt! „Alain pusht *like hell* von der ersten Trainingsrunde weg, offizielles, inoffizielles Training — der gibt nicht auf." Trotz Problemen. Prost ist frustriert: Rätselhafte Vibrationen, Motoraussetzer, besonders beim Schalten niedriger Gänge.

Samstag ist Berger rasch an Alboreto vorbei, stellt im Stallduell auf 20:0. Dann stoppt ein Dreher seinen Sturmlauf. Senna hat seinen Trainingsweltrekord: 10. Pole-position. Neben ihm Prost, dahinter die beiden Ferrari.

Alboreto beklagt sich bei Ing. Ascanelli: „Berger hat einen anderen Computer als ich. Ferrari verbietet mir, den gleichen zu benützen." Was Piccinini dementiert: „Micheles Ingenieur Nardon hat genau den gleichen Computer, wir tauschen alle Informationen aus — und wenn Alboreto will, kann er genau das gleiche Set-up haben wie Berger. Ferrari gibt nie Präferenzen. Immer gleiches Material. Wäre auch total verblödet, ein Auto absichtlich schlechter zu machen. Der Unterschied? Liegt lediglich darin, wie der Fahrer alle Informationen benützt, die er hat."

Nur in der 11. Startreihe: Jean-Louis Schlesser, der Ersatzmann für den immer noch windpockengeplagten Mansell. Williams hat weder Ferrari-Testpilot Roberto Moreno noch Martin Brundle (von Jaguar) freibekommen — also kriegt Schlesser seine Chance: Formel-1-Debütant im nicht mehr so knackigen Alter von 36, aber ein bunter Hund. Neffe des 1968 in Rouen in einem Honda verunglückten Jo Schlesser, der immer noch für das „JS" der Ligier-Wagen steht, Juwelier aus Paris, Freund der Björn-Borg-Exfrau Mariana — die dem Tennisstar im Alfa-164-Prominentenrennen zusieht, sich aber wegen Jean-Louis mehr aufregt: mit dem Sauber-Mercedes im September noch WM-Leader. Codewort für Schlesser im Williams-Team: The sports car driver. Aber er wird noch sehr wichtig.

Samstag mittag Riesentumult im Ferrari-Zelt. Großer Auftritt von Vittorio Ghidella, dem dynamischen Chef von „Fiat Auto": Eine Mischung aus Yves Montand und Jean-Paul Belmondo, mit einer kleinen Prise Aznavour. Sportlich, drahtig, schlagfertig.

Ich frage Ghidella über Berger, und er antwortet mit: „Ferrari vertraut und schwört voll und ganz auf Gerhard. Wir tun alles, daß er Weltmeister wird. 1989 wird er sicher wieder Rennen gewinnen!"

Und heuer?

Ghidella: „Halte ich für praktisch unmöglich: zuwenig Zeit, um schon Wunder zu vollbringen. Aber das Ziel ist klar: Ferrari muß wieder siegen!"

Sonntag fallen, wie immer in Monza, die Superstars vom Himmel. Senna und Prost knattern von der Villa d'Este in Como mit dem Hubschrauber nach Monza. Berger kommt im feuerroten Cagiva-Moped — flüchten muß er später mit dem Helikopter.

Beim Warm-up hat er Sorgen: „Im Rennauto hängt die Drosselklappe, im Ersatzwagen braucht der Motor mehr Benzin. Welchen soll ich nehmen?" Nach dreimaligem Wechsel entscheidet sich Gerhard endgültig fürs Ersatzauto — zwei Minuten, bevor die Boxenausfahrt gesperrt wird." Unheimliche Belastung. Aber wie er alles wegsteckt, mit dem Druck fertig wird — das muß ihm erst einer nachmachen.

Das Ersatzauto ist ein gutes Omen. Wann immer Gerhard gewonnen hat, saß er im Reservewagen.

Vorm Start schaut er noch schnell bei Ron Dennis vorbei. „Hast du dich schon entschieden?", fragt der McLaren-Boß lauernd, „was du 1989 machen willst?" Ja, grinst Gerhard, mit Ferrari Weltmeister werden.

Zwischenschnitt: Largo Garibaldi Nr. 11 in Modena, das alte Ferrari-Patrizierhaus, wie folgt aufgeteilt: Der 1. Stock gehörte Enzo Ferrari, im zweiten leben sein Sohn Piero, dessen Frau sowie die Kinder Antonella und Enzo junior; im dritten Pieros Mutter Lina Lardi, früher Schauspielerin und Lehrerin, die mit dem Commendatore sehr lang zusammengelebt hat.
Die geisterhafte Stille im Haus: der totale Kontrast zur Hölle von Monza, dem Hexenkessel der 200.000 Fans.
„Für meinen Vater", sagt Piero Lardi-Ferrari, „war Monza immer das wichtigste Rennen des Jahres. Wichtiger als die ganze Weltmeisterschaft. Für Monza verlangte er immer neues Material, neue, zumindest modifizierte Motoren. Mein Vater war die letzten zwei Monate sehr krank, und die Niederlagen taten ihm weh. Wenn du gewinnst, ist es immer leicht. Aber wenn du verlierst, fürchtest du: Du gewinnst nie mehr wieder!"
Aber die Hoffnung aufgeben? „Nein — weil Autorennen immer wieder Überraschungen bringen", weiß auch Piero.
Largo Garibaldi Nr. 11: Piero, mit Frau und Tochter vorm Fernseher, ist „sehr traurig über die bedrückende Stille. Weil niemand redet. Mein Vater hat immer das ganze Rennen kommentiert, alle Fahrer, alle Autos — es war herrlich aufregend, ihm zuzuhören."
Aber auch Piero hat sich über Berger längst ein treffsicheres Urteil gebildet: „Gerhard ist schnell, wenn er will. Er riskiert, wenn er muß. Und er kontrolliert die Situation, wenn er die Kontrolle braucht — alles die Qualitäten eines großen Champions."
Monza 88 ist anfangs ein Rennen wie jedes andere: Senna vor Prost und Berger, der „auf den Spritverbrauch aufpassen muß. Darum laß' ich Prost wegfahren — und heb mir Reserven fürs Finish auf."
Senna — Prost, kein gemütliches Tandem. Senna führt, ist aber längst beunruhigt: „Alain pusht hart, viel zu hart. Und um auf sein Höllentempo zu reagieren, muß ich genauso fest Gas geben. Die Folge: Wir stürmen zwar auf und davon, aber nicht sehr nutzvoll — wir verbrennen zuviel Sprit."
In Monza fehlen zwar die benzinfressenden Bergauf-bergab-Passagen, aber wieso haben die Ferrari 1988 überall ihre berüchtigten „Spritprobleme" — nur ausgerechnet in Monza nicht? Hat sich auch Gerhard längst selber gefragt. Auskunft seiner Ingenieure: „Unser Motor ist immer dann ganz schlecht, wenn du vom Gas mußt und das Auto auf

Schubbetrieb oder Teillast umstellt. Da verbrauchen die Honda keinen Sprit mehr — Ferrari hat das nicht regeln können."
Im Klartext: In Monza gibt es nur Vollast (Vollgas) oder ganz weg vom Gas — in den drei Schikanen. Dort sparen Berger und Alboreto Sprit. Das leuchtet ein.
Die „Unbezwingbaren" schlagen längst Alarm: Prost ist schon nach 3 Runden mit 1,5 Liter Sprit im Minus. Darauf aus der McLaren-Box der Funkbefehl an Senna und Prost: „BOOST 1, MIX 5" — also niedrigste Ladedruckstufe, Benzingemisch abmagern, Sprit sparen.
Ab der 30. Runde strampelt Prost mit nur 5 Zylindern, fünf Runden später spürt Berger die Tumulte im Publikum, Prost in der Box!
Prost ist traurig. „Hat man je von einem kaputten Honda-Motor gehört? Ausgerechnet mich muß es treffen — im schlechtesten Moment." Totale Zuverlässigkeit, doziert Dennis, wäre „technisch unmöglich".
Was ist wirklich passiert? Dennis: „Detonationen im Motor. Eine Modifikation an einer Zündkerze — die mit Honda nichts zu tun hat. Daher der Ventilschaden." Was ihm John Barnard nicht abkauft: „Ich hab's anders gehört: Das Benzingemisch war zu mager eingestellt, um Sprit zu sparen ..."
Jedenfalls ist Berger, 28 Sekunden hinter Senna, automatisch Zweiter. Aber Ayrton darf nicht das gleiche passieren wie Prost — also wird er über Funk vorgewarnt: „Benzingemisch anreichern, fahr vorsichtig!" Was Ayrton beherzigt. Prompt rückt das Ferrari-Duo Berger/Alboreto, vom Publikum stürmisch nach vorn gepeitscht, näher und näher.
Ich laß Senna erzählen: „Alain ist also weg, ein mechanisches Problem mit dem Honda-Motor, ich hab genau den gleichen — also krieg ich Befehle aus der Box: Motor umstellen, auf sicherer, Gemisch anreichern — was mich noch mehr Sprit kostet. Das Tempo, der Sprit, mein Vorsprung ... das alles spukt mir durch den Kopf."
Niki Lauda analysiert vorm Fernseher zu Recht: „Hätte Alboreto nicht soviel Druck gemacht und Senna vorn seine Runden weiter normal heruntergeraspelt, wäre überhaupt nichts passiert." So aber braut sich plötzlich ein Herzschlagfinale zusammen, dank Schlesser und Alboreto — wie so oft Schicksalsverknüpfung in der Formel 1.
„Wir fahren", sagt Michele später, „mehr mit Herz als mit Verstand." Plötzlich reiht er eine Rekordrunde an die nächste, kämpft sich immer näher an Berger heran und zwingt dadurch den Österreicher, noch flotter Gas zu geben.

Der Computer spuckt aus: 31 der 51 Monza-Runden ist Berger der Schnellere, 20mal Alboreto. Aber Michele dreht (ab der 41. Runde) 10 Runden unter 1,30, Berger (ab der 44.) nur fünf.
Von Ferrari ausgebootet, von Williams verraten, ohne Cockpit für 1989: Ein solcher Mann, das muß Berger über Alboreto klar sein, pfeift auf jede Stallorder. In Monza kommen erstmals heimlich Boxensignale heraus. „REVS" — das Ferrari-Codewort für Position halten: „Der Hintermann darf nicht attackieren, eure Positionen sind gesichert, von hinten droht keine Gefahr."
Trotzdem tigert sich Alboreto mit einer Serie von Rekordrunden immer näher an Berger heran, entfesselt ein Stallduell. Berger weiß, „daß das für uns beide sehr gefährlich werden kann. Ich hätte Alboreto nie vorbeigelassen. Vielleicht wären wir beide kollidiert — und dann gewinnt womöglich Eddie Cheever seinen ersten Grand Prix."
Berger reagiert auf Alboretos Druck, reduziert seinen Rückstand auf Senna auf 5,1 Sekunden, als es in die vorletzte Runde geht. Das Autodrom kocht bereits. Vor Senna: der Williams von Schlesser, zweimal überrundet.
Zurück ins Cockpit des McLaren. Sennas Motor ist „immer noch phantastisch, aber auf nutzlose Art. Ich krieg Riesenprobleme mit dem Sprit und muß dramatisch verlangsamen". Erst drei Runden vor Schluß stimmt bei Senna der Benzinverbrauch wieder. Senna atmet auf: dieses Problem wäre gelöst. Aber schon kommt das nächste auf ihn zu: Schlesser — „genau zur falschen Zeit, am falschen Platz".
Monte Carlo, hat Senna immer zugegeben, „war einzig und allein meine Schuld. Aber Monza ist nicht mein Fehler! Das mag von außen so aussehen, aber von innen ganz sicher nicht. Ich bin schuldlos."
Das letzte Boxensignal also: PLUS 5,1 auf Berger und Alboreto, nur noch zwei Runden. Und der Williams vor ihm.
Sennas Gedanken: „Ich muß an Schlesser vorbei. Wenn ich bis nach der Schikane warte, verlier ich drei Sekunden. Und jetzt stell dir vor: Nur noch zwei Sekunden Vorsprung auf die zwei roten Teufel, in Monza, zwei Runden vor Schluß. Die zwei haben die Power, können noch den Boost hochdrehen, aber ich kann nimmer zurückfighten, hab den Sprit so berechnet, daß er mir genau auf der Ziellinie ausgeht — also darf ich nicht warten."
Der Franzose: „Ich seh Senna im Rückspiegel kommen, bleib in der ersten Schikane ganz rechts, um Senna Platz zu machen, fahr über die

Kerben, sogar in den Sand — weiter rechts kann ich nicht mehr. Hätte ich mich in Luft auflösen sollen?“

Nur die halbe Wahrheit, Monsieur. Denn auch Senna sieht genau, wie der blaue Reifenqualm am Williams-Vorderrad aufsteigt, weil sich Schlesser verbremst hat und ausgerutscht ist. „Ich glaub, der ist weg, ganz weit draußen. Aber leider kommt er quer über die Schikane wieder zurück, und wir kollidieren.“

Senna, beim Überrunden ungeduldig, hat das Rennen weggeschmissen — auch wenn Berger glaubt: Ich hätte Senna ohne Schlesser-Hilfe noch eingeholt.

Den Senna-Dreher kriegt er in der Endphase gerade noch mit. Was denkst du, als du den McLaren im Sand stecken siehst? „Jetzt krieg ich das zurück, was mir 1987 in Estoril, mit Prost im Nacken, passiert ist. Es gibt doch noch Gerechtigkeit.“

Hast du da in den Sturzhelm gegrinst? „Nein, dazu war keine Zeit — weil ich wegen Alboreto viel zu beschäftigt war.“ Michele glaubt heute noch: „Eine Runde länger, und ich hätte Gerhard noch gekriegt.“

Die letzten eindreiviertel Runden: eine einzige Via triumphalis. Neun Jahre nach Scheckter/Villeneuve 1979 wieder ein Ferrari-Triumph im Autodrom, sogar doppelt.

Von Alboreto bis zur Ziellinie gejagt, schlägt Berger den Teamrivalen um eine halbe Sekunde. Das Finish sieht dramatisch aus, „aber da hab ich mich schon gespielt.“ Dann bricht die Begeisterung der Tifosi über den Helden des Tages zusammen. Berger — von 200.000 rennverrückten Tifosi vor Glück umarmt.

„Ein perfektes Rennen, mein allerschönster Sieg. Von der Emotion her ist ein Ferrari-Sieg in Monza einmalig, super, überwältigend“, sagt mir Gerhard. „Für mich sogar noch schöner als Monte Carlo!“

Bravo Berger — er hat die ganze Formel 1 vom bösen McLaren-Fluch erlöst, Dennis' Traum von „totalen Sieg“ zerstört. „Dann eben *next year*“, knurrt der Engländer. „Aber heute hat nicht Ferrari gewonnen — wir haben verloren. Für mich ein großer Unterschied.“ Für sonst keinen.

„Tadelloses Rennen von Gerhard. Er hat genau getan, was man von einem Champion erwartet“, gratuliert Lauda.

In Modena, Lago Garibaldi Nr. 11, dreht Piero ergriffen den Fernseher ab: „Ich bin traurig. Dieser Sieg hätte meinem Vater neuen Halt gegeben und sein Leben sicher noch etwas verlängert.“ In Monza schaut

Clay Regazzoni versonnen in die Abendsonne und spricht aus, was alle denken: „Ein Jammer, daß Enzo Ferrari diesen Tag nicht mehr erleben durfte."
Unten, in den menschenüberfluteten Monza-Boxen, sagt Warr andächtig zu Tyrrell: „Als Enzo Ferrari in den Himmel kam, muß ihn Petrus wohl nach seinem letzten Wunsch gefragt haben. Und sicher hat er geantwortet: Lieber Petrus — bitte ein Doppelsieg in Monza!" Aber in falscher Reihenfolge, fügt Tyrrell hinzu: Der Italiener zuerst.
Prompt werden die Pokale vertauscht: den größeren (für den Sieg) erhält Gerhard, den kleineren (für den 2. Platz) Michele. Trophäen sind für Berger nie lebenswichtig. „Schmeiß ich alle in den Inn ... oder stell sie mir ins Büro. Aber ganz sicher nicht ins neue Ferienhaus."
Ein Dutzend Polizisten muß Berger/Alboreto ins Ferrari-Zelt schleusen, das aus allen Nähten platzt. 100 Meter weiter zieht sich Schlesser im eiskalt klimatisierten Williams-Mobilhome um. „Bin ich in Österreich heute sehr populär?" grinst er mir entgegen. „Aber ganz ehrlich: Ich kann nichts dafür." Nein, nein, du hast keine Schuld, beruhigt ihn Senna. Darauf der Franzose: „Weltmeister wirst du heuer sowieso."
Aber Monza hat noch eine dramatische 52. Runde, die keiner sieht: Berger ist zwischen Gummiknüppel-Polizisten, Bluthunden und Stacheldraht längst im Hubschrauber aus der Hölle von Monza geflüchtet, als das Autodrom nochmals kocht: Nr. 28 in Disqualifikationsgefahr! Die Benzintanks werden ausgelitert — knapp über 150 Liter. Das sind Schock-News. Aber der Boden ist uneben. Zweiter Check: exakt 149,5 Liter — worauf die Formel-1-Aasgeier, die längst am Zaun hängen, enttäuscht wieder abziehen. Drei Stunden nachher, um 19.17 Uhr, hat Berger den Monza-Thriller ein zweites Mal gewonnen.
Als die ganze mörderische Anspannung vorbei ist, weint Ing. Ascanelli wie ein Schloßhund. So warmherzig ist der Ferrari-Rennstall. Aber die Lage war ernst. FISA-Chefkommissär John Corsmit sagt mir: „Hätten mir meine Ingenieure berichtet: 150,1 Liter — ich hätte gnadenlos disqualifiziert. Ohne Toleranz." Aber dann wäre kein FISA-Mann heil aus dem Autodrom gekommen ...
Trotzdem erhebt Senna noch heute, Monate später, einen ungeheuren Vorwurf: „Ich seh das ganz cool und realistisch: Ich glaub nicht, daß Ferrari in Monza die richtige Tankkapazität hatte — die Ferrari fuhren dort in einem ganz anderen Rennen als ich!"
Die gewonnene Ausliterungs-Schlacht telefonier ich Gerhard nach Gars

am Kamp, wo Willi Dungl den Helden des Tages gegen Mitternacht begrüßt: „Na, deine Wirbelsäule schaut aber wieder aus . . .“ Sein vierter Grand-Prix-Sieg, der erste in Europa, aber ohne große Feier. Nur mit Kräutertee und Willi Dungl. Tags darauf ist Berger die Seite 1 von ganz Italien: Von „Ferrari-Auferstehung“ bis zum „Mirakel von Monza“ ist fingergroß zu lesen.
Viermal in dieser Woche fliegt Berger von Gars nach Italien. Alboreto anrufen, hört Berger irgendwann diese Woche, aber der Teamkollege, darauf angeredet, prallt zurück: „Ich hab dich angerufen? Dich? Aber wozu denn?“
In Italien hält sich die Berger-Euphorie wochenlang. „Für die Italiener bin ich schon wieder der Supermann — sogar während der Seelenmesse für Enzo Ferrari bestürmt man mich in der Kirche um Autogramme.“
Und Schlesser überrascht nochmals den ganzen Formel-1-Zirkus, als er fünf Tage nach Monza seine Mariana heiratet. Prost, Streiff und Tambay können in der Eile gar keine Geschenke besorgen, nur Blumen — und haben auch andere Sorgen:
Prost besonders. Nach Monza sucht er Osamu Goto auf — für ein sehr ernstes Gespräch. „Das vierte Rennen hintereinander, daß ich Motorprobleme hab. Weniger Power, verglichen mit meinen früheren Motoren. Bitte stopp das, oder ich bin weg!“ warnt Prost eindringlich. Goto nickt. Fortan will Prost kein Motor-Kopfweh mehr.
„Seit Hockenheim“, beklagt er sich auch beim Ex-Teamkollegen Johansson, „hab ich 70 PS weniger als früher!“ Stefan bekommt große Augen, und ein zufällig mitlauschender französischer Reporter noch größere Ohren. Tags darauf knallen Riesenschlagzeilen in Frankreich, die ganze Nation leidet mit, worauf Alain dementieren muß: „Hab ich nie gesagt.“ Erste allgemeine Verunsicherung.
In der „L'Equipe“ nennt Prost-Hofpoet Johnny Rives im September bereits „fünfzehn Gründe, warum Alain heuer nicht so viele Rennen gewonnen hat wie Senna“.

ESTORIL: DIE EXPLOSION

Motivation ist für Senna nie ein Problem, für Prost in der Spätsommer-Situation genausowenig — schon gar nicht in Estoril. Ayrton: Kart-Vizeweltmeister und erster großer Formel-1-Triumph 1985 im strö-

menden Rengen — sein allerbestes Rennen. Alain: 1984 betrübter Sieger, weil er den WM-Titel gegen Lauda verlor, 1987 glücklicher Sieger, weil er den Stewart-Weltrekord (28. Sieg) überbot, aber dazwischen, 1985 im Regen, gegen die Leitplanken gecrasht. Auf der Jagd nach Senna, vor der ersten Kurve — die 1988 noch sehr wichtig wird.
Im Originalton Senna, vom Tonband abgeschrieben:
„Im September, nach Monza, vor Estoril, kommt der Punkt, wo wir einfach das Limit überschreiten, emotionell und psychologisch — denn da ist ein psychologischer Kampf zwischen uns. Ich glaub, Alain geht ein bißl zu weit, ich genauso, ich meine: nicht nur durchs Fahren, auch in der Einstellung, mit Sachen, die du sagst, Kommentaren usw. Ich sag nicht: das war falsch, er irrte sich und ich hatte recht — aber gesamthaft hat sich übers ganze Jahr soviel zusammengebraut, daß wir zu einem Punkt kommen, wo wir beide übertreiben, über die Grenze hinausschießen — bis irgendein Kurzschluß passieren muß."
Zum erstenmal gehen Prost und Senna getrennte Wege. Der Brasilianer logiert bei Freunden, der Franzose im Bungalowhotel an der Atlantikküste, wo er viel Golf spielen kann. Ron Dennis sitzt einsam in einem Schloßhotel.
Prost wirkt wieder dynamisch, drahtig, explosiv, wogegen Senna mehr Druck verspürt: „Beinahe die gleiche Belastung wie beim Heim-Grand-Prix in Rio. Gleiche Sprache, gleiche Leidenschaft. Ich kann kaum einen Schritt vor die Tür tun, schon bin ich von Fans eingekreist."
Auch Berger liebt Portugal. Stilles Bungalowhotel, Fischessen in Casvais, malerischer Hafen. Ein Ferrari-Sieger schwebt immer im Hoch. „Stunde der Wahrheit für die Helden von Monza!" fordern italienische Zeitungen.
Voll Feuereifer stürzt sich Gerhard ins Training. Aber während Senna und Prost sofort schärfstes Tempo machen, deckt Berger seine Karten noch nicht auf: Volltanktests, am Ende mit abgefahrenen Reifen, „weil ich schon fürs Rennen arbeiten will" — oft seine Taktik. Dann rutscht er harmlos in den Sand.
Berger wieder als Walzerkönig: Er beginnt Estoril 1988, wie er Estoril 1987 beendet hat: mit einem Dreher.
Freitag liegt Senna 0,3 vor Prost, aber Alain fightet zurück. Samstag nachmittag: Das Abschlußtraining als mörderisches Ping-Pong. Hochspannung in der Box, explosive Stimmung — es knistert bei McLaren. „Aber die Pole-position ist für mich gar nicht so wichtig. Viel wichtiger,

daß ich gegen Senna endlich wieder mit gleichen Waffen kämpfen kann. Ich hab ein Auto, gut wie schon lang nicht mehr!" sagt Prost total selbstbewußt, fightet Senna um 0,4 nieder und steigt schon 15 Minuten vor Trainingsschluß aus — während Senna bis zum bitteren Ende um den Kurs teufelt: „Aber ich find nie eine freie Runde. Entweder bin ich blockiert, oder ein anderer dreht sich vor mir."

Alboreto, Schneider, Tarquini usw. kreiseln oder stecken im Sand. Unbeeindruckt von der Staubhölle rechts und links, greift Berger vom 5. Platz aus an, bis er fünf Minuten vor der Flagge selbst in den Sand rutscht. Er sprintet wie Ben Johnson zur Box zurück, springt ins Ersatzauto — 4. Startplatz, neben dem sensationellen Capelli.

March-Teammanager Ian Philips ist überzeugt, „daß March das beste Chassis in der Formel 1 hat. Und in Estoril ist Handling am wichtigsten, nicht die Geschwindigkeit — darum sind wir so weit vorn."

„Ivan der Schreckliche frißt Ferrari, Prost und Senna", basteln die Italiener bereits an kriegerischen Schlagzeilen, während die Franzosen den Prost-Trainingssieg in höchsten Tönen bejubeln: „Professor Prost wieder am Katheder." Oder: „Eine Lektion von Professor Prost, die Senna nervös macht."

Alain weiß, daß er „nur noch einen Funken WM-Chance" hat, aber dieses Feuer wird er hüten. Schüren nicht unbedingt.

Beim Aufwärmtraining stehen die Zeichen an der Wand: Schnellster Prost, nur Neunter Senna — zur Enttäuschung seines riesigen Fan-Clubs vis-à-vis der Boxen. Zu Mittag, bei den letzten zwei Warm-up-Runden, kommt Prost zweimal an die Box, um noch umzubauen: steilerer Heckflügel für mehr Grip.

Der Start wird zweimal abgebrochen: Zuerst, weil de Cesaris der Motor abstirbt, danach, weil Warwick stehenbleibt, von de Cesaris gerammt wird, während Sala über den Nakajima-Lotus drüberfliegt — aber aufschlußreicher ist, was in der ersten Kurve passiert: Pole-Man Prost lenkt von rechts innen zur Fahrbahnmitte: „Für mehr Grip, damit ich die erste Kurve besser anschneiden kann." Damit drängt er Senna nach außen, mit zwei Rädern auf den Lackstreifen — aber Senna bremst einen Hauch später und sticht in Führung. Dann kommen die Abbruchflaggen heraus.

Die einzige Stallorder bei McLaren sagt schlicht: „Ihr dürft euch ja nicht in der ersten Kurve gegenseitig behindern!" Ein Abkommen, das später auf fünf Runden ausgedehnt werden soll.

Dritter Start. Wieder biegt Prost von innen in die Straßenmitte, bugsiert Senna sanft nach außen, aber wieder kontert Ayrton und führt. Später wird er sagen: „Wegen Prost bin ich zuerst fast rausgeflogen, weil er mich beinahe auf die Wiese gedrängt hat — also revanchier ich mich nur an ihm, indem ich das gleiche tu. Was soll's?"
Prost wundert sich später, „daß Senna nicht begreift, daß ich in Portugal die bessere Autoabstimmung hab. Daß ich schneller bin als er. Ich hätte ihn so oder so geholt. Aber Senna fährt die erste Runde des Rennens, als wäre sie die letzte."
Das Manöver, das Millionen TV-Zuschauer erstarren läßt: In der 2. Runde erwischt Prost die endlos lange Zielkurve perfekt. Senna ist „echt überrascht, wie rasend schnell Alain rechts hinten daherkommt", und lenkt gegen die Boxenmauer. Nicht allmählich, eher brutal. Zwischen ihren Reifen: nur noch Zentimeter. Zwischen Prost und der Boxenmauer: genausowenig. In Panik flüchten die Lotus-Mechaniker unter die Mauer, reißen die March-Boys ihre Boxentafeln für Capelli wieder herein.
Nebeneinander mit 280 km/h, um Millimeter an der Katastrophe vorbei. Prost überlegt sekundenbruchteilkurz, Gas wegzunehmen, „aber dann würden wir uns gegenseitig über die Räder fahren". Die Folgen eines Flugzeugabsturzes — oder eine Massenkatastrophe in den Boxen. In diesem Moment trifft Prost eine Bodenwelle, sein Auto schleudert leicht nach links — was Senna jetzt zwingt, etwas Platz zu machen. Prost drückt weiter, bis er die Ideallinie für die erste Kurve hat und führt — von Senna nie mehr gefährdet.
Aber die Gänsehaut bleibt, und der Alptraum kehrt später wieder.
Die ärgste Kampfszene zweier Teamgefährten, seit Jochen Rindt und Graham Hill (beide Lotus) einander 1969 beim „Race of the Champions" in Brands Hatch gegenseitig über die Vorderräder fuhren. Bei Jones/Reutemann (Williams) oder Villeneuve/Pironi (Ferrari, 1982) wurde ja nicht aufeinander geschossen, man brach nur den Stallbefehl.
Keke Rosberg wundert sich vorm TV-Mikro: „Das war wieder der Senna vor drei, vier Jahren. Aber Senna '88?"
„In unserem Team", sagt Prost, „war bis heute die Devise immer: einander gegenseitig nicht zu gefährden. Kampf ja, aber Abschießen nein. Wen Senna solche Situationen wie heute nicht meistern kann, hab ich ihn bis jetzt falsch eingeschätzt. Ich kann auch kämpfen — aber mit fairen Mitteln."

Prost benützt sein Hirn, fährt den Honda-XE-2-Motor mit niedrigstem Ladedruck, geringster Leistung und so magerem Benzingemisch, wie er sich nur traut. Aber sein Chassis arbeitet perfekt — während Senna immer weiter zurückfällt — und bald von Capelli heftig angegriffen wird. Dahinter: Berger und Mansell.
Capelli kann sehen, daß Senna „mit seinem Chassis Probleme hat, also muß ich bald an ihm vorbei. Er rutscht, hat weniger Grip, aber weil ich so dichtauf bin, steigen meine Temperaturen rapid." Endlich (22. Runde) kommt Capelli an Senna vorbei. Und dann überholt auch Berger den Brasilianer „mit ein bißl Risiko".
Prost führt mit zehn Sekunden, aber sein Guthaben schmilzt rasch, 7,4 — 5,9 — 3,7 Sekunden. Plötzlich leben Budapest und Monza wieder auf: ein Führungsduell, in das nicht beide McLaren verwickelt sind. Aber wieder ein Ferrari: Nur 2,5 Sekunden hinter dem Kampfduo Prost/Capelli lauert Berger auf seine Chance. Berger weiß von den Rundenzeiten, „daß ich heute schneller fahren kann als sie alle. Ich spür: Die zwei hab ich im Griff. In zwei, drei Runden überhol ich Capelli, dann wirf ich mich auf Prost", heißt sein Kampfplan.
Aber leider — niemand sieht das Drama, das sich im Ferrari-Cockpit zusammenbraut. Schuld ist ein neuer technischer Ferrari-Trick: Ein schwarzer Kippschalter links oben, mit dem der Pilot während der Fahrt die Frontpartie höherstellen oder absenken kann — was ursprünglich geheim bleiben soll. Aber Berger hat etwas zuviel Übersteuern, will weniger Druck auf die Vorderachse, greift zum Kippschalter, erwischt aber irrtümlich, fünf Zentimeter drüber, den roten Druckknopf für den Bordfeuerlöscher — der natürlich sofort losgeht.
„Total mein Fehler. Sofort ist alles gefroren. Zuerst denk ich mir noch: fein, wie angenehm bei dieser Hitze — aber dann werden die Schmerzen unerträglich. Bis zu den Oberschenkeln bin ich vereist und eingefroren." Er will schon drei Runden später aufgeben, beißt aber die Zähne zusammen, fährt weiter — und holt trotzdem auf Prost und Capelli auf. „Ich hab überhaupt kein Gefühl in den Füßen mehr, dazu der Rauch und der Qualm im Cockpit — bis hinauf zu den Oberschenkeln."
Fünfzehn Runden später schmilzt das Eis. Jetzt ist der Ferrari ein U-Boot. Lauter Wasser im Cockpit, alles klatschnaß, die Schuhsohlen ölig, vielleicht vom undichten Bremszylinder. Kein Wunder, daß Berger beim Bremsen vom eingeschäumten Bremspedal abrutscht. Statt des

greifbar nahen Sieges: ein Sturzflug in den Sand. Heute noch ist Gerhard überzeugt: „In Estoril hätte ich gewonnen!"
Im Mittelfeld viele Dreher und Kollisionen. Palmer rutscht aus, schleppt sich Richtung Boxen, Dreck und Steine auf die Fahrbahn werfend — als Senna und Mansell heranjagen. Ayrton überrundet außen, Nigel will innen durch, hat aber nicht genug Platz, muß nach außen und kracht Ayrton ins Heck. Mansells Comeback endet an der Barriere, Senna muß mit Reifenschaden und verbogener Hinterradaufhängung an die Box, fällt auf den 6. Platz zurück — dort bleibt er auch.
Prost hat in Estoril und Jerez ein perfektes, Senna ein schlechtes Auto: „Falsch abgestimmt, weil ich einen Fehler machte. Dazu ein total verrückter Spritcomputer, der mir viel weniger Sprit anzeigt, als ich wirklich hab. Und zu allem Überdruß: ein nicht richtig balanciertes Auto, nicht vom Set-up her, etwas ganz anderes — was sich in Jerez wiederholt."
Oder, drastischer: „Prost hat in Portugal und Spanien eine gute Performance, wie sie McLaren-Honda das ganze Jahr hatte — nur ich hab überhaupt nichts", klagt Senna.
Prost bleibt mit Capelli allein in der Arena. Ivan, der Clown im Formel-1-Zirkus mit tollen Verwandlungskünsten, ist im Cockpit ein Superprofi. „Er fährt fehlerlos, sehr intelligent und sehr schnell", bestätigt ihm Prost. Aber was den Sensationspiloten vom letzten Angriff auf Prost abhält: Temperaturprobleme. „Mein Motor wird zu heiß. Und als ich Gugelmin mit rauchendem Heck ausrollen seh, beschließ ich: Fahr die letzten zwanzig Runden sicher auf Platz zwei. Ein Tag, den ich bestimmt nie vergessen werde!"
In der Box der lebenslustigen March-Truppe wird kaum mehr hingesehen, „weil wir schon die ersten Flaschen köpfen und feiern". Riesenenttäuschung dafür bei Ferrari, weil Alboreto auf Platz 3 in der letzten Kurve der Sprit ausgeht. Michele, vom Spritcomputer genarrt: „Meine Anzeige sagt: noch acht Liter." Boutsen und Warwick überholen den wehrlosen Alboreto. Senna wird, fast eine Runde zurück, nur Sechster: ein Resultat zum Wegschmeißen.
Unglücklicher Senna, vom Spritcomputer getäuscht: „Er hat das ganze Rennen falsch angezeigt. Ich muß nach seinem Befehl langsam fahren — aber am Ende hab ich sehr, sehr viel Benzin." Nachher werden aus Sennas Tank noch 6,5 Liter, aus Prosts Tank auch noch 5,5 Liter Benzin gepumpt.

Prost hat nach Siegen auf 5:7 aufgeholt, nach Punkten geht er mit 81:76 erstmals wieder in Führung. Sensationeller Umschwung oder der Beginn eines mörderischen McLaren-Honda-Stallkrieges?

„Wenn man nur so Weltmeister werden kann, indem man den Teamkollegen mit 300 km/h gegen die Mauer boxt, nein danke, dann verzicht ich liebend gern auf den WM-Titel — freiwillig, als mit solchem Risiko Weltmeister zu werden!" sagt Prost nachher. Bleich, abgekämpft, noch etwas nervös von der brutalen Senna-Einlage, sitzt er bei der Siegerehrung — nach vielen Niederlagen 1988 hat er mehr gelacht als bei dieser Rückkehr zum Sieg.

Hast du mit Senna schon geredet? frag ich Alain.

„Noch nicht. Ich hab ihm nur ein einziges Wort gesagt. Aber ich red schon noch mit ihm!" Das wird der berühmte Dialog ohne Zeugen im Mobilhome.

FISA-Sicherheitschef Bruynseraede hat die Beinahe-Karambolage auf Video-Band sechsmal angeschaut, in ihre Phasen zerlegt, genau studiert. „Unser Eindruck: Es schaut beim ersten Mal gefährlicher aus, als es ist. Man sieht, wie rasend schnell Prost zu Senna aufschließt — aber auch, wie ihn Prost eine Runde zuvor, gleich nach dem Start, mit den zwei linksseitigen Rädern aufs Gras drückt."

Bestrafung? Verwarnung? Gelbe Karte für Senna? „Nein, warum denn?" fragt der Belgier zurück. Aber später muß wohl Balestre im Autodrom Estoril angerufen haben, denn Senna wird vor die Sportkommissäre zitiert und ermahnt. „Beim nächsten derartigen Manöver schwarze Flagge — aber das gilt für jeden!"

Sogar für Bernie Ecclestone, der beim Training zum Alfa-164-Prominentenrennen verbotenerweise auf dem Beifahrersitz hockt, noch dazu neben einem „falschen Piloten", denn die Miß Portugal am Steuer ist in Wahrheit Alboreto — bis ihn Corsmit und Bruynseraede mit der schwarzen Flagge an die Box holen und zur Rennleitung befehlen.

„Was ist meine gerechte Strafe?" fragt Bernie, strammstehend, Hände an der Hosennaht.

„Fünftausend Dollar — wie für alle!" donnern die Kommissäre.

„Ich zahl euch zehntausend", grinst Bernie und greift in den Hosensack. „Für Senna forder ich fünfzigtausend Dollar Strafe ..."

„Na, wie hat dir die Boxenmauer von Estoril geschmeckt?" fragt Berger tags darauf übermütig, als er, bevor wir Tennis spielen gehen, Prost am Swimmingpool trifft.

„Und wie dir der Sand von Estoril?" grinst Alain zurück.
Weder Prost noch Senna sind bei der Geburtstagsparty des McLaren-Besitzers Mansour Ojjeh in einer Disco in Cascais — nur Berger schaut kurz vorbei. McLaren spielt den Stallkrieg klarerweise herunter: „So, gab es Probleme?" lächelt Ojjeh. „Ich hab davon nichts gesehen oder gewußt." Ron Dennis weigert sich, einzugreifen: „Wie kann ich zweien, die um den WM-Titel kämpfen, befehlen, weniger aggressiv zu sein?" Vors Fahrer-Sicherheitskomitee kommt die Affäre kaum, denn diese besteht nur noch aus zwei Fahrern: Prost und Alboreto.
Aber die Aussprache war wie ein reinigendes Gewitter: „Seither sind Alain und Ayrton noch mehr Freunde als früher", sinniert McLaren-Direktor Creighton Brown mit seinem freundlichen Buddha-Lächeln. Schöne Worte — für die Wochenendbeilage.
Aber auffallend, wie sich Prost und Senna bemühen, das heiße Thema nicht anzutippen. Und viele angestrengt vermeiden, sie danach zu fragen.
Weltpressekonferenz mit Ron Dennis in Jerez. „Angenommen, einer Ihrer beiden Fahrer würde wegen Sturzverletzung ausfallen: Wen würden Sie als Ersatzpilot nominieren?" Ron zögert nicht lang: „Wir haben Emmanuele Pirro, unseren Testpiloten, der einen fabelhaften Job für uns tut, das Team und das Auto kennt — er wäre die logische Wahl." Gleiche akademische Frage an Senna: Wen würde er am liebsten als Fahrer verpflichten?
„Ron Dennis", sagt er.
Die iberische Grand-Prix-Woche ist für Senna die härteste des Jahres. „Ich versuch alles mögliche, das Auto wieder hinzukriegen, flieg zwischendurch sogar in die McLaren-Fabrik — ohne Erfolg."
Welcher geheimnisvolle Defekt, Ayrton? Wo lag der Hund begraben oder ist „Hund gestorben", wie Walter Wolf immer sagt? Was ich hör, ist eine Doktorarbeit.
Senna: „Es ist schwierig, daß ein so sophisticated-raffiniertes System zwischen Chassis und Motor die ganze Zeit perfekt arbeitet. Manchmal geht etwas schief. Schau dir frühere Rennen an, und die findest es raus. Aber nicht, weil sich jemand nicht anstrengt oder jemand nicht will, im Gegenteil, die wollen alle unbedingt — aber es ist unvermeidbar zu jeder Zeit, in jedem Team, jedem Auto: Defekte wirst du immer haben."
Er hat Defekte, Prost hatte Defekte. Was Ayrton nur weh tut: „Daß

sie genau in der Zeit, bei den Rennen passieren, die für die WM sehr kritisch sind. Und besonders wertvoll. Das reflektiert."
Kleinigkeiten, aber im Vergrößerungsspiegel riesengroß: Wie so vieles in der Formel 1.
Sennas technischen Erklärungen zuzuhören, hat früher immer den Farbfernseher ersetzt. Bei McLaren ist er vorsichtiger geworden.
Senna mietet in Jerez immer eine Villa mit sieben Zimmer für 20.000 Schilling am Tag — freilich mit Helikopter.
Jerez folgt zu knapp auf Estoril. Es hat, sagt Senna, „nur ein bißl abgekühlt".

JEREZ: „TOKIO KONTROLLIERT ALLES"

Und Spaniens einziger Formel-1-Pilot kommt mit glänzender Empfehlung zu seinem Heimrennen: 8. Platz in Estoril — für ihn fast wie ein Sieg.
Luis Perez-Sala, spanischer Architekturstudent aus Barcelona, hat in den Boxen seine Familie fast vollzählig versammelt — und die hat Ochoa-Ausdehnung: vier Brüder (alle irgendwann einmal Rennfahrer), drei Schwestern.
Der talentierteste der Perez-Sala-Brüder war der nächstältere — er hat schon aufgehört. Jetzt ist Luis dran. Und viele prophezeien: Er wird Spaniens größter Rennfahrer seit dem legendären Marquis de Portago. Man kennt dessen Räubersg'schichten: Ferrari-Werkfahrer, Rennreiter, Olympiavierter im Zweierbob nach nur ein paar Trainingsläufen, wegen 1000-Dollar-Wetten mit dem Privatflugzeug unter Brücken durchgeflogen, immer unrasiert, aber immer die schönsten Frauen, am liebsten Filmschauspielerinnen — 1957 bei der letzten Mille Miglia tödlich verunglückt.
Aber fad ist auch Perez-Salas Background nicht: der Vater Architekt, ein Onkel Präsident der größten Bank, ein anderer Universitätsprofessor, Autor zahlreicher wissenschaflicher Bücher.
Auch Luis will Architekt werden. „In zwei Jahren bin ich mit dem Studium fertig — oder eben erst nach der Rennerei."
Gutaussehend. Blendende Manieren. Perez-Sala paßt in die öl- und schweißtriefende Atmosphäre der Formel-1-Boxen etwa so wie Nurejew im Schwanensee-Kostüm in einen Kohlenkeller.

Aber er wird als Rennfahrer total respektiert — mehr als Minardi-Teamkollege Campos, dessen Onkel in Wien Südfrüchte vertreibt. Und der in Monaco nach seinem bösen Trainingsunfall 1987 auf die Frage: „Wo bist du?" die klassische Antwort wußte: „In Madrid — wo sonst?"

Sala und Campos sind gute Freunde. „Seit vier Jahren schon." Der Unterschied? „Ich glaub, ich bin in der Technik ganz gut", sagt Luis. Was Ing. Carletti spontan bestätigt: „Sala schaut immer sehr konzentriert und intelligent drein, kann ein Auto gut abstimmen und wird noch weit kommen."

Die Nr. 1 im spanischen Sport, sagt Perez-Sala, „ist der Golfer Balestros. Wir Rennfahrer kommen ganz spät."

Salas Weg nach oben war gut gepolstert. „Der Vater (jetzt schon pensioniert) half mir in der Formel Renault. Dann: Formel 3, aber nicht in Spanien, sondern Italien. Schließlich Formel 3000: Mit dem Pavesi-Team 1986 zwei Siege, auf Lola 1967 detto.

Jetzt Formel 1. Der Unterschied? „Viel Power, kein Grip. Und körperlich ermüdend." In Rio kam er von allen Neulingen am weitesten — bis der Heckflügel brach. Genau wie Rindt und Hill 1969 in Barcelona — „aber damals war ich noch nicht im Montjuich-Park. Erst 1973 sah ich dort meinen ersten Grand Prix."

„Als ich noch jünger war, ging ich in die Pyrenäen skilaufen, hab Golf und Hockey auf Rollschuhen gespielt." Ein stolzer Spanier, aber ein sehr netter.

Den Weg geebnet hat ihm Adrian Campos: Die Sponsormillionen der Jeansfirma „Lois" aufgerissen, ab Juni durch Pierluigi Martini ersetzt: freiwillig Platz gemacht, was selten passiert.

Campos hatte ein paar Unfälle. Seine Frau erwartete ein Baby. „Ich kann mich nimmer motivieren." Darum hörte er auf.

Der große Familienschreck war aber nicht Adrians Rennfahrerei, sondern die Entführung seines Großvaters — gegen 50 Millionen Schilling Lösegeld freigelassen.

Ähnlich ist das Schicksal von Elio de Angelis' Vater: Während des Abendessens in seinem Haus auf Sardinien überfallen, gefesselt, geknebelt — während es sich die Gangster gemütlich machten und zwei Stunden lang dinierten. Elios Vater war monatelang gekidnappt. Erst im November 1988 wurde er freigelassen, gegen 40 Millionen.

Die Formel 1 wird olympisch: Gold für Senna, Silber für Prost, Bronze

für Berger? Während der Tage von Seoul 1988, dem weltweiten Olympiafieber, keine Utopie: Großer Preis von Spanien 1992 auf der Montjuich-Strecke von Barcelona, wo gerade der riesige Olympiapark entsteht — und womöglich am Olympia-Eröffnungswochenende als Demonstrationsbewerb. Erste Gespräche zwischen IOC-Präsident Samaranch und FISA-Präsident Balestre verlaufen verheißungsvoll.
Der Franzose will ja schon lang die WM-Pokale abschaffen, stattdessen bei der großen WM-Ehrung im Dezember in Paris Medaillen an die drei Erstplacierten vergeben — Gold, Silber, Bronze.
Aber bloßes olympisches Dabeisein wäre Formel-1-Piloten immer zuwenig. Vor allem den Fahrern mit Saugmotoren, die es nach Estoril „kaum erwarten können, wieder im Auto zu sitzen".
Der Mickymaus-Kurs von Jerez de la Frontera in Andalusien, der Heimat des Sherry, des Flamenco und der besten spanischen Kampfstiere, ist auf die Sauger zugeschnitten: mit 166 km/h um etwa 20 km/h langsamer als Estoril, schmal, kurvenreich.
„Ein genauso ausgeglichenes Rennen wie 1987: mit sieben, acht Autos, die fast die ganze Distanz wie Eisenbahnwaggons zusammenkleben", prophezeit Prost. Drittletzte Chance der Sauger vor dem Turbo-Bannfluch, aber ihre größte. Und Prost weiß: „Die Sauger werden sehr, sehr konkurrenzfähig sein." Worauf Capelli grinst: „Ich hör mit großem Vergnügen, daß Mister Prost schon ein bißl nervös ist..."
Mansell prophezeit seit seinem Comeback: „In Jerez gewinne ich!" Und Boutsen erwartet „das ausgeglichenste Rennen des Jahres. Alles ist möglich." Vor allem, weil Honda plötzlich katastrophale Spritprobleme hat. „Irgendwas ist bei den Japanern passiert. Plötzlich rennen sie in die falsche Richtung und kommen aus dem Teufelskreis nicht heraus", beobachtet Berger. Leichte Brandwunden am rechten Knie erinnern ihn noch lang an den explodierten Bordfeuerlöscher. „Die Haut spannt." Aber was Gerhard noch mehr weh tut: „Daß ich in Jerez nicht gewinnen kann." Berger wettet sogar auf eine Sensation: den ersten Sauger-Sieg über die Turbos seit 1983.
Prost und Senna fürchten den kritischen Benzinverbrauch, den Reifenverschleiß und die Riesenkonkurrenz der Sauger, „weil der Kurs noch enger ist als Budapest". Prompt sieht es aus, als würden die Sauger Flamenco tanzen. Mansell, vor allem: Nigel knallt bereits am Freitagmorgen eine Bestzeit hin, die erst Samstag nachmittag unterboten wird. Erstes offizielles Training: vier Sauger zwischen Senna und Prost —

Boutsen, Mansell, Capelli und Nannini, ehe der Belgier disqualifiziert werden muß: Frontflipper links vorn um sechs Millimeter zu tief. „Reine Schlamperei", weiß Thierry, aber die FISA-Schergen wittern einen Anflug der verbotenen „Mini-Skirts". Die Benettons sind mit vollen Tanks die stärksten Sauger-Autos — die Williams dafür mit leeren Tanks. Schade, daß March keine Balance zustandebringt.

Goodyear setzt erstmals seine 1989er-Reifen ein: mit steiferen Seitenwänden, etwas „eckiger", aerodynamisch günstiger. Mag sein, daß sie zwangsläufig die Sauger bevorzugen — denn wer braucht 1989 noch Turbo-Pneus?

Ferrari hat zusätzlich Probleme beim Herausbeschleunigen aus langsamen Kurven. Bergers Motor läuft Freitag wie eine alte Bröselmaschine: Pausenlose Motoraussetzer, drei Sekunden Rückstand, Elektrik k.o. Er wird abgeschleppt, will in den Ersatz-Ferrari umspringen, wird aber zurückgepfiffen. „Der gehört diesmal Alboreto — die Pedale sind nicht umgebaut."

Zorn ist für Berger immer das beste Doping. Aber Samstag rattert er über die Kerben, kassiert einen schweren Schlag gegen die Wirbelsäule — und muß mit Schmerzen ins Rennen. Mitten im Pulverdampf der 4. Reihe 8. Startplatz, neben dem gefürchteten Patrese. Den als ersten die „Aktion scharf" der FISA trifft, weil er im Abschlußtraining Bailey (Tyrrell) mutwillig in eine Karambolage verwickelt:

Patrese überholt Bailey, steigt danach, statt zu beschleunigen, auf die Bremse — worauf der Engländer, nicht gefaßt auf diesen „Bremstest", auf den Williams auffährt und von Patreses Hinterrad in die Luft katapultiert wird.

Bruynseraede studiert die Video-Filme gründlich. „Von vorn ist nicht ganz klar zu erkennen, was Patrese tut. Aber von der Seite — kein Zweifel." Man sieht genau, wie Patrese noch in den Rückspiegel schaut, wo Bailey sei — bevor er bremst.

„Wirklich ärgerlich", verteidigt sich Patrese. „Du schaffst eine phantastische Runde, dann kommst du zur letzten Kurve — und triffst dort jemanden, der dich unbedingt kommen sehen müßte. Statt mich durchzulassen, gibt er Gas, bremst — worauf ich mich fast gedreht hätte."

Typisch Patrese. Bei der Jury stößt er auf taube Ohren: 10.000 Dollar Strafe! „Endlich, hunderttausend hätten sie ihm wegnehmen sollen", applaudiert Berger. „Immer das gleiche mit Patrese." Und James Hunt am BBC-Mikro, mitleidlos: „Der ist viel zu billig weggekommen."

Zahlen muß er noch vorm nächsten Grand Prix — sonst ist Patrese gesperrt. 10.000 Dollar: für viele ein Jahresgehalt. Aber Williams-Direktor Sheridan Thynn hofft nur, „daß sich Riccardo durch eine solche Lächerlichkeit nicht aus der Konzentration reißen läßt“. Aber zunächst ist Patrese, Feuer spuckend, unansprechbar.
Das kann ja ein heiterer Grand Prix werden, fürchten manche.
Prost weiß, „daß in Jerez die erste Startreihe am wichtigsten ist.“ Freitag nur Fünfter, wechselt er fürs Abschlußtraining die Abstimmung wieder einmal komplett, ändert Abtrieb, Federn und Sturz. Prompt stößt Alain auf Platz 2 vor — Senna rettet seine Pole-position um 67 Tausendstelsekunden: Der knappste Trainingssieg des Jahres!
Beim Warm-up demoliert Mansell alle: Eine Sekunde vor Boutsen und Berger, die McLaren weit zurück: 5. Senna, 7. Prost, unglücklich mit seiner Zeit, „obwohl ich unheimlich viel ausprobier, happy nur mit Chassis und Motor“.
Also baut Prost nochmals um: steilerer Heckflügel (für mehr Bodendruck), außerdem ein Trick mit dem Reifendruck, vermutlich etwas weniger bar links vorn — der kritische Reifen.
„Wie in Estoril fahren Senna und ich genau konträr abgestimmte Autos“, sagt Prost, was Senna später bezweifelt: „Unser Set-up war haargenau gleich!“ Auch Creighton Brown redet von identischer Abstimmung — zum erstenmal 1988.
„Aber wegen Senna“, wirft Prost lässig hin, „mach ich mir das ganze Wochenende sowieso keine großen Sorgen ...“
Spritverbrauch kritisch, Reifen am Limit: Jerez wird ein Flug ins Ungewisse. Weil niemand weiß: Müssen die Sauger Reifen wechseln oder nicht? Zwar 40 kg leichter, aber 40 Liter mehr Benzin — das gleicht sich aus.
„Ich tank 180 Liter, preß mich am Start zwischen Senna und Prost durch und komm in der 30. Runde zum Reifenwechsel“, rattert mir Mansell seinen Kampfplan herunter. Klar: Wenn die Reifen in sich zu rollen anfangen, muß der Pilot an die Box. Berger verrät mir: „Ich wechsle eher nicht — weil dann mußt dich nachher wieder hinten anstellen.“ Sich als letzter Waggon an den langen, bunten Zug anhängen, wieder vorkämpfen, alle überholen müssen — wie 1987. Goodyear-Rennchef Leo Mehl prophezeit mir: „Der Sieger fährt heute nonstop!“
Endlich wieder ein Sauger? Oder ein McLaren? *„We race and see what happens“*, sagt Murray, der Stoiker. Stallbefehl? „Natürlich! In der

ersten Kurve eine kleine Karambolage fürs Fernsehen — und dann Platz eins und zwei ins Ziel."

Prost bäumt sich nochmals auf, fährt wieder ein Superrennen und erzwingt, was ihm nicht mehr alle zugetraut hatten: Das große iberische Doppel. Denn Leistungsvorteil hat Honda plötzlich keinen mehr. Seit Monza fahren Prost und Senna mit „boost one", der untersten Ladedruckstufe.

Alain nützt den günstigeren zweiten Startplatz (mehr Bodenhaftung) zur sofortigen Führung. „Bin ich froh, daß ich im Rückspiegel nicht Senna sehe, sondern Mansell. Aber ich weiß auch: der Williams wird nur sehr schwer zu schlagen sein — sicher mein härtester Gegner."

Prost will ohne Reifenwechsel durchfahren. Aber Mansell macht im Reifenschach mit den neuen Goodyear-Pneus den ersten Zug — auch wenn er seine Idee von der 30. Runde verwirft und erst in der 48. Runde hereinkommt.

Zu dieser Phase ist der McLaren-Funk abgerissen. „Ich hab keine Verbindung zur Box", berichtet Alain. „Aber ich spür, ein Reifenwechsel ist unnötig." Er will signalisieren, daß er lieber draußenbleiben möchte, wird aber nicht gehört.

Gleichzeitig begutachten die McLaren-Ingenieure in der Williams-Nachbarbox die abgefahrenen Mansell-Reifen (dazu braucht man keine Spione), studieren die fast unmerklich langsamer gewordenen Prost-Rundenzeiten und beschließen kurzerhand: Prost zum Reifenwechsel hereinkommen!

Eine Runde später wird Senna hereingeholt. Ayrton gelingt es nicht, sich von der Gruppe mit Capelli, Patrese, Nannini und Berger zu lösen. Beide Boxenstops sind in knapp 8 Sekunden erledigt. Prost bleibt an der Spitze — Senna beginnt seinen mühsamen Angriff auf den 4. Platz, der für ihn wichtig ist — weil er dann in Suzuka mit einem Sieg Weltmeister sein könnte.

Diesmal stimmt Sennas Computer, „aber das Auto krieg ich wieder nicht hin: sehr kritisch abzustimmen — so sehr ich mich bemüh. Darum hab ich ein Auto, das wieder nicht sehr effizient läuft."

Ayrton Senna — in einem Teufelskreis: „Weil die Auto-Balance nicht stimmt, verbrauch ich für die gleichen Rundenzeiten viel mehr Sprit. Damit ich durchkomm, muß ich wieder Leistung zurücknehmen. Und so mit viel weniger PS kämpfen." Von Formtief keine Rede: „Ich bin immer derselbe, ich fahr immer gleich!" beteuert Senna. „Und bin trotzdem überhaupt nicht konkurrenzfähig. Wenn ich um einen vierten Platz raufen muß ..."

Prost und die Sauger-Brigade stehlen dem angehenden Weltmeister in Jerez glatt die Show. Vor allem Mansell und Nannini.

Mansell begeistert sich an seinem Duell mit Senna („er überholt mich auf der Geraden zu schnell, so daß ich wieder vorkomm"), muß dann hinter Prost seine Pace variieren, „weil ich unmittelbar hinter dem McLaren die Aerodynamik verlier", und hat ab der 45. Runde Probleme mit dem Kupplungspedal, das am Boden klebt. Aber wann hat ein Mansell je vor Problemen zurückgeschreckt?

Nannini ist diesmal der glücklichere Benetton-Pilot, weil Boutsen mit Capelli kollidiert und eine neue Schnauze abholen muß. Weil aber Alessandro heftiges Untersteuern hat, kündigt er über Funk einen ungewöhnlich frühen Boxenstop an. Mit frischen Pneus überholt er Gugelmin, Patrese, Senna, hält zeitweise die schnellste Runde im Rennen. „Aber als ich seh, wie weit Mansell vor mir ist, riskier ich nichts mehr und fahr auf den dritten Platz."

Als einziger in den Punkterängen klassierter Pilot fährt ohne Reifenwechsel durch — Patrese. Aber er klagt: „Die Gescheiteren, die an der Box waren, holen mich rasend schnell wieder ein." Seinem Ruf als unangenehmer, rauhbeiniger Patron wird Patrese dennoch gerecht. Berger kämpft ihn herzhaft nieder, verschaltet sich jedoch — dadurch rückt Patrese wieder vor.

Viel Einsatz für fast nichts: „Mein härtestes Rennen", stöhnt Berger in der Flimmerhitze. „Riesige Spritprobleme, das Auto sehr nervös in den schnellen Kurven, das Motor-Ansprechverhalten katastrophal." Dazu Probleme mit dem verstauchten Rückgrat: „Ich krieg kaum genug Luft zum Atmen."

Leiden müssen auch Caffi und Nakajima. Der junge Italiener hält trotz Lebensmittelvergiftung tapfer durch, und auch dem Japaner ist speiübel — nachdem er japanisch essen war.

Prost ist unangefochten, Senna aber 14 Runden vor Schluß nur auf Platz 6, was bedeuten würde: Weltmeisterkrönung in jedem Fall erst in Adelaide. Aber trotz aller Probleme fightet Senna in der 58. Runde Berger nieder, in der 65. auch Patrese. „Vierter muß ich werden, Vierter bin ich. Auch wenn mir mein Spritcomputer auf der Ziellinie sagt: Engentlich müßte ich längst stehengeblieben sein."

„Wie in Estoril hat Prost in Jerez ein perfektes Auto mit perfektem

Motor", sagt Teammanager Jo Ramirez. „Du siehst, dann ist er unschlagbar."
Mit ihm auf dem Siegerpodest: die gleichen zwei Piloten wie mit Senna in Silverstone. Mansell freut sich über seinen zweiten Ehrenplatz 1988. Nannini sieht unten im Menschengewühl, im Champagnergespritze, überraschend seinen Vater: der Zuckerbäcker aus Siena erlebte seinen ersten Grand Prix.
„Einer meiner allerschönsten Siege", blinzelt Prost in die spanische Abendsonne. Aber die Frage bleibt offen: geht die WM 1988 bis zum letzten Benzintropfen? „Bin ich froh, daß das Taktieren vorbei ist. Jetzt kämpfen wir nur noch Mann gegen Mann", wird Senna in den Mund gelegt — aber Prost kündigt an: „Ich bin noch nicht geschlagen. Ich will jedoch nicht rechnen, nur Rennen gewinnen — und am Ende sehen wir ja, wer Champion wird."
Das offizielle Honda-Kommunique, mit der unergründlichen Weisheit der Japaner: „Prost hat das Auto von der Fahrbarkeit, Ansprechverhalten und Verbrauch unserer Motoren bestens ausgenützt. Jetzt, mit nur noch zwei Rennen, ist Honda bereit, unseren Fahrern eine *gleichwertige* Chance zum Gewinnen zu geben, und wir hoffen noch auf spannende Konkurrenzen in Suzuka und Adelaide."
Senna in Jerez: stocksauer, als er zum McLaren-Debriefing geht; etwas philosophischer danach mit den brasilianischen Reportern.
„Die ersten zwölf WM-Läufe 1988 hatte ich immer haargenau den gleichen Spritverbrauch wie Alain. Nur in Estoril und Jerez war plötzlich alles anders. Auf einmal brauchte ich mehr Sprit als Prost, und Honda kann mir das nicht erklären. Wahrscheinlich werden sie sagen, es müsse irgendwas mit meiner Fahrweise zu tun haben."
Die Frage brennt: Glaubst du, daß Honda die WM manipuliert?
Senna: „Das kann ich nicht glauben. Es wäre unethisch und unprofessionell. Ich hab eine ganz vage Idee, die das erklären könnte. Aber darüber red ich lieber nicht. Besser, es gar nicht zu erwähnen", sagt Ayrton, plötzlich mit Tränen in den Augen. Er sagt's auch heute noch nicht.
Was kann er gemeint haben: Ein gezieltes Fotofinish Senna – Prost mit Punktegleichheit — so wie Ferrari-Rennleiter Franco Lini seinerzeit in Daytona Beach drei Ferrari nebeneinander über die Ziellinie rasen ließ? Kursänderung der Honda-Politik auf Europa?
Der alte Spruch: Niemand kann sich in die Logik der Japaner hineindenken. Nigel Mansell hat 1987 angeklagt, er könne „spüren, wie man

mir aus den Boxen Power wegnimmt", wußte aber auch, warum er nicht World Champion werden durfte: „Weil sich Honda von Williams trennte, also mit mir nicht hätte werben können."
Daß aber Senna jetzt zwei Runden hinterherfährt, kapiert keiner. „Seine Spritprobleme", sagt mir Marc Surer, gleich als wie die Treppen von den TV-Kabinen heruntersteigen, „kommen mir ziemlich gelenkt vor. Mit den Computern der Einspritzanlage: kein Problem. Du diktierst bloß einem Piloten ein etwas fetteres Gemisch ..."
Das Honda-Stallduell also 12.000 km entfernt, aus der Zentrale in Tokio ferngelenkt? Technisch möglich? Ein Honda-Motorrad-Rennmechaniker startete einmal mitten in der Nacht in England eine Rennmaschine, um seiner Freundin zu imponieren — blitzartig kam über Satellit aus Tokio die Rückfrage: Wieso um diese Zeit?
Aus Tokio kontrolliert — aber ferngelenkt? Niki Lauda amüsiert sich köstlich über die wildesten Vermutungen. „Ein solches Phantasiegebilde hab ich noch nie gehört!"
Also frage ich den kompetenten Mann, der es wissen muß, direkt: Honda-Rennchef Kawamoto. Wie funktioniert euer System?
Kawamoto sagt mir wörtlich: „Wir kontrollieren aus Tokio alles, aber wir greifen aus Tokio nicht ein! Vom fahrenden Auto werden alle Daten an die Box gefunkt, von der Box über Satellit nach Tokio übermittelt." (Motortemperatur, Drehzahl, Ladedruck usw.) „Genauso können wir von Tokio unsere Befehle direkt in die Box schicken — aber noch nicht live ins fahrende Rennauto." Wann ist auch das möglich?
„Vielleicht 1989!" verrät mir Kawamoto. „Aber direkt ins fahrende Rennauto — das wird schwierig." Verbeugung, ein Lächeln — das unergründliche des Fernen Ostens.
Lauda, der Realist, glaubt nicht an Manipulation, sondern sagt mir: „Ich denk eher: Autos und Motoren sind so am Limit, daß so etwas passieren kann. Und Senna setzt sich selbst so gewaltig unter Druck, daß er zu verbissen, zu verkrampft, zu kämpferisch agiert — wodurch er sich nur selber langsamer macht. Prost dagegen tut sich viel leichter, weil er ja auf nichts Rücksicht nehmen muß. So kommt's zwangsläufig, daß man auf sensiblen Strecken, mit den Reifen am Limit und den Saugern im Nacken, schon einmal danebengreifen kann — den falschen Chip erwischt."
Im Auto, nicht im Hirn. Denn Balestre droht Honda bereits mit Strafen, falls die WM manipuliert wird.

Am 17. Oktober schreibt der FISA-Boß an Honda-Präsident Kume: „Wir müssen uns anstrengen, um totale technische Objektivität zu garantieren. Daß beide McLaren-Fahrer genau das gleiche Material bekommen — Auto und Motor. Sonst ist das Image der Formel 1 für alle Zeiten kaputt. Geben Sie daher allen Honda-Ingenieuren, die in den letzten zwei WM-Läufen eine Rolle spielen, die nötigen Befehle!"
Worauf Kume etwas pikiert zurückschreibt: „Honda wird weiterhin seine Politik fortsetzen, alle seine Fahrer mit absolut identischen Motoren auszustatten. Im übrigen vielen Dank, daß Sie Ihre wichtige Rolle als FISA-Präsident immer wieder ausspielen ..."
Misch dich nicht drein, höflich gesagt. „Ridicolous", sagt mir Kawamoto und grinst nur: „Totaler Blödsinn. Wir haben Sennas letzte Motordaten überprüft, die Kassette aus dem Auto genommen, das Band genauestens analysiert. Senna weiß selber genau, was los war." Aber: „Totale Gleichheit bei Motoren und beim Spritverbrauch gibt es nie — Streuung 0,5 Prozent." Gordon Murray kalkuliert mit „1 bis 1,5 Prozent, zum Beispiel durchs Überrunden".
„Wie Ron immer sagt: McLaren und Honda strengen sich sehr an, uns beiden das Beste zu geben — weil ja Doppelsiege im Interesse des Teams sind. Aber manchmal passiert etwas, das sind die Probleme. Jemand macht einen Fehler — wie ich in Monte Carlo." Aber Senna dementiert heute: „Nichts war mit Zweck und Absicht getan worden. Nur eine von diesen technischen Schwierigkeiten — wie sie im Racing immer passieren."
Mechanisch oder elektronisch? frag ich ihn. Schweigen.
Das mysteriöse Problem — welches immer — beschäftigt Senna noch wochenlang. „Wir finden erst in Japan heraus, was los war: eine Winzigkeit — aber genug, um große Schwierigkeiten heraufzubeschwören. Wenn du so kämpfst, wie wir kämpfen."
„The final showdown", heißt es in Weldwestfilmen. Die einsame Waldlichtung. Das endgültige Duell. Prost gegen Senna, er oder ich.
Aber mit welchen Sekundanten?
Fragen wir einen, der es wissen könnte: Manipuliert Honda das WM-Duell Senna — Prost? Nigel Mansell: „Ich hab keine Möglichkeit, das zu wissen. Wer weiß — vielleicht ja, vielleicht nein. Aber eins kann ich dir sagen: Der WM-Ausgang 1987 war vorherbestimmt!"

Formel-1-Charterflug, von irgendwo zurück nach England. Rob Walker, Jackie Stewart, Stirling Moss, sie alle stellen sich vorm Check-in für Gatewick artig an. Plötzlich kommen, in ihren dunkelblauen Blazern, 34 Honda-Leute und eröffnen beim Schalter „Luton" eine eigene Reihe. Kaum hat „Gatewick" geöffnet, drängt sich ein Japaner vor und steht als Nr. 1 beim Check-in — mit 34 Flugtickets.
Die Engländer schäumen vor Wut. Und später, als die Japaner als erste im Autobus sitzen, nochmals. Japaner sind wohl Leute, die hinter dir eine Drehtür hineingehen — aber vor dir herauskommen. Schon immer so gewesen?
Ein Blick zurück: Bob McIntyre war 1960 der erste Brite, der ein Honda-Motorrad fuhr. „Miserables Fahrwerk, aber ein sensationeller Motor! Unglaublich, was die Japaner technisch fertigbringen", schwärmte McIntyre damals seinem besten Freund Jackie Stewart vor. Und die hochbezahlten Motorrad-Söldner wie Phil Read schilderten: „Wir fuhren damals immer mit einem Finger am Kupplungsgriff — aus Angst, daß der Motor festgeht."
Und heute? „Ist die ganze englische Motorradindustrie tot", trauert Stewart, „die Japaner beherrschen alles."
Bei den Autos, fürchtet Stewart, bahnt sich bereits das gleiche an: „Es kann doch kein Zufall sein, daß plötzlich alles zur gleichen Zeit passiert: Honda sponsert die US-Fernsehübertragungen, Honda triumphiert in der Formel 1, und Honda hat gerade seine beste Modellreihe aller Zeiten herausgebracht. Da soll keine Absicht dahinterstecken? War das alles Zufall? Wer das noch glaubt, lebt hinterm Mond."
1987 gelang erstmals das große Double: Weltmeister sowohl in der 500-ccm-Motorradklasse (Wayne Gardner) als auch in der Formel 1.
Über Honda kann es kaum richtiges Wissen geben, nur weniger Nichtwissen. Ein paar Dinge, die ich herausfand: Deutsche U-Boote brachten im Krieg Skizzen der Messerschmitt nach Japan — daraus entstand dann der „Tony", zusätzlich zum „Zero"-Bomber, den Soichiro Honda gebaut hatte. Oder: Nakamura, der liebe, alte Herr, Hondas Vorreiter in der Formel 1, war Spezialist für Vergaser in dünner Höhenluft — darum also der sensationelle Honda-Sieg mit Richie Ginther 1965 in Mexiko.
Oder: Takahashi, der 1986 in Le Mans im Unglücksteam mit Jo Gart-

ner fuhr, ist der erste, für den nach einem Motorrad-Grand-Prix die japanische Hymne gespielt wird — Hockenheim 1962.

Der alte Witz aus den Las-Vegas-Shows: „Oh, Sie sind Japaner? Sorry, ich hab Sie nicht erkannt — so ganz ohne Kamera." Aber gerade dieses total kamerabewaffnete Volk hat seine ersten Formel-1-Erfolge verschlafen — weder von Richie Ginthers Sensationssieg in Mexiko 1965 noch von John Surtees' Monza-Triumph 1967 haben die Honda-Werbeleute irgendwelches Filmmaterial.

Die Honda-Anfänge sind leider nicht dokumentiert. Die heutigen Siege schmecken um so besser.

In Silverstone geben sie ein „Yakitori"-Essen, in Estoril schmeißen sie ihre „Tempura"-Party und in Suzuka ihr „Sushi"-Fest: Fans der japanischen Küche wissen, was das alles heißt.

Aber wesentlich sensibler als europäische Mägen reagieren japanische Seelen in Kriegsdingen: Militärflugshow in Silverstone. „Wie Pearl Harbour", sagt Ron Dennis lässig, Blick zum Himmel. Der Honda-Mann neben ihm erstarrt zur Salzsäule. Und Nigel Mansell hatte, als er 1987 nach einem Honda-Motordefekt lachend vorschlug: „Jetzt mach gefälligst Harakiri!" plötzlich einen Todfeind.

Ihre Sitten und Gebräuche zu kennen, ist zu wichtig. „Shogun" zu lesen, ist zuwenig. High-Tech regiert.

Der Rest der Formel 1 gegen Honda: Da kämpft David gegen Goliath. Die Standfestigkeit ihrer Motoren: vorzüglich. „Aber fast alle ihre Lizenzen für Einspritzung und Zündung", verrät der langjährige Bosch-Formel-1-Mann Dr. Udo Zucker, „sind von uns." Die Japaner waren schon immer sehr schnell auf dem gleichen Stand wie die anderen — Kameras, Autos. Aber jetzt laufen sie davon. Weil sie erstens ein Ziel haben. Zweitens: absoluten Rückhalt.

Für Honda sei die Formel 1 kein Krieg, dementieren die Japaner immer wieder, sondern nur „technical challenge, technical exercise". Honda betreibt den großen Rennsport mit haargenau der gleichen Einstellung wie Mercedes in den dreißiger bzw. fünfziger Jahren. Oder Ford 1967, „als wir um jeden Preis die 24 Stunden von Le Mans gewinnen mußten. Egal, was es kostet. Egal, wieviel Leute man braucht", blickt Mike Kranefuss in den Rückspiegel. „Mag sein, daß Honda in zwanzig, dreißig Jahren auf dem gleichen zynischen Standpunkt anlangt wie wir jetzt. Denn emotionell sind die Japaner vierzig Jahre zurück!"

Aber das wäre ihr „Inferiority-Komplex": Die Angst, nicht perfekt zu sein. Ihr Kampf um Anerkennung. „Niemand sonst arbeitet mit derart unbegrenztem Aufwand." Und den Yen-Dollar-Parität hat sich seit Anfang 1986 um vierzig Prozent geändert — wodurch die Japaner weniger Geld verdienen.

Noch keiner, auch nicht Mercedes in der „Silberpfeil"-Ära, hat mit so unbegrenztem Geld, Know-how und Menschenmaterial die totale Herrschaft angestrebt wie Honda — auch wenn das stille Auftreten der Japaner im totalen Gegensatz zu ihrer aggressiven Werbung steht. Honda (40.000 Angestellte) ist gar nicht der größte Industriegigant Japans — Nissan und Toyota (über 100.000) sind noch größer. Die Rennabteilung, Formel 1 bzw 3000, umfaßt 120 bis 150 Leute, sie werden aber im Rhythmus ausgewechselt — ein Drittel von ihnen lebt in England.

Jeder Grand Prix ist für die Honda-Leute ein neuer Feldzug. Aber kaum hat man sich an die Gesichter gewöhnt, schwappt schon die nächste Japaner-Welle nach Europa über. „Alle zwei Monate holt die Gewerkschaft unsere Leute nach Japan zurück: Sie dürfen nicht ewig wegbleiben."

Aber wahrscheinlich geht es den Japanern mit uns so wie uns mit ihnen: Wir nennen sie „Schlitzaugen", sie uns „Langnasen".

Berger prägte den berühmten Spruch: „Wenn Mercedes nicht bald einsteigt, bekommt die Formel 1 noch Schlitzaugen." Und sein deutscher Betreuer Horst Röger: „Ich bin neugierig, ob Erich Zakowski jetzt auch Schlitzaugen kriegt — denn Schlitzohren hat er ja schon ..."

Aber fragen wir einen, der nicht betriebsblind sein kann: unseren zweimaligen Judo-Olympiasieger Peter Seisenbacher, Hobby-Rennfahrer und mit der japanischen Mentalität durch viele, oft monatelange Trainingslager bestens vertraut.

Frage: In der Formel 1 arbeiten normal so fünfzig, sechzig Leute im Kollektiv. Bei den Deutschen gibt es den Chefingenieur und die Mechaniker. Japaner sind still und leise. Allgemein sagt man doch bildhaft: Die Japaner lächeln dich an und von hinten rennen sie dir ein Messer in den Rücken?

Seisenbacher: „So sollte man das doch nicht sagen. Japaner arbeiten immer als Gruppe. Der Japaner als Individuum ist, meiner Meinung nach, nicht sehr stark. Aber als Gruppe richten die Asiaten auch gegen einen unheimlich guten Europäer viel aus. Wie sich der einzelne in der

Gruppe fühlt und wie sehr er sich unterordnen muß, ist wieder etwas anderes. Dem einzelnen in Europa geht es besser als dem Japaner. Aber sie kommen in der Gruppe vielleicht besser zu einem Erfolg, zu einem gesteckten Ziel. Das sieht man ja auf allen Weltmärkten und eben in sehr vielen Sportarten."

Frage: Was gefällt dir an ihnen, was imponiert dir? Welche Eigenschaften hast du von ihnen übernommen?

Seisenbacher: „Mir imponiert das System, daß sie sich einer Idee, einer Gruppe unterordnen können. Wie man in der Wirtschaft sieht, ist das sehr wichtig. Aber ich bin froh, daß es in Europa nicht notwendig ist, sich so unterordnen zu müssen. Wir haben für jede einzelne Persönlichkeit einen Freiraum."

Formel 1, kleine Weltgeschichte. Im Inneren waren sich die Japaner immer einig — Aggressionen abgebaut, Kriege geführt werden nur nach außen. Im Kampf um die 4-Byte-Megachips sagt die europäische Elektronikindustrie: „Die Japaner waren nie schöpferisch, nie kreativ — arbeiten aber irrsinnig fleißig, mit immenser Akribie."

Fiat-Auto-Boß Vittorio Ghidella sagte es mir am treffendsten: „Die Japaner haben keine Phantasie, aber System — wir Italiener haben dafür sehr viel Phantasie."

Übersetzt man Sakurai, den früheren Honda-Rennleiter, aus der blumenreichen Sprache der Japaner, kommt „Cherry blossom" heraus: Kirschblüten. Der große Honda-Rennboß Kawamoto heißt auf deutsch „Quelle des Flusses".

Wir reden von Drehzahlen, von PS; ich versuche, die Grenzen auszuloten. Kawamoto: „In der Technologie gibt es kein Limit! Wenn du etwas besser machen willst, machst du es immer besser — ohne direktes Ziel." Beispiel: Turbo. „Hatte am Anfang vielleicht 550 PS, später doppelt soviel. Prophezeiungen sind also unmöglich."

Unbegrenzt scheint auch das Budget? „1988 das gleiche wie 1987 — und nächstes Jahr genausoviel — mit nur noch einem Team. Der Überschuß geht in die Forschungsabteilung. Total: Etwa soviel wie alle großen Formel-1-Teams."

Die Dauer des McLaren-Vertrags? „Top secret." Bis 1990.

Auf die 500 Meilen von Indianapolis schaut Honda „mit einem interessierten Auge. Aber wir haben noch keine fixen Pläne."

Auf der „heiligen Rennstrecke" der Japaner ist verlieren verboten, gewinnen Pflicht. 1987, nach dem Berger-Sieg und Honda-Harakiri, wurde Rennleiter Sakurai gefeuert — jetzt handelt er mit Formel-1-Videos. Sein Nachfolger Goto ist nervös. Aber Honda bereitet seinen Heim-Grand-Prix vor wie einen Militäraufmarsch. „Oder wie einen Raketenabschuß", grinst Kawamoto, der den Countdown herunterzählt.

McLarens Geheimnis: eine eigene, kleine Fabrik im Honda-Land, dem Formel-1-Disneyland, aber fern wie eine Polarstation, besetzt mit sechs, sieben Leuten. In Suzuka leisten Senna und Testpilot Pirro die Woche vorm Rennen Stachanow-Arbeit, simulieren den Grand Prix, testen neue, 20 PS stärkere Motoren — die stärksten, die Honda 1988 in die Schlacht wirft. Pirro gibt später zu: „Wir fanden eineinhalb Sekunden."

Prost, der später kommt, sieht sich psychologisch im Vorteil: „Der Druck lastet voll auf Senna. Ich weiß, daß er für den WM-Titel sein Leben wegwirft. Ich riskier nichts. Und falls es regnet wie in Silverstone, steig ich glatt wieder aus!" Die Schatten von Lauda und Fuji sind wieder da.

Aber Prost ist „zuversichtlich, obwohl ziemlich überrascht, daß ich immer noch im Titelrennen bin".

Prost oder Senna — der Formel-1-Zirkus ist total gespalten, was Alain „normal und lustig" findet: „Die einen für, die anderen gegen dich." Honda ist streng neutral. „Wir haben ja unsere Konstrukteur-WM schon gewonnen. Alles Weitere liegt bei Senna und Prost."

Erstmals 1988 fahren zwei Japaner: Nakajima mit leerem Herzen — seine Mutter stirbt 15 Minuten vor Trainingsbeginn. Und Aguri Suzuki sehr aufgeregt — darum auch ein Dreher. Lola holt den bleistiftdünnen japanischen Formel-3000-Champion als Ersatz für Dalmas: Mittelohrentzündung, deshalb Flugverbot. Von Zakowski kein Einspruch: „Im Gegenteil — wenigstens hab ich 1989 einen Piloten mit Formel-1-Erfahrung."

Senna ist Donnerstag hochgradig nervös, aber Sonntag ganz ruhig, was ihn verblüfft: „Zuerst war ich viel nervöser." Als Prost ankommt, joggt er zwei Runden auf dem 5,9-km-Kurs (je 20 Minuten) und geht dann zum japanischen Rennfahrer-Dinner: Welcome to Suzuka — mit bösen Magenkrämpfen. Piquet wird so schlecht, daß er fast in den Helm erbrechen muß — und sogar Mansell wird übel. Josef Leberer kuriert Prost mit Spezialtee, worauf Senna spöttelt: „Du hast ihn viel zu gut geheilt ..."

Der Münzaufwurf spielt Senna am Freitag das Ersatzauto zu, Prost für die Tage danach. Senna tut, was Lauda und Rosberg mit ihren verhexten McLaren nie taten: Er wechselt in Prosts Reserveauto, sein eigenes, ungeliebtes Auto von Estoril und Jerez wird zum T-Car. „Nicht gut für Alain", fürchten die Franzosen, als ein Leck im Benzintank entdeckt wird. Prost muß Overall und Auto wechseln.
„Senna kann sich meine Abstimmung anschauen — aber wir reden nicht mehr darüber. Das ist ganz normal." Teamtemperatur: ein paar Grad kühler.
Mansell, der Mann in der Nachbarbox, attackiert die haarigen 3.-Gang-Kurven, die ihm 1987 den WM-Titel gekostet und fast das Rückgrat gebrochen hätten, „mit Respekt. Aber ich muß herausfinden, warum ich damals gecrasht bin, und ich weiß es jetzt: Sand — entweder von der Aerodynamik angesaugt oder herangeweht. Erste Runde — okay. Zweite Runde — okay. Dritte Runde: hoppla — graue Reifen, also Sand aufgepickt. Das war's."
Berger ist unrasiert, bleich, unausgeschlafen. „Die acht Stunden Zeitdifferenz hauen mich um. Was immer ich in der Nacht tu, lesen oder Comic strips schauen — ich kann nie einschlafen. Und tagsüber bin ich todmüde."
Trotzdem stört Berger den Honda-Militäraufmarsch, kann erstmals seit Silverstone die „schrecklichen Zwei" aufsplittern: Zweiter am Freitag hinter Senna, obwohl ihm zuerst Caffi, dann Ghinzani in der Schikane im Weg stehen. „Kein Sprit mehr, komm rein!" hält ihm Ing. Ascanelli ein Boxensignal über die Mauer. Aber Berger meldet sich zornig über Funk: „Ich will nicht" — und fährt zweitbeste Zeit. Nachher der Schreck für den „Samurai" aus Tirol: 5000 Dollar Geldstrafe, weil er eine schwarze Flagge (Bailey verlor Öl) übersehen hatte.
Piccinini fragt ihn vor der Rennleitung: „Soll ich dir das Geld vom Gehalt abziehen — oder willst du selber zahlen?"
Samstag erwartet Berger den Angriff von Prost, „weil Alain 1,7 hinter Senna liegt: zu großer Abstand". Prompt überholt Prost den Ferrari, verschaltet sich aber in der letzten Kurve der letzten Runde: vom 3. irrtümlich in den 2. statt 4. Gang — und trotzdem nur 0,3 Rückstand. „Wäre Pole-position gewesen", trauert Alain, „eine solche Runde erwischt du sonst nie."
Senna nickt: „Ich hatte auch nur eine freie Runde — und fuhr, glaub ich, die absolut bestmögliche Zeit." Strahlend schüttelt er jedem Me-

chaniker die Hand, das übliche Pole-position-Zeremoniell, danach posiert er lächelnd mit vielen kinderreichen Honda-Familien für Privatfotos — wird aber nachher sofort wieder ernst.
„Ich fürchte“, sagt er zu mir, als ich gratuliere, „die Pole-position ist der schlechtere Startplatz, weil schmutziger. Prost startet links, also außen — dort ist die Linie viel sauberer, hat viel mehr Grip.“ Trotzdem: „Ich hoff, daß die WM morgen schon zu Ende ist.“
Sein erster Matchball. Sobald Senna noch einmal gewinnt, ist er Weltmeister; in Suzuka oder in Adelaide. Aber wir ahnen alle: Japan wird bereits die Entscheidung bringen müssen. Für Honda die perfekte Gelegenheit.
Ayrton kann nur die halbe Nacht schlafen. „Aber wenn du die ganze Aufregung mitrechnest und was alles auf dem Spiel steht —, nicht so schlecht.“ Sonntag früh fahren die beiden Titelrivalen sogar gemeinsam von ihrem Wohnblock im kleinen Honda zu den Boxen. Senna chauffiert, Prost am Nebensitz. Stimmung: Locker. Die Formel 1 ist für ein paar Minuten kein Thema mehr.
„Hast du deinen großen Bruder gesehen?“ wird Alain nachher von lachenden französischen Reportern bestürmt. Sie meinen den riesigen Plastik-Prost, den die Japaner gebastelt haben — fünf Meter groß.
„Unser schwächster Teil“, gibt Senna zu, „ist das Getriebe. Darum beschwer ich mich schon Sonntag früh — über das gleiche Problem wie Prost später am Nachmittag. Nur: Als Sieger jammerst du nachher nicht —, nur als Verlierer. Vice versa wär's wahrscheinlich genau umgekehrt.“
Im Warm-up ist Piquet minutenlang der Schnellste, wird erst gegen Ende überholt: 1. Senna, nur 4. Prost. Die Spannung steigt. Siegbefehl von Honda, aber außer Berger und Capelli spürt McLaren noch eine weitere Faust im Nacken: „Beide wissen, daß sie unbedingt gewinnen müssen. Aber wissen genauso: Wenn sie auf der Honda-Strecke, vor den Augen von Soichiro Honda (84) kollidieren, ist das eine katastrophale Blamage“, schlägt Creighton Brown Alarm.
Prost ist klar: „Die erste Kurve war noch nie so wichtig!“ Und dann verpatzt Senna zum erstenmal 1988 den Start — im wichtigsten Rennen des Jahres sein allerschlechtester Start.
Überrascht vom FISA-Starter? Das Reglement schreibt zwischen der Rot- und Grünphase „vier bis sieben Sekunden“ vor, aber Bruynseraede läßt bereits nach 3,2 Sekunden Grünlicht aufflammen, „weil ich

den Fahrern helfen will. Es geht am Start bergab. Ich will nicht, daß sie zu lange auf der Bremse stehen müssen."
Senna kommt nicht schnell genug auf die Startdrehzahl von 10.000 U/min. „Eine Kombination aus Eigenfehlern plus sensibler Kupplung." Der angehende Weltmeister winkt mit überkreuzten Armen bereits verzweifelt ab, weil sein Motor dreimal abstirbt, „aber zum Glück drehen meine Hinterräder noch. So kann ich den Motor wieder anwerfen. Aber ich fürchte schon: aus, vorbei, alles verloren."
Berger, der sich „ganz auf Prost konzentriert", ist vom stehengebliebenen McLaren total überrascht. Er umkurvt Senna um Zentimeter, stürmt sofort Prost nach, liegt in der ersten Kurve neben Alain und freut sich: „Ein Super-Chassis — aber ein katastrophaler Motor. Seit ich Rennen fahr, hatte ich noch nie ein so gutes Chassis. Ein absolut perfektes Auto, sogar besser als 1987, als ich gewonnen hab — aber das Desaster ist der Motor: miserabel an Kraft, an Beschleunigung, am allerschlimmsten in puncto Spritverbrauch."
Darum kann Berger nicht lang mit Prost mitfahren: vom Spritcomputer eingebremst. „Sogar die Sauger haben mehr Leistung als ich." Das spürt er, als ihn Capelli überholt. „Verschaltet", glaubt Ivan von Gerhard, aber Berger dementiert: „Weder verschalten, noch irgendein anderer Fehler. Ich dreh sogar den Ladedruck hoch — trotzdem geht Capelli mühelos an mir vorbei."
Senna kommt längst von hinten: Nur Achter nach der 1. Runde, kämpft er in einem mitreißenden Verfolgungsrennen Patrese und Nannini (2. Runde), Boutsen (3.), Alboreto (4.), Berger (11.) nieder, bis er das Führungsduo Prost/Capelli einholt — aus 15 Sekunden Rückstand, bei dauernd wechselnden Verhältnissen.
„Der leichte Regen hilft mir dabei", ist Ayrton dankbar. „Die anderen werden langsamer — aber ich hol auf." Dagegen trotzt Prost: „Wäre es trocken geblieben, wäre ich auf und davon gewesen."
Prost kann Capelli nicht abschütteln. Der March läuft sensationell. Und geht in der 16. Runde — direkt vor den Boxen — sogar für vierhundert Meter in Führung. „Das erstemal seit 1983, daß ein Sauger vorn liegt", applaudiert Ian Philips. Was den Verdacht auslöst: nur mit halbvollen Tanks gestartet.
Niemand weiß: Im Cockpit des Brasilianers kullert eine Wasserflasche, verfängt sich zwischen den Beinen, bis sie Mauricio mit einem gezielten Tritt zerplatzt. Aber sowas kostet Zeit.

„Blödsinn", dementiert Ian, „beide Autos sind mit 180 Liter losgefahren. Gugelmin verbrennt 163 Liter. Bei Capelli pumpen wir nachher noch 121 Liter aus den Tanks" — weil der Italiener mit Elektrikdefekt ohne Strom neben der Piste ausrollt. Als die Mechaniker später den Judd-Motor starten, springt er sofort an ...
Senna, dessen Aufholjagd mich an Laudas berühmtes Estoril-Finale 1984 erinnert, ist also ab der 20. Runde automatisch Zweiter. Die ersten Überrundungen: jedes Manöver ein Kraftakt. „Keiner paßt auf", beschimpft Prost später die Nachzügler. Die Überrundungen kosten 13 Sekunden in vier Runden — der ganze Vorsprung beim Teufel. „Außerdem hab ich Getriebeprobleme. Keine Runde, in der ich mich nicht verschalte." Prost und Senna sind sich nachher einig: „Zu viele kleine, mangelhafte Teams sind in der Formel 1. Warum befiehlt kein FISA-Boß in der Fahrerbesprechung: Stört nicht das WM-Duell, laßt die Titelfighter problemlos vorbei? Weil er gar nicht da ist — und lieber Briefe an Honda schreibt."
Dazu Bruynseraede: „Niemand hat Prost gehindert, davonzustürmen, als er an der Spitze lag — aber da fuhr Senna im Pulk sogar schneller."
Und dann: 28. Runde, *the moment of truth.* Nach Montreal, Le Castellet, Spa, Estoril das fünfte direkte McLaren-Überholmanöver. Wie immer in einer Rechtskurve. De Cesaris sieht im Rückspiegel die beiden heranteufeln, gleitet sofort zur Seite, Senna überholt Prost — und fährt dem WM-Titel entgegen.
Mit Hindernissen: „Die Box zeigt mir immer eine Runde mehr an, als ich vom Display ablese." Ein Irrtum, entschuldigt sich Steve Nichols. Aber Senna wähnt sich *„in the shit with the fuel.* Phasenweise: mit zwei Runden im Minus. Aber die hol ich einmal in einer einzigen Runde auf." Nette Art, zu sagen: Da war jemand schlampig.
An den Prost-Signalen kann sich Senna nicht orientieren: „Ich bin viel zu beschäftigt, um sie auszuspionieren." Ein einziges Mal funkt er die Box an: „Wie weit ist Alain hinter mir?"
Das WM-Duell überstrahlt alles. Die tapfere Fahrt von Bernd Schneider, der nach einem Trainingssturz mit schwerer Prellung und Muskeleinriß „nur eine Runde" fahren will, aber bis zur 14. durchhält, „bis mir der Arm einschläft. Ich kann nicht mehr das Lenkrad packen."
Aber auch: die vielen Kollisionen. Zuerst rutscht Piquet in den Sand, kollidiert später, überrundet, ausgerechnet mit Mansell und verabschiedet sich wegen Schwindel und Übelkeit. Warwick, im Training

durch einen 300-km/h-Reifenplatzer wegen eines Kanaldeckels alarmiert, kracht gegen Patrese. De Cesaris schiebt Suzuki ganz zielbewußt in den Sand. Nannini schießt Alboreto von der Strecke, worauf Michele später Alessandro rundenlang derart heftig blockiert, daß Nannini später tobt: „So unfair und unsportlich — ausgerechnet zwischen zwei Italienern!" Alboretos Revanchefoul, weil er für 1989 kein Benetton-Cockpit bekommt?

Nutznießer ist Berger, der sich gegen Nannini seinen 4. Platz zurückerkämpft — total frustriert: „Wenn ich mir die Honda-Motoren aus dem Cockpit anschau, muß ich weinen."

Zwischendurch: immer wieder Regenschauer, am schlimmsten in den letzten Runden. Immer öfter streckt Senna vorm Rennleiterturm die Arme beschwörend zum Himmel: „Brecht doch ab!" Drei Viertel der Distanz sind längst abgespult — also volle Punkte. „Ich will nur warnen, weil es auf der Rückseite der Strecke noch viel heftiger regnet. Aber wie immer tun die Leute das Falsche!"

Dennis konferiert mit Murray, ob man wegen Abbruchs mit der Rennleitung reden müsse. Aber Senna balanciert grandios weiter, Prost verliert in einer Runde einmal sieben Sekunden — und gibt sich endgültig geschlagen. „Nicht enttäuscht von der WM-Niederlage, nur vom Rennen. Für mich: Das Spiegelbild meiner ganzen Saison."

Senna, gepeitscht von unheimlicher Motivation, ist heute unschlagbar. Dein bestes Rennen? „Ich sagte immer: Estoril 1985, mein erster Regensieg. Doch ab jetzt ist Suzuka mein bestes."

Und wann weißt du, daß du den WM-Titel gewonnen hast?

„Erst nach der letzten Kurve."

13 Sekunden vor Prost, kassiert Senna als neuer Weltmeister die Zielflagge. Nach dem Samba auf den Pedalen — geballte Fäuste vor Freude, die überschäumt. Spiel, Satz und Sieg: Senna hat sich selbst zum Weltmeister gekrönt. Von allen neidlos applaudiert, auch von Prost.

Und plötzlich wird aus der „seelenlosen Rennmaschine", aus dem „eiskalten Engel" ein Weltmeister, der vor Glück und Freude weint — live vor Millionen TV-Zuschauern.

„Mein Lebenstraum hat sich erfüllt. Ich kann's noch immer nicht glauben, bin aber heilfroh, daß alles vorbei ist. Die Saison war schrecklich lang für Alain und mich, der Fight unerbittlich, der Druck fürchterlich. Wir hatten zuletzt sogar Beziehungsprobleme, obwohl wir uns bemühten, es für uns beide weniger schmerzhaft zu machen. Aber jetzt ist die Riesenlast weg von meinen Schultern, Gott sei Dank."

In seinen vielen TV-Interviews variiert Senna diesen Spruch, aber als Reporter Nr. 9 anhebt: „Ayrton, ein Traum hat angefangen", da verschluckt sich Prost am Mineralwasser, lacht und prustet durch die Gegend, und Senna kontert todernst: „Der Traum ist vorbei."

Sein Traum, den er als vierjähriger Kart-Fahrer erstmals geträumt hat: Formel-1-Weltmeister zu werden. Wofür er sein Leben hergeschenkt hätte? „Das tun doch alle von uns, alle 26. Aus reiner Freude fährt keiner Formel 1." Was sagst du zu Prost? „Sorry für ihn, daß ich heute gewann, aber er war schon zweimal Weltmeister, ist sowieso der Beste — wir haben viel Respekt voreinander."

Paar Minuten später, im Bretterverschlag hinter den Suzuka-Boxen: dort, wo 1987 Berger von Enzo Ferrari angerufen wurde. Heute gratuliert Soichiro Honda: „Ein wunderschöner Tag für mich." Goto widmet dem 84jährigen spontan diesen Sieg.

An die Wandtafel haben die McLaren-Boys gekritzelt: „That's all, folks", und Ron Dennis blödelt: „Raus mit euch, Gentlemen, ich will mich umziehen." Später flüstert er Senna im Spaß zu: „Die halbe Dollarmillion, die du mir gezahlt hast, war dein bestes Investment."

Wie teuer wird der 7-Millionen-Dollar-Mann jetzt? „Nicht mehr viel teurer." Plötzliche Gerüchte, er würde als Weltmeister auf der Stelle abtreten, dementiert er lachend: „Aber ich hab doch erst angefangen." Und prophezeit: „In Adelaide können Alain und ich endlich viel relaxter fahren. Und noch schöner gewinnen."

Über den Spritverbrauch: wie immer total gegensätzliche Aussagen. Laut McLaren sind Senna und Prost „das ganze Rennen nie mehr als einen dreiviertel Liter auseinander. Erst in der Regenphase schafft sich Senna seinen Spritvorteil. Aber nie mehr als ein bis zwei Liter." Dagegen behaupten Franzosen: bis zu sechs Liter!

In Paris hört FISA-Präsident Balestre, wie Prost im ersten TV-Live-Interview von „*Gearbox problems*" spricht, und befiehlt seinen Sportkommissären sofort telefonisch nach Japan: „Das Getriebe von Prost auseinandernehmen! Und genau überprüfen, ob er und Senna wirklich das gleiche Material hatten!" Seine Männer zögern, müssen aber gehorchen. Kontrolliert werden normal Gewicht (Sauger: mindestens 500, Turbos: mindestens 540 kg), Abmessungen, Motor-Hubraum, Benzin — aber ein Getriebe hat noch niemand aufgemacht.

In Wirklichkeit war gar nicht das Getriebe schuld, sondern eine klemmende Kupplung, mit welligem Belag – wodurch Alain Probleme bekam, auszukuppeln.
Aber McLaren empört sich über den FISA-Bescheid: „Die Konkurrenz versucht schon lang genug, hinter unsere Geheimnisse zu kommen — und jetzt kennt jeder Hund unser Getriebe." *The world and his dog*, auf englisch. Und was habt ihr zu verstecken? „Natürlich ein spezielles, geheimes Differential." Seit wann? „Ein bißl schon 1987." Piquets Worte fallen mir ein: „Prost kann in die Kurven hinein gleichzeitig lenken und bremsen." Und noch nie hat jemand durchdrehende McLaren-Hinterräder gesehen. Eine elektronisch gesteuerte Differentialsperre — der große Trick?
Ron Dennis verlangt später zu Recht, „daß sich jemand bei mir hochoffiziell entschuldigt. Und ihr wißt alle, wen ich meine."
Aber wie feiert Senna seinen WM-Titel? Ohne Champagner-Orgie, still, zurückgezogen in seinem Zimmer im „Suzuka Circuit Hotel" — vorm Fernseher. „Fuji Television schenkt mir ein Videoband der Rennübertragung, ohne störenden Kommentar, aber mit allen Originalgeräuschen, und schließt mir den Videorecorder an."
Senna sitzt fasziniert da im Dunkeln, lauscht auf jedes Schalt- und Bremsmanöver und fährt den besten Grand Prix seines Lebens ein zweites Mal. Mit dem Schreck am Start und der mitreißenden Aufholjagd. „Hochinteressant für mich", sagt er mir nachher, „weil ich Dinge sehen kann, die sonst niemandem auffallen."
Niki Lauda, ein völlig anderer Mensch als Senna, versteht nicht, „wie man als Weltmeister so lang in Wollust baden kann. Am wichtigsten ist nachher, abzuschalten. Du mußt ja auch leben."

*

Tags darauf zerflattert der Formel-1-Zirkus in alle Himmelsrichtungen. Senna flieht mit Boutsen nach Bali, Prost zum Golfspielen nach Cairns, Berger nach Thailand, die Italiener machen die „Whit Sunday Islands" unsicher.
Mein Flug Nagoya – Tokio ist aus unerfindlichen Gründen annulliert. Also: Halsbrecherische Taxifahrt zum Bahnhof Nagoya, um den berühmten Blitzzug „Hitari" noch zu erwischen: 250 bis 300 km/h, die Tachonadel pendelt wie im Überschallflugzeug „Concorde". Es geht sich um Sekunden aus. Draußen fliegen die Reisfelder vorbei, drinnen: japanische Schulklassen in ihren Matrosenanzügen, und ich, atemlos,

ohne Ticket. Yen? Nicht genug. Dollar? Werden nicht gewechselt. Diners Club? Zum Vergessen.
Du erinnerst dich, beim Aufspringen eine türkisfarbene Leyton-House-Jacke gesehen zu haben, entschuldigst dich beim Kontrollor, suchst Capelli und Gugelmin ein paar Waggons weiter, wechselst, kommst zurück und zahlst, die Schulmädchen, die schon gefürchtet hatten, daß du strafweise aus dem Zug geworfen wirst, applaudieren, du verbeugst dich wie Marlon Brando in seinen Fernost-Filmen und denkst dir nur: schade, daß sie nicht halb so alt sind wie Suzy Wong.

*

Zwischen Japan und Europa: Sensation um Walter Brun.
Der EuroBrun 188 war schon veraltet, bevor er nur einen Meter fuhr: im Prinzip bloß der Alfa von 1984. Gleiche Radlager, gleiches Getriebe, nur die Schnauze etwas verändert. Und die Fahrer? Stefano Modena ein junger Himmelsstürmer, aber sein Kollege bereits Formel-1-Spätlese: Oscar Ruben Larrauri, schon in der Formel 3 von allen „Poppy" genannt. Geboren im ersten großen Fangio-Mercedes-Jahr 1954 in Rosario. Er ist also 34, nicht gerade taufrisch für einen Formel-1-Anfänger — aber hat nicht auch der große Juan-Manuel erst 38jährig seine Grand-Prix-Karriere begonnen?
„Poppy" begann nicht mit wilden Tourenwagen-Abenteuern auf Staubstraßen, sondern, geordnet, 1974 in der Formel-Ford, war 1976/77 argentinischer Meister, nochmals 1979 und im gleichen Jahr auch Gewinner der großen „Temporada"-Rennserie.
Zeit für Larrauri, nach Europa zu gehen. Italien: seine zweite Heimat. In der Formel 3 fightete er mit, bis die Fetzen flogen, gewann in Zeltweg, wurde 1982 Formel-3-Europameister — und jeder erwartete: jetzt marschiert er „diretissima" in die Formel 1.
Warum hat's erst jetzt geklappt, mit sechs Jahren Verspätung?
„Erstens: Sponsorprobleme. Zweitens: wegen dem Falklandkrieg. Als Argentinier war ich damals in England nicht gerade heißgeliebt." Und ohne den Falklands — hättest du? Ein strafender Blick von Oscar Ruben Larrauri. Wie kann der Kerl dran zweifeln? „Natürlich, Ligier war 1983 möglich. 1984 Tyrrell, ja sogar McLaren! Als Nummer zwei neben Niki Lauda."
Larrauri, der Geisterfahrer bei McLaren — wie das? „Ganz einfach: John Watson war weg, ich hätt den Platz für mich damit frei — unglücklicherweise kam Alain Prost . . ."

Ron Dennis amüsierte sich, als ich ihm später die Larrauri-Story erzählte: „Nie gesehen, nie geredet. Ich schwör dir: Wenn er plötzlich da neben mir stünde — ich wüßte nicht einmal, wie er ausschaut."
Thats life, klappt Larrauri die McLaren-Aktendeckel zu. Anyway, I am happy.
Sein Weg in die Formel 1 war lang genug. „Gleich nach der Schule mußte ich arbeiten — im Fleischhauergeschäft meines Vaters." Wenig Zeit für Hobbies: „Ich spiel Tennis — und besonders gern Schach."
Turm, Läufer, Springer? oder gelingen ihm sogar Pferdsprünge auf dem Formel-1-Brett? Anfangs ist Larrauri schwer einzuschätzen. Wie gut ist er wirklich? fragte ich Reutemann.
„In der Formel 3", sagt Carlos gedehnt, „war er sehr gut ..."
Und Walter Brun, für den „Poppy" 1986 den Langstrecken-WM-Titel an Land gezogen hat: „Ich kenn ihn schon fünf Jahre. Einer der schnellsten Sportwagenpiloten überhaupt. Und wer einen Porsche fahren kann, sollte auch mit der Formel 1 zurechtkommen." Grundsätzlich: „Larrauri kann sehr gut Autos abstimmen. Damit egalisiert er den Vorteil Stefano Modenas: zwar etwas schneller — aber heuer schon dreimal abgeflogen, bevor die Rennen begannen."
Die Hoffnung war groß — dann kam die Enttäuschung: „Gott sei Dank hab ich Modena", seufzt Brun. „Hätte ich nur Larrauri, müßte ich überlegen: Ist mein Auto eine Mißgeburt?"
Modena schenkt Brun halbe Sternstunden. „Typisch italienisches Heißblut. Er schimpfte in Monte Carlo, weil man ihn herausgenommen hat — daraufhin mußte man ihm in Mexiko zeigen, wer der Herr im Haus ist: Disqualifikation, die Revanche der Kommissäre. Angeblich fehlen anderen Autos mehr als zwei Zentimeter. Und ich weiß: einem französischen Auto fehlt ein Zentimeter ..."
Modena fightet unbeirrt weiter, wie mit der Brechstange. In Detroit fliegt er ab, weil er am Limit fährt — die Rundenzeiten der McLaren! Kein Vorwurf von Brun: „Ich weiß selber: Wenn man in einem Auto sitzt, das dauernd verreckt, wird man sauer."
Im Durchschnitt ist Modena drei Zehntel bis eine Sekunde schneller als Larrauri. „Ein Witz", schimpft Brun, „Larrauri kennt die Strecke besser als Modena — vom R-5-Europapokal, aus der Formel 3 und Gruppe C. Also müßte er eigentlich schneller sein als Modena — nicht langsamer." Bleibt als Schluß nur: „Larrauri ist in der Formel 1 überfordert — obwohl ich ihn ohnehin nicht Gruppe C fahren laß. Man kann nicht

jeden Sonntag rausfliegen und behaupten: Radaufhängung gebrochen. Klar — wenn man in Detroit die Mauer entlangschleift."

Nach der Nordamerikatournee: finstere Blicke aus dunkelbraunen Augen. Oscar fühlt sich benachteiligt. Was Brun empört widerlegt: „Ich bau beide Autos gleich, ich akzeptier das dauernde Geschimpfe nimmer. Soll Larrauri mehr über sich selber schimpfen ... entweder geht ihm nach zwei Rennen der Knopf auf, oder ich such mir für 1989 einen neuen Fahrer."

Larrauri fliegt, bleibt Modena? „Wenn ich meinen Zigarettensponsor wechsle (von Marlboro zu Camel) verlier ich Modena."

Daß Brun weitermacht, ist für ihn klar: „Ich gab meinem Team drei Jahre — also kann ich es nicht nach einem einem Jahr liquidieren." Es geht ihm „nicht so schlecht, daß ich aufhören muß — aber auch nicht so gut, daß ich genug Geld hätte." Aber: „Bevor ich meine Firma wegen der Formel 1 angreif, verkauf ich Autos." Darum macht Brun von seiner 70-Wagen-Flotte („alle unversichert") im Sommer Autos für 17 Millionen Schilling zu Bargeld: drei BMW M1, zwei Porsche. „Als nächster kommt mein 959 dran."

Große Hoffnungen — und jetzt Enttäuschung? „Die Leute erwarten von uns ein bißl zuviel", bremst Brun. „Unser Ziel im ersten Jahr hieß: qualifizieren. Mit Rial kann man uns nicht vergleichen: ATS-Erfahrung, Ferrari-Kopie etc. Wir dagegen haben unser eigenes Auto gebaut und sind besser als die zwei anderen neuen Teams. Aber es gibt auch Teams, die schlechter sind als wir — und schon WM-Punkte haben. Oder andere mit zwanzigjähriger Formel-1-Erfahrung und WM-Titeln wie Tyrrell — auch nicht soviel qualifiziert ..."

Brun hätte den Alfa-Motor haben können („der funktioniert, aber der Cosworth hat Vibrationen").

Hauptproblem jedoch: Das defektanfällige eigene Getriebe. „Geht dauernd kaputt und hat uns schon vier, fünf WM-Punkte gestohlen. Wenn's wieder verreckt", droht Brun oft, „bauen wir das nächstemal das Hewland-Getriebe ein. Mir gefällt nicht, wie gearbeitet wird!" Das ist eine Drohung an seine Italiener-Mannschaft.

„Ich hab keine Probleme mit Brun", dementiert Giampiero Pavanello, „die erfinden nur die Zeitungen ..."

Das Jahresbudget ist schon im September weg. „Fertigfahren, und dann an 1989 denken", lächelt Pavanello. „Wie wir Italiener sagen: neues Jahr, neues Leben."

Und dann wirbelt der Schweizer den Formel-1-Zirkus nochmals durcheinander: Walter Brun möchte ein zweites Team.
Der eine WM-Punkt macht Minardi interessant: weil er 1989 die Vorqualifikation erspart. Signor Minardi behält seine 40 Prozent Anteile, aber die restlichen zweimal 30 Prozent (Ing. Caliri bzw. ein Businessmann) sind zu kaufen. Walter Brun überlegt, findet aber Besseres, als sich Lotus bzw. Brabham anbieten.
Brun garantiert über Telefax, daß er das Team „ganz im Geist von Colin Chapman weiterführen" werde. „Ich bin mit allem einverstanden." Kaufsumme: 5,5 Millionen Pfund. „Wohin soll ich das Geld schicken?" Aber im Grunde wollen Hazel Chapman und ihr Geschäftsführer Fred Bushell gar nicht verkaufen. „Wir müssen noch die Kinder fragen." Nach dem dritten Schriftwechsel sagt Brun bei Lotus ab.
Offenbar hat Bernie Ecclestone etwas spitzgekriegt, denn kurz danach ruft er bei Brun an: „Hättest du Interesse an einem Team, das Brabham heißt?" Brun hat, kauft 60 Prozent von Brabham.
Eine Schweizer Bank ist mitverwickelt. Und Geldgeber, die in ein Formel-1-Team wie in ein Broadway-Musical oder wie Mansour Ojjeh in das Flugzeug „Canadian Challenger" investieren und am Auto gar nicht aufscheinen wollen — die Brabham bleiben blau-weiß lackiert.
Der Millionentransfer geht binnen zwei Monaten über die Bühne: Erste Kontakte in Spa — Vertragsabschluß in einer Londoner Rechtsanwaltskanzlei am Dienstag vor Suzuka. Eine Vertragsklausel: Ecclestone kann Ende 1989 entscheiden, ob er seine 60 Prozent zurückkaufen oder sein Formel-1-Team ganz abstoßen will.
Neuer Managing Director: Peter Windsor, zehn Jahre lang Formel-1-Reporter gewesen, zuletzt fünf Jahre im Williams-Sold. Vorbild: Ron Dennis. „Er setzte die Maßstäbe. Wenn ich nur halb so gut sein kann, bin ich glücklich." Zu Brabham-Designer John Baldwin kommt der Italo-Argentinier Sergio Rinaldi von Dallara. Schwärmt Windsor: „Brabham — ein großer Name im Rennsport, viel Tradition, 63 Angestellte, eigener Windkanal." Und wer befiehlt? „Ich und meine Investoren. Aber ich würde nie etwas tun, was Bernie nicht mag."
Kaufsumme: 5 Millionen Pfund? Ecclestone hat 1971 das ganze Brabham-Team von Ron Tauranac — der zuvor auch Jack Brabhams Hälfte erworben hatte — für günstige 115.000 Pfund abgekauft. Jetzt hat Tauranac auch sein Ralt-Team abgestoßen — für 1,250.000 Pfund an March.

Jack Brabham, der im Pulverdampf der Rennen fast taub gewordene dreifache World Champion, grinst mich an. „Du kannst sicher sein — Ecclestone hat kein schlechtes Geschäft gemacht ...“
Bedingung: Bernie will nur noch ein halbes Jahr in seiner Fabrik in Chessington bleiben, bis die FOCA in ihre feinen Büros im Londoner Westend übersiedelt.
Als Bernie später bei einem FOCA-Meeting über seine neuen Fernsehpläne referiert, verlangt Ron Dennis eine Abstimmung über Bernies Kompetenz, „weil er ja kein Team mehr hat“. Grinsend läßt Bernie votieren. Nur zwei Hände gehen hoch — von Dennis und Peter Warr.

ADELAIDE: PROST „IN SCHÖNHEIT“

Sennas erste Woche als Weltmeister: „Ich kann's noch immer nicht richtig glauben, daß ich den Titel gewonnen hab — außer, jemand sagt Champion zu mir.“ Sein Team, in Routine erstarrt, hat Ayrton „nicht die Freude gegeben, die ich erwartet hab“. Die holt er sich zu Hause in Brasilien — wenn er heimfliegt. Josef spürt: Senna wäre schon jetzt lieber in Brasilien als in Indonesien.
Die Trauminsel Bali ist heiß, die Luftfeuchtigkeit enorm. Trotzdem laufen Senna, Boutsen und Josef täglich um 9 Uhr früh ihre 35 Minuten — Streiff joggt nur einmal mit. Dann spätes Frühstück, nachmittag Tennis oder Squash, Surfen, aber kein Wasserski. Und viel essen: Beim Fisch- und Obstbuffet stellt sich Senna vier-, fünfmal an.
Die „Globo“-Kameraleute stören nicht: Senna ist ein sehr privater Champion, bei jeder Hetz dabei — auch beim großen Fußballmatch im Ferienklub. Nicht Turbo gegen Sauger, sondern Brasilianer und Franzosen gegen den „Rest der Welt“. Senna spielt Tormann, fischt mit tollen Reflexen Superbälle aus dem Kreuzeck, wehrt aber eine 5-Meter-Bombe mit der flachen Hand ab — rechtes Handgelenk verstaucht. Ausgerechnet die Schalthand, die er im Adelaide-Rennen über 5000mal braucht.
Sennas Team führt 2:0. Endstand: 2:2. „Aber ich bleib bis ans Ende im Tor“, trotzt er.
Ich treffe Senna, zurück in Adelaide, bei der Grillparty. Autogrammschreiben — für den Linkshänder kein Problem. Nur als ihm jemand im Programmheft das Balestre-Foto aufblättert, sagt er: „Da nicht.“

Danach geht er zum großen Popkonzert: Sting hat Ayrton am Swimmingpool kennengelernt und sofort *backstage* eingeladen. „Die Formel 1 ist ja noch lauter als Rockmusik . . ."

Australien ist immer noch Alan-Jones-Country: Zufriedener Formel-1-Pensionist, Immobilienhändler, Biertrinker und Hobby-Rennfahrer, mit Frau Beverly und Adoptivsohn Christian. 1981 wollten „the Joneses" ja ein zweites Kind adoptieren. Dramatischer Tag: Die Fürsorge-Lady hockte bei Beverly im Londoner Haus, Alan war auswärts essen, wohl auch etwas trinken, krachte auf der Straße mit vier Farbigen zusammen, schlug sie alle nieder, bis vier andere kamen — nach der Keilerei stocherte Alan minutenlang im Türschloß, bis er die Tür endlich aufbrachte.

„Ist Mister Jones", fragte die Frau von der Fürsorge nervös, „doch nicht etwa Alkoholiker?"

„Keine Spur", beruhigte Beverly, „Alan ist Racing Driver. Die trinken nie einen Tropfen."

Herein schwankte ein blutüberströmter Jones: angesäuselt, mit gebrochenem Finger. „Alan, um Gottes willen, was ist passiert?" Jones begriff sofort: „Auf dem Zebrastreifen hat mich ein Auto niedergestoßen, Schweinerei!"

Ausgenüchtert fuhr Jones 1981 nach Monza. „Zwei Neuigkeiten für dich, Charlie", sagte er zu seinem Betreuer Crichton-Stuart. „Erstens, ich hab einen gebrochenen Finger. Zweitens: Sag Frank, ich tritt zurück." Williams redete sofort „mit Villeneuve, mit Pironi, mit allen, die frei waren, unter größter Geheimhaltung". Aber 30 Minuten später wußte das ganze Fahrerlager: Jones hört auf. Zweimal kehrte er zurück.

Jetzt macht er Fernsehen: „Channel 9" mit einer internationalen Starbrigade: Jackie Stewart, Barry Sheene, Niki Lauda — mit dessen Boeing 767 ich in 19 Stunden Wien — Sydney gedüst bin. Die frischeste Luft wegen Rauchverbots (außer in der Raucherbar), die hübschesten Hostessen, das tollste Essen, das beste Service. „Der neue Standard", sagt Niki — wie sein früherer McLaren-Chef.

Ron Dennis, immer noch empört wegen der FISA, trommelt bei einer Shell-Tankstelle eine Pressekonferenz zusammen: „Hands up, wer immer noch glaubt, unsere Fahrer werden ungleich behandelt. Wer hat solchen Blödsinn geschrieben?" Keiner zeigt auf. „In Zukunft: rechtliche Schritte. Und nie, nie mehr wieder gestatte ich der FISA, unser Auto zu strippen — außer, was legal kontrolliert werden muß."

Der französische Star-Reporter Johnny Rives berichtet vom heftigen Wortwechsel zwischen Prost und seinem Chef. Der Prost-Vorwurf: „Du hast sehr viel geredet, auch über die Materialgleichheit, aber nicht alles gesagt. So identisch war der Spritverbrauch in Suzuka gar nicht. Warum hast du das verschwiegen?“

Freitag früh. Schmallippig-verbissen fährt Prost vom „Hilton“ zur Rennstrecke, neben ihm sein Chef, aufgekratzt, exaltiert, scherzend, plaudernd. Prost, finster vor sich hinstarrend, redet kein Wort. Erst in den Boxen.

„Wie ist die Atmosphäre im Team?“ fragen seine Franzosen-Freunde. „Jetzt besser“, sagt Prost zu Johnny Rives.

Das Training beginnt relaxt. Für Senna muß es schön sein, erstmals als Weltmeister einzusteigen — wie immer von links. Er hat ein Ölleck. Die bandagierte Schalthand schmerzt. Die Mechaniker tun alles, die Schaltung „weicher“ zu machen. In der letzten Runde, letzten Kurve steht Senna quer — damit hat Prost Halbzeit-Pole.

Aber Samstag schlägt Senna zurück. Keine Spur von Nachlassen. Das Trainingsduell — ein mörderischer Ping-Pong. Mit seiner 29. Poleposition hat Senna den legendären Fangio überholt — jetzt fehlen nur noch vier Trainingsbestzeiten auf Jim Clark.

Die Ferrari leiden bei 35 Grad Gluthitze unter Leistungsverlust: Ladelufttemperatur viel zu hoch — kostet 65 bis 70 PS. Berger besiegt Alboreto zum 24. Mal hintereinander. Gesamtvorsprung auf den Teamkollegen fast 24 Sekunden.

Adelaide erlebt Abschieds- und Jubiläumsrennen. Alboreto zum 80. und letzten Mal für Ferrari — ein sentimentales Ciao. Mansell zum 60. und letzten Mal für Williams — was sogar Frank leidtut: „Ich bin ehrlich sorry, daß er geht.“ Boutsen letztmals für Benetton — sein Team bedankt sich in einem speziellen Kommunique aufrichtig für die gute Arbeit, *„a job well done“*.

Warwick fährt nach sieben Arrows-Motorschäden im Training seinen 100. Grand Prix. Und Patrese sogar seinen 176. — womit er den Weltrekord von Hill und Laffite einstellt. Graham ist 1975 mit dem Flugzeug abgestürzt, Jacques 1986 in Brands Hatch bös gecrasht. 176 Große Preise: irgendwie eine Schallmauer.

Als ich gratuliere, sagt Patrese: „Ich weiß, mein Weltrekordrennen. Jeder erinnert mich daran. Dabei glaub ich, es ist erst gestern gewesen, daß ich mit der Formel 1 angefangen hab — wirklich bereits 1977?“

Aber Patrese spürt ungebrochene Leidenschaft fürs Autorennfahren — diesmal ganz besonders. „Mein Hauptgegner wird Mansell sein." Und darum bittet Patrese wie vor ihm auch Berger und Piquet: „Wenn möglich, laßt mich bitte am Start durch."

Das Problem in Adelaide: Bremsen und Sprit. „Aber ich hab eher Angst vor den Bremsen!" verrät mir Berger. Alle wissen vom Vorjahr: beide McLaren wegen Bremsdefekten bös rausgeflogen (wie schon Lauda bei seinem Abschiedsrennen 1985), Piquets Bremsscheibe gebrochen, Sennas Lotus wegen zu großer Lufteinlässe disqualifiziert ...

Gerhard fürchtet „das anstrengendste Rennen des Jahres. 82 Runden auf einem kurzen Kurs sind eine größere Qual als 40 Runden auf einer langen Strecke. Du glaubst, das Rennen hört nie auf." Und erst die Schaltmanöver: „Fünftausendmal", rechnet Berger, „reichen nicht."

Eine Ära geht zu Ende: Tod den Turbos! Premiere 1977 in Silverstone, erster Sieg durch Jabouille (Renault) 1979 in Dijon, erster Turbo-Weltmeister Piquet 1983 auf Brabham-BMW. Jetzt endgültig und unwiderruflich das 179. und letzte Turbo-Rennen.

Die Motoren-Siegerbilanz: Honda 39 (bald 40), Porsche 25, Renault 20, Ferrari 15, BMW 9. Gleichzeitig hatten aber auch noch Sauger-Motoren gewonnen: Ford 53, Ferrari 13, Alfa und Matra je 2. Letztmals: Alboreto auf Tyrrell-Ford 1983 in Detroit.

Die Gründe fürs Turbo-Verbot: Kostenexplosion, trotz ständigem Einbremsen mit Ladedruck und Sprit zu schnell und zu gefährlich, keine Chancengleichheit mit den Saugern, auch nicht mit 3,5 Litern. Und längst hat sich herausgestellt: Die Sauger-Entwicklung kommt auch nicht billiger ... Der Unterschied war nur immer: Beim Turbomotor findest du mit einem Geniestreich blitzartig 50 PS — beim Sauger pro Jahr vielleicht 5 PS.

„Es hat Balestre, dem Mächtigen, gefallen, die Turbos zu sich zu nehmen", schreibt der Schweizer „Blick" in seiner Trauerrede auf die aufgeladenen Motoren.

Abschied mit Tränen? „Wenn ich einen besseren Sauger krieg, dann nicht", zuckt Berger die Achseln. Prost hat speziellen Ehrgeiz: „Ich hab alle meine Siege mit Turbomotoren errungen — also will ich auch das allerletzte Turbo-Rennen gewinnen!" Prost, vom Turbo-Pionier Renault. Wie René Arnoux.

Aber auch Ferrari hat Großes vor: notgedrungen, wegen dem Spritverbrauch. Darum wird Samstag abend ein Geheimplan ausgeheckt:

„Wir gehen mit den Motoren an die absolute Risikogrenze, wirklich ans Maximum. Wir haben ja nichts mehr zu verlieren, aber alles zu gewinnen. Wenn wir Glück haben, kommen wir durch."
Also werden die Ferrari-Motoren extrem mager eingestellt. Das magerst-mögliche Benzingemisch heißt: viel mehr Power, weniger Spritverbrauch — aber auch große Gefahr, daß die Motoren auseinanderfliegen. Wahrscheinlichste Folge: ein Loch im Kolben. „Aber genauso könnte der Motor halten", sagt mir Dr. Capelli. „Der Zweck unserer Aktion: Unter gewissen Umständen dieses Rennen zu beenden."
Und das heißt: Berger soll rückhaltlos Tempo machen, die McLaren-Honda in Duelle verwickeln, wenn möglich in Fahrfehler oder, noch lieber, in technische Defekte hetzen. „Denn ob wir jetzt ein paar WM-Punkte mehr holen oder nicht, ist nicht so wichtig — lieber machen wir zum Finale eine tolle Show!"
Soweit die Ferrari-Geheimtaktik. Leider wird sie Alain Prost beim Frühstück im „Hilton" verraten — also weiß der Franzose genau, wie er sein Rennen ausrichten muß.
Im Warm-up übt Berger zweimal einen zusätzlichen Trick: „Ich starte im zweiten Gang!" Was zweimal funktioniert. Genüßlich beobachtet Ferrari das McLaren-Duell: Senna fährt 5 Sekunden vor der Zielflagge Bestzeit, Prost in der letzten Sekunde. Mit 1,22 sind die McLaren eine Sekunde vor Boutsen, Berger & Co — sieben Autos in einer Sekunde. „Aber diese Zeiten", rechnet Ing. Ascanelli, „können sie im Rennen alle nicht fahren." Richtzeit für Berger? „1,25."
Prost tut wieder einmal einen goldenen Griff. Weil er leichte Getriebeschwierigkeiten hat, läßt er noch rasch wechseln: „Baut die *Gearbox* des Ersatzautos ein."
Gerüchte, Ferrari schicke seine Autos mit halbleeren Tanks in die letzte Schlacht, werden von Dr. Capelli dementiert: „Kommt mit zum Startplatz, ich schraub die Tankdeckel selber herunter und beweis euch: Wir haben vollgetankt."
Motorrad-Superstar Wayne Gardner taucht auf. „Paß auf", rät er Berger, „be careful." Es ist bedeckt, drückend schwül, und für Nachmittag ist Regen angesagt. Berger, nachdenklich: „Jetzt sollte man nur wissen, um wieviel Uhr . . ."
Bergers Heimflug ist für Montag gebucht. Aber er studiert bereits die Flugpläne: „Wenn ich ausfall, komm ich noch heute weg."
Niki Lauda sitzt bei mir oben in der ORF-Kabine: Start um 4.30 Uhr

MEZ und die Frage, ob heute wieder, wie 1987, der Pfarrer von Maranello in aller Herrgottsfrüh die Kirchenglocken läuten läßt. „Wenigstens der Pfarrer", grinst Gerhard, „ist auf meiner Seite."

Die Ferrari-Show ist gleichzeitig zum Lachen und zum Weinen. Der „ab und zu erfolgreiche Sportler Berger" (offener Bundesheer-Brief) stürmt ein letztes Mal die McLaren-Honda-Festung und gewinnt den gleichen Grand Prix fast ein zweitesmal.

Zunächst startet Prost besser als Senna, dahinter räubert Berger über die Kerben, fightet Mansell nieder und macht Jagd auf die „Unschlagbaren". Alboreto crasht bereits in der 1. Runde mit Caffi. In der 3. überholt Berger den Weltmeister, bremst Senna nach der Brabham-Geraden respektlos aus — Senna sieht den Ferrari im letzten Moment und kann gerade noch weglenken. Damit sprengt Berger die McLaren-Doppelführung. Nicht genug: Aus einem 5,5-Sekunden-Rückstand greift er jetzt auch Prost an, holt pro Runde eine halbe Sekunde auf: schleudernd aus der Zielkurve, über die Kerben, einsatz- und risikofreudig, typisch Berger.

Ab der 4. Runde fährt er 1,23, ab der 7. Runde 1,22 ...

„Gerhard fährt sehr hart, super, aber ich fürcht: Wenn er so weiterteufelt, wird ihm der Sprit ausgehen", fürchtet Niki Lauda. „Auch Prost könnte Probleme kriegen. Am gescheitesten, kommt mir vor, fährt Senna."

Bereits ziemlich früh entscheidet sich Berger blitzartig: „Dritter war ich schon oft genug — ich will gewinnen!" Vor allem sieht er seine Chance im Regen: „Wenn abgebrochen wird, muß ich vorn sein!" Entsprechend gibt er Gas, „aber ich hol die Zeit nicht auf der Geraden, mit Ladedruck, sondern in den Kurven". Gerhard sieht, „daß es bei Senna immer aus dem Auspuff raucht, wenn er schaltet", und registriert: „Prost bremst immer schon dort, wo ich noch schalte ..."

Das Rennen laut Sprituhr: Senna ist zeitweise mit 2,5 Liter im Malus (=1,5 Runden), Prost mit nur 0,8 Liter, nur Piquet — im Nacken die zwei stürmisch attackierenden Williams, die er aber mit dem Turbo-Boost auf der Geraden kontrolliert — hält sich haargenau an die Marschroute. Und Berger? „Um hundert Meter bin ich drüber", sagt er später, worauf der „Gazetta"-Starreporter Pino Allievi lacht: „Du meinst — um hundert Kilometer ..."

In der 14. Runde geht Berger in Führung: gleiche Kurve wie gegen Senna, gleiches Manöver. In Silverstone vom Start weg, in Monza kurz

vorm Ziel: Jetzt führt Gerhard mitten im Rennen. Und bolzt weiter: 1:21,9 in der 21. Runde. Vorsprung auf Prost: 3 Sekunden.
„Aber ich mach mir wegen Berger überhaupt keine Sorgen. Ich weiß ja, was Ferrari ausgeheckt hat. Also wart ich seelenruhig ab, bis das Unvermeidliche passiert: Bis Gerhard ausfällt — oder bis er keinen Sprit mehr hat."
Vielleicht würde Alain heute noch drauf warten — wäre nicht René Arnoux. Der Franzose kämpft gerade mit Modena um den 20. Platz, als Berger in der 26. Runde auf die beiden Nachzügler aufläuft: Gerhard: „Ich hab bereits Probleme mit den Bremsen. Ein langes Bremspedal — wie befürchtet. Aber ich kann nur hoffen, daß Arnoux mich kommen sieht."
Arnoux sieht (sagt er) im Rückspiegel aber nur den EuroBrun. „Dann lenk ich ein — und in der Kurve schau ich ja nicht in den Spiegel. Plötzlich ein roter Farbfleck, ganz in der Ecke des Rückspiegels — der Ferrari." Berger kann nichts mehr tun, nur bremsen und hoffen, daß Arnoux Platz macht. Zu spät — der Ligier schießt den Ferrari ab.
Bergers linkes Vorderrad klettert auf Arnoux' rechtes Hinterrad. Karambolage, halber Dreher, Radaufhängung geknickt, Motor abgestorben. Das Ende der Supershow — ohne Gerhards Schuld.
„Nur wegen der Blödheit von Arnoux! Der gehört endlich weg von der Formel 1", ärgert sich Lauda am TV-Mikro. René schaut ziemlich belämmert, als er aussteigt. Nannini hat Alboreto wegen dessen Blockade-Einlagen von Suzuka geohrfeigt — aber Berger streitet kaum:
„Tut mir schrecklich leid, furchtbar sorry, weil ich dich als Führenden abgeschossen hab — aber ich konnte nur Modena im Rückspiegel sehen, nicht dich", beteuert Arnoux immer wieder. „Du warst verdeckt."
„Glaub ich dir sogar", sagt Berger, „ich hab selber Angst gehabt, ob du mich siehst."
Dann gehen sie wortlos, hintereinander, zur Box zurück. „Großartige Leistung", gratuliert Dr. Capelli, „aber leider sehr unglücklich." Und der Spritverbrauch? frage ich. „Zwei Liter im Minus — aber die hätte Berger in vier, fünf Runden wettgemacht. Wichtig war: eine starke Leistung am Anfang des Rennens."
Arnoux muß noch viele Fragen beantworten. Bruynseraede studiert das Videoband der Kollision. Eine Arnoux-Bestrafung wäre „Affäre der Sportkommissäre. Aber zu blöd, daß wir den Hauptzeugen nimmer finden. Berger ist schon weg — im Hubschrauber . . ."

Damit haben die McLaren wieder ihre Doppelführung geerbt. Aber die „Wunderautos" sind, wie von Ferrari erhofft, angeschlagen: Senna bricht der 2. Gang, „auch der erste und dritte hüpfen dauernd heraus". Worauf ihn „Radio McLaren" ins Ziel fernlenkt. „Auf der Geraden den Ladedruck hochdrehen und das Gemisch anreichern — aber in den Kurven wieder alles zurücknehmen", kommt der Boxenbefehl über Funk, als Piquet schneller wird. „Aber sobald wir Piquets Angriff gebrochen haben: Runter mit dem Boost, Sprit abmagern, alles wieder ganz normal", entscheidet Ron Dennis.
Piquet wird sicherer Dritter — erstmals seit Imola wieder auf dem Siegerpodest. Patrese Vierter — trotz Dreher, in der gleichen Kurve, in der Mansell wegen Bremsdefekts rausfliegt. Die Benettons drehen sich dreimal, aber Boutsen rettet mit gebrochenem Auspuff den 5. Platz. Der stillste Held: Capelli als Sechster. Ab der 15. Runde keine Bremsen, überhitzte Reifen, ab Halbzeit keine Kupplung, Teile der Frontpartie weggefetzt, schließlich noch Reifenschaden. Kein Wunder, wenn Ivan „happy, aber sehr, sehr müde" ist.
Aber auch Prost hat keine harmlose Nachmittagsspazierfahrt: „Der zweite und dritte Gang sind schwer einzulegen." Und in den vielen Unfalltrümmern nach Stürzen und Kollisionen wird Prost — hinter Cheever — eine Leiste des Frontflügels weggerissen.
Aber Prost ist „glücklich, daß ich die Saison *in beauty* beenden kann: als der letzte Turbo-Sieger der Formel 1." Die Turbos sterben wirklich in Schönheit — dahinter geht den Sauger-Piloten der Sprit aus: Alliot, Johansson und de Cesaris, den die Rial-Box rundenlang vergeblich einzubremsen versucht. Total kopflos, schimpfen die Deutschen.
Prost ist 37 Sekunden vor Senna im Ziel: Der erste, der den Weltmeister geschlagen hat. „Und außerdem: zum 27. Mal die schnellste Runde im Rennen — jetzt hab ich genausoviel wie Jim Clark." Prost, der Rekordjäger.
Senna nimmt's lässig. „Sorry for the gearbox", sagt ihm Gordon Murray im Bretterverschlag hinter den Boxen, während Prost rechnet: 105 WM-Punkte total, mehr als je ein Fahrer vor ihm, als erster über der Schallmauer der 100 Punkte — und trotzdem nicht Weltmeister. „Aber ich beschwer mich nicht. Das Reglement ist eben so. Nur für die Zukunft schlag ich vor: Laßt alle Ergebnisse gelten — aber gebt dem Sieger mehr Punkte."
Gerhard Berger, der beste Nicht-McLaren, ist WM-Dritter: Österreichs

größter Formel-1-Erfolg, seit Niki 1984 Weltmeister war. Mission erfüllt, Ziel erreicht: Mehr war menschenunmöglich.

*

Für den kleinen Formel-1-Napoleon Prost war die WM 1988 nicht ganz Austerlitz — mit sieben Siegen aber auch nicht gerade ein Waterloo. Hier Prosts Laudatio auf den neuen World Champion:
„Was mich an Senna am meisten beeindruckt hat: Seine Fähigkeit, immer und überall voll zu attackieren — und wie schnell er unter allen Bedingungen ist. Egal, ob ein schneller oder langsamer Kurs, ob Regen, oder Hitze, viel Verkehr oder freie Bahn: Er hat immer einen besonderen Einsatz.“
Und euer Arbeitsverhältnis, im Rückspiegel?
„Besser, als ich es mir vielleicht vorgestellt hab: ein bißl gespannt am Anfang, aber dann — mit ein, zwei Ausnahmen — immer besser werdend bis ans Saisonende. Aber ich wußte immer: 1988 könnte schwierig werden, weil er mit aller Leidenschaft Weltmeister werden will — genau wie ich beim ersten Mal.“ Soweit Prost sportlich, fair, offiziell.
Die drei WM-Ersten aus der Sicht von Niki Lauda?
„SENNA wird immer stärker, fährt 1989 noch um eine Klasse besser. Weil er jetzt alle Bremsen gelöst hat, endlich rennfahren kann. Bis jetzt hat er sich den Kopf zerbrochen — jetzt beginnt für ihn die Hetz. Wirst sehen: Senna 1989 ist noch besser, noch schneller — weil lockerer. PROST, fürchte ich, wird von Senna niedergefahren, bis er nimmer weiß, wie er heißt. Er wird noch 7 Millionen Dollar verdienen, dann aufhören und heimgehen. Er gewinnt zwar noch das eine oder andere Rennen, aber er verblaßt. Wenn er heuer nichts riskiert hat, um die WM zu gewinnen — was soll er dann 1989 riskieren?
BERGER ist am Übergang, wo er die volle Leistung bringt, sie anbetracht der McLaren-Überlegenheit aber nicht umsetzen kann. Jetzt kommt die kritische Phase: Zwar hat er die Formel-1-Schule mit einem Einser durchfahren — aber die jetzigen Aspekte kann er als Fahrer nicht mehr beeinflussen. Jetzt braucht er ein Top-Siegerauto, um den nächsten Schritt zu vollziehen — für ihn der WM-Titel. Und da gibt's genug Beispiele, daß einer zur richtigen Zeit im falschen Auto sitzt — oder umgekehrt. Etwa Ronnie Peterson.“
Das neue Ferrari-Management möchte den Tiroler längerfristig binden — gleich auf viele Jahre.
Wovon Lauda abrät: „Tät ich nicht. Ich würde abwarten bis August

1989 — und erst dann entscheiden. Denn was ich höre und lese, glaub ich nicht, daß der Ferrari 1989 das Top-Auto wird. Sieht eher wieder nach McLaren-Dominanz aus."

BLICK VORAUS: WAS WIRD 1989:

Tod den Turbos, nur noch die Sauger. „1989 wird die größte Herausforderung für die Techniker, die beweisen wollen: Sie *switchen* zu jedem Programm, schnell genug, um die anderen rauszufordern — und zu schlagen", sagt Senna.

Wer ist der Beste von allen: Derjenige, der am öftesten Weltmeister wird?

SENNA: „Glaub ich nicht, weil die Zeiten verschieden sind, die Reglemente, die Autos. Fünfmal Weltmeister zu werden wie Fangio wäre heute etwas anderes als damals."

Das wird alle deine Gegner freuen, zu hören: Der Wunderknabe Senna geht 1989 nicht mehr auf den WM-Titel los?

SENNA: „Für mich kann das nächste Ziel nur heißen: PERFEKTION. Oder so perfekt wie möglich — denn absolute Perfektion schafft keiner, auch ich nicht. Aber sie ist mein Ziel, weil mich ein zweiter WM-Titel nicht genug motivieren kann. Weltmeister okay, danach hab ich mich lang gesehnt — aber jetzt, da ich es bin, weiß ich: Noch ein WM-Titel würde mir nicht einmal genug Motivation geben, überhaupt weiterzufahren! Trotz 3-Jahres-Vertrag, der sinnlos wäre, weil ich zu meinem Teammanager gehen und ihm sagen müßte: Mich treibt nichts, die notwendige Arbeit mit dem Team zu tun, ich kann den Job nicht richtig erledigen, ich bin das viele Geld nicht wert."

Also steigst du möglicherweise mitten in der Saison aus — wie Niki Lauda 1979?

SENNA: „Glaub ich weniger — so weit bin ich noch nicht."

Und 1990?

SENNA: „Weiß ich nicht ... Ich sag weder ja noch nein. Das einzige, was ich weiß: Seit ich Weltmeister bin, war ich sehr viel allein, hab viel überlegt und plötzlich weiß ich: Noch ein, zwei Jahre gewinnen, wäre keine Triebfeder für mich."

Ist das wie die berühmte erste Million, die am schwierigsten kommt? Die zweite und dritte aber sehr leicht?

SENNA: „Ich weiß nicht, wie der zweite und dritte WM-Titel wäre, aber momentan könnte er mich nicht einmal genug motivieren, überhaupt weiter Rennen zu fahren ...“
Wie siehst du die Zukunft?
SENNA: „Wir brachen 1988 alle Rekorde, wie kannst du also erwarten, daß wir sie noch viel verbessern werden? Ein bißl besser ja, aber viel nimmer ...“
Von außen unbemerkt, klaffen auch in der McLaren-Märchenkulisse plötzlich Risse. Kein Wunder beim Ego der Designer. So hat Ron Dennis größte Mühe, sein Konstrukteur-Team beisammenzuhalten.
Steve Nichols: „Was soll ich noch, wenn Neil Oatly das Sauger-Auto baut? Daumendrehen den ganzen Tag?“ Nach Lotus angelt auch Ligier nach Steve — worauf ihm Dennis mehr Kompetenzen gibt. Jetzt ist wieder Oatley sauer.
Ich höre von atemberaubenden 18.000 U/min. „Soviele?“ fragt Goto mit listigem Grinsen zurück. Dagegen Kawamoto: „Frag bitte unseren Motorradspezialisten ...“
Und die PS des V-10 „Six and something ... nahe den Turbos.“ Ich schätze 670. Die ersten Testfahrten mit dem Honda-Sauger sind sensationell: noch überlegener als der Turbo? fragt sich Berger.
„Gentlemen“, beschwört Bernie Ecclestone die Runde der Formel-1-Konstrukteure, „ich möchte, daß die neue Saugmotor-Formel 1989 wieder superspannend und spektakulär wird. Darum will ich die Nachtank-Boxenstops von 1983 wieder einführen — sogar zwangsweise!“ Die Tankstops drohen zugunsten der benzinfressenden Zwölfzylinder-Brigade von Ferrari und Lamborghini, gegen den Wunsch der englischen Teamchefs, die Ecclestone erwidern: „Machen wir lieber Reifenwechsel-Boxenstops zur Pflicht. Das ist für Fernsehzuschauer genauso spektakulär.“
Kommt auch nicht. Goodyear hat ein Reifenmonopol, bis Pirelli, Michelin, Bridgestone oder Yokohama eingreifen. Bis dahin gilt die Regelung: Fünf Teams bekommen Gratisreifen und zusätzlich Geld: Ferrari, McLaren, Lotus, Williams und Benetton — Ferrari mehr als die anderen. Alle anderen zahlen 300 Dollar pro Reifen — 1200 Dollar pro Garnitur — 24.000 Dollar pro Rennwochenende — 384.000 Dollar pro Jahr (weil jedes Zwei-Wagen-Team an jedem der 16 GP-Wochenende 20 Sätze verwenden kann).
Aber die Reifen bleiben immer Goodyear-Eigentum — und zusätzlich

zu den „großen fünf" werden auch March oder Kleinhäusler gelegentlich zum Testen eingeladen.

Falls Pirelli wirklich zurückkommt, droht Goodyear: „Wir können dann nur noch die Hälfte der Formel 1 plus ein Team ausrüsten — also 22 von 40 Wagen." Sieht optisch freundlich aus und ermöglicht, sich auf die Spitzenteams zu konzentrieren.

LOTUS: Frank Derny arbeitet schon seit September am neuen Auto. Von Frank Williams wurden neun Judd-Motoren gekauft. Piquet hätte keine Angst vor Warwick. „Ich muß nur auf dem gleichen Vertrag beharren, wie ich ihn auch bei Williams hatte: erste Wahl fürs Material, fürs Ersatzauto, und wenn ich im Rennen um den WM-Titel kämpfe, muß mich der andere überholen lassen. Natürlich nicht, wenn er führt und ich Fünfter bin. Dann soll er ruhig gewinnen." Warwick bleibt draußen, Nakajima fährt weiter.

TYRRELL: Die Option auf Palmer und Bailey läuft Ende November ab.

BENETTON: Die Italiener-Familie pusht für Alboreto, aber Peter Collins ist längst auf den Formel-3000-Youngster Johnny Herbert eingeschworen. Trotz Bein in Gips und schmerzender Ferse.

DALLARA: Caffi freut sich auf de Cesaris: „Wenigstens ein erfahrener Teamkollege, von dem ich viel lernen kann." Statt Sergio Rinaldi (zu Brun) konstruiert Ing. Mariani.

ZAKSPEED: Suzuki kommt, Schneider bleibt. Zakowski „mag den Jungen nicht fallenlassen, aber wir brauchen einen routinierten dritten Mann zum Testen. Danner scheidet aus." Sehr produktiv, diese Japaner. Nichts, das Yamaha nicht erzeugen würde: Motorräder, Klaviere, Ski, Schiffsmotoren, Wassermotorräder — und Entwicklungen für Toyota und für Ford-USA. Suzuki war 1987 japanischer Formel-3000-Vizemeister, 1988 Champion, obwohl immerhin der McLaren-Testpilot Pirro (4.) mitfuhr.

Ein junger Mann europäischen Zuschnitts, mit Zukunft, behutsam von Yamaha ins Zakspeed-Team bugsiert. Erich Zakowski: „Die Japaner haben gewünscht, nicht befohlen."

WILLIAMS MIT RENAULT: Vor Jahren klebten am Williams-Wohnwagen noch patriotische Befehle: „English-speaking press only" — Frank wollte keine französischen „Frogs". Aber jetzt kommen sie in Scharen: wegen Renault. „Aber jetzt brauchen sie mich", lacht Williams heute, „und ich brauch ganz bestimmt ihre Motoren."

Unter neuer Leitung kehrt Renault in die Formel 1 zurück: Präsident Patrick Faure, der Sohn des Ministers; Direktor von Renault Sports: Bernard Casin, der nicht einmal weiß, wieviel Grad Öffnungswinkel sein eigener Motor hat, aber dafür vergessen hat, seinen eigenen Konstrukteur Bernard Dudot zur Präsentation einzuladen. Peinlich, Monsieur: Da scheint Ärger programmiert.

Williams fürchtet, Mansell würde es bei Ferrari „nicht leicht haben. Dort herrscht viel mehr Disziplin, aber weniger Demokratie als er bei Williams gewohnt ist."

Die „göttliche Nummer 27" wird in Italien immer noch verherrlicht wie die magische „99" des Eishockey-Superstars Wayne Gretzky, auch wenn Alan Jones mault: „27 war eigentlich immer meine Nummer. Mit 27 gewann ich zwölf Rennen — Monsieur Villeneuve aber nur zwei."

„Wir warten bis Rio", sagt Alboreto-Manager Domingos. Und Michele selber: „Ich hab Zeit, viel Zeit. Das einzige, das mir geblieben ist..."

Berger über seinen neuen Teamkollegen: „Die Luft wird immer dünner. Mit Mansell steh ich 1989 auf einem Achttausender — ohne Sauerstoff."

„In drei Wochen!" Das muß Gerhard Berger monatelang sagen, wenn er gefragt wird: „Wann testest du zum erstenmal den Zwölfzylinder-Sauger-Ferrari für 1989?" Alle Formel-1-Fans fragen: Was macht Ferraris „Wunderwaffe" wirklich? Dazu mein Interview mit dem Konstrukteur-Genie John Barnard — hören wir auch die andere Seite: John, Konkurrenten wie Ford-Motorsportgeneral Walter Hayes kritisieren, dein „Weltraumschiff" ohne Kupplungspedal, mit den Knöpfen am Lenkrad, sei zu kompliziert — nur die einfachsten Rennautos würden sich durchsetzen?

BARNARD: „Ich bin mit dem F 1-89 an die Grenzen des Machbaren gegangen. Mehr aus einem Rennauto herauszuholen, ist nicht möglich."

Also so futuristisch, daß man schon sagen könnte: Das Grand-Prix-Auto fürs Jahr 2000?

BARNARD: „Für mich wäre es schon das Auto für heuer gewesen. Aber es wird erst 1989 fahren. Es wäre dumm, es schon heuer einzusetzen."

Um die Gegner nicht aufmerksam zu machen — sie noch mehr zu überraschen?

BARNARD: „Ich denke nicht an die anderen Leute."

In Italien kursieren widersprüchliche Meldungen über das neue Wunderauto: Gezielte Falschmeldungen?
BARNARD: „Die paar Jahre bei Ferrari sind für mich eine Erziehung fürs ganze Leben. Und zum Auto: Wir testen in Fiorano momentan nur die verschiedenen Systeme, fahren überhaupt nicht auf Zeit. Ich hab bei allen meinen Rennautos von Grund auf neu angefangen, andere schauen immer nur auf den nächsten Schritt — und wer nicht wie alle anderen ist, von dem heißt es gleich: Der ist verrückt. Was war dann mit ‚Mister Lotus', Colin Chapman? Der schaffte in seinem Leben mehr technische Revolutionen als alle anderen zusammen!"
Angeblich tüftelt Fiat auch schon an einem neuen, weniger komplizierten System fürs automatische Getriebe: weniger Elektronik, weniger Parameter?
BARNARD: „Meine Getriebeautomatik mit den zwei Knöpfen am Lenkrad — rechts zum Rauf-, links zum Runterschalten — funktioniert! Aber natürlich noch nicht auf dem endgültigen Niveau."
Dreingeredet hat dir beim neuen Auto niemand?
BARNARD: „Nein, ich konnte den neuen Ferrari genau so machen, wie ich wollte."
Bist du glücklich damit?
BARNARD: „Ich bin nie happy ..."
„Alles ist total anders: Ansprechverhalten, Beschleunigung, Kurvenlinien. Ich hatte das Gefühl, ich müßte noch einmal anfangen, Auto zu fahren — alles wieder neu lernen." Verblüffende Eindrücke von Berger, der ja praktisch ins Turbo-Auto hineingeboren wurde, in der Formel 1 nie andere Motoren fuhr als BMW-Turbo und Ferrari-Turbo, bei seinen ersten Testfahrten mit dem 12-Zylinder-Sauger-Ferrari in Fiorano — lang aufgeschoben, aber jetzt um so intensiver.
„Ich hab Vertrauen ins Auto und glaub an seine Zukunft — aber wie konkurrenzfähig wir wirklich sein werden, kann ich noch nicht abschätzen", sagt der Tiroler.
Berger: „An die Knöpfe am Lenkrad hab ich mich sofort gewöhnt, ab der ersten Runde — Kupplung und Schaltung sind mir dann überhaupt nicht mehr abgegangen."
Aber für Gerhard Berger hat seine Grand-Prix-Story 88 noch eine letzte Runde: mit dem Bundesheer. Mitte Oktober zeigt mir Berger — streng vertraulich — einen Brief von Verteidigungsminister Robert Lichal: „Koordinieren Sie Ihre Formel-1-Verträge so, daß Sie im

Jänner 1991 zum Bundesheer einrücken können." Allenfalls hätte er noch die Wahl, sofort seinen Präsenzdienst abzuleisten.
Gerhard ist ratlos: „Ich seh ein, daß ich meine Staatsbürgerpflicht erfüllen muß, aber meine Formel-1-Karriere wäre beendet. Andere können nach dem Militär in ihren Beruf zurück — ich nicht. Ferrari hätte fürs Bundesheer kein Verständnis."
Verzwickte Situation: Da bietet Ferrari einen langjährigen Supervertrag an. Wird bei McLaren-Honda ab 1990, wenn der Prost-Vertrag ausläuft, ein Superauto frei — gut genug, damit Berger endlich Weltmeister werden kann. Und die FISA wird kaum einen mehrjährigen Österreich-GP-Vertrag abschließen — ohne Österreicher.
Man bietet ihm an, seinen Militärdienst in 2-Monats-Abschnitten abzudienen — wegen der Tests unmöglich. „Ich hab nicht einmal zwei Wochen frei."
Daß er „auch ohne Rennfahren mit seinen Millionen weiterleben könnte", ist kein Argument. Und der Hinweis: „Kein öffentliches Interesse an seiner Freistellung" noch weniger. Berger ist verblüfft: Da gratuliert ihm Bundeskanzler Vranitzky nach Monza, ersucht ihn Wirtschaftspräsident Sallinger, unser Wappen am Helm statt am Overall zu tragen — am Helm hat er es sowieso als einziger. Kein öffentliches Interesse?
Durch Indiskretion platzt Bergers Bundesheer-Bombe. Worauf die ganze Nation diskutiert: Wo ist Berger für Österreich wertvoller: als Soldat oder Formel-1-Champion? Man hört von Stahlhelm statt Sturzhelm und (als Chauffeur) Testfahrer für den Minister.
Es steht sogar in der „Hongkong News": „Formel-1-Star Berger muß seine Karriere dem Militärdienst opfern!" Die Weltpresse steht Schlange um Berger-Interviews.
„Am besten, du heiratest Prinzessin Stephanie — dann wirst du automatisch Staatsbürger von Monaco", blödelt Michele Alboreto. Aber Gerhard schüttelt den Kopf: „Nein, ich bleib Österreicher!"
Längst hat man Gerhard ein Appartement in Monte Carlo angeboten. Er wäre nicht der erste österreichische Formel-1-Champion, der ins Ausland zieht: Jochen Rindt lebte 1968 im Pariser 16. Arrondissement, ehe er auszog, „weil das Telefonieren schwierig und auf dem Flughafen nie ein Parkplatz frei ist", mietete am Genfer See die Villa des Boxweltmeisters Ingomar Johansson, dann baute er seine „Villa Jonin" in Begnins am Genfer See — die er traurigerweise nie bewohnt hat.

Und Niki Lauda hatte sein Ibiza, „weil mir Piquet vorgezeigt hat, wie wichtig es ist, daß man sich zwischen den Rennen erholt" — prompt wurde er 1984 nochmals Weltmeister.
Heute lebt die halbe Formel 1 in Monte Carlo: Senna, Piquet, Boutsen, Alboreto, Patrese, Cheever, Caffi, Nannini, de Cesaris, Rosberg, früher auch Villeneuve, Scheckter, Daly, Giacomelli, de Angelis usw. Die Franzosen Prost und Streiff zogen (weil ihnen Monte Carlo verwehrt bleibt) in die Schweiz, Mansell lebt steuerschonend auf der Insel Man, Warwick auf den Kanalinseln, Arnoux in London. „Wir alle", sagt Tambay nachdenklich, „haben doch längst unsere Wurzeln verloren..."
Berger nicht. Aber Monte Carlo bietet immense Vorteile: besseres Wetter fürs Fitneßtraining, viel näher zu Ferraris neuer Teststrecke Mugello, die Enzo Ferrari — eine seiner letzten Handlungen — für hundert Millionen Schilling gekauft hat, um sie für dreißig Millionen auszubauen. In Mugello plant Ferrari künftig alle Formel-1-Testfahrten. In Fiorano kreisen dann nur noch die Serienautos.
„Wenn man mich ärgert", denkt Berger laut, „kann ich ja auch mit monegassischer Lizenz fahren" — wie Thierry Boutsen. „Schließlich hat mir die OSK schon 1982 meine Rennlizenz verweigert — weil der Sprung vom Alfasud in die Formel 3 angeblich zu gefährlich war." Notgedrungen fuhr Berger zu seinen ersten großen Rennerfolgen mit deutscher Lizenz.
In Söll baut er sein Ferienhaus fertig, und die Monte-Carlo-Adresse ist ziemlich fein: gleicher Block wie Senna, nur ein paar Meter von der Stelle, an der Ayrton im Grand Prix gecrasht ist.
Endlich privat. Endlich Ruhe. Endlich kein Wort, kein Gesicht mehr von der Formel 1. Aber als Berger erstmals sein Monaco-Appartement aufsperrt, schreckt er sich:
Sein Wohnungsnachbar — ausgerechnet Alboreto.

…hreiben einige Oststaaten das …chlußdokument der KSZE nur …nter Vorbehalt. Die Rumänen …aben es offen ausgesprochen. …e wollen einen Abschluß der …olgekonferenz über Sicherheit …nd Zusammenarbeit in Europa …icht verhindern, aber an ein…elne Bestimmungen des Papie…s fühlen sie sich nicht gebun…en. Es seien zu große Eingriffe … ihre Souveränität. Die Genos…n in Prag und in Ostberlin …aren nicht so ehrlich, doch …ch sie haben Bedenken. Und …re Haltung gegenüber allen …eiheitlichen Regungen de…onstrierten sie am Sonntag …rch Prügel für Demonstran…n und durch Massenverhaf…ngen.

Was ist dieses Dokument also …ert? Es stellt unter anderem …e Fristen für Visaanträge auf. …as heißt, der Ansuchende muß …nnen einer bestimmten Zeit …mindest eine Ablehnung er…lten. Familienzusammenfüh…ngen sollen erleichtert wer…n, die Rechte auf Religions…sübung wurden fester veran…rt usw. Es sind viele Punkte …d Bestimmungen, auf die sich …r Einzelne in seinem Ringen …t den Autoritäten berufen …nn. Was daraus gemacht …rd, liegt allerdings noch …mer bei den verschiedenen …gierungen. Wie das erste Hel…ki-Abkommen trotz mancher

strapazierte österreichische Seele ist offenbar auch dringend nötig.

Das Fest der europäischen und nordamerikanischen Außenminister wurde Montag

VON KURT SEINITZ

abend mit einer „Tanzparty" des Bürgermeisterpaares Helmut und Dagmar Zilk im Wiener Rathaus für die Teilnehmer der KSZE eröffnet. Dienstag abend wird der erste Arbeitstag der Abschlußsitzung der Europäischen Sicherheitskonferenz mit einem

abgeschlossen.

Es ist dies die erste Veranstaltung in … brunn, seit Bruno … Bundeskanzler g… war. Mittwoch mit … Außenminister Moc… doutensaal der Hof… „Buffetlunch" für … Außenministerkolleg… am Abend lädt er sie … chen Benefizgala fü… nien in die Staatsope…

Die Wiener KSZ… renz, die vor zwei Ja… gonnen hatte, wird … nerstag im Austria C…

US-Außenminister bei Vrani… und Mock: Watchlist kein Th…

Wien (k.s.). – Bei den gestrigen Gesprächen des scheidenden US-Außenministers Shultz am Ballhausplatz mit Kanzler Vranitzky und anschließend mit Außenminister Mock war das Thema „Watchlist" nicht angeschnitten worden.

Der Kanzler nach der Unterredung: „Ich empfinde heute keine wirkliche Belastung der Beziehungen mehr. Wir schreiben heute 1989. Vieles was damals zur Watchlist zu sagen war, ist gesagt worden, vieles, was damals auszutragen war, ist ausgetragen worden. Die Watchlist ist sicherlich ein noch nicht behobene… aber die Beziehunge… sich seither auf and… bieten entwickelt un… Schwerpunkte bekon…

Außenminister M… hielt von Shultz ein di… tra-Lob für seine zäh… am Zustandekommen… sitiven Abschlusses d… päischen Sicherhei… renz: „Ich möchte Ih… ne persönliche Wertsc… ausdrücken". Mock … sich heute voll in de… renztrubel und sieht … jüngsten Entwicklun… chen eines steigend… sehen Österreichs.

Terroristen en…

Brüssel. – Mysteriöser Entführungsalarm um den umstrittensten belgischen Nachkriegspolitiker: Der 69jährige Ex-Premier Paul van den Boeynants ist seit Samstag abgängig. … tion … Revol… den" … Veran… bishe… zu ste…

Van… ist i…

Schöne Frauen *sind stets im Sog von schnellen Männern zu finden. Diesmal sogar auf den Skipisten von Kitzbühel und beim Eishokkey, wo Österreichs Formel-I-Star Gerhard Berger durch eine neue, schöne Begleiterin auffiel: Ana, ein portugiesisches Topmodel, wich nicht von seiner Seite.*

Statistik

AUTOMOBILWELTMEISTER

1950: Dr. Giuseppe Nino Farina (Italien) auf Alfa Romeo
1951: Juan Manuel Fangio (Argentinien) auf Alfa Romeo
1952: Alberto Ascari (Italien) auf Ferrari
1953: Alberto Ascari (Italien) auf Ferrari
1954: Juan Manuel Fangio (Argentinien) auf Maserati und Mercedes
1955: Juan Manuel Fangio (Argentinien) auf Mercedes
1956: Juan Manuel Fangio (Argentinien) auf Ferrari
1957: Juan Manuel Fangio (Argentinien) auf Maserati
1958: Mike Hawthorn (England) auf Ferrari
1959: Jack Brabham (Australien) auf Cooper-Climax
1960: Jack Brabham (Australien) auf Cooper-Climax
1961: Phil Hill (USA) auf Ferrari
1962: Graham Hill (England) auf BRM
1963: Jim Clark (Schottland) auf Lotus-Climax
1964: John Surtees (England) auf Ferrari
1965: Jim Clark (Schottland) auf Lotus-Climax
1966: Jack Brabham (Australien) auf Brabham-Repco
1967: Denis Hulme (Neuseeland) auf Brabham-Repco
1968: Graham Hill (England) auf Lotus-Ford
1969: Jackie Stewart (Schottland) auf Matra-Ford
1970: Jochen Rindt (Österreich) auf Lotus-Ford
1971: Jackie Stewart (Schottland) auf Tyrrell-Ford
1972: Emerson Fittipaldi (Brasilien) auf Lotus-Ford
1973: Jackie Stewart (Schottland) auf Tyrrell-Ford
1974: Emerson Fittipaldi (Brasilien) auf McLaren-Ford
1975: Niki Lauda (Österreich) auf Ferrari
1976: James Hunt (England) auf McLaren-Ford
1977: Niki Lauda (Österreich) auf Ferrari
1978: Mario Andretti (USA) auf Lotus-Ford
1979: Jody Scheckter (Südafrika) auf Ferrari
1980: Alan Jones (Australien) auf Williams-Ford
1981: Nelson Piquet (Brasilien) auf Brabham-Ford
1982: Keke Rosberg (Finnland) auf Williams-Ford
1983: Nelson Piquet (Brasilien) auf Brabham-BMW-Turbo
1984: Niki Lauda (Österreich) auf McLaren-Porsche-Turbo
1985: Alain Prost (Frankreich) auf McLaren-Porsche-Turbo
1986: Alain Prost (Frankreich) auf McLaren-Porsche-Turbo
1987: Nelson Piquet (Brasilien) auf Williams-Honda
1988: Ayrton Senna (Brasilien) auf McLaren-Honda

PLACIERUNGEN ALLER 36 FAHRER 1988

	Brasilien	San Marino	Monaco	Mexiko	Kanada	USA	Frankreich	England	Deutschland	Ungarn	Belgien	Italien	Portugal	Spanien	Japan	Australien
Senna	▲	①	○	②	①	①	②	①	①	①	①	❿	⑥	④	①	②
Prost	①	②	①	①	②	②	①	○	②	②	②	○	①	①	②	①
Berger	②	⑤	②	③	○	○	④	⑨	③	④	○	①	○	⑥	④	○
Boutsen	⑦	④	⑧	⑧	③	③	○	○	⑥	③	③	⑥	③	⑨	③	⑤
Alboreto	⑤	⓲	③	④	○	○	③	⑰	④	○	○	②	⑤	○	⑪	○
Piquet	③	③	○	○	④	○	⑤	⑤	○	⑧	⑥	○	○	⑧	○	③
Capelli	○	○	⑩	⑯	⑤	□	⑨	○	⑤	○	⑤	⑤	②	○	○	⑥
Nannini	○	⑥	○	⑦	○	○	⑥	③	⑱	○	④	⑨	○	③	⑤	○
Warwick	④	⑨	④	⑤	⑦	○	○	⑥	⑦	○	⑦	④	④	○	○	○
Mansell	○	○	○	○	○	○	○	②	○	○	—	—	○	②	○	○
Patrese	○	⑬	⑥	○	○	○	○	⑧	○	⑥	○	⑦	○	⑤	⑥	④
Cheever	⑧	⑦	○	⑥	○	○	⑪	⑦	⑩	○	⑧	③	○	○	○	○
Gugelmin	○	⑮	○	○	○	○	⑧	④	⑧	⑤	○	⑧	○	⑦	⑩	○
Palmer	○	⑭	⑤	●	⑥	⑤	○	○	⑪	○	⓮	●	○	○	⑫	○
de Cesaris	○	○	○	○	❾	④	⑩	○	⑬	○	○	○	○	○	○	⑧
Martini	—	—	—	—	—	⑥	⑮	⑮	●	○	●	○	○	○	⑬	⑦
Nakajima	⑥	⑧	●	○	⑪	●	⑦	⑩	⑨	⑦	○	○	○	○	⑦	○
Dalmas	○	⑫	⑦	⑨	●	⑦	⑬	⑬	+	⑨	○	○	○	⑪	—	—
Caffi	■	○	○	○	■	⑧	⑫	⑪	⑮	○	⑩	○	⑦	⑩	○	○
Streiff	○	⑩	○	⑫	○	○	○	○	○	○	⑫	○	⑨	○	⑧	⓫
Sala	○	⑪	○	⑪	⑬	○	+	○	●	⑩	●	○	⑧	⑫	⑮	○
Tarquini	○	○	○	⑭	⑧	■	■	■	■	⑬	+	●	⑪	■	■	●
Johansson	⑨	●	○	⑩	○	○	●	●	●	○	⓭	●	○	○	●	❾
Alliot	○	⑰	○	○	❿	○	○	⑭	○	⑫	⑪	○	○	⑭	⑨	❿
Larini	●	▲	⑨	●	●	○	○	⓳	○	■	○	○	⑫	○	○	■
Bailey	●	○	●	●	○	❾	●	⑯	●	●	●	⑫	●	●	⑭	●
Brundle	—	—	—	—	—	—	—	—	—	—	⑨	—	—	—	—	—
Arnoux	○	●	○	○	○	○	●	⑱	⑰	○	○	⑬	⑩	○	⑰	○
Modena	○	+	▲	▲	⑫	○	⑭	⑫	○	⑪	●	●	●	⑬	●	○
Schneider	●	●	●	○	●	●	○	●	⑫	●	⓯	○	●	●	○	●
Schlesser	—	—	—	—	—	—	—	—	—	—	—	⓫	—	—	—	—
Larrauri	○	●	○	⑬	○	○	○	●	⑯	●	■	■	■	●	●	○
Ghinzani	●	○	○	⑮	⓮	●	▲	●	⑭	●	○	○	●	●	●	○
Campos	○	⑯	●	●	●	—	—	—	—	—	—	—	—	—	—	—
Suzuki	—	—	—	—	—	—	—	—	—	—	—	—	—	—	⑯	—
Raphanel	—	—	—	—	—	—	—	—	—	—	—	—	—	—	—	●

Erklärung: Zahl ① = Resultat; ○ = ausgefallen, gestürzt, aufgegeben; ❺ = bei Rennschluß nicht mehr im Rennen, aber gewertet; ● = nicht qualifiziert; ■ = nicht vorqualifiziert (Freitag vormittag); ▲ = disqualifiziert; □ = wegen Trainingsverletzung nicht am Start; + = nicht klassiert; — = nicht gestartet.

FAHRERWELTMEISTERSCHAFT 1988

	Brasilien	San Marino	Monaco	Mexiko	Kanada	USA	Frankreich	England	Deutschland	Ungarn	Belgien	Italien	Portugal	Spanien	Japan	Australien	
1. Ayrton Senna (BRAS) McLaren-Honda	—	9	—	6	9	9	6	9	9	9	9	—	1	3	9	6	90
2. Alain Prost (F) McLaren-Honda	9	6	9	9	6	6	9	—	6	6	6	—	9	9	6	9	87
3. Gerhard Berger (A) Ferrari	6	2	6	4	—	—	3	—	4	3	—	9	—	1	3	—	41
4. Thierry Boutsen (B) Benetton-Ford	—	3	—	—	4	4	—	—	1	4	4	1	4	—	4	2	31
5. Michele Alboreto (I) Ferrari	2	—	4	3	—	—	4	—	3	—	—	6	2	—	—	—	24
6. Nelson Piquet (BRAS) Lotus-Honda	4	4	—	—	3	—	2	2	—	—	1	—	—	—	—	4	20
7. Ivan Capelli (I) March-Judd	—	—	—	—	2	—	—	—	2	—	2	2	6	—	—	1	15
Alessandro Nannini (I) Benetton-Ford	—	1	—	—	—	—	1	4	—	—	3	—	—	4	2	—	15
Derek Warwick (GB) Arrows-Megatron	3	—	3	2	—	—	—	1	—	—	—	3	3	—	—	—	15
10. Nigel Mansell (GB) Williams-Judd	—	—	—	—	—	—	—	6	—	—	—	—	—	6	—	—	12
11. Riccardo Patrese (I) Williams-Judd	—	—	1	—	—	—	—	—	—	1	—	—	—	2	1	3	8
12. Eddie Cheever (USA) Arrows-Megatron	—	—	—	1	—	—	—	—	—	—	—	4	—	—	—	—	5
Mauricio Gugelmin (BRAS), March-Judd	—	—	—	—	—	—	—	3	—	2	—	—	—	—	—	—	5
Jonathan Palmer (GB) Tyrrell-Ford	—	—	2	—	1	2	—	—	—	—	—	—	—	—	—	—	5
15. Andrea de Cesaris (I) Rial-Ford	—	—	—	—	—	3	—	—	—	—	—	—	—	—	—	—	3
16. Pierluigi Martini (I) Minardi-Ford	—	—	—	—	—	1	—	—	—	—	—	—	—	—	—	—	1
Satoru Nakajima (JAP) Lotus-Honda	1	—	—	—	—	—	—	—	—	—	—	—	—	—	—	—	1

KONSTRUKTEURBEWERB 1988

	Brasilien	San Marino	Monaco	Mexiko	Kanada	USA	Frankreich	England	Deutschland	Ungarn	Belgien	Italien	Portugal	Spanien	Japan	Australien	
1. McLaren-Honda	9	15	9	15	15	15	15	9	15	15	15	—	10	12	15	15	199
2. Ferrari	8	2	10	7	—	—	7	—	7	3	—	15	2	1	3	—	65
3. Benetton-Ford	—	4	—	—	4	4	1	4	1	4	7	1	4	4	6	2	46
4. Lotus-Honda	5	4	—	—	3	—	2	2	—	—	1	—	—	—	—	4	21
5. Williams-Judd	—	—	1	—	—	—	—	6	—	1	—	—	—	8	1	3	20
Arrows-Megatron	3	—	3	3	—	—	—	1	—	—	—	7	3	—	—	—	20
March-Judd	—	—	—	—	2	—	—	3	2	2	2	2	6	—	—	1	20
8. Tyrrell-Ford	—	—	2	—	1	2	—	—	—	—	—	—	—	—	—	—	5
9. Rial-Ford	—	—	—	—	—	3	—	—	—	—	—	—	—	—	—	—	3
10. Minardi-Ford	—	—	—	—	—	1	—	—	—	—	—	—	—	—	—	—	1

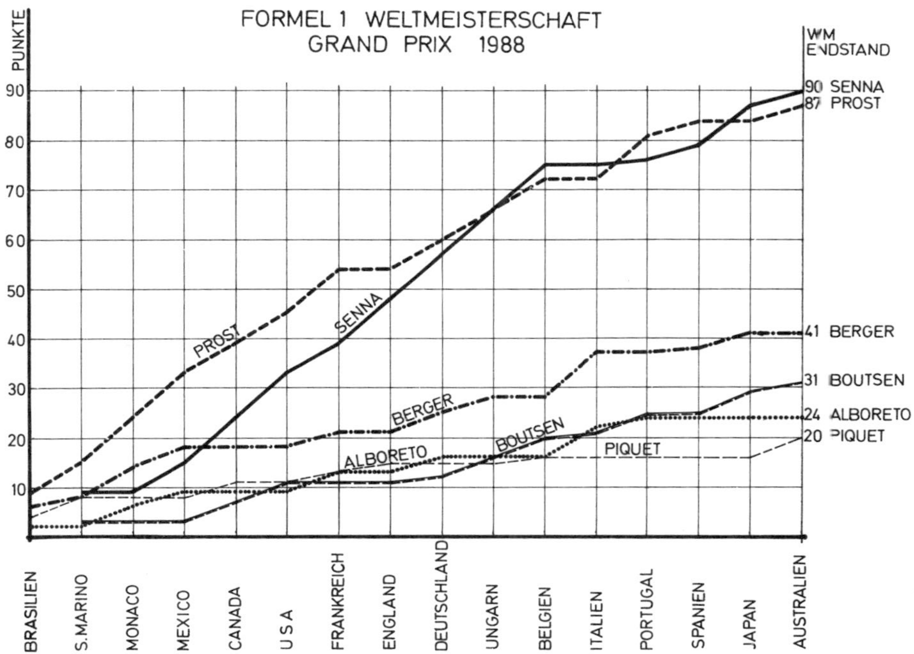
FORMEL 1 WELTMEISTERSCHAFT
GRAND PRIX 1988
PUNKTE
90
80
70
60
50
40
30
20
10
BRASILIEN
S.MARINO
MONACO
MEXICO
CANADA
USA
FRANKREICH
ENGLAND
DEUTSCHLAND
UNGARN
BELGIEN
ITALIEN
PORTUGAL
SPANIEN
JAPAN
AUSTRALIEN
PROST
SENNA
BERGER
ALBORETO
BOUTSEN
PIQUET
WM ENDSTAND
90 SENNA
87 PROST
41 BERGER
31 BOUTSEN
24 ALBORETO
20 PIQUET

ANALYSE DER 16 WM-LÄUFE 1988

Rennen	Pole-position (Vorsprung)	Führungskilometer		Sieger (Vorsprung)	Schnellste Runde
Rio	Senna +0,536	Prost	301,9	Prost +9,873	Berger
Imola	Senna +0,771	Senna	302,4	Senna +2,334	Prost
Monte Carlo	Senna +1,427	Senna Prost	220,9 38,7	Prost +20,453	Senna
Mexico City	Senna +0,629	Prost	296,2	Prost +7,104	Prost
Montreal	Senna +0,182	Prost Senna	83,0 219,9	Senna +5,934	Senna
Detroit	Senna +0,858	Senna	253,5	Senna +38,713	Prost
Le Castellet	Prost +0,478	Prost Senna Prost	137,3 97,2 70,5	Prost +31,752	Prost
Silverstone	Berger +0,199	Berger Senna	61,7 248,8	Senna +23,344	Mansell
Hockenheim	Senna +0,277	Senna	299,1	Senna +13,609	Nannini
Budapest	Senna +0,108	Senna	305,1	Senna +0,529	Prost
Spa	Senna +0,410	Prost Senna	1,3 297,1	Senna +30,470	Berger
Monza	Senna +0,303	Senna Berger	284,7 11,1	Berger +0,502	Alboreto
Estoril	Prost +0,458	Prost Senna Prost	0,4 4,4 299,7	Prost +9,553	Berger
Jerez	Senna +0,067	Prost	303,7	Prost +26,232	Prost
Suzuka	Senna +0,324	Prost Capelli Prost Senna	93,5 0,4 67,2 137,7	Senna +13,363	Senna
Adelaide	Senna +0,132	Prost Berger Prost	51,0 45,4 213,5	Prost +36,787	Prost

Totale Führungskilometer 1988 (ungefähr): 1. Senna 2660,8, 2. Prost 1957,9, 3. Berger 118,2, 4. Capelli 0,4.

ALLE TRAININGSERGEBNISSE 1988

	Brasilien	San Marino	Monaco	Mexiko	Kanada	USA	Frankreich	England	Deutschland	Ungarn	Belgien	Italien	Portugal	Spanien	Japan	Australien
Senna	1	1	1	1	1	1	2	3	1	1	1	1	2	1	1	1
Prost	3	2	2	2	2	4	1	4	2	7	2	2	1	2	2	2
Berger	4	5	3	3	3	2	3	1	3	9	3	3	4	8	3	4
Boutsen	7	8	16	11	7	5	5	12	9	3	6	8	13	4	10	10
Alboreto	6	10	4	5	4	3	4	2	4	15	4	4	7	10	9	12
Piquet	5	3	11	4	6	8	7	7	5	13	9	7	8	9	5	5
Capelli	9	9	22	10	14	21	10	6	7	4	14	11	3	6	4	9
Nannini	12	4	6	8	5	7	6	8	6	5	7	9	9	5	12	8
Warwick	11	14	7	9	16	9	11	9	12	12	10	6	10	17	7	7
Mansell	2	11	5	14	9	6	9	11	11	2	—	—	6	3	8	3
Patrese	8	6	8	17	11	10	15	15	13	6	5	10	11	7	11	6
Cheever	15	7	9	7	8	15	13	13	15	14	11	5	18	25	15	18
Gugelmin	13	20	14	16	18	13	16	5	10	8	13	13	5	11	13	19
Palmer	22	23	10	27	19	17	23	17	24	21	21	27	22	22	16	17
de Cesaris	14	16	19	12	12	12	12	14	14	18	19	18	12	23	14	15
Martini	—	—	—	—	—	16	22	19	30	16	28	14	14	20	17	14
Nakajima	10	12	27	6	13	28	8	10	8	19	8	12	16	15	6	13
Dalmas	17	19	21	22	29	25	19	23	21	17	23	25	15	16	—	—
Caffi	31	24	17	23	31	22	14	21	19	10	15	21	17	18	21	11
Streiff	19	13	12	19	10	11	17	16	16	23	18	23	21	13	18	16
Sala	20	18	15	25	21	26	25	18	27	11	27	19	19	24	22	21
Tarquini	25	17	24	21	26	31	31	31	31	22	22	29	26	31	31	27
Johansson	21	28	26	24	25	18	29	29	28	24	20	28	24	21	27	22
Alliot	16	15	13	13	17	14	18	22	20	20	16	20	20	12	19	24
Larini	29	▲	25	28	28	27	24	26	18	31	26	17	25	14	24	31
Bailey	27	21	30	29	23	23	28	24	29	29	30	26	27	29	26	28
Brundle	—	—	—	—	—	—	—	—	—	—	12	—	—	—	—	—
Arnoux	18	29	20	20	20	20	27	25	17	25	17	24	23	19	23	23
Modena	24	26	▲	▲	15	19	20	20	25	26	29	30	29	26	30	20
Schneider	30	30	28	15	30	29	21	30	22	28	25	15	30	27	25	30
Schlesser	—	—	—	—	—	—	—	—	—	—	—	22	—	—	—	—
Larrauri	26	27	18	26	24	24	26	27	26	27	31	31	31	28	28	25
Ghinzani	28	25	23	18	22	30	30	28	23	30	24	16	28	30	29	26
Campos	23	22	29	30	27	—	—	—	—	—	—	—	—	—	—	—
Suzuki	—	—	—	—	—	—	—	—	—	—	—	—	—	—	20	—
Raphanel	—	—	—	—	—	—	—	—	—	—	—	—	—	—	—	29

Lauf 1 – Großer Preis von Brasilien – Rio, Jacarepagua, 3. April 1988

Erstes Training (inoffiziell)		Zweites Training (offiziell)		Drittes Training (inoffiziell)		Viertes Training (offiziell)	
1. Prost	1:31,234	1. Senna	1:30,218	1. Senna	1:29,521	1. Senna	1:28,096
2. Senna	1:31,761	2. Mansell	1:30,928	2. Berger	1:30,568	2. Mansell	1:28,632
3. Mansell	1:31,987	3. Nannini	1:31,772	3. Boutsen	1:30,675	3. Prost	1:28,782
4. Alboreto	1:32,609	4. Prost	1:31,975	4. Mansell	1:31,118	4. Berger	1:29,026
5. Nannini	1:32,887	5. Boutsen	1:32,060	5. Alboreto	1:31,381	5. Piquet	1:30,087
6. Boutsen	1:33,137	6. Berger	1:32,123	6. Piquet	1:31,915	6. Alboreto	1:30,114
7. Berger	1:33,276	7. Alboreto	1:32,523	7. Patrese	1:32,173	7. Boutsen	1:30,140
8. Cheever	1:33,953	8. Piquet	1:32,888	8. Gugelmin	1:32,390	8. Patrese	1:30,439
9. Warwick	1:33,974	9. Nakajima	1:33,293	9. Warwick	1:32,793	9. Capelli	1:30,929
10. Piquet	1:34,177	10. Capelli	1:33,546	10. de Cesaris	1:32,835	10. Nakajima	1:31,280
11. Patrese	1:35,146	11. Cheever	1:33,787	11. Nakajima	1:33,181	11. Warwick	1:31,723
12. Gugelmin	1:35,346	12. Gugelmin	1:34,037	12. Cheever	1:33,756	12. Gugelmin	1:31,833
13. Nakajima	1:35,357	13. Patrese	1:34,070	13. Alliot	1:33,761	13. de Cesaris	1:32,275
14. Dalmas	1:36,585	14. Warwick	1:34,323	14. Prost	1:34,027	14. Nannini	1:32,748
15. Alliot	1:36,871	15. de Cesaris	1:34,988	15. Nannini	1:34,215	15. Cheever	1:32,843
16. Arnoux	1:36,975	16. Alliot	1:35,930	16. Campos	1:35,162	16. Alliot	1:32,933
17. Campos	1:36,984	17. Dalmas	1:36,382	17. Dalmas	1:35,397	17. Dalmas	1:33,408
18. de Cesaris	1:37,033	18. Sala	1:36,593	18. Capelli	1:35,408	18. Arnoux	1:34,474
19. Sala	1:37,821	19. Campos	1:37,164	19. Johansson	1:35,635	19. Streiff	1:34,481
20. Modena	1:37,886	20. Arnoux	1:37,274	20. Sala	1:35,793	20. Sala	1:34,532
21. Larrauri	1:38,276	21. Johansson	1:37,454	21. Streiff	1:35,875	21. Johansson	1:34,579
22. Johansson	1:38,520	22. Modena	1:37,506	22. Larrauri	1:36,244	22. Palmer	1:34,686
23. Streiff	1:39,058	23. Streiff	1:37,601	23. Arnoux	1:36,409	23. Campos	1:34,886
24. Palmer	1:39,782	24. Larrauri	1:38,347	24. Tarquini	1:36,420	24. Modena	1:34,910
25. Ghinzani	1:40,377	25. Palmer	1:38,628	25. Palmer	1:36,689	25. Tarquini	1:35,407
26. Capelli	1:41,397	26. Larini	1:38,927	26. Ghinzani	1:37,907	26. Larrauri	1:35,711
27. Larini	1:42,421	27. Bailey	1:39,771	27. Modena	1:38,352	27. Bailey	1:36,137
28. Bailey	1:42,591	28. Ghinzani	1:40,431	28. Larini	1:38,443	28. Ghinzani	1:37,621
29. Tarquini	1:43,869	29. Tarquini	1:41,149	29. Bailey	1:38,677	29. Larini	1:38,371
30. Caffi	1:46,442	30. Schneider	1:45,540	30. Schneider	1:39,302	30. Schneider	1:38,614
31. Schneider	10:35,816						

Startaufstellung:

Nigel Mansell
Williams-Judd FW12-1
1:28,632

Ayrton Senna
McLaren-Honda MP4/4-3
1:28,096=205,589 km/h

Gerhard Berger
Ferrari F1-87/88C 103
1:29,026

Alain Prost
McLaren-Honda MP4/4-2
1:28,782

Michele Alboreto
Ferrari F1-87/88C 103
1:30,114

Nelson Piquet
Lotus-Honda 100T/2
1:30,087

Riccardo Patrese
Williams-Judd FW12-2
1:30,439

Thierry Boutsen
Benetton-Ford B188-02
1:30,140

Satoru Nakajima
Lotus-Honda 100T/1
1:31,280

Ivan Capelli
March-Judd 881-03
1:30,929

Alessandro Nannini
Benetton-Ford B188-03
1:32,748

Derek Warwick
Arrows-Megatron
A10B-02, 1:31,723

Andrea de Cesaris
Rial-Cosworth ARC1-01
1:32,275

Mauricio Gugelmin
March-Judd 881-02
1:31,833

Philippe Alliot
Lola-Cosworth LC-88 01
1:32,933

Eddie Cheever
Arrows-Megatron
A10B-01, 1:32,843

René Arnoux
Ligier-Judd JS31-01
1:34,474

Yannick Dalmas
Lola-Cosworth LC-88 02
1:33,403

Luis Perez-Sala
Minardi-Cosworth
M188-01, 1:34,532

Philippe Streiff
AGS-Cosworth JH23-034
1:34,481

Jonathan Palmer
Tyrrell-Cosworth 017-01
1:34,686

Stefan Johansson
Ligier-Judd JS31-02
1:34,579

Stefano Modena
EuroBrun-Cosworth
ER188 01, 1:34,910

Adrian Campos
Minardi-Cosworth
M188-02, 1:34,886

Oscar Larrauri
EuroBrun-Cosworth
ER 188 02, 1:35,711

Gabriele Tarquini
Coloni-Cosworth
FC188-02,1:35,407

Nicht qualifiziert: Julian Bailey (Tyrrell-Cosworth 017) 1:36,137, Piercarlo Ghinzani (Zakspeed 871) 1:37,621, Nicola Larini (Osella-Alfa FA1L) 1:38,371, Bernd Schneider (Zakspeed 871) 1:38,614.

In der Vorqualifikation eliminiert: Alex Caffi (Dallara-Cosworth, Formel-3000-Chassis) 1:46,442.

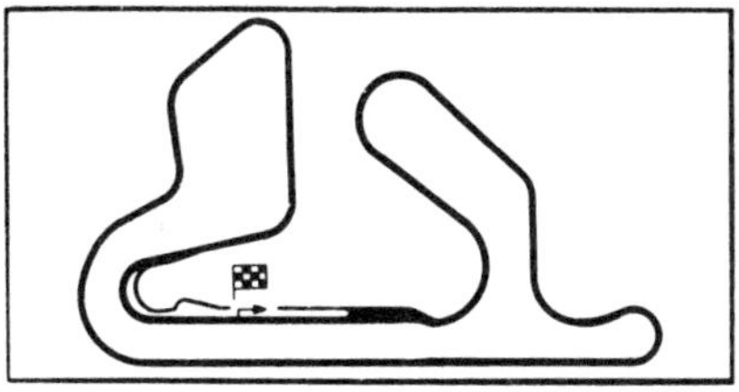

Rekorde: Training: Senna (Lotus-Renault 98 T) 1:25,501=211,829 km/h (1986); Rennen: Piquet (Williams-Honda FW 11) 1:33,546 = 192,612 km/h (1986); Distanz: Piquet (Williams-Honda FW 11) 184,980 km/h (1986).

Höchstgeschwindigkeiten (Freitag): Senna 282,72, Prost 280,0, Piquet 280,0, Nakajima 278,1, Alboreto 272,7, Cheever 272,5, Streiff 271,2, Sala 268,8, Arnoux 268,7, Tarquini 268,4 . . ., Berger 267,9 — (Samstag): Prost 297,60, Senna 295,8, Nakajima 291,1, Piquet 290,9, Alboreto 287,4, Berger 285,4, Capelli 282,4, Streiff 282,4, Arnoux 280,8, Warwick 280,0.

Geschwindigkeiten bei Start und Ziel (Freitag): Prost 216,92, Senna 216,2, Piquet 213,2, Nannini 212,6, Boutsen 212,0, Capelli 211,8, Alboreto 211,6, Berger 211,2, Modena 210,4, Mansell 209,8 — (Samstag): Senna 218,13, Prost 217,1, Piquet 214,2, Berger 212,6, Boutsen 212,3, Alboreto 211,7, Capelli 211,5, Modena 210,2, Mansell 208,7, Nakajima 208,7.

Sonntag-Aufwärmtraining (Regen): 1. Senna 1:45,165, 2. Boutsen 1:46,460, 3. Nannini 1:46,885, 4. Prost 1:46,908, 5. Mansell 1:47,073, 6. Berger 1:47,920, 7. Capelli 1:48,172, 8. Warwick 1:49,463, 9. Alboreto 1:49,470, 10. Patrese 1:49,484.

Wetter am Renntag: heiß, bedeckt, schwül; nach Regen im Aufwärmtraining; über 30 Grad.

100.000 Zuschauer.

Distanz: 60 Runden à 5,031 km=301,860 km.

Erster Start abgebrochen. Senna (Getriebeschaden) und Capelli (geplatzter Wasserschlauch) starteten mit ihren Ersatzautos aus der Box.

Boxenstops:

Johansson:	4. Runde:	Lose Sauerstoffflasche befestigt; Platz 24
Nannini:	7. Runde:	Überhitzung, überprüft, ob Kühler verstopft; Platz 7
Modena:	8. Runde:	Chassis und Motor überprüft (Stop dauerte über 8 Minuten); Platz 20
Streiff:	13. Runde:	Fehlzündungen (Stop dauerte 6 Minuten); Platz 17—19
Alboreto:	17. Runde:	Reifenwechsel; Platz 8—11
Berger:	20. Runde:	Reifenwechsel; Platz 2—4
Piquet:	21. Runde:	Reifenwechsel; Platz 5—8
Johansson:	23. Runde:	Reifenwechsel; Platz 16
Nakajima:	24. Runde:	Reifenwechsel; Platz 7—9
Cheever:	25. Runde:	Reifenwechsel; Platz 9—11
Alliot:	25. Runde:	Reifenwechsel; Platz 11—12
de Cesaris:	26. Runde:	Reifenwechsel, dabei Bolzen am linken Hinterrad verbogen, Rad lose; Platz 6—10
de Cesaris:	27. Runde:	zweiter Reifenwechsel; Platz 10—14
Prost:	27. Runde:	Reifenwechsel; Platz 1
Palmer:	28. Runde:	Reifenwechsel; Platz 13
Senna:	28. Runde:	Reifenwechsel, dabei Motor abgestorben, neu gestartet, verlor 32 Sekunden; Platz 3—6
Warwick:	28. Runde:	Reifenwechsel; Platz 5—7
Boutsen:	28. Runde:	Reifenwechsel; Platz 4—5
Sala:	29. Runde:	Reifenwechsel; Platz 12—13
Streiff:	30. Runde:	Fehlzündungen (Stop dauerte 6:30 Minuten); Platz 17
Dalmas:	30. Runde:	Reifenwechsel; Platz 9—11
Tarquini:	32. Runde:	Radlagerschaden (Stop dauerte 6:30 Minuten); Platz 15
Alboreto:	38. Runde:	Reifenwechsel; Platz 6—7
Johansson:	41. Runde:	Reifenwechsel; Platz 12
Piquet:	42. Runde:	Reifenwechsel; Platz 3—5
Cheever:	43. Runde:	Reifenwechsel; Platz 8
Berger:	43. Runde:	Reifenwechsel; Platz 2
Nakajima:	45. Runde:	Reifenwechsel; Platz 6—7

Ausfälle:

Larrauri:	Warm-up:	in der letzten Kurve des Warm-up stehengeblieben; Elektrik/Kurzschluß
Gugelmin:	Start:	Getriebeschaden, kam im 1. Gang 300 m weit
Campos:	6. Runde:	Heckflügel gebrochen; Platz 23
Capelli:	7. Runde:	Öllampen im Ersatzauto aufgeleuchtet; Platz 17
Patrese:	7. Runde:	Motor überhitzt; Platz 8
Nannini:	8. Runde:	Gas steckengeblieben; Platz 8
Mansell:	19. Runde:	Motor überhitzt, in der Box abgestorben, konnte nicht neu gestartet werden, schadhaftes Kabel; Platz 3
Modena:	21. Runde:	Motor und Benzinpumpe; Platz 19
Arnoux:	24. Runde:	Kupplung auf der Geraden explodiert; Platz 16
Senna:	32. Runde:	zwei Runden lang schwarzgeflaggt, disqualifiziert wegen zu späten Wagenwechsels; Platz 6
Dalmas:	33. Runde:	Elektrik; Platz 10
Streiff:	36. Runde:	Unfall wegen Bremsdefekts; Platz 15
Tarquini:	36. Runde:	Radlagerschaden; Platz 14
Alliot:	41. Runde:	Radaufhängung rechts hinten gebrochen; Platz 9
Sala:	47. Runde:	Heckflügel wie bei Campos gebrochen; Platz 11
Palmer:	48. Runde:	Antriebswelle gerissen; Platz 10
de Cesaris:	54. Runde:	Motorschaden; Platz 9

Stand nach 1 Runde: 1. Prost, 2. Berger, 3. Mansell, 4. Piquet, 5. Alboreto, 6. Boutsen, 7. Nannini, 8. Patrese, 9. Warwick, 10. Nakajima.

Stand nach 10 Runden: 1. Prost (50,31 km in 15:52,564=190,135 km/h), 2. Berger —12,009, 3. Mansell —16,905, 4. Piquet —24,213, 5. Boutsen —24,651, 6. Alboreto —28,874, 7. Warwick —31,348, 8. Senna —33,600, 9. Nakajima —35,680, 10. de Cesaris —37,575.

Stand nach 20 Runden: 1. Prost (100,62 km in 31:51,789=189,473 km/h), 2. Senna —30,379, 3. Boutsen —39,429, 4. Berger —40,494, 5. Piquet —41,860, 6. Warwick —48,484, 7. de Cesaris —53,080, 8. Nakajima —57,218, 9. Alboreto —1:07,912, 10. Cheever —1:10,493.

Stand nach 30 Runden: 1. Prost (150,93 km in 48:17,318=187,535 km/h), 2. Berger —15,755, 3. Piquet —41,169, 4. Alboreto —45,441, 5. Boutsen —53,686, 6. Senna —55,445, 7. Warwick —1:01,439, 8. Nakajima —1:10,823, 9. Cheever —1:34,477, 10. Dalmas —1 Runde.

Stand nach 40 Runden: 1. Prost (201,24 km in 1.04:11,119=188,118 km/h), 2. Berger —19,870, 3. Piquet —47,824, 4. Boutsen —59,185, 5. Warwick —1:08,191, 6. Nakajima —1:19,298, 7. Alboreto —1:26,790, 8. Cheever —1 Runde, 9. Alliot, 10. Palmer.

Stand nach 50 Runden: 1. Prost (251,55 km in 1.20:14,312=188,102 km/h), 2. Berger —15,635, 3. Piquet —1:02,529, 4. Warwick —1:05,361, 5. Alboreto —1:14,329, 6. Boutsen —1:25,981, 7. Nakajima —1 Runde, 8. Cheever, 9. de Cesaris, 10. Johansson —2 Runden.

Ergebnis:

1. Alain Prost (Frankreich), McLaren-Honda (T)	1.36:06,857	= 188,438 km/h
2. Gerhard Berger (Österreich), Ferrari (T)	1.36:16,730	9,873 zurück
3. Nelson Piquet (Brasilien), Lotus-Honda (T)	1.37:15,438	1:08,581 zurück
4. Derek Warwick (England), Arrows-Megatron (T)	1.37:20,205	1:13,348 zurück
5. Michele Alboreto (Italien), Ferrari (T)	1.37:21,413	1:14,556 zurück
6. Satoru Nakajima (Japan), Lotus-Honda (T)	1.36:38,821	1 Runde zurück
7. Thierry Boutsen (Belgien), Benetton-Ford (S)	1.36:55,321	1 Runde zurück
8. Eddie Cheever (USA), Arrows-Megatron (T)	1.37:32,987	1 Runde zurück
9. Stefan Johansson (Schweden), Ligier-Judd (S)	1.36:10,878	3 Runden zurück

Schnellste Runde: Berger (Ferrari) 1:32,943=194,868 km/h (45. Runde).

Schnellste Runde jedes Fahrers im Rennen: Berger 1:32,943 (45.), Alboreto 1:33,193 (39.), Prost 1:33,540 (57.), Piquet 1:33,597 (44.), Nakajima 1:33,903 (47.), de Cesaris 1:34,440 (44.), Boutsen 1:34,457 (31.), Cheever 1:34,632 (46.), Senna 1:34,657 (13.), Dalmas 1:35,003 (32.), Warwick 1:35,020 (44.), Mansell 1:35,346 (10.), Johansson 1:36,429 (44.), Streiff 1:36,451 (34.), Alliot 1:36,613 (31.), Nannini 1:36,616 (3.), Palmer 1:36,758 (38.), Sala 1:36,929 (43.), Patrese 1:37,003 (3.), Capelli 1:37,024 (6.), Tarquini 1:37,112 (34.), Modena 1:38,401 (15.), Arnoux 1:38,556 (21.), Campos 1:41,641 (3.).

WM-Stand: 1. Prost 9, 2. Berger 6, 3. Piquet 4, 4. Warwick 3, 5. Alboreto 2, 6. Nakajima 1.

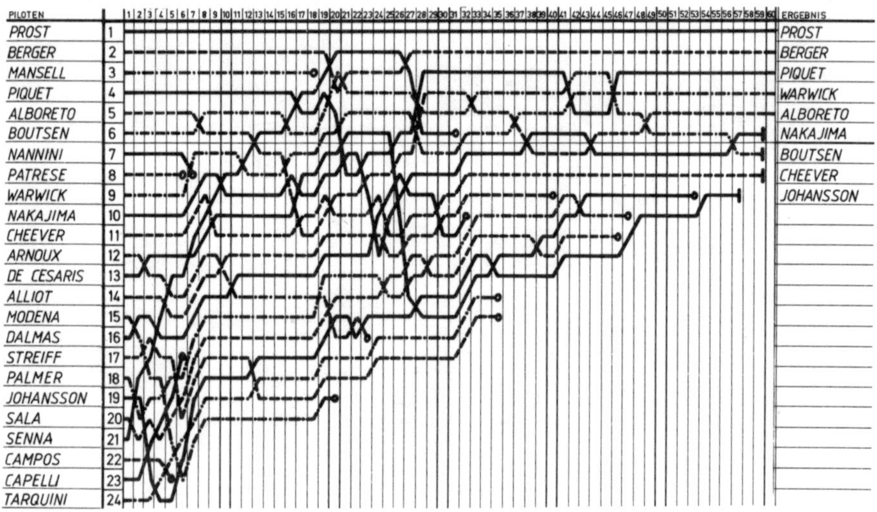

Lauf 2 – Großer Preis von San Marino – Imola, 1. Mai 1988

Erstes Training (inoffiziell)		Zweites Training (offiziell)		Drittes Training (inoffiziell)		Viertes Training (offiziell)	
1. Senna	1:46,453	1. Prost	1:41,278	1. Prost	1:29,272	1. Senna	1:27,148
2. Berger	1:46,828	2. Senna	1:41,597	2. Senna	1:31,137	2. Prost	1:27,919
3. Nannini	1:47,265	3. Berger	1:43,394	3. Berger	1:31,146	3. Piquet	1:30,500
4. Alboreto	1:47,772	4. Piquet	1:44,806	4. Alboreto	1:31,701	4. Nannini	1:30,590
5. Mansell	1:48,049	5. Nannini	1:45,090	5. Piquet	1:31,734	5. Berger	1:30,683
6. Prost	1:48,128	6. Mansell	1:45,616	6. Cheever	1:31,985	6. Patrese	1:30,952
7. Boutsen	1:48,169	7. Patrese	1:45,673	7. Patrese	1:32,088	7. Cheever	1:31,300
8. Patrese	1:48,526	8. Alboreto	1:45,982	8. Nannini	1:32,106	8. Boutsen	1:31,414
9. Alliot	1:49,541	9. Dalmas	1:46,062	9. Streiff	1:32,839	9. Capelli	1:31,519
10. Cheever	1:49,604	10. Alliot	1:47,215	10. Gugelmin	1:33,076	10. Alboreto	1:31,520
11. Warwick	1:50,162	11. Palmer	1:47,265	11. Dalmas	1:33,182	11. Mansell	1:31,635
12. Gugelmin	1:51,659	12. Nakajima	1:47,399	12. Nakajima	1:33,205	12. Nakajima	1:31,647
13. Piquet	1:51,790	13. Streiff	1:47,465	13. Mansell	1:33,228	13. Streiff	1:32,013
14. Dalmas	1:52,010	14. Capelli	1:47,518	14. Warwick	1:33,587	14. Warwick	1:32,483
15. de Cesaris	1:52,011	15. Tarquini	1:48,146	15. Alliot	1:33,628	15. Alliot	1:32,712
16. Caffi	1:52,070	16. Caffi	1:48,156	16. Tarquini	1:33,638	16. de Cesaris	1:33,037
17. Nakajima	1:52,523	17. Cheever	1:48,399	17. Sala	1:33,949	17. Tarquini	1:33,236
18. Ghinzani	1:52,554	18. Ghinzani	1:48,463	18. Boutsen	1:34,015	18. Sala	1:33,239
19. Streiff	1:52,849	19. Modena	1:48,466	19. Capelli	1:34,337	19. Dalmas	1:33,374
20. Palmer	1:52,881	20. Johansson	1:48,633	20. Palmer	1:34,408	20. Gugelmin	1:33,448
21. Schneider	1:52,931	21. Campos	1:49,012	21. Arnoux	1:34,422	21. Bailey	1:33,874
22. Tarquini	1:53,231	22. Arnoux	1:49,054	22. Modena	1:34,453	22. Campos	1:33,903
23. Johansson	1:54,028	23. Warwick	1:49,081	23. Larrauri	1:34,457	23. Palmer	1:33,972
24. Bailey	1:54,299	24. Sala	1:49,211	24. Bailey	1:35,143	24. Caffi	1:34,204
25. Modena	1:55,076	25. Gugelmin	1:49,306	25. de Cesaris	1:35,282	25. Ghinzani	1:34,567
26. Arnoux	1:55,151	26. Schneider	1:51,498	26. Campos	1:35,541	26. Modena	1:34,782
27. Larrauri	1:55,415	27. Larrauri	1:54,566	27. Johansson	1:35,751	27. Larrauri	1:35,077
28. Campos	1:56,129	28. Bailey	2:12,385	28. Caffi	1:36,971	28. Johansson	1:35,654
29. Sala	1:57,156			29. Schneider	1:37,158	29. Arnoux	1:36,123
30. Capelli	2:14,657			30. Ghinzani	1:37,301	30. Schneider	1:36,218

Startaufstellung:

Ayrton Senna
McLaren-Honda MP4/4-1
1:27,148 = 208,198 km/h

Alain Prost
McLaren-Honda MP4/4-4
1:27,919

Nelson Piquet
Lotus-Honda 100T/2
1:30,500

Alessandro Nannini
Benetton-Ford B188-03
1:30,590

Gerhard Berger
Ferrari F1-87/88C 102
1:30,683

Riccardo Patrese
Williams-Judd FW12-2
1:30,950

Eddie Cheever
Arrows-Megatron
A10B-01, 1:31,300

Thierry Boutsen
Benetton-Ford B188-04
1:31,414

Ivan Capelli
March-Judd 881-03
1:31,519

Michele Alboreto
Ferrari F1-87/88C 103
1:31,520

Nigel Mansell
Williams-Judd FW12-1
1:31,635

Satoru Nakajima
Lotus-Honda 100T/1
1:31,647

Philippe Streiff
AGS-Cosworth JH23-034
1:32,013

Derek Warwick
Arrows-Megatron
A10B-02, 1:32,483

Philippe Alliot
Lola-Cosworth LC-88 01
1:32,712

Andrea de Cesaris*
Rial-Cosworth ARC1-02
1:33,037

Gabriele Tarquini
Coloni-Cosworth
FC188-02, 1:33,236

Luis Perez-Sala
Minardi-Cosworth
M188-03, 1:33,239

Yannick Dalmas
Lola-Cosworth LC-88 02
1:33,374

Mauricio Gugelmin
March-Judd 881-02
1:33,448

Julian Bailey
Tyrrell-Cosworth 017-02
1:33,874

Adrian Campos
Minardi-Cosworth
M188-01, 1:33,903

Jonathan Palmer
Tyrrell-Cosworth 017-01
1:33,972

Alex Caffi
Dallara-Cosworth
F188-001, 1:34,204

Piercarlo Ghinzani
Zakspeed 881-03
1:34,567

Stefano Modena
EuroBrun-Cosworth
ER188 03, 1:34,782

* de Cesaris startete aus der Boxengasse

Nicht qualifiziert: Oscar Larrauri (EuroBrun-Cosworth ER 188) 1:35,077, Stefan Johansson (Ligier-Judd JS31) 1:35,654, René Arnoux (Ligier-Judd JS31) 1:36,123, Bernd Schneider (Zakspeed 871) 1:36,218.

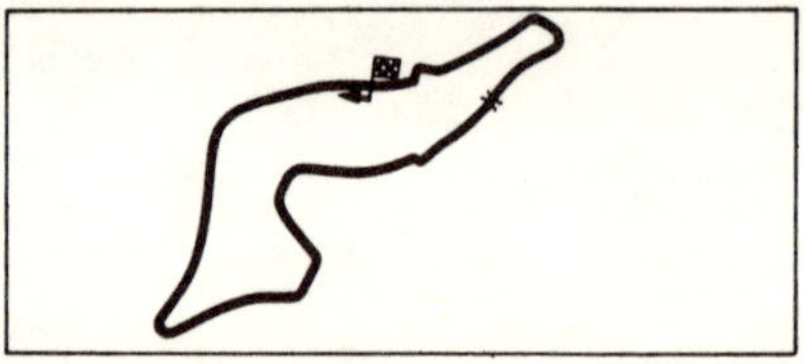

Rekorde: Training: Senna (Lotus-Renault 98 T) 1:25,050=213,333 km/h (1986); Rennen: Piquet (Williams-Honda FW 11) 1:28,667 = 204,631 km/h (1986); Distanz: Prost (McLaren-Porsche MP4/2C) 196,208 km/h (1986).

Nicola Larini (Osella-Alfa FA1L) wegen technischer Unzulänglichkeiten nicht am Training teilgenommen.

Höchstgeschwindigkeiten vor der „Tosa"-Kurve (Freitag): Senna 285,41, Prost 284,4, Warwick 279,5, Berger 278,2, Cheever 277,9, Alboreto 275,8, Schneider 273,2, Piquet 272,6, Nakajima 271,3, Capelli 269,9 — (Samstag): Prost 305,26, Piquet 303,9, Senna 303,2, Cheever 303,1, Nakajima 300,6, Warwick 299,0, Alboreto 298,5, Berger 295,3, Mansell 293,2, Nannini 293,0.

Geschwindigkeiten bei Start und Ziel (Freitag): Senna 229,89, Prost 228,5, Berger 225,9, Cheever 225,4, Piquet 225,2, Alboreto 224,6, Warwick 224,0, Capelli 222,8, Nakajima 221,9, Nannini 220,9 — (Samstag): Senna 249,91, Prost 248,1, Piquet 245,8, Cheever 240,3, Warwick 239,6, Nannini 238,3, Nakajima 238,0, Ghinzani 237,2, Alboreto 236,7, Boutsen 235,9.

Sonntag-Aufwärmtraining: 1. Prost 1:32,027, 2. Senna 1:32,544, 3. Mansell 1:33,308, 4. Berger 1:33,338, 5. Boutsen 1:33,368, 6. Piquet 1:33,902, 7. Cheever 1:33,943, 8. Nannini 1:34,156, 9. Gugelmin 1:34,444, 10. Patrese 1:34,454.

Wetter am Renntag: heiß, bewölkt, eine halbe Stunde vorm Start kurzer Regen, Rennen trocken; 120.000 Zuschauer.

Distanz: 60 Runden à 5,040 km=302,4 km.

Ausfälle:

de Cesaris:	1. Runde:	aufgegeben, weil Monocoque im Aufwärmtraining gebrochen
Capelli:	3. Runde:	Getriebe; Platz 8
Ghinzani:	17. Runde:	Elektrik; Platz 22
Caffi:	19. Runde:	Getriebe; Platz 19
Tarquini:	40. Runde:	Gaszug; Platz 14
Mansell:	43. Runde:	Motor; Platz 4
Bailey:	49. Runde:	Getriebe; Platz 18
Alboreto:	55. Runde:	Motor; Platz 8

Stand nach 1 Runde: 1. Senna, 2. Piquet, 3. Patrese, 4. Nannini, 5. Berger, 6. Prost, 7. Cheever, 8. Capelli, 9. Boutsen, 10. Mansell.

Stand nach 10 Runden: 1. Senna (50,4 km in 15:52,725=190,443 km/h), 2. Prost —7,512, 3. Piquet —12,520, 4. Patrese —13,924, 5. Nannini —14,669, 6. Berger —16,357, 7. Boutsen —19,050, 8. Mansell —20,777, 9. Cheever —21,647, 10. Streiff —25,554.

Stand nach 20 Runden: 1. Senna (100,8 km in 31:21,253=192,893 km/h), 2. Prost —9,135, 3. Piquet —30,194, 4. Patrese —32,002, 5. Nannini —32,888, 6. Boutsen —34,022, 7. Mansell —35,393, 8. Berger —36,693, 9. Cheever —49,509, 10. Streiff —55,148.

Stand nach 30 Runden: 1. Senna (151,2 km in 46:47,805=193,860 km/h), 2. Prost —11,385, 3. Piquet —45,798, 4. Nannini —46,280, 5. Boutsen —46,711, 6. Mansell —47,912, 7. Patrese —52,113, 8. Berger —53,179, 9. Cheever —1:18,068, 10. Alboreto —1:18,812.

Stand nach 40 Runden: 1. Senna (201,6 km in 1.02:09,344=194,608 km/h), 2. Prost —10,027, 3. Mansell —1:02,362, 4. Piquet —1:02,710, 5. Boutsen —1:02,915, 6. Nannini —1:04,968, 7. Patrese —1:07,475, 8. Berger —1:10,387, 9. Alboreto —1 Runde, 10. Cheever.

Stand nach 50 Runden: 1. Senna (252,0 km in 1.17:22,422=195,415 km/h), 2. Prost —8,936, 3. Piquet —1:25,180, 4. Boutsen —1:27,104, 5. Nannini —1:28,901, 6. Berger —1 Runde, 7. Patrese, 8. Alboreto, 9. Cheever, 10. Warwick.

Ergebnis:

1. Ayrton Senna (Brasilien), McLaren-Honda (T)	1.32:41,264	= 195,754 km/h
2. Alain Prost (Frankreich), McLaren-Honda (T)	1.32:43,598	2,334 zurück
3. Nelson Piquet (Brasilien), Lotus-Honda (T)	1.32:48,824	1 Runde zurück
4. Thierry Boutsen (Belgien), Benetton-Ford (S)	1.32:49,373	1 Runde zurück
5. Gerhard Berger (Österreich), Ferrari (T)	1.32:50,096	1 Runde zurück
6. Alessandro Nannini (Italien), Benetton-Ford (S)	1.32:55,735	1 Runde zurück
7. Eddie Cheever (USA), Arrows-Megatron (T)	1.33:35,119	1 Runde zurück
8. Satoru Nakajima (Japan), Lotus-Honda (T)	1.34:01,638	1 Runde zurück
9. Derek Warwick (England), Arrows-Megatron (T)	1.32:43,299	2 Runden zurück
10. Philippe Streiff (Frankreich), AGS-Ford (S)	1.32:56,274	2 Runden zurück
11. Luis Perez-Sala (Spanien), Minardi-Ford (S)	1.33:01,547	2 Runden zurück
12. Yannick Dalmas (Frankreich), Lola-Ford (S)	1.33:05,587	2 Runden zurück
13. Riccardo Patrese (Italien), Williams-Judd (S)	1.33:11,980	2 Runden zurück
14. Jonathan Palmer (England), Tyrrell-Ford (S)	1.33:13,881	2 Runden zurück
15. Mauricio Gugelmin (Brasilien), March-Judd (S)	1.33:24,672	2 Runden zurück
16. Adrian Campos (Spanien), Minardi-Ford (S)	1.32:55,933	3 Runden zurück
17. Philippe Alliot (Frankreich), Lola-Ford (S)	1.33:42,950	3 Runden zurück
18. Michele Alboreto (Italien), Ferrari (T)	1.25:40,974	6 Runden zurück

Alboreto bei Schluß nicht mehr im Rennen (Motorschaden), aber gewertet. Bei Schluß noch im Rennen, aber aufgrund zu geringer zurückgelegter Distanz nicht klassiert: Modena (52 Runden).

Schnellste Runde: Prost (McLaren-Honda) 1:29,685 = 202,308 km/h (53. Runde).

Schnellste Runde jedes Fahrers im Rennen: Prost 1:29,685 (53.), Senna 1:29,815 (56.), Berger 1:31,394 (56.), Alboreto 1:31,864 (50.), Cheever 1:32,017 (49.), Nannini 1:32,034 (57.), Boutsen 1:32,317 (55.), Mansell 1:32,372 (35.), Piquet 1:32,414 (57.), Patrese 1:32,758 (32.), Alliot 1:32,863 (56.), Nakajima 1:33,209 (58.), Modena 1:33,214, (49.), Dalmas 1:33,623 (56.), Palmer 1:33,660 (54.), Gugelmin 1:33,890 (55.), Sala 1:34,014 (57.), Warwick 1:34,056 (41.), Streiff 1:34,226 (41.), Bailey 1:35,288 (48.), Tarquini 1:35,395 (31.), Campos 1:35,708 (39.), Ghinzani 1:36,122 (14.), Caffi 1:36,285 (17.), Capelli 1:37,842 (2.).

WM-Stand: 1. Prost 15, 2. Senna 9, 3. Berger, Piquet je 8, 5. Boutsen, Warwick je 3, 7. Alboreto 2, 8. Nakajima, Nannini je 1.

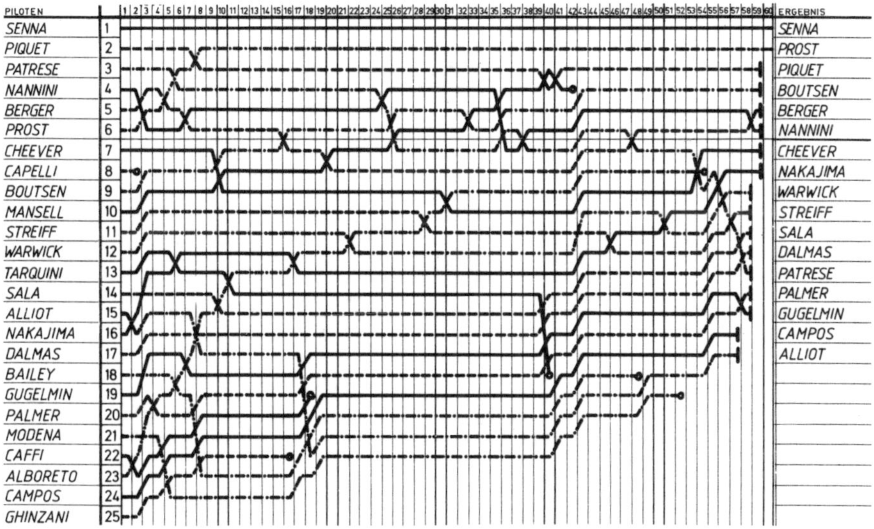

Lauf 3 – Großer Preis von Monaco – Monte Carlo, 15. Mai 1988

Erstes Training (inoffiziell)		Zweites Training (offiziell)		Drittes Training (inoffiziell)		Viertes Training (offiziell)	
1. Berger	1:45,985	1. Senna	1:26,464	1. Senna	1:25,385	1. Senna	1:23,998
2. Warwick	1:49,196	2. Prost	1:28,375	2. Prost	1:26,363	2. Prost	1:25,425
3. Senna	1:49,559	3. Mansell	1:28,475	3. Mansell	1:27,710	3. Berger	1:26,685
4. Mansell	1:50,200	4. Berger	1:29,001	4. Berger	1:27,724	4. Alboreto	1:27,297
5. Alboreto	1:50,702	5. Nannini	1:29,093	5. Warwick	1:28,348	5. Mansell	1:27,665
6. Nannini	1:50,877	6. Patrese	1:29,130	6. Alboreto	1:28,784	6. Nannini	1:27,869
7. Boutsen	1:51,710	7. Boutsen	1:29,539	7. Nannini	1:28,999	7. Warwick	1:27,872
8. Johansson	1:52,873	8. Streiff	1:29,597	8. Piquet	1:29,215	8. Patrese	1:28,016
9. Schneider	1:53,051	9. Warwick	1:29,928	9. Alliot	1:29,298	9. Cheever	1:28,227
10. Streiff	1:53,278	10. Alboreto	1:29,931	10. Cheever	1:29,584	10. Palmer	1:28,358
11. Arnoux	1:53,283	11. Nakajima	1:30,611	11. Larrauri	1:29,749	11. Piquet	1:28,403
12. Ghinzani	1:53,534	12. Palmer	1:30,679	12. Sala	1:29,767	12. Streiff	1:28,527
13. Alliot	1:53,776	13. Piquet	1:30,924	13. Palmer	1:29,970	13. Alliot	1:28,536
14. Palmer	1:53,855	14. Alliot	1:31,375	14. Dalmas	1:30,091	14. Gugelmin	1:28,610
15. Caffi	1:54,008	15. Sala	1:31,662	15. Arnoux	1:30,191	15. Sala	1:28,625
16. Gugelmin	1:54,634	16. Larrauri	1:31,861	16. Streiff	1:30,332	16. Boutsen	1:28,640
17. Campos	1:55,026	17. Arnoux	1:31,964	17. Nakajima	1:30,402	17. Caffi	1:29,075
18. Prost	1:55,111	18. Gugelmin	1:32,148	18. Gugelmin	1:30,403	18. Larrauri	1:29,093
19. Capelli	1:55,146	19. Campos	1:32,627	19. Boutsen	1:30,591	19. de Cesaris	1:29,298
20. Piquet	1:55,186	20. Tarquini	1:32,792	20. Tarquini	1:30,658	20. Arnoux	1:29,480
21. Sala	1:55,673	21. Cheever	1:32,889	21. Larini	1:30,813	21. Dalmas	1:29,601
22. Bailey	1:56,890	22. Ghinzani	1:33,005	22. Capelli	1:30,866	22. Capelli	1:29,603
23. Larrauri	1:57,118	23. de Cesaris	1:33,183	23. de Cesaris	1:30,920	23. Ghinzani	1:30,121
24. Larini	1:57,156	24. Schneider	1:33,585	24. Ghinzani	1:31,016	24. Tarquini	1:30,252
25. Nakajima	1:57,335	25. Caffi	1:33,691	25. Caffi	1:31,080	25. Larini	1:30,335
26. Cheever	1:58,772	26. Bailey	1:34,192	26. Johansson	1:31,266	26. Johansson	1:30,505
27. Tarquini	1:59,908	27. Dalmas	1:35,158	27. Campos	1:31,564	27. Schneider	1:30,613
28. Patrese	1:59,993	28. Capelli	1:35,256	28. Bailey	1:32,125	28. Campos	1:30,793
29. de Cesaris	2:00,911	29. Johansson	1:36,036	29. Schneider	1:32,928	29. Bailey	1:30,816
30. Dalmas	44:24,089	30. Larini	1:36,705	30. Patrese	4:31,578	30. Nakajima	1:31,573

Startaufstellung:

Alain Prost
McLaren-Honda MP4/4-2
1:25,425

Ayrton Senna
McLaren-Honda MP4/4-3
1:23,998 = 142,632 km/h

Michele Alboreto
Ferrari F1-87/88C 103
1:27,297

Gerhard Berger
Ferrari F1-87/88C 103
1:26,685

Alessandro Nannini
Benetton-Ford B188-03
1:27,869

Nigel Mansell
Williams-Judd FW12-1
1:27,665

Riccardo Patrese
Williams-Judd FW12-2
1:28,016

Derek Warwick
Arrows-Megatron
A10B-02, 1:27,872

Jonathan Palmer
Tyrrell-Cosworth 017-01
1:28,358

Eddie Cheever
Arrows-Megatron
A10B-01, 1:28,227

Philippe Streiff
AGS-Cosworth JH23-034
1:28,527

Nelson Piquet
Lotus-Honda 100T2
1:28,403

Mauricio Gugelmin
March-Judd 881-02
1:28,610

Philippe Alliot
Lola-Cosworth LC88 01
1:28,536

Thierry Boutsen
Benetton-Ford B188-02
1:28,640

Luis-Perez-Sala
Minardi-Cosworth
M188-02, 1:28,625

Oscar Larrauri
EuroBrun-Cosworth
ER188 02, 1:29,093

Alex Caffi
Dallara-Cosworth
F188-002, 1:29,075

René Arnoux
Ligier-Judd JS31-01
1:29,480

Andrea de Cesaris
Rial-Cosworth ARC1-01
1:29,298

Ivan Capelli
March-Judd 881-03
1:29,603

Yannick Dalmas
Lola-Cosworth LC88-02
1:29,601

Gabriele Tarquini
Coloni-Cosworth
FC188-02, 1:30,252

Piercarlo Ghinzani
Zakspeed 881
1:30,121

Stefan Johansson
Ligier-Judd JS31-02
1:30,505

Nicola Tarini
Osella-Alfa FA1L
1:30,335

Nicht qualifiziert: Satoru Nakajima (Lotus-Honda 100T) 1:30,611, Bernd Schneider (Zakspeed 871) 1:30,613, Adrian Campos (Minardi-Cosworth M188) 1:30,793, Julian Bailey (Tyrrell-Cosworth 017) 1:30,816.

In der Vorqualifikation disqualifiziert: Stefano Modena (EuroBrun-Cosworth ER188), weil er nicht zur Abwaage kam.

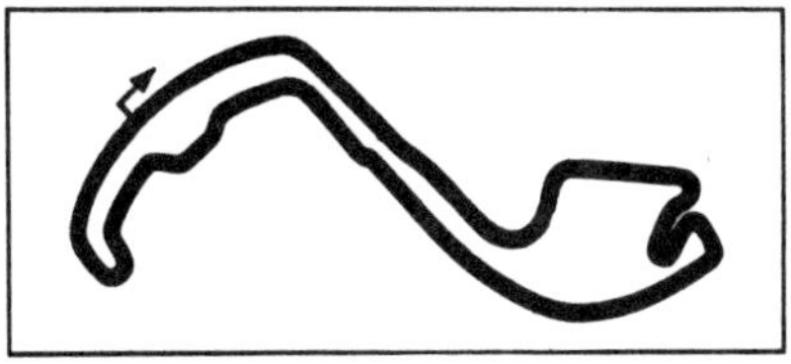

Rekorde: Training: Senna (Lotus-Renault 97 T) 1:20,450=148,206 km/h (1985); Rennen: Alboreto (Ferrari 156/85) 1:22,637 = 144,284 km/h (1985); Distanz: Prost (McLaren-Porsche MP4/2) 138,434 km/h (1985).

Höchstgeschwindigkeiten nach dem Tunnel (Donnerstag): Piquet 261,07, Berger 260,6, Prost 260,5, Senna 258,2, Alboreto 257,2, Warwick 254,8, Nakajima 254,0, Campos 253,7, Sala 253,3, de Cesaris 252,7 — (Samstag): Prost 266,77, Piquet 265,7, Senna 264,8, Berger 260,6, Alboreto 256,0, Nakajima 255,8, Cheever 255,0, Warwick 254,1, Gugelmin 253,6, Streiff 253,3.

Beschleunigung auf der Ziellinie (Donnerstag): Piquet 240,29, Senna 237,5, Prost 235,4, Nakajima 230,2, Streiff 229,5, Berger 229,0, Alboreto 228,9, Warwick 226,8, Caffi 225,4, Larrauri 225,2 — (Samstag): Senna 241,27, Prost 240,1, Piquet 239,6, Ghinzani 234,7, Nakajima 232,5, Larrauri 231,3, Berger 230,7, Alboreto 229,8 Cheever 228,8, Streiff 228,0.

Sonntag-Aufwärmtraining (Regen): 1. Senna 1:44,159, 2. Prost 1:44,977, 3. Warwick 1:45,128, 4. Berger 1:45,822, 5. Alliot 1:46,666, 6. Johansson 1:47,258, 7. Patrese 1:47,567, 8. Sala 1:47,640, 9. Alboreto 1:48,136, 10. Streiff 1:48,373.

Wetter am Renntag: Regen im Warm-up, Regenspritzer während des Rennens; 80.000 Zuschauer.

Distanz: 78 Runden à 3,328 km=259,584 km.

Boxenstops:

Capelli:	3. Runde:	Radaufhängung repariert (6 Minuten); Platz 17—23
Arnoux:	10. Runde:	Elektrik; Öldruck; Platz 17—20
Dalmas:	41. Runde:	Reifenschaden nach Dreher in Hafenkurve; Platz 9—11
Patrese:	52. Runde:	Kollision mit Alliot; Platz 5—8
Boutsen:	54. Runde:	Reifenschaden; Platz 7—9

Ausfälle:

Piquet:	1. Runde:	Unfall in St.-Devote-Schikane, Vorderflügel abgerissen, in der Box auch Monocoque-Schaden entdeckt
Caffi:	1. Runde:	Unfall in St.-Devote-Schikane
Streiff:	1. Runde:	Gaszug gerissen
Tarquini:	6. Runde:	Radaufhängung gebrochen; Platz 18
Johansson:	7. Runde:	Zylinderkopfdichtung, Wasser im Zylinder; Platz 17
Cheever:	9. Runde:	defekte Elektronikbox, Motor lief zeitweise nur auf 2 Zylindern; Platz 21
Larrauri:	15. Runde:	Unfall in Hafenkurve; Platz 15
Arnoux:	18. Runde:	Zündungsschaden; Platz 19
de Cesaris:	29. Runde:	kein Öldruck, Motor abgestellt; Platz 11
Mansell:	33. Runde:	Kollision mit Alboreto am Swimmingpool; Platz 4
Sala:	37. Runde:	Hinterradaufhängung gebrochen; Platz 11
Nannini:	39. Runde:	Kupplungsschaden, deshalb Getriebedefekt, deshalb in der St.-Devote-Schikane geradeaus; Platz 5
Ghinzani:	44. Runde:	Getriebeschaden; Platz 15
Gugelmin:	46. Runde:	Elektrik; Platz 10
Alliot:	51. Runde:	Kollision mit Patrese in Mirabeau; Platz 9
Senna:	67. Runde:	Unfall in Hafenkurve, Konzentrationsfehler, rechts innen Leitplanken touchiert, links gegen die Leitschienen; Platz 1

Stand nach 1 Runde: 1. Senna, 2. Berger, 3. Prost, 4. Mansell, 5. Alboreto, 6. Nannini, 7. Patrese, 8. Warwick, 9. Palmer, 10. Cheever.

Stand nach 10 Runden: 1. Senna (33,28 km in 15:04,482=132,460 km/h), 2. Berger —13,548, 3. Prost —14,397, 4. Mansell —18,427, 5. Alboreto —20,128, 6. Nannini —23,071, 7. Patrese —24,420, 8. Warwick —27,923, 9. Palmer —30,895, 10. Boutsen —44,550.

Stand nach 20 Runden: 1. Senna (66,56 km in 29:56,625=133,370 km/h), 2. Berger —21,893, 3. Prost —22,264, 4. Mansell —26,414, 5. Alboreto —30,289, 6. Nannini —33,645, 7. Patrese —36,901, 8. Warwick —42,963, 9. Palmer —50,632, 10. Boutsen —1:05,153.

Stand nach 30 Runden: 1. Senna (99,84 km in 44:52,027=133,513 km/h), 2. Berger —25,365, 3. Prost —25,764, 4. Mansell —32,485, 5. Alboreto —32,919, 6. Nannini —40,593, 7. Patrese —42,899, 8. Warwick —57,438, 9. Palmer —1:15,399, 10. Boutsen —1:22,100.

Stand nach 40 Runden: 1. Senna (133,12 km in 59:39,333=133,889 km/h), 2. Berger —40,760, 3. Prost —41,280, 4. Alboreto —49,295, 5. Patrese —1:00,741, 6. Warwick —1:15,925, 7. Palmer —1 Runde, 8. Boutsen, 9. Dalmas, 10. Alliot.

Stand nach 50 Runden: 1. Senna (166,40 km in 1.14:32,185=133,948 km/h), 2. Berger —51,956, 3. Prost —53,611, 4. Alboreto —59,770, 5. Patrese —1:13,008, 6. Warwick —1:26,067, 7. Palmer —1 Runde, 8. Boutsen, 9. Alliot, 10. Dalmas —2 Runden.

Stand nach 60 Runden: 1. Senna (199,68 km in 1.29:19,945=134,115 km/h), 2. Prost —52,851, 3. Berger —1:01,244, 4. Alboreto —1:15,162, 5. Warwick —1 Runde, 6. Palmer, 7. Patrese —2 Runden, 8. Dalmas, 9. Boutsen, 10. Larini —3 Runden.

Stand nach 70 Runden: 1. Prost (232,960 km in 1.45:10,098=132,907 km/h), 2. Berger —15,314, 3. Alboreto —33,233, 4. Warwick —1:24,663, 5. Palmer —1 Runde, 6. Dalmas, 7. Patrese, 8. Boutsen, 9. Larini —3 Runden, 10. Capelli —5 Runden.

Ergebnis:

1. Alain Prost (Frankreich), McLaren-Honda (T)	1.57:17,077	= 132,797 km/h
2. Gerhard Berger (Österreich), Ferrari (T)	1.57:37,530	20,453 zurück
3. Michele Alboreto (Italien), Ferrari (T)	1.57:58,306	41,229 zurück
4. Derek Warwick (England), Arrows-Megatron (T)	1.57:21,734	1 Runde zurück
5. Jonathan Palmer (England), Tyrrell-Ford (S)	1.57:35,765	1 Runde zurück
6. Riccardo Patrese (Italien), Williams-Judd (S)	1.58:22,182	1 Runde zurück
7. Yannick Dalmas (Frankreich), Lola-Ford (S)	1.58:24,145	1 Runde zurück
8. Thierry Boutsen (Belgien), Benetton-Ford (S)	1.57:23,136	2 Runden zurück
9. Nicola Larini (Italien), Osella-Alfa (T)	1.57:53,732	3 Runden zurück
10. Ivan Capelli (Italien), March-Judd (S)	1.58:21,434	6 Runden zurück

Schnellste Runde: Senna (McLaren-Honda) 1:26,321 = 138,794 km/h (59. Runde).

Schnellste Runde jedes Fahrers im Rennen: Senna 1:26,321 (59.), Prost 1:26,714 (57.), Patrese 1:28,411 (75.), Dalmas 1:28,465 (74.), Berger 1:28,899 (56.), Alboreto 1:29,931 (36.), Mansell 1:28,975 (25.), Warwick 1:29,618 (38.), Capelli 1:29,642 (25.), Nannini 1:29,693 (13.), Boutsen 1:29,831 (62.), Gugelmin 1:29,934 (32.), Palmer 1:30,171 (34.), Sala 1:30,226 (26.), de Cesaris 1:30,397 (21.), Alliot 1:30,749 (22.), Larini 1:31,635 (49.), Cheever 1:31,757 (7.), Larrauri 1:32,320 (7.), Arnoux 1:32,797 (8.), Ghinzani 1:32,308 (41.), Tarquini 1:33,570 (4.), Johansson 1:34,016 (5.).

WM-Klassement: 1. Prost 24, 2. Berger 14, 3. Senna 9, 4. Palmer 8, 5. Alboreto, Warwick je 6, 7. Boutsen 3, 8. Palmer 2, 9. Nakajima, Nannini, Patrese je 1.

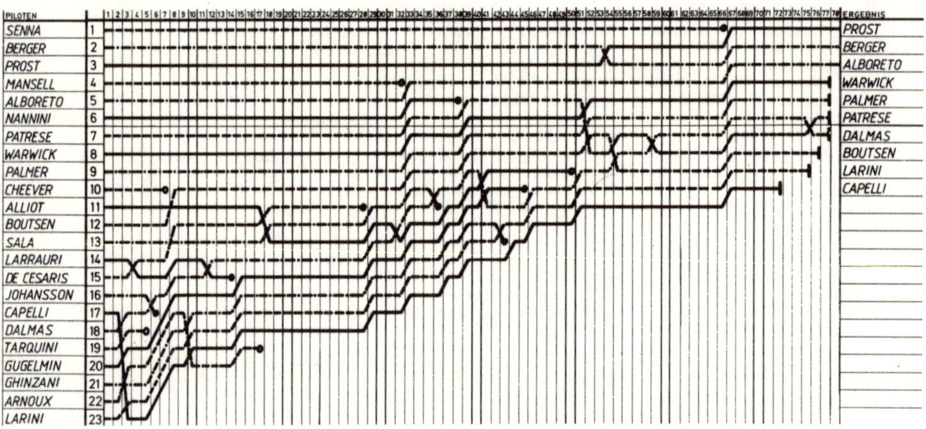

Lauf 4 – Großer Preis von Mexiko – Mexico City, 29. Mai 1988

Erstes Training (inoffiziell)		Zweites Training (offiziell)		Drittes Training (inoffiziell)		Viertes Training (offiziell)	
1. Senna	1:19,475	1. Senna	1:17,468	1. Prost	1:19,055	1. Senna	1:17,666
2. Prost	1:19,803	2. Prost	1:18,097	2. Berger	1:19,547	2. Berger	1:18,120
3. Berger	1:19,988	3. Berger	1:19,725	3. Alboreto	1:19,796	3. Prost	1:18,301
4. Piquet	1:21,000	4. Alboreto	1:20,328	4. Senna	1:20,324	4. Piquet	1:18,946
5. Alboreto	1:21,452	5. Piquet	1:20,380	5. Nakajima	1:20,574	5. Alboreto	1:19,626
6. Cheever	1:22,237	6. Nannini	1:20,740	6. Piquet	1:20,955	6. Nakajima	1:20,275
7. Warwick	1:22,388	7. Warwick	1:20,775	7. Warwick	1:21,349	7. Cheever	1:20,451
8. Nakajima	1:22,824	8. Cheever	1:21,691	8. Cheever	1:21,584	8. Nannini	1:21,005
9. Boutsen	1:22,827	9. Nakajima	1:21,694	9. Boutsen	1:21,675	9. Warwick	1:21,403
10. Mansell	1:23,527	10. Boutsen	1:22,164	10. Nannini	1:21,770	10. Capelli	1:21,952
11. Nannini	1:23,947	11. Capelli	1:22,335	11. Gugelmin	1:22,320	11. Boutsen	1:22,029
12. de Cesaris	1:24,720	12. Alliot	1:22,348	12. Capelli	1:22,386	12. de Cesaris	1:22,245
13. Alliot	1:24,803	13. Gugelmin	1:22,801	13. Alliot	1:22,826	13. Mansell	1:22,363
14. Dalmas	1:24,853	14. de Cesaris	1:22,864	14. Mansell	1:23,273	14. Alliot	1:22,559
15. Patrese	1:25,129	15. Streiff	1:23,191	15. de Cesaris	1:23,282	15. Schneider	1:22,642
16. Ghinzani	1:25,269	16. Mansell	1:23,246	16. Streiff	1:23,863	16. Patrese	1:22,972
17. Capelli	1:25,346	17. Sala	1:23,911	17. Patrese	1:23,997	17. Ghinzani	1:23,078
18. Arnoux	1:25,891	18. Patrese	1:24,142	18. Larrauri	1:24,037	18. Arnoux	1:23,287
19. Palmer	1:25,897	19. Dalmas	1:24,279	19. Schneider	1:24,221	19. Tarquini	1:23,603
20. Streiff	1:26,305	20. Arnoux	1:24,315	20. Johansson	1:24,519	20. Dalmas	1:23,606
21. Modena	1:26,347	21. Schneider	1:24,335	21. Arnoux	1:24,880	21. Caffi	1:23,716
22. Sala	1:26,613	22. Larrauri	1:24,364	22. Bailey	1:24,951	22. Johansson	1:23,721
23. Schneider	1:26,686	23. Palmer	1:24,390	23. Dalmas	1:25,016	23. Streiff	1:23,750
24. Bailey	1:27,092	24. Larini	1:24,405	24. Caffi	1:25,210	24. Sala	1:23,857
25. Caffi	1:27,331	25. Tarquini	1:24,662	25. Tarquini	1:25,346	25. Larrauri	1:24,032
26. Larrauri	1:27,523	26. Johansson	1:25,277	26. Sala	1:25,395	26. Palmer	1:24,489
27. Gugelmin	1:27,548	27. Ghinzani	1:25,375	27. Palmer	1:25,687	27. Bailey	1:25,231
28. Larini	1:27,803	28. Bailey	1:25,525	28. Ghinzani	1:25,763	28. Larini	1:25,408
29. Campos	1:27,973	29. Caffi	1:25,564	29. Campos	1:25,938	29. Campos	1:26,058
30. Tarquini	1:28,498	30. Campos	1:26,696	30. Larini	2:56,569	30. Gugelmin	5:30,133
31. Johansson	46:16,321						

Startaufstellung:

Alain Prost McLaren-Honda MP4/4-4 1:18,097		Ayrton Senna McLaren-Honda MP4/4-1 1:17,468 = 205,447 km/h	
	Nelson Piquet Lotus-Honda 100T/2 1:18,946		Gerhard Berger Ferrari F1-87/88C 104 1:18,120
Satoru Nakajima Lotus-Honda 100T/1 1:20,275		Michele Alboreto Ferrari F1-87/88C 104 1:19,626	
	Alessandro Nannini Benetton-Ford B188-03 1:20,740		Eddie Cheever Arrows-Megatron A10B-01, 1:20,451
Ivan Capelli March-Judd 881-03 1:21,952		Derek Warwick Arrows-Megatron A10B-02, 1:20,775	
	Andrea de Cesaris Rial-Cosworth ARC1-02 1:22,245		Thierry Boutsen Benetton-Ford B188-04 1:22,029
Nigel Mansell Williams-Judd FW12-1 1:22,363		Philippe Alliot Lola-Cosworth LC-88 01 1:22,348	
	Mauricio Gugelmin March-Judd 881-02 1:22,801		Bernd Schneider Zakspeed 881-01 1:22,642
Piercarlo Ghinzani Zakspeed 881-04 1:23,078		Riccardo Patrese Williams-Judd FW12-2 1:22,972	
	René Arnoux Ligier-Judd JS31-02 1:23,287		Philippe Streiff AGS-Cosworth JH23-034 1:23,191
Yannick Dalmas Lola-Cosworth LC-88 02 1:23,606		Gabriele Tarquini Coloni-Cosworth FC188-02, 1:23,603	
	Stefan Johansson Ligier-Judd JS31-03 1:23,721		Alex Caffi Dallara-Cosworth F188-002, 1:23,716
Oscar Larrauri EuroBrun-Cosworth ER188 02, 1:24,032		Luis Perez-Sala Minardi-Cosworth M188-03, 1:23,857	

Nicht qualifiziert: Jonathan Palmer (Tyrrell-Cosworth 017) 1:24,390, Nicola Larini (Osella-FA1L) 1:24,405, Julian Bailey (Tyrrell-Cosworth 017) 1:25,231, Adrian Campos (Minardi-Cosworth M188) 1:26,058.

In der Vorqualifikation disqualifiziert: Stefano Modena (EuroBrun-Cosworth ER188).

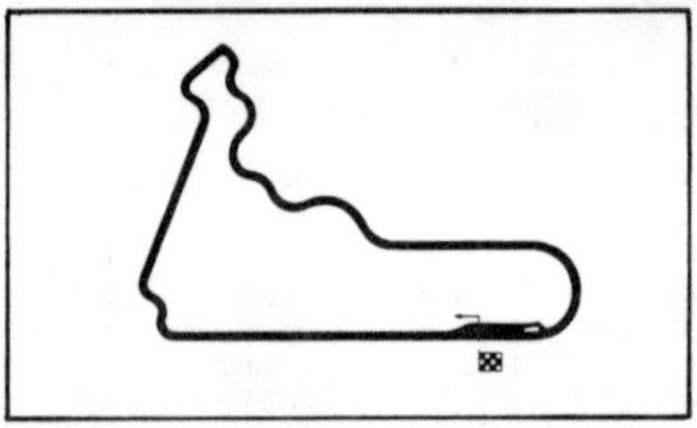

Rekorde: Training: Senna (Lotus-Renault 98 T) 1:16,990=206,723 km/h (1986); Rennen: Piquet (Williams-Honda FW 11B) 1:19,132 = 201,127 km/h (1987); Distanz: Mansell (Williams-Honda FW 11B) 193,411 km/h (1987).

Geschwindigkeiten bei Start und Ziel (Freitag): Piquet 285,05, Prost 281,12, Nakajima 280,00, Alboreto 276,71, Senna 276,71, Berger 276,13, Warwick 273,77, Cheever 269,45, Ghinzani 263,15, Schneider 261,20 — (Samstag): Piquet 282,77, Nakajima 281,56, Alboreto 279,19, Senna 278,97, Berger 278,16, Warwick 274,48, Cheever 272,08 Ghinzani 266,87, Larini 264,27.

Höchstgeschwindigkeiten (Freitag): Senna 325,20, Piquet 323,55, Nakajima 323,26, Berger 322,87, Prost 322,77, Warwick 319,05, Alboreto 318,40, Cheever 314,50, Ghinzani 303,96, Larini 302,27 — (Samstag): Alboreto 320,95, Nakajima 317,55, Senna 316,16, Piquet 315,88, Prost 310,34, Berger 307,34, Cheever 306,73, Warwick 304,65, Ghinzani 297,27, Larini 293,16.

Sonntag-Aufwärmtraining: 1. Senna 1:20,121, 2. Prost 1:20,416, 3. Berger 1:21,369, 4. Piquet 1:22,228, 5. Alboreto 1:22,685, 6. Boutsen 1:23,087, 7. Warwick 1:23,322, 8. Nakajima 1:23,328, 9. Nannini 1:23,540, 10. Cheever 1:23,961.

Wetter am Renntag: sonnig an den Trainingstagen; dunstig, bewölkt, windig am Sonntag; 100.000 Zuschauer.

Distanz: 67 Runden à 4,421 km=296,207 km.

Ausfälle:

Alliot:	1. Runde:	mit repariertem Unfallwagen aus letzter Reihe gestartet, von der Box, wie vereinbart, aus dem Rennen genommen; Platz 26
Gugelmin:	11. Runde:	Batterie fing Feuer; Platz 14
Caffi:	14. Runde:	wegen Bremsdefekts Arnoux von hinten gerammt; Platz 22
Arnoux:	14. Runde:	Kollision mit Caffi, Heckflügel verloren; Platz 20
Schneider:	17. Runde:	Motor; Platz 11
Patrese:	17. Runde:	Leistungsverlust, Motor abgestellt; Platz 15
Mansell:	21. Runde:	Leistungsverlust, Motor abgestellt; Platz 18
Nakajima:	28. Runde:	Motorschaden/Kolben; Platz 6
de Cesaris:	53. Runde:	Kupplung/Differential; Platz 10
Piquet:	59. Runde:	Motorschaden/Kolben; Platz 4

Stand nach 1 Runde: 1. Prost, 2. Senna, 3. Piquet, 4. Nakajima, 5. Berger, 6. Alboreto, 7. Cheever, 8. Warwick, 9. Nannini, 10. Boutsen.

Stand nach 10 Runden: 1. Prost (44,210 km in 13:47,149=192,415 km/h), 2. Senna —5,052, 3. Berger —17,674, 4. Piquet —20,466, 5. Alboreto —24,390, 6. Nakajima —29,608, 7. Cheever —31,987, 8. Warwick —32,805, 9. Nannini —35,058, 10. Boutsen —39,521.

Stand nach 20 Runden: 1. Prost (88,420 km in 27:27,741=193,181 km/h), 2. Senna —8,279, 3. Berger —13,929, 4. Piquet —30,843, 5. Alboreto —34,911, 6. Nakajima —44,949, 7. Cheever —50,389, 8. Warwick —50,896, 9. Nannini —54,460, 10. Boutsen —1:04,195.

Stand nach 30 Runden: 1. Prost (132,630 km in 41:02,136=193,924 km/h), 2. Senna —6,891, 3. Berger —10,872, 4. Piquet —35,875, 5. Alboreto —38,326, 6. Warwick —1:11,141, 7. Cheever —1:13,125, 8. Nannini —1:21,126, 9. Boutsen —1 Runde, 10. de Cesaris.

Stand nach 40 Runden: 1. Prost (176,840 km in 54:25,242=194,970 km/h), 2. Senna —7,364, 3. Berger —15,849, 4. Piquet —48,570, 5. Alboreto —50,599, 6. Warwick —1 Runde, 7. Cheever, 8. Nannini, 9. Boutsen, 10. de Cesaris.

Stand nach 50 Runden: 1. Prost (221,050 km in 1.07:44,205=195,802 km/h), 2. Senna —7,233, 3. Berger —27,906, 4. Piquet —1:03,845, 5. Alboreto —1:06,387, 6. Warwick —1 Runde, 7. Cheever, 8. Nannini, 9. Boutsen, 10. de Cesaris.

Stand nach 60 Runden: 1. Prost (265,260 km in 1.20:56,912=196,614 km/h), 2. Senna —8,150, 3. Berger —46,284, 4. Alboreto —1 Runde, 5. Warwick, 6. Cheever, 7. Nannini —2 Runden, 8. Boutsen, 9. Dalmas —3 Runden, 10. Johansson.

Ergebnis:

1. Alain Prost (Frankreich), McLaren-Honda (T)	1.30:15,737	= 196,898 km/h
2. Ayrton Senna (Brasilien), McLaren-Honda (T)	1.30:22,841	7,104 zurück
3. Gerhard Berger (Österreich), Ferrari (T)	1.31:13,051	57,314 zurück
4. Michele Alboreto (Italien), Ferrari (T)	1.30:36,056	1 Runde zurück
5. Derek Warwick (England), Arrows-Megatron (T)	1.31:30.004	1 Runde zurück
6. Eddie Cheever (USA), Arrows-Megatron (T)	1.31:30,478	1 Runde zurück
7. Alessandro Nannini (Italien), Benetton-Ford (S)	1.31:24,155	2 Runden zurück
8. Thierry Boutsen (Belgien), Benetton-Ford (S)	1.30:18,813	3 Runden zurück
9. Yannick Dalmas (Frankreich), Lola-Ford (S)	1.31:24,502	3 Runden zurück
10. Stefan Johansson (Schweden), Ligier-Judd (S)	1.30:22,219	4 Runden zurück
11. Luis Perez-Sala (Spanien), Minardi-Ford (S)	1.31:10,056	4 Runden zurück
12. Philippe Streiff (Frankreich), AGS-Ford (S)	1.31:24,530	4 Runden zurück
13. Oscar Larrauri (Argentinien), EuroBrun-Ford (S)	1.31:36,847	4 Runden zurück
14. Gabriele Tarquini (Italien), Coloni-Ford (S)	1.30:26,447	5 Runden zurück
15. Piercarlo Ghinzani (Italien), Zakspeed (T)	1.30:45,959	6 Runden zurück
16. Ivan Capelli (Italien), March-Ford (S)	1.31:38,031	6 Runden zurück

Schnellste Runde: Prost (McLaren-Honda) 1:18,608=202,468 km/h (52. Runde).

Schnellste Runde jedes Fahrers im Rennen: Prost 1:18,608 (52.), Senna 1:18,776 (53.), Piquet 1:20,124 (52.), Berger 1:20,160 (37.), Alboreto 1:20,186 (57.), Cheever 1:21,056 (52.), Warwick 1:21,068 (51.), Capelli 1:22,375 (45.), Nakajima 1:22,477 (27.), Nannini 1:22,483 (57.), Streiff 1:22,703 (58.), Boutsen 1:22,822 (50.), de Cesaris 1:23,118 (50.), Dalmas 1:23,409 (58.), Johansson 1:23,553 (49.), Sala 1:24,369 (50.), Ghinzani 1:24,660 (45.), Schneider 1:24,704 (16.), Larrauri 1:25,057 (34.), Tarquini 1:25,072 (60.), Gugelmin 1:25,246 (8.), Patrese 1:25,697 (16.), Mansell 1:26,061 (18.), Caffi 1:27,076 (13.), Arnoux 1:27,524 (8.).

WM-Stand: 1. Prost 33, 2. Berger 18, 3. Senna 15, 4. Alboreto 9, 5. Piquet, Warwick je 8, 7. Boutsen 3, 8. Palmer 2, 9. Nannini, Cheever, Patrese, Nakajima je 1.

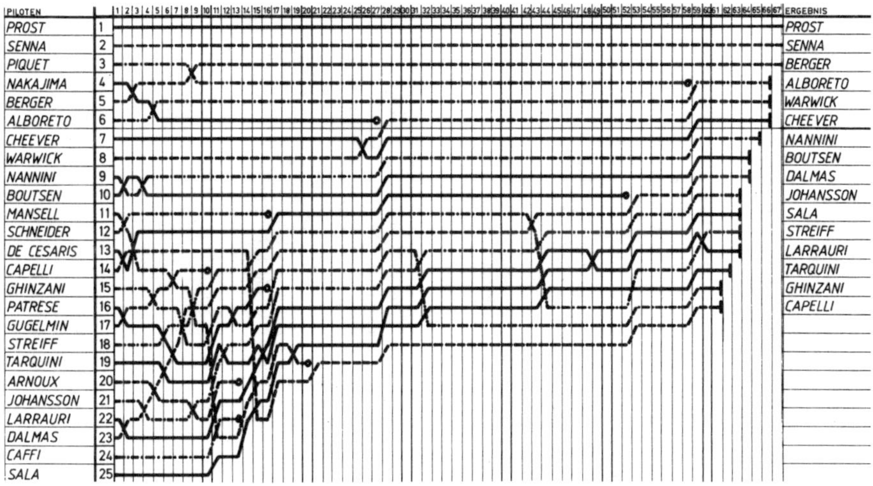

Lauf 5 – Großer Preis von Kanada – Montreal, 12. Juni 1988

Erstes Training (inoffiziell)		Zweites Training (offiziell)		Drittes Training (inoffiziell)		Viertes Training (offiziell)	
1. Prost	1:24,046	1. Senna	1:22,392	1. Prost	1:23,706	1. Senna	1:21,681
2. Berger	1:24,989	2. Prost	1:22,499	2. Senna	1:24,128	2. Prost	1:21,863
3. Senna	1:25,028	3. Berger	1:22,719	3. Boutsen	1:24,588	3. Berger	1:22,785
4. Nannini	1:25,318	4. Alboreto	1:23,976	4. Piquet	1:24,625	4. Alboreto	1:23,296
5. Boutsen	1:26,038	5. Piquet	1:24,166	5. Alboreto	1:24,711	5. Nannini	1:23,968
6. Mansell	1:26,149	6. Cheever	1:24,679	6. Streiff	1:24,886	6. Piquet	1:23,995
7. Cheever	1:26,481	7. Mansell	1:24,844	7. Cheever	1:25,122	7. Boutsen	1:24,115
8. Alboreto	1:26,776	8. Patrese	1:24,971	8. Nannini	1:25,430	8. Streiff	1:24,968
9. Patrese	1:26,777	9. Boutsen	1:25,173	9. Mansell	1:25,519	9. de Cesaris	1:24,988
10. Warwick	1:27,133	10. Nakajima	1:25,373	10. de Cesaris	1:25,540	10. Cheever	1:25,068
11. Piquet	1:27,158	11. Nannini	1:25,561	11. Warwick	1:25,565	11. Mansell	1:25,251
12. Modena	1:27,274	12. Capelli	1:25,609	12. Patrese	1:25,628	12. Patrese	1:25,471
13. Streiff	1:27,326	13. Streiff	1:25,878	13. Alliot	1:26,108	13. Modena	1:25,713
14. de Cesaris	1:27,426	14. Gugelmin	1:25,910	14. Modena	1:26,131	14. Warwick	1:25,740
15. Alliot	1:27,461	15. de Cesaris	1:26,039	15. Arnoux	1:26,147	15. Alliot	1:25,765
16. Dalmas	1:27,550	16. Warwick	1:26,052	16. Gugelmin	1:26,312	16. Gugelmin	1:25,982
17. Capelli	1:27,845	17. Modena	1:26,652	17. Larrauri	1:26,349	17. Palmer	1:26,092
18. Larrauri	1:27,912	18. Arnoux	1:26,716	18. Campos	1:26,613	18. Arnoux	1:26,327
19. Nakajima	1:27,995	19. Sala	1:26,822	19. Capelli	1:26,678	19. Sala	1:26,437
20. Palmer	1:28,157	20. Palmer	1:27,230	20. Palmer	1:26,783	20. Nakajima	1:26,560
21. Gugelmin	1:28,337	21. Alliot	1:27,543	21. Sala	1:26,886	21. Ghinzani	1:26,784
22. Arnoux	1:28,408	22. Larrauri	1:27,626	22. Bailey	1:26,896	22. Capelli	1:26,815
23. Campos	1:28,626	23. Campos	1:27,885	23. Johansson	1:27,643	23. Bailey	1:27,139
24. Tarquini	1:28,709	24. Ghinzani	1:28,400	24. Nakajima	1:27,663	24. Larrauri	1:27,321
25. Sala	1:28,850	25. Johansson	1:28,614	25. Schneider	1:27,727	25. Johansson	1:27,637
26. Caffi	1:29,103	26. Bailey	1:28,737	26. Berger	1:27,782	26. Tarquini	1:27,665
27. Ghinzani	1:29,463	27. Schneider	1:29,110	27. Tarquini	1:27,968	27. Campos	1:27,979
28. Bailey	1:29,472	28. Larini	1:39,792	28. Ghinzani	1:27,968	28. Larini	1:27,981
29. Schneider	1:29,490			29. Larini	1:28,070	29. Dalmas	1:28,012
30. Johansson	1:29,592			30. Dalmas	1:29,828	30. Schneider	1:28,215
31. Larini	1:32,106						

Startaufstellung:

Alain Prost
McLaren-Honda MP4/4-4
1:21,863

Ayrton Senna
McLaren-Honda MP4/4-1
1:21,681=193,484 km/h

Michele Alboreto
Ferrari F1-87/88C 103
1:23,296

Gerhard Berger
Ferrari F1-87/88C 102
1:22,719

Nelson Piquet
Lotus-Honda 100T/2
1:23,995

Alessandro Nannini
Benetton-Ford B188-03
1:23,968

Eddie Cheever
Arrows-Megatron
A10B-01, 1:24,679

Thierry Boutsen
Benetton-Ford B188-04
1:24,115

Philippe Streiff
AGS-Cosworth JH23-034
1:24,968

Nigel Mansell
Williams-Judd FW12-1
1:24,844

Andrea de Cesaris
Rial-Cosworth ARC1-02
1:24,988

Riccardo Patrese
Williams-Judd FW12-2
1:24,971

Ivan Capelli
March-Judd 881-03
1:25,609

Satoru Nakajima
Lotus-Honda 100T/1
1:25,373

Derek Warwick
Arrows-Megatron
A10B-02, 1:25,740

Stefano Modena
EuroBrun-Cosworth
ER188 03, 1:25,713

Mauricio Gugelmin
March-Judd 881-02
1:25,910

Philippe Alliot
Lola-Cosworth LC-88 01
1:25,765

René Arnoux
Ligier-Judd JS31-02
1:26,321

Jonathan Palmer
Tyrrell-Cosworth 017-01
1:26,092

Piercarlo Ghinzani
Zakspeed 881-03
1:26,784

Luis Perez-Sala
Minardi-Cosworth
M188-03, 1:26,437

Oscar Larrauri
EuroBrun-Cosworth
ER188 02, 1:27,321

Julian Bailey
Tyrrell-Cosworth 017-02
1:27,139

Gabriele Tarquini
Coloni-Cosworth
FC188-02, 1:27,665

Stefan Johansson
Ligier-Judd JS31-03
1:27,637

Nicht qualifiziert: Adrian Campos (Minardi-Cosworth M188) 1:27,885, Nicola Larini (Osella-Alfa FA1L) 1:27,981, Yannick Dalmas (Lola-Cosworth LC88) 1:28,012, Bernd Schneider (Zakspeed 871) 1:28,215.

In der Vorqualifikation eliminiert: Alex Caffi (Dallara-Cosworth F188) 1:29,103.

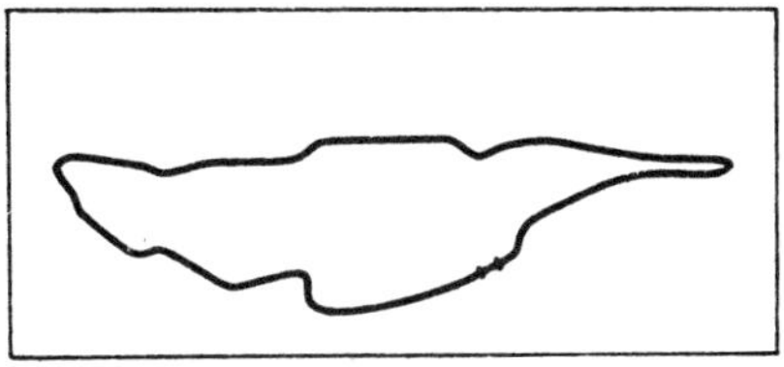

Rekorde: Training: Mansell (Williams-Honda FW 11) 1:24,118 = 188,735 km/h (1986); Rennen: Piquet (Williams-Honda FW 11) 1:25,443 = 185,808 km/h (1986); Distanz: Alboreto (Ferrari 156/85) 184,686 km/h (1985).

Höchstgeschwindigkeiten (Freitag): Alboreto 301,090, Berger 297,1, Piquet 293,8, Prost 292,5, Senna 291,9, Nakajima 291,7, Cheever 285,1, Capelli 282,5, Streiff 282,3, Warwick 281,1 — (Samstag): Alboreto 299,580, Berger 294,7, Prost 292,5, Senna 291,5, Piquet 289,2, Warwick 286,8, Cheever 283,9, Nakajima 282,9, Nannini 280,8, Streiff 279,5.

Geschwindigkeiten auf der Ziellinie (Freitag): Alboreto 287,23, Berger 286,8, Senna 286,0, Prost 285,6, Piquet 284,0, Nakajima 281,0, Cheever 275,9, Warwick 273,8, Capelli 271,9, Arnoux 271,5 — (Samstag): Berger 288,69, Prost 288,69, Alboreto 287,2, Senna 286,2, Piquet 282,7, Nannini 278,5, Cheever 276,0, Boutsen 274,4, Warwick 272,6, Nakajima 272,5.

Sonntag-Aufwärmtraining: 1. Alboreto 1:26,044, 2. Boutsen 1:26,231, 3. Prost 1:26,300, 4. Nannini 1:26,325, 5. Berger 1:26,381, 6. Senna 1:26,645, 7. Mansell 1:26,767, 8. Streiff 1:27,353, 9. de Cesaris 1:27,639, 10. Patrese 1:27,675.

Wetter am Renntag: sonnig und windig, an den Trainingstagen veränderlich; 70.000 Zuschauer.

Distanz: 69 Runden à 4,390 km = 302,910 km.

Boxenstops:

Sala:	1. Runde:	nach Kollision mit Bailey, Stop dauerte 6 Minuten; Platz 25
Modena:	61. Runde:	Getriebe blockiert; Platz 7—13

Ausfälle:

Bailey:	1. Runde:	Kollision mit Sala in der 1. Kurve
Larrauri:	9. Runde:	Unfall; Platz 22
Nannini:	16. Runde:	kein Benzindruck; Platz 5
Berger:	23. Runde:	Elektrik, Hauptstromleitung; Platz 4
Johansson:	25. Runde:	Motor; Platz 17
Mansell:	29. Runde:	Motor; Platz 5
Cheever:	32. Runde:	gerissene Rückholfeder des Gasgestänges, vorher Kollision mit Patrese; Platz 9
Patrese:	33. Runde:	Motor; Platz 9
Alboreto:	34. Runde:	Kühlwasser ausgeronnen, Motor überhitzt; Platz 4
Arnoux:	37. Runde:	Motor und Getriebe; Platz 13
Streiff:	42. Runde:	Radaufhängung links hinten gebrochen; Platz 5
Gugelmin:	55. Runde:	Motor; Platz 12
Ghinzani:	63. Runde:	Motor; Platz 12
Alliot:	67. Runde:	Benzin auf der Zielgeraden ausgegangen; Platz 7
de Cesaris:	67. Runde:	Benzin zwei Kurven vor Schluß ausgegangen; Platz 5

Stand nach 1 Runde: 1. Prost, 2. Senna, 3. Berger, 4. Alboreto, 5. Boutsen, 6. Nannini, 7. Piquet, 8. Mansell, 9. Cheever, 10. Streiff.

Stand nach 10 Runden: 1. Prost (43,90 km in 14:41,135 = 179,360 km/h), 2. Senna —0,298, 3. Berger —4,966, 4. Alboreto —7,530, 5. Boutsen —7,778, 6. Nannini —8,389, 7. Piquet —18,499, 8. Mansell —19,276, 9. Streiff —25,899, 10. Cheever —28,658.

Stand nach 20 Runden: 1. Senna (87,80 km in 29:13,590 = 180,247 km/h), 2. Prost —1,485, 3. Boutsen —6,971, 4. Berger —18,500, 5. Alboreto —21,991, 6. Piquet —29,058, 7. Mansell —29,619, 9. Streiff —30,501, 9. de Cesaris —39,403, 10. Capelli —50,394.

Stand nach 30 Runden: 1. Senna (131,70 km in 43:42,153 = 180,813 km/h), 2. Prost —5,447, 3. Boutsen —11,673, 4. Alboreto —32,876, 5. Piquet —44,600, 6. Streiff —45,118, 7. de Cesaris —47,844, 8. Capelli —1:07,790, 9. Patrese —1:08,874, 10. Modena —1:09,363.

Stand nach 40 Runden: 1. Senna (175,60 km in 58:04,575 = 181,417 km/h), 2. Prost —3,442, 3. Boutsen —20,682, 4. Piquet —1:00,670, 5. Streiff —1:02,892, 6. de Cesaris —1:04,337, 7. Capelli —1 Runde, 8. Modena, 9. Alliot, 10. Palmer.

Stand nach 50 Runden: 1. Senna (219,50 km in 1.12:22,228 = 181,980 km/h), 2. Prost —3,221, 3. Boutsen —30,316, 4. Piquet —1:23,179, 5. de Cesaris —1 Runde, 6. Capelli, 7. Modena, 8. Alliot, 9. Palmer, 10. Warwick.

Stand nach 60 Runden: 1. Senna (263,40 km in 1.26:35,171 = 182,523 km/h), 2. Prost —7,162, 3. Boutsen —48,887, 4. Piquet —1 Runde, 5. de Cesaris, 6. Capelli, 7. Modena, 8. Alliot, 9. Palmer —2 Runden, 10. Warwick.

Schnellste Runde: Senna (McLaren-Honda) 1:24,973 = 185,988 km/h (53. Runde).

Schnellste Runde jedes Fahrers im Rennen: Senna 1:24,973 (53.), Prost 1:25,045 (46.), Boutsen 1:26,193 (42.), Streiff 1:26,554 (41.), Nannini 1:26,713 (13.), Berger 1:26,947 (6.), Piquet 1:27,038 (36.), Alliot 1:27,068 (65.), de Cesaris 1:27,224 (28.), Mansell 1:27,275 (25.), Alboreto 1:27,282 (5.), Sala 1:27,316 (54.), Modena 1:27,549 (65.), Capelli 1:27,614 (61.), Palmer 1:28,108 (43.), Patrese 1:28,175 (27.), Tarquini 1:28,206 (50.), Warwick 1:28,234 (47.), Arnoux 1:28,586 (26.), Gugelmin 1:28,750 (49.), Johansson 1:28,850 (24.), Cheever 1:29,115 (11.), Ghinzani 1:29,202 (49.), Nakajima 1:29,317 (30.), Larrauri 1:30,049 (5.).

Ergebnis:

1. Ayrton Senna (Brasilien), McLaren-Honda (T)	1.39:46,618	= 182,152 km/h
2. Alain Prost (Frankreich), McLaren-Honda (T)	1.39:52,252	5,634 zurück
3. Thierry Boutsen (Belgien), Benetton-Ford (S)	1.40:38,027	51,409 zurück
4. Nelson Piquet (Brasilien), Lotus-Honda (T)	1.40:20,732	1 Runde zurück
5. Ivan Capelli (Italien), March-Judd (S)	1.40:50,834	1 Runde zurück
6. Jonathan Palmer (England), Tyrrell-Ford (S)	1.40:07,353	2 Runden zurück
7. Derek Warwick (England), Arrows-Megatron (T)	1.40:25,862	2 Runden zurück
8. Gabriele Tarquini (Italien), Coloni-Ford (S)	1.40:44,130	2 Runden zurück
9. Andrea de Cesaris (Italien), Rial-Ford (S)	1.37:27,888	3 Runden zurück
10. Philippe Alliot (Frankreich), Lola-Ford (S)	1.38:00,527	3 Runden zurück
11. Satoru Nakajima (Japan), Lotus-Honda (T)	1.40:21,032	3 Runden zurück
12. Stefano Modena (Italien), EuroBrun-Ford (S)	1.40:39,168	3 Runden zurück
13. Luis Perez-Sala (Spanien), Minardi-Ford (S)	1.40:27,224	5 Runden zurück
14. Piercarlo Ghinzani (Italien), Zakspeed (T)	1.36:27,065	6 Runden zurück

de Cesaris, Alliot und Ghinzani bei Schluß nicht mehr im Rennen, aber gewertet.

WM-Stand: 1. Prost 39, 2. Senna 24, 3. Berger 18, 4. Piquet 11, 5. Alboreto 9, 6. Warwick 8, 7. Boutsen 7, 8. Palmer 3, 9. Capelli 2, 10. Patrese, Nannini, Nakajima, Cheever je 1.

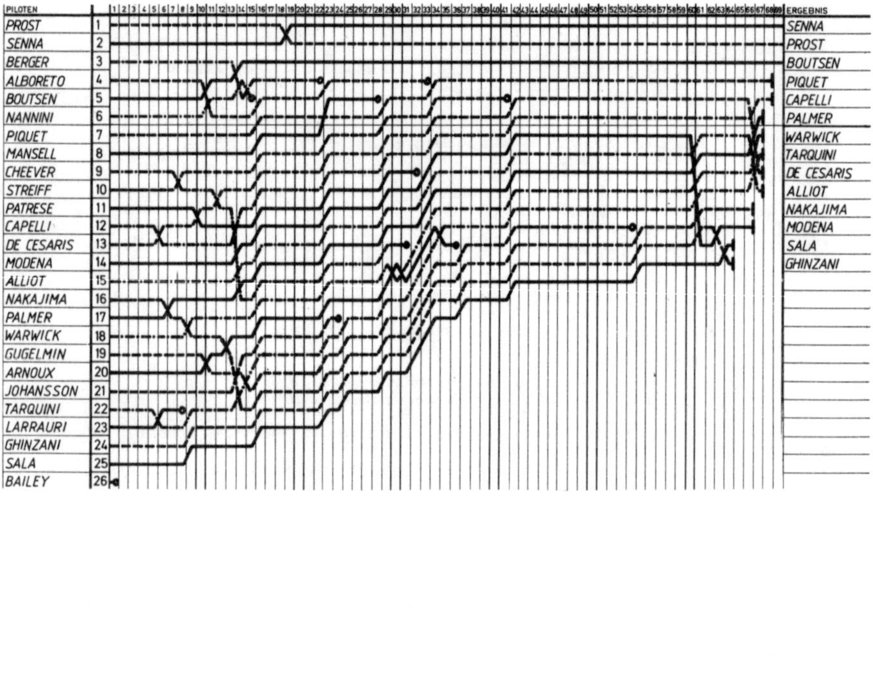

Lauf 6 – Großer Preis der USA-Ost, Detroit, 19. Juni 1988

Erstes Training (inoffiziell)		Zweites Training (offiziell)		Drittes Training (inoffiziell)		Viertes Training (offiziell)	
1. Prost	1:41,410	1. Senna	1:40,606	1. Senna	1:40,177	1. Berger	1:41,464
2. Senna	1:42,207	2. Prost	1:42,019	2. Prost	1:40,314	2. Alboreto	1:41,700
3. Boutsen	1:43,829	3. Berger	1:42,283	3. Mansell	1:40,589	3. Senna	1:41,719
4. Mansell	1:43,903	4. Nannini	1:43,117	4. Boutsen	1:40,679	4. Boutsen	1:42,690
5. Berger	1:44,578	5. Mansell	1:43,458	5. Alboreto	1:41,126	5. Mansell	1:42,897
6. Alboreto	1:44,783	6. Boutsen	1:43,718	6. Berger	1:41,824	6. Piquet	1:43,314
7. Patrese	1:45,473	7. Patrese	1:43,810	7. Patrese	1:42,135	7. Prost	1:43,420
8. Streiff	1:45,743	8. Alboreto	1:43,925	8. Gugelmin	1:42,206	8. Warwick	1:43,799
9. Alliot	1:45,997	9. Streiff	1:44,204	9. Streiff	1:42,378	9. de Cesaris	1:44,216
10. Martini	1:46,002	10. Piquet	1:44,352	10. Warwick	1:42,511	10. Streiff	1:44,743
11. Nannini	1:46,051	11. Gugelmin	1:44,474	11. Cheever	1:42,520	11. Cheever	1:44,948
12. Caffi	1:46,280	12. Alliot	1:44,590	12. Alliot	1:42,649	12. Patrese	1:45,016
13. Modena	1:46,522	13. Warwick	1:44,614	13. Dalmas	1:42,961	13. Martini	1:45,048
14. Arnoux	1:46,610	14. Cheever	1:45,159	14. Palmer	1:43,065	14. Nannini	1:45,345
15. Larrauri	1:46,650	15. Palmer	1:45,268	15. Piquet	1:43,308	15. Palmer	1:45,622
16. de Cesaris	1:46,709	16. Johansson	1:45,275	16. Capelli	1:43,329	16. Caffi	1:45,750
17. Johansson	1:46,740	17. Modena	1:45,304	17. Nannini	1:43,402	17. Dalmas	1:46,447
18. Cheever	1:46,824	18. Arnoux	1:45,437	18. de Cesaris	1:43,526	18. Sala	1:46,593
19. Dalmas	1:46,890	19. Capelli	1:45,544	19. Arnoux	1:43,620	19. Johansson	1:47,135
20. Piquet	1:46,940	20. de Cesaris	1:45,866	20. Caffi	1:43,747	20. Arnoux	1:47,483
21. Gugelmin	1:47,017	21. Bailey	1:46,286	21. Johansson	1:43,913	21. Bailey	1:47,801
22. Sala	1:47,121	22. Larrauri	1:46,390	22. Bailey	1:44,122	22. Larrauri	1:48,116
23. Tarquini	1:47,312	23. Dalmas	1:46,422	23. Larini	1:44,163	23. Schneider	1:48,249
24. Nakajima	1:47,486	24. Larini	1:46,623	24. Martini	1:44,477	24. Ghinzani	1:48,990
25. Larini	1:47,702	25. Martini	1:47,094	25. Larrauri	1:44,942	25. Nakajima	1:49,353
26. Bailey	1:48,228	26. Nakajima	1:47,243	26. Ghinzani	1:45,017	26. Larini	1:51,623
27. Palmer	1:48,276	27. Caffi	1:47,493	27. Schneider	1:45,644	27. Gugelmin	1:53,243
28. Capelli	1:49,038	28. Sala	1:48,186	28. Nakajima	1:45,718	28. Alliot	3:40,532
29. Warwick	1:49,983	29. Schneider	1:48,423	29. Sala	1:45,910		
30. Schneider	1:55,416	30. Ghinzani	1:48,925	30. Modena	1:51,104		
31. Ghinzani	10:39,323						

Startaufstellung:

Ayrton Senna McLaren-Honda MP4/4-2 1:40,606 = 143,969 km/h	Gerhard Berger Ferrari F1-87/88C 104 1:41,464
Michele Alboreto Ferrari F187/88X 103 1:41,700	Alain Prost McLaren-Honda MP4/4-4 1:42,019
Thierry Boutsen Benetton-Ford B188-05 1:42,690	Nigel Mansell Williams-Judd FW12-4 1:42,897
Alessandro Nannini Benetton-Ford B188-03 1:43,117	Nelson Piquet Lotus-Honda 100T/2 1:43,314
Derek Warwick Arrows-Megatron A10B-02, 1:43,799	Riccardo Patrese Williams-Judd FW12-2 1:43,810
Philippe Streiff AGS-Cosworth JH23-034 1:44,204	Andrea de Cesaris Rial-Cosworth ARC1-02 1:44,216
Mauricio Gugelmin March-Judd 881-02 1:44,474	Philippe Alliot Lola-Cosworth LC-88 04 1:44,590
Eddie Cheever Arrows-Megatron A10B-01, 1:44,948	Pierluigi Martini Minardi-Cosworth M188-01, 1:45,048
Jonathan Palmer Tyrrell-Cosworth 017-01 1:45,268	Stefan Johansson Ligier-Judd JS31-03 1:45,275
Stefano Modena EuroBrun-Cosworth ER188 03, 1:45,304	René Arnoux Ligier-Judd JS31-02 1:45,437
Alex Caffi Dallara-Cosworth F188-001, 1:45,750	Julian Bailey Tyrrell-Cosworth 017-02 1:46,286
Oscar Larrauri Minardi-Cosworth M188-03, 1:46,390	Yannick Dalmas Lola-Cosworth LC-88 01 1:46,422
Luis Perez-Sala Minardi-Cosworth M188-03, 1:46,593	Nicola Larini Osella FA1L-01 1:46,623

Nicht qualifiziert: Satoru Nakajima (Lotus-Honda 100T) 1:47,243, Bernd Schneider (Zakspeed 871) 1:48,249, Piercarlo Ghinzani (Zakspeed 871) 1:48,925. Ivan Capelli (1:45,544 = 21. Trainingszeit) wegen Trainingsverletzung nicht am Start.

In der Vorqualifikation eliminiert: Gabriele Tarquini (Coloni-Cosworth FC188) 1:47,312.

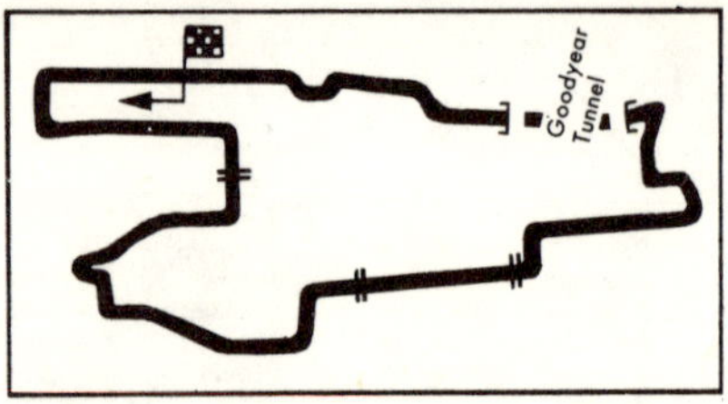

Rekorde: Training: Senna (Lotus-Renault 98 T) 1:38,301=147,344 km/h (1986); Rennen: Senna (Lotus-Honda 99 T 1:40,464 = 144,145 km/h (1987); Distanz: Senna (Lotus-Honda 99 T) 137,886 km/h (1987).

Geschwindigkeiten auf der Ziellinie (Freitag): Berger 243,65, Senna 243,2, Prost 240,7, Alboreto 240,0, Piquet 238,8, Nakajima 236,6, Streiff 234,6, Modena 233,3, Warwick 231,1, Capelli 230,2 — (Samstag): Berger 248,19, Alboreto 247,6, Prost 243,3, Piquet 242,8, Senna 241,8, Warwick 235,5, Cheever 234,0, Boutsen 233,9, Streiff 233,3, Larrauri 232,4.

Sonntag-Aufwärmtraining: 1. Prost 1:42,308, 2. Senna 1:42,409, 3. Boutsen 1:43,167, 4. Mansell 1:43,235, 5. Berger 1:44,791, 6. Alboreto 1:44,955, 7. Piquet 1:45,224, 8. Palmer 1:45,435, 9. Patrese 1:45,479, 10. Warwick 1:45,642.

Wetter am Renntag: heiß, windig, teilweise bewölkt; 100.000 Zuschauer.

Distanz: 63 Runden à 4,023 km=253,449 km.

Boxenstops:

Palmer:	1. Runde:	neuer Frontflügel nach Kollision mit Larrauri; Platz 26
Modena:	7. Runde:	Probleme mit dem 3. Gang (3 Minuten); Platz 14—24
Alboreto:	9. Runde:	Kollision mit Nannini (1,30 Minuten); Platz 4—22
Larrauri:	12. Runde:	Reifenwechsel; vermutete Reifenschaden; Platz 18—22
Cheever:	12. Runde:	Motor-Management-System überhitzte; Temperatur stieg in der Box von 85 auf 110 Grad; Platz 11—17
Warwick:	23. Runde:	Mauer berührt, Reifenwechsel, Gaszug blockierte (12 Minuten); Platz 14—19
Piquet:	24. Runde:	Reifenwechsel; Platz 9—11
Prost:	39. Runde:	Reifenwechsel in 17 sec; Platz 2
Senna:	41. Runde:	Reifenwechsel in 10,7 sec; Platz 1

Ausfälle:

Johansson:	3. Runde:	Motor überhitzt; Platz 22
Berger:	7. Runde:	Reifenschaden links hinten nach Kollision mit Boutsen; Felge gebrochen; Platz 2—3
Larini:	8. Runde:	Motor; Platz 21
Cheever:	15. Runde:	Motor überhitzt; Platz 17
Nannini:	15. Runde:	Radaufhängungsschaden nach Kollision mit Alboreto wegen Bremsdefekt; Platz 4
Streiff:	16. Runde:	Radaufhängung gebrochen nach Kollision mit Piquet bzw. der Mauer; Platz 7
Mansell:	19. Runde:	Elektrik, rotes Licht, Motor abgestorben; Platz 4
Warwick:	25. Runde:	Rückzugfeder des Gaspedals gebrochen, Gaszug klemmte bei Vollgasstellung; Platz 19
Larrauri:	27. Runde:	Kraftübertragung; Platz 17
Piquet:	27. Runde:	Dreher, gegen die Mauer; Platz 11
Patrese:	27. Runde:	Elektrik, Motor abgestorben; Platz 4
Gugelmin:	35. Runde:	Ölverlust, Motor festgegangen; Platz 5
Arnoux:	46. Runde:	Motor überhitzt; Platz 8
Alboreto:	46. Runde:	beim Versuch, Caffi zu überholen, von der Strecke, weil Motor aussetzte; Platz 8
Modena:	47. Runde:	Dreher; Platz 12
Alliot:	47. Runde:	Bremsen und Getriebe; Platz 9
Sala:	55. Runde:	Getriebe, Kupplung; Platz 10
Railey:	59. Runde:	Unfall in der 13. Kurve; Platz 9

Stand nach 1 Runde: 1. Senna, 2. Prost, 3. Alboreto, 4. Boutsen, 5. Prost, 6. Nannini, 7. Mansell, 8. Warwick, 9. Patrese, 10. Piquet.

Stand nach 10 Runden: 1. Senna (40,23 km in 17:40,307=136,574 km/h), 2. Prost —6,135, 3. Boutsen —17,038, 4. Nannini —22,291, 5. Mansell —23,259, 6. Patrese —28,284, 7. Warwick —41,296, 8. de Cesaris —42,437, 9. Streiff —49,061, 10. Piquet —54,311.

Stand nach 20 Runden: 1. Senna (80,46 km in 35:28,711=136,054 km/h), 2. Prost —9,641, 3. Boutsen —26,056, 4. Patrese —52,727, 5. de Cesaris —1:23,612, 6. Gugelmin —1:43,560, 7. Martini —1:47,236, 8. Caffi —1:47,969, 9. Piquet —1 Runde, 10. Arnoux.

Stand nach 30 Runden: 1. Senna (120,69 km in 53:17,198=135,878 km/h), 2. Prost —12,613, 3. Boutsen —1:00,625, 4. de Cesaris —1 Runde, 5. Gugelmin, 6. Martini, 7. Caffi, 8. Arnoux, 9. Palmer, 10. Dalmas.

Stand nach 40 Runden: 1. Senna (160,92 km in 1.11:06,000=135,780 km/h), 2. Prost —47,608, 3. Boutsen —1:42,459, 4. de Cesaris —1 Runde, 5. Martini, 6. Caffi, 7. Arnoux, 8. Alboreto —2 Runden, 9. Palmer, 10. Dalmas.

Stand nach 50 Runden: 1. Senna (201,15 km in 1.29:37,853=134,636 km/h), 2. Prost —44,674, 3. Boutsen —1:50,940, 4. de Cesaris —1 Runde, 5. Martini —2 Runden, 6. Palmer, 7. Caffi, 8. Dalmas, 9. Bailey —3 Runden, 10. Sala.

Ergebnis:

1. Ayrton Senna (Brasilien), McLaren-Honda (T)	1.54:56,035	= 132,310 km/h
2. Alain Prost (Frankreich), McLaren-Honda (T)	1.55:34,748	38,713 zurück
3. Thierry Boutsen (Belgien), Benetton-Ford (S)	1.54:56,539	1 Runde zurück
4. Andrea de Cesaris (Italien), Rial-Ford (S)	1.55:39,837	1 Runde zurück
5. Jonathan Palmer (England), Tyrrell-Ford (S)	1.56:23,147	1 Runde zurück
6. Pierluigi Martini (Italien), Minardi-Ford (S)	1.56:40,347	1 Runde zurück
7. Yannick Dalmas (Frankreich), Lola-Ford (S)	1.55:13,057	2 Runden zurück
8. Alex Caffi (Italien), Dallara-Ford (S)	1.56:40,278	2 Runden zurück
9. Julian Bailey (England), Tyrrell-Ford (S)	1.52:31,823	4 Runden zurück

Bailey bei Schluß nicht mehr im Rennen, aber gewertet.

Schnellste Runde: Prost (McLaren-Honda) 1:44,836=138,147 km/h (4. Runde).

Schnellste Runde jedes Fahrers im Rennen: Prost 1:44,836 (4.), Senna 1:44,992 (8.), Berger 1:45,508 (3.), Boutsen 1:45,714 (13.), Alboreto 1:45,878 (4.), Mansell 1:46,044 (4.), Nannini 1:46,125 (6.), Patrese 1:46,632 (5.), Palmer 1:46,905 (5.), Warwick 1:47,030 (5.), Piquet 1:47,137 (4.), Streiff 1:47,326 (5.), de Cesaris 1:47,594 (4.), Cheever 1:47,739 (6.), Modena 1:48,243 (9.), Caffi 1:48,951 (8.), Gugelmin 1:49,224 (18.), Martini 1:49,236 (8.), Bailey 1:49,330 (7.), Arnoux 1:49,554 (8.), Larrauri 1:49,782 (17.), Dalmas 1:49,946 (12.), Alliot 1:50,223 (37.), Johansson 1:50,260 (2.), Larini 1:50,703 (7.), Sala 1:51,855 (45.).

WM-Stand: 1. Prost 45, 2. Senna 33, 3. Berger 18, 4. Piquet, Boutsen je 11, 6. Alboreto 9, 7. Warwick 8, 8. Palmer 5, 9. de Cesaris 3, 10. Capelli 2, 11. Martini, Patrese, Nakajima, Nannini, Cheever je 1.

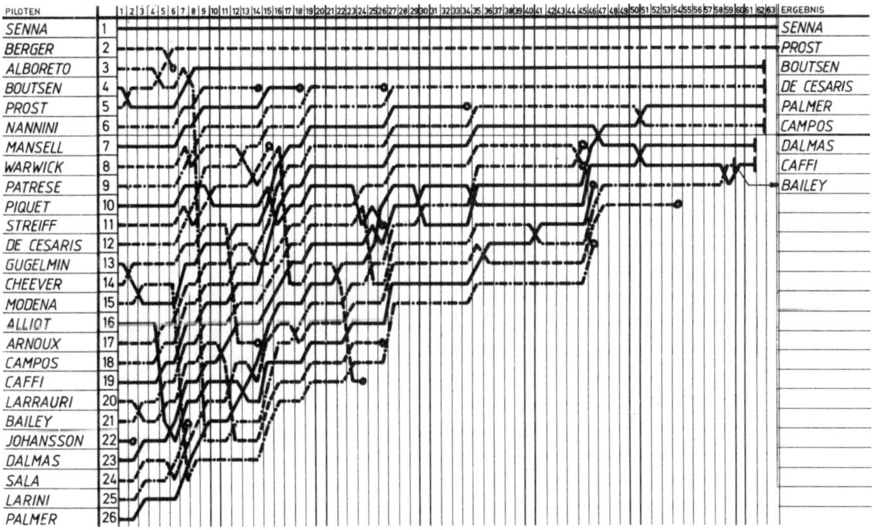

Lauf 7 – Großer Preis von Frankreich – Le Castellet, 3. Juli 1988

Erstes Training (inoffiziell)		Zweites Training (offiziell)		Drittes Training (inoffiziell)		Viertes Training (offiziell)	
1. Prost	1:08,866	1. Prost	1:08,171	1. Senna	1:08,216	1. Prost	1:07,589
2. Senna	1:09,577	2. Senna	1:08,456	2. Prost	1:08,282	2. Senna	1:08,067
3. Berger	1:09,673	3. Berger	1:09,032	3. Piquet	1:09,660	3. Berger	1:08,282
4. Alboreto	1:10,059	4. Alboreto	1:09,624	4. Boutsen	1:10,231	4. Alboreto	1:09,422
5. Piquet	1:10,499	5. Piquet	1:09,734	5. Mansell	1:10,298	5. Boutsen	1:09,587
6. Mansell	1:11,284	6. Nannini	1:10,743	6. Nakajima	1:10,490	6. Nannini	1:09,718
7. Boutsen	1:11,690	7. Mansell	1:11,112	7. Berger	1:10,739	7. Piquet	1:09,900
8. Nannini	1:11,779	8. Boutsen	1:11,170	8. Nannini	1:10,811	8. Nakajima	1:10,250
9. Nakajima	1:11,807	9. Gugelmin	1:11,315	9. Cheever	1:10,969	9. Mansell	1:10,337
10. Cheever	1:11,902	10. Warwick	1:11,339	10. de Cesaris	1:11,201	10. Capelli	1:10,496
11. Warwick	1:12,221	11. Nakajima	1:11,394	11. Warwick	1:11,202	11. Warwick	1:10,634
12. Streiff	1:12,244	12. Cheever	1:11,567	12. Alliot	1:11,629	12. de Cesaris	1:10,861
13. Gugelmin	1:12,477	13. Patrese	1:11,671	13. Gugelmin	1:11,664	13. Cheever	1:10,979
14. Patrese	1:12,485	14. Capelli	1:11,779	14. Patrese	1:11,959	14. Caffi	1:11,211
15. Capelli	1:12,565	15. de Cesaris	1:11,854	15. Capelli	1:12,107	15. Patrese	1:11,286
16. Dalmas	1:12,573	16. Streiff	1:12,004	16. Streiff	1:12,195	16. Gugelmin	1:11,404
17. Alliot	1:12,773	17. Alliot	1:12,286	17. Modena	1:12,239	17. Streiff	1:11,466
18. Modena	1:12,805	18. Dalmas	1:12,547	18. Caffi	1:12,306	18. Alliot	1:11,511
19. Caffi	1:12,891	19. Arnoux	1:12,654	19. Alboreto	1:12,358	19. Dalmas	1:11,747
20. de Cesaris	1:12,898	20. Sala	1:12,938	20. Martini	1:12,412	20. Modena	1:12,007
21. Arnoux	1:13,128	21. Modena	1:12,997	21. Larini	1:12,523	21. Schneider	1:12,026
22. Larini	1:13,187	22. Larini	1:13,037	22. Arnoux	1:12,614	22. Ghinzani	1:12,121
23. Larrauri	1:13,452	23. Martini	1:13,039	23. Larrauri	1:12,748	23. Martini	1:12,268
24. Sala	1:13,583	24. Palmer	1:13,053	24. Sala	1:12,848	24. Palmer	1:12,316
25. Palmer	1:13,685	25. Caffi	1:13,144	25. Dalmas	1:12,949	25. Larini	1:12,406
26. Schneider	1:13,915	26. Schneider	1:13,523	26. Schneider	1:13,038	26. Sala	1:12,525
27. Martini	1:13,957	27. Johansson	1:13,629	27. Ghinzani	1:13,065	27. Larrauri	1:12,538
28. Bailey	1:14,054	28. Bailey	1:13,839	28. Palmer	1:13,113	28. Bailey	1:12,697
29. Tarquini	1:14,214	29. Larrauri	1:13,888	29. Johansson	1:13,133	29. Arnoux	1:12,736
30. Johansson	1:14,580	30. Ghinzani	1:14,797	30. Bailey	1:13,272	30. Johansson	1:12,801
31. Ghinzani	1:15,280						

Startaufstellung:

Ayrton Senna
McLaren-Honda MP4/4-2
1:08,067

Alain Prost
McLaren-Honda MP4/4-4
1:07,589=203,092 km/h

Michele Alboreto
Ferrari F1-87/88C 103
1:09,422

Gerhard Berger
Ferrari F1-87/88C 104
1:08,282

Alessandro Nannini
Benetton-Ford B188-03
1:09,718

Thierry Boutsen
Benetton-Ford B188-05
1:09,587

Satoru Nakajima
Lotus-Honda 100T/1
1:10,250

Nelson Piquet
Lotus-Honda 100T/2
1:09,734

Ivan Capelli
March-Judd 881-03
1:10,496

Nigel Mansell
Williams-Judd FW12-1
1:10,337

Andrea de Cesaris
Rial-Cosworth ARC1-02
1:10,861

Derek Warwick
Arrows-Megatron
A10B-03, 1:10,634

Alex Caffi
Dallara-Cosworth
F188-001, 1:11,211

Eddie Cheever
Arrows-Megatron
A10B-01, 1:10,979

Mauricio Gugelmin
March-Judd 881-02
1:11,315

Riccardo Patrese
Williams-Judd FW12-2
1:11,286

Philippe Alliot
Lola-Cosworth LC-88 04
1:11,511

Philippe Streiff
AGS-Cosworth JH23-035
1:11,466

Stefano Modena
EuroBrun-Cosworth
ER188 03, 1:12,007

Yannick Dalmas
Cola-Cosworth LC-88 03
1:11,747

Pierluigi Martini
Minardi-Cosworth
M188-01, 1:12,268

Bernd Schneider
Zakspeed 881-01
1:12,026

Nicola Larini
Osella FA1L 01
1:12,406

Jonathan Palmer
Tyrrell-Cosworth 017-01
1:12,316

Oscar Larrauri
EuroBrun-Cosworth
ER188 02, 1:12,538

Luis Perez-Sala
Minardi-Cosworth
M188-04, 1:12,525

Nicht qualifiziert: René Arnoux (Ligier-Judd JS31) 1:12,654, Julian Bailey (Tyrrell-Cosworth 017) 1:12,697, Stefan Johansson (Ligier-Judd JS31) 1:12,801.

In der Vorqualifikation eliminiert: Gabriele Tarquini (Coloni-Cosworth FC188) 1:14,214.

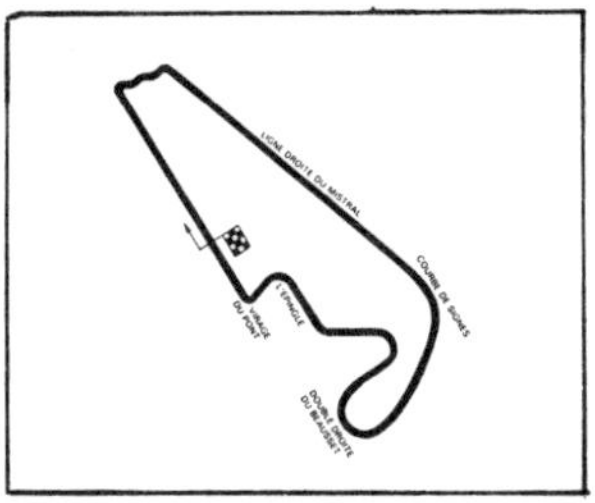

Rekorde (nach Streckenverkürzung auf 3,813 km): Training: Mansell (Williams-Honda FW 11B) 1:06,454 (1987); Rennen: Piquet (Williams-Honda FW 11B) 1:09,548 =197,372 km/h (1987); Distanz: Mansell (Williams-Honda FW 11B) 188,560 km/h (1987). — Auf Originalstrecke: Jones (Williams-Ford FW 07) 201,323 km/h (1980).

Piercarlo Ghinzani (Zakspeed 871) disqualifiziert, weil er Befehl zum Abwiegen mißachtete. Ghinzanis Zeit (1:12,121) hätte für den 22. Startplatz gereicht.

Sonntagmorgen-Aufwärmtraining: 1. Senna 1:10,135, 2. Prost 1:10,503, 3. Boutsen 1:11,782, 4. Alboreto 1:11,890, 5. Berger 1:11,988, 6. Piquet 1:12,133, 7. Capelli 1:12,248, 8. Mansell 1:12,688, 9. Nakajima 1:12,771, 10. Gugelmin 1:12,913.

Höchstgeschwindigkeit auf der Mistral-Geraden (Freitag): Alboreto 317,18, Berger 311,60, Prost 307,08, Piquet 306,56, Senna 306,47, Cheever 301,93, Warwick 299,58, Nakajima 297,77, Nannini 292,45, Boutsen 291,66 — (Samstag): Berger 317,93, Alboreto 313,32, Prost 308,22, Senna 306,73, Nakajima 300,17, Cheever 299,09, Piquet 299,00, Warwick 298,42, Larini 294,92, Boutsen 291,81.

Geschwindigkeiten auf der Start-Ziel-Linie (Beschleunigung) (Freitag): Senna 197,51, Prost 190,88, Piquet 186,38, Nakajima 184,88, Gugelmin 183,74, Berger 183,02, Cheever 182,99, Nannini 182,65, Alboreto 181,87, Boutsen 181,46 — (Samstag): Senna 191,33, Alboreto 190,27, Prost 188,19, Piquet 185,65, Nakajima 184,57, Boutsen 183,93, Nannini 182,99, Berger 182,09, Patrese 181,87, Cheever 181,24.

Wetter am Renntag: sonnig, stark windig; 60.000 Zuschauer.

Distanz: 80 Runden à 3,813 km=305,040 km.

Boxenstops:

Patrese:	14. Runde:	Bremsen überprüft; Platz 16—18
Larini:	14. Runde:	Cockpitprobleme; Platz 25
Boutsen:	17. Runde:	Fehlzündungen ab der 6. Runde, Elektronikbox gewechselt, gleichzeitig Reifenwechsel; Platz 6—24
Boutsen:	19. Runde:	acht Zündkerzen gewechselt, neue Elektronikbox; Platz 25
Schneider:	19. Runde:	Motor überprüft, Reifenwechsel; Platz 23
Berger:	23. Runde:	Reifenwechsel binnen 7,72 sec nach zwei Drehern, weil er sich verschaltet hatte; Platz 4—6
Larini:	28. Runde:	Reifenwechsel, neuer Frontflügel; Platz 23
Dalmas:	29. Runde:	losen Sitzgurt befestigt; Platz 15—21
Mansell:	33. Runde:	Reifenwechsel binnen 9,25 sec; Platz 8—14
Nannini:	33. Runde:	Reifenwechsel; Platz 6—13
Patrese:	33. Runde:	Reifenwechsel binnen 10,91 sec und Bremsen überprüft; Platz 20—22
Sala:	34./35. Runde:	jeweils 5-Minuten-Stop wegen Motorproblemen; Elektronikbox gewechselt; Platz 22—23
Senna:	35. Runde:	Reifenwechsel binnen 8,41 sec; Platz 2
Alboreto:	35. Runde:	Reifenwechsel binnen 7,76 sec; Platz 3—5
Nakajima:	35. Runde:	Reifenwechsel binnen 8,58 sec; Platz 6—14
Alliot:	36. Runde:	Reifenwechsel; Platz 13—14
Palmer:	36. Runde:	Reifenwechsel; Platz 17—19
Cheever:	37. Runde:	Reifenwechsel; Platz 7—13
Prost:	37. Runde:	Reifenwechsel binnen 10,68 sec; Platz 1—2
Piquet:	40. Runde:	Reifenwechsel binnen 7,33 sec; Platz 4—5
de Cesaris:	41. Runde:	Reifenwechsel, um 25 sec verzögert, weil Schlagschrauber links hinten defekt war; Platz 7—14
Caffi:	45. Runde:	Reifenwechsel; Platz 11—14
Modena:	46. Runde:	Reifenwechsel; Platz 16—17
Capelli:	46. Runde:	Reifenwechsel; Platz 7—11
Larrauri:	48. Runde:	Reifenwechsel und Kupplung; Platz 17—18
Martini:	51. Runde:	Reifenwechsel; Platz 14—15
Schneider:	53. Runde:	Reifenwechsel, Getriebeprobleme; Platz 16—17

Ausfälle:

Warwick:	12. Runde:	Unfall; Platz 10
Streiff:	21. Runde:	Benzintank geplatzt, im Sprit gesessen; Platz 17
Boutsen:	29. Runde:	Elektrik; Platz 24
Patrese:	36. Runde:	Bremsdefekt vorn; Platz 21
Palmer:	41. Runde:	Motorschaden; Platz 18
Alliot:	47. Runde:	Elektrik; Platz 12
Mansell:	49. Runde:	Radaufhängung links hinten; Platz 9
Schneider:	56. Runde:	Getriebe, kein 5. und 6. Gang mehr; Platz 17
Larini:	57. Runde:	Halbachse gebrochen; Platz 17
Larrauri:	65. Runde:	Kupplung; Platz 16

Stand nach 1 Runde: 1. Prost, 2. Senna, 3. Berger, 4. Alboreto, 5. Piquet, 6. Boutsen, 7. Nannini, 8. Mansell, 9. Nakajima, 10. Warwick.

Stand nach 10 Runden: 1. Prost (38,130 km in 12:04,664=189,423 km/h), 2. Senna —2,763, 3. Berger —6,756, 4. Alboreto —10,166, 5. Piquet —17,711, 6. Boutsen —21,083, 7. Nannini —22,983, 8. Mansell —24,538, 9. Nakajima —28,163, 10. Warwick —28,894.

Stand nach 20 Runden: 1. Prost (76,260 km in 24:13,981=188,817 km/h), 2. Senna —1,787, 3. Berger —11,499, 4. Alboreto —17,545, 5. Piquet —30,379, 6. Nannini —42,586, 7. Mansell —43,278, 8. Nakajima —45,758, 9. Cheever —47,096, 10. Capelli —48,444.

Stand nach 30 Runden: 1. Prost (114,390 km in 36:24,537=188,509 km/h), 2. Senna —1,374, 3. Alboreto —29,339, 4. Piquet —45,533, 5. Berger —45,922, 6. Nannini —1:03,208, 7. Nakajima —1:04,148, 8. Mansell —1:04,869, 9. Cheever 1:06,260, 10. Capelli —1:07,153.

Stand nach 40 Runden: 1. Senna (152,520 km in 48:56,767=186,965 km/h), 2. Prost —1,958, 3. Berger —27,403, 4. Alboreto —38,793, 5. Piquet —1:00,748, 6. Capelli —1:10,693, 7. de Cesaris —1 Runde, 8. Caffi, 9. Nannini, 10. Gugelmin.

Stand nach 50 Runden: 1. Senna (190,650 km in 1.01:01,097=187,468 km/h), 2. Prost —1,332, 3. Alboreto —42,406, 4. Berger —44,363, 5. Piquet —1:07,941, 6. Nannini —1 Runde, 7. Nakajima, 8. Gugelmin, 9. Cheever, 10. Capelli.

Stand nach 60 Runden: 1. Senna (228,780 km in 1.13:04,804=187,832 km/h), 2. Prost —0,538, 3. Alboreto —54,111, 4. Berger —57,363, 5. Piquet —1 Runde, 6. Nannini, 7. Nakajima, 8. Gugelmin, 9. Cheever, 10. Capelli.

Stand nach 70 Runden: 1. Prost (226,910 km in 1.25:11,287=187,991 km/h), 2. Senna —2,475, 3. Alboreto —1:06,922, 4. Berger —1:11,259, 5. Piquet —1 Runde, 6. Nannini, 7. Nakajima, 8. Gugelmin, 9. Capelli —2 Runden, 10. Cheever.

Ergebnis:

1. Alain Prost (Frankreich), McLaren-Honda (T)	1.37:37,328	= 187,482 km/h
2. Ayrton Senna (Brasilien), McLaren-Honda (T)	1.38:09,080	31,752 zurück
3. Michele Alboreto (Italien), Ferrari (T)	1.38:43,833	1:06,505 zurück
4. Gerhard Berger (Österreich), Ferrari (T)	1.37:45,593	1 Runde zurück
5. Nelson Piquet (Brasilien), Lotus-Honda (T)	1.37:49,333	1 Runde zurück
6. Alessandro Nannini (Italien), Benetton-Ford (S)	1.38:04,761	1 Runde zurück
7. Satoru Nakajima (Japan), Lotus-Honda (T)	1.38:12,313	1 Runde zurück
8. Maurizio Gugelmin (Brasilien), March-Judd (S)	1.38:32,225	1 Runde zurück
9. Ivan Capelli (Italien), March-Judd (S)	1.38:49,450	1 Runde zurück
10. Andrea de Cesaris (Italien), Rial-Ford (S)	1.37:42,841	2 Runden zurück
11. Eddie Cheever (USA), Arrows-Megatron (T)	1.37:43,797	2 Runden zurück
12. Alex Caffi (Italien), Dallara-Ford (S)	1.37:57,314	2 Runden zurück
13. Yannick Dalmas (Frankreich), Lola-Ford (S)	1.38:23,452	2 Runden zurück
14. Stefano Modena (Italien), EuroBrun-Ford (S)	1.37:51,715	3 Runden zurück
15. Pier-Luigi Martini (Italien), Lola-Ford (S)	1.38:08,948	3 Runden zurück

Bei Schluß noch im Rennen, aber nicht gewertet: Sala (Minardi-Ford) (70 Runden).

Schnellste Runde: Prost (McLaren-Honda) 1:11,737=191,349 km/h (45. Runde).

Schnellste Runde jedes Fahrers im Rennen: Prost 1:11,737 (45.), Senna 1:11,856 (8.), Berger 1:11,866 (25.), Alboreto 1:12,002 (46.), Piquet 1:12,357 (54.), Nannini 1:12,570 (70.), de Cesaris 1:12,814 (54.), Caffi 1:12,970 (48.), Nakajima 1:12,979 (70.), Capelli 1:13,143 (52.), Cheever 1:13,321 (41.), Gugelmin 1:13,567 (71.), Boutsen 1:13,669 (6.), Mansell 1:13,671 (46.), Schneider 1:13,844 (55.), Dalmas 1:13,968 (53.), Warwick 1:14,197 (5.), Sala 1:14,198 (46.), Modena 1:14,319 (59.), Martini 1:14,551 (72.), Alliot 1:14,594 (40.), Larini 1:14,741 (34.), Streiff 1:14,800 (5.), Patrese 1:15,014 (6.), Larrauri 1:15,487 (63.), Palmer 1:15,490 (39.).

WM-Stand: 1. Prost 54, 2. Senna 39, 3. Berger 21, 4. Piquet, Alboreto je 13, 6. Boutsen 11, 7. Warwick 8, 8. Palmer 5, 9. de Cesaris 3, 10. Capelli, Nannini je 2, 12. Martini, Patrese, Nakajima, Cheever je 1.

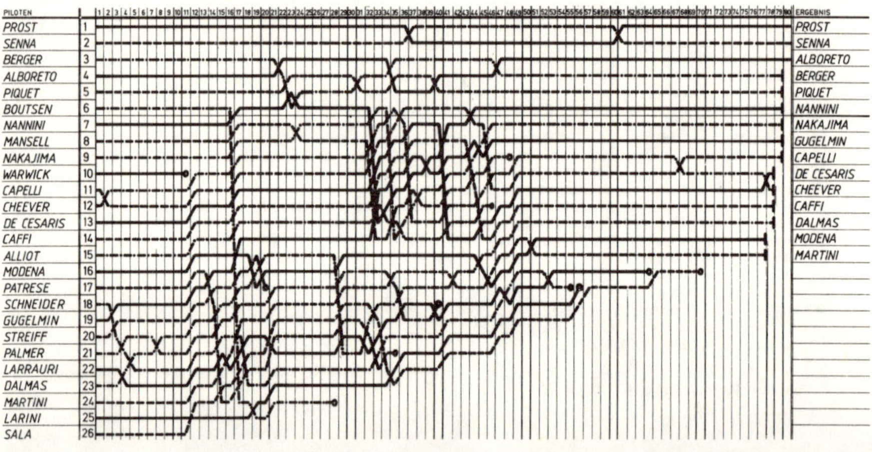

Lauf 8 – Großer Preis von England – Silverstone, 10. Juli 1988

Erstes Training (inoffiziell)		Zweites Training (offiziell)		Drittes Training (inoffiziell)		Viertes Training (offiziell)	
1. Senna	1:11,743	1. Alboreto	1:10,669	1. Senna	1:11,308	1. Berger	1:10,133
2. Prost	1:12,023	2. Berger	1:10,746	2. Alboreto	1:11,718	2. Alboreto	1:10,332
3. Berger	1:12,544	3. Senna	1:10,787	3. Berger	1:11,817	3. Senna	1:10,616
4. Alboreto	1:12,602	4. Prost	1:11,550	4. Prost	1:11,819	4. Prost	1:10,736
5. Capelli	1:13,107	5. Gugelmin	1:11,786	5. Gugelmin	1:12,202	5. Gugelmin	1:11,745
6. Gugelmin	1:13,240	6. Warwick	1:12,843	6. Capelli	1:12,399	6. Capelli	1:12,006
7. Boutsen	1:13,241	7. Boutsen	1:12,960	7. Boutsen	1:12,808	7. Piquet	1:12,040
8. Nannini	1:13,628	8. Capelli	1:13,030	8. Nannini	1:13,506	8. Nannini	1:12,737
9. Warwick	1:13,802	9. Piquet	1:13,166	9. Piquet	1:13,593	9. Nakajima	1:12,862
10. Piquet	1:13,890	10. Nakajima	1:13,192	10. Mansell	1:13,647	10. Mansell	1:12,885
11. de Cesaris	1:14,123	11. Nannini	1:13,400	11. Warwick	1:13,768	11. Cheever	1:12,984
12. Mansell	1:14,549	12. de Cesaris	1:13,910	12. Cheever	1:13,884	12. Boutsen	1:12,986
13. Nakajima	1:14,796	13. Mansell	1:14,192	13. Patrese	1:14,178	13. Warwick	1:13,287
14. Streiff	1:14,920	14. Cheever	1:14,247	14. de Cesaris	1:14,490	14. de Cesaris	1:13,438
15. Patrese	1:15,064	15. Martini	1:14,732	15. Streiff	1:14,913	15. Patrese	1:13,677
16. Martini	1:15,538	16. Streiff	1:15,272	16. Modena	1:15,292	16. Streiff	1:14,260
17. Caffi	1:15,657	17. Sala	1:15,590	17. Sala	1:15,379	17. Palmer	1:14,451
18. Sala	1:15,704	18. Alliot	1:15,635	18. Martini	1:15,423	18. Sala	1:14,643
19. Cheever	1:15,793	19. Caffi	1:15,779	19. Caffi	1:15,525	19. Martini	1:14,832
20. Modena	1:15,802	20. Dalmas	1:16,014	20. Dalmas	1:15,689	20. Modena	1:14,888
21. Larrauri	1:15,836	21. Bailey	1:16,249	21. Alliot	1:15,787	21. Caffi	1:14,924
22. Alliot	1:15,874	22. Palmer	1:16,607	22. Bailey	1:15,797	22. Alliot	1:14,992
23. Dalmas	1:16,260	23. Larini	1:16,780	23. Larini	1:15,829	23. Dalmas	1:15,004
24. Bailey	1:16,726	24. Arnoux	1:16,859	24. Palmer	1:16,035	24. Bailey	1:15,135
25. Larini	1:16,900	25. Larrauri	1:16,961	25. Larrauri	1:16,200	25. Arnoux	1:15,374
26. Tarquini	1:17,028	26. Johansson	1:17,438	26. Arnoux	1:16,315	26. Larini	1:15,527
27. Palmer	1:17,300	27. Modena	1:17,889	27. Johansson	1:16,642	27. Larrauri	1:16,026
28. Johansson	1:17,319	28. Ghinzani	1:18,359	28. Nakajima	1:16,651	28. Ghinzani	1:16,043
29. Arnoux	1:17,571	29. Schneider	1:19,078	29. Ghinzani	1:17,676	29. Johansson	1:16,110
30. Ghinzani	1:18,950	30. Patrese	1:31,541	30. Schneider	1:18,487	30. Schneider	1:18,010
31. Schneider	1:21,655						

Startaufstellung:

Michele Alboreto
Ferrari F1-87/88C 103
1:10,332

Gerhard Berger
Ferrari F1-87/88C 104
1:10,133 = 245,260 km/h

Alain Prost
McLaren-Honda MP4/4-4
1:10,736

Ayrton Senna
McLaren-Honda MP4/4-5
1:10,616

Ivan Capelli
March-Judd 881-03
1:12,006

Mauricio Gugelmin
March-Judd 881-02
1:11,786

Alessandro Nannini
Benetton-Ford B188-03
1:12,737

Nelson Piquet
Lotus-Honda 100T/3
1:12,040

Satoru Nakajima
Lotus-Honda 100T/1
1:12,862

Derek Warwick
Arrows-Megatron
A10B-03, 1:12,843

Thierry Boutsen
Benetton-Ford B188-05
1:12,960

Nigel Mansell
Williams-Judd FW12-1
1:12,885

Andrea de Cesaris
Rial-Cosworth ARC1-01
1:13,438

Eddie Cheever
Arrows-Megatron
A10B-01, 1:12,984

Philippe Streiff
AGS-Cosworth JH23-035
1:14,260

Riccardo Patrese
Williams-Judd FW12-3
1:13,677

Luis Perez-Sala
Minardi-Cosworth
M188-04, 1:14,643

Jonathan Palmer*
Tyrrell-Cosworth 017-01
1:14,451

Stefano Modena
EuroBrun-Cosworth
ER188 03, 1:14,888

Pierluigi Martini
Minardi-Cosworth
M188-01, 1:14,732

Philippe Alliot
Lola-Cosworth LC-88 04
1:14,992

Alex Caffi
Dallara-Cosworth
F188-001, 1:14,924

Julian Bailey
Tyrrell-Cosworth 017-03
1:15,135

Yannick Dalmas
Lola-Cosworth LC-88 03
1:15,004

Nicola Larini
Osella FA1L-01
1:15,527

René Arnoux
Ligier-Judd JS31-02
1:15,374

* Palmer startete aus der Boxengasse

Nicht qualifiziert: Oscar Larrauri (EuroBrun-Cosworth ER188) 1:16,026, Piercarlo Ghinzani (Zakspeed 871) 1:16,043, Stefan Johansson (Ligier-Judd JS31) 1:16,110, Bernd Schneider (Zakspeed 871) 1:18,010.

In der Vorqualifikation eliminiert: Gabriele Tarquini (Coloni-Cosworth FC188) 1:17,028.

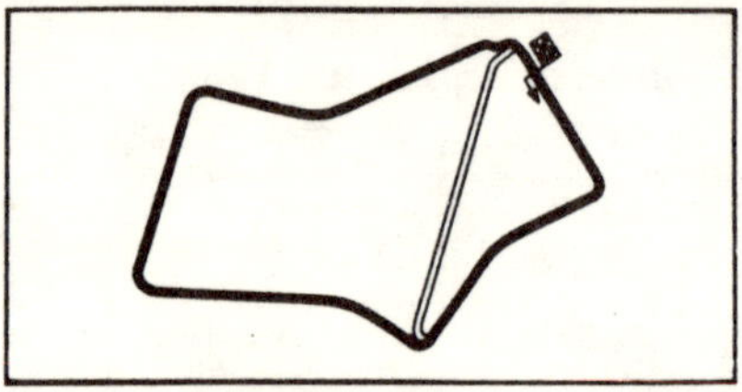

Rekorde: Training: Rosberg (Williams-Honda FW 10) 1:05,591 = 258,928 km/h (1985); Rennen: Mansell (Williams-Honda FW 11B) 1:09,832 = 246,317 km/h (1987); Distanz: Prost (McLaren-Porsche MP4) 235,425 km/h (1985).

Höchstgeschwindigkeiten (Hangar-Gerade) (Freitag): Berger 306,38, Senna 305,00, Alboreto 304,48, Prost 301,34, Nakajima 301,17, Piquet 299,50, Cheever 289,31, Nannini 286,93, Warwick 286,09, Mansell 280,16 — (Samstag): Alboreto 316,07, Berger 313,68, Prost 307,96, Senna 307,08, Nakajima 302,86, Piquet 298,42, Warwick 292,92, Cheever 291,50, Nannini 290,48, Mansell 289,16.

Beschleunigung (Start-Ziel-Linie) (Freitag): Alboreto 278,65, Senna 277,54, Prost 277,29, Berger 274,71, Piquet 273,69, Nakajima 271,00, Warwick 267,73, Nannini 264,99, Boutsen 264,54, Caffi 263,59 — (Samstag): Senna 279,97, Prost 279,60, Alboreto 279,41, Berger 279,09, Nakajima 276,61, Piquet 273,20, Nannini 266,70, Boutsen 266,47, Warwick 265,56, Cheever 264,60.

Sonntag-Aufwärmtraining: 1. Senna 1:17,264, 2. Capelli 1:17,293, 3. Berger 1:19,138, 4. de Cesaris 1:19,184, 5. Nakajima 1:19,478, 6. Piquet 1:19,487, 7. Palmer 1:19,596, 8. Modena 1:19,806, 9. Alboreto 1:19,885, 10. Mansell 1:20,022.

Wetter am Renntag: Regen, starker Wind, Ideallinie nur einmal während des Rennens fast ausgetrocknet, alle Fahrer auf Regenreifen; 100.000 Zuschauer.

Distanz: 65 Runden à 4,778 km=310,570 km.

Boxenstops:

Alboreto:	47. Runde:	Reifenwechsel auf Slicks in 8,05 sec; Platz 7—11
Alboreto:	52. Runde:	Reifenwechsel zurück auf Regenreifen in 8,33 sec; Platz 11—13
Arnoux:	61. Runde:	Reifenwechsel, wieder Regenreifen; Platz 19

Ausfälle:

Sala:	1. Runde:	Kollision mit Streiff in der 1. Kurve
Streiff:	9. Runde:	Heckflügel gebrochen nach Kollision mit Sala, sah im Regen nicht, daß ihn die Box hereinholen wollte; Platz 20
de Cesaris:	10. Runde:	Kupplung; Platz 16
Palmer:	15. Runde:	Motor lief immer rauher; Platz 23
Prost:	25. Runde:	freiwillig aufgegeben, aber Wagen im Regen unfahrbar, durch Karbonkupplung weit zurückgefallen; Platz 16
Capelli:	34. Runde:	Lichtmaschine; Platz 9
Boutsen:	39. Runde:	Motor; Platz 8
Larini:	61. Runde:	Benzin zwei Runden vor Schluß ausgegangen; Platz 17

Stand nach 1 Runde: 1. Berger, 2. Senna, 3. Alboreto, 4. Gugelmin, 5. Capelli, 6. Nannini, 7. Mansell, 8. Warwick, 9. Piquet, 10. Nakajima.

Stand nach 10 Runden: 1. Berger (47,78 km in 14:28,058=198,153 km/h), 2. Senna —1,885, 3. Alboreto —26,044, 4. Gugelmin —29,402, 5. Nannini —30,252, 6. Mansell —32,188, 7. Capelli —41,872, 8. Piquet —57,401, 9. Boutsen —59,058, 10. Warwick —59,890.

Stand nach 20 Runden: 1. Senna (95,56 km in 28:42,518=199,717 km/h), 2. Berger —1,203, 3. Alboreto —45,080, 4. Mansell —46,119, 5. Gugelmin —51,509, 6. Nannini —52,102, 7. Capelli —1:05,047, 8. Piquet —1:10,848, 9. Boutsen —1:11,151, 10. Warwick —1:22,704.

Stand nach 30 Runden: 1. Senna (143,34 km in 42:55,454=200,362 km/h), 2. Berger —10,465, 3. Mansell —55,151, 4. Nannini —1:00,559, 5. Alboreto —1:04,729, 6. Gugelmin —1:05,796, 7. Piquet —1:23,176, 8. Boutsen —1:24,005, 9. Capelli —1 Runde, 10. Warwick.

Stand nach 40 Runden: 1. Senna (191,12 km in 57:07,250=200,753 km/h), 2. Berger —25,047, 3. Mansell —1:00,318, 4. Nannini —1:07,853, 5. Gugelmin —1:13,121, 6. Piquet —1 Runde, 7. Alboreto, 8. Warwick, 9. Nakajima, 10. Cheever.

Stand nach 50 Runden: 1. Senna (238,90 km in 1.11:10,793=201,377 km/h), 2. Mansell —1:03,415, 3. Berger —1:05,728, 4. Nannini —1:11,798, 5. Gugelmin —1:16,265, 6. Piquet —1 Runde, 7. Warwick, 8. Nakajima, 9. Cheever, 10. Patrese.

Stand nach 60 Runden: 1. Senna (286,68 km in 1.25:46,243 = 200,544 km/h), 2. Mansell —45,048, 3. Nannini —59,713, 4. Gugelmin —1:10,900, 5. Piquet —1:23,712, 6. Berger —1:28,585, 7. Warwick —1 Runde, 8. Cheever, 9. Patrese, 10. Nakajima.

Schnellste Runde: Mansell (Williams-Judd) 1:23,308=206,472 km/h (48. Runde).

Schnellste Runde jedes Fahrers im Rennen: Mansell 1:23,308 (48.), Piquet 1:23,452 (48.), Warwick 1:23,588 (48.), Senna 1:23,595 (49.), Nakajima 1:23,655 (48.), Cheever 1:23,778 (48.), Patrese 1:23,783 (48.), Gugelmin 1:23,823 (45.), Alliot 1:24,160 (47.), Nannini 1:24,176 (29.), Berger 1:24,242 (13.), Martini 1:24,370 (45.), Larini 1:24,729 (46.), Dalmas 1:24,780 (46.), Modena 1:24,920 (48.), Boutsen 1:25,301 (37.), Caffi 1:25,319 (49.), Bailey 1:25,758 (42.), Alboreto 1:26,100 (28.), Capelli 1:26,752 (27.), Arnoux 1:27,117 (45.), Prost 1:27,456 (22.), de Cesaris 1:31,301 (7.), Streiff 1:31,315 (8.), Palmer 1:32,972 (13.).

Ergebnis:

1. Ayrton Senna (Brasilien), McLaren-Honda (T)	1.33:16,367	= 198,627 km/h
2. Nigel Mansell (England), Williams-Judd (S)	1.33:39,711	23,344 zurück
3. Alessandro Nannini (Italien), Benetton-Ford (S)	1.34:07,581	51,214 zurück
4. Mauricio Gugelmin (Brasilien), March-Judd (S)	1.34:27,745	1:11,378 zurück
5. Nelson Piquet (Brasilien), Lotus-Honda (T)	1.34:37,202	1:20,835 zurück
6. Derek Warwick (England), Arrows-Megatron (T)	1.33:17,589	1 Runde zurück
7. Eddie Cheever (USA), Arrows-Megatron (T)	1.33:18,225	1 Runde zurück
8. Riccardo Patrese (Italien), Williams-Judd (S)	1.33:18,529	1 Runde zurück
9. Gerhard Berger (Österreich), Ferrari (T)	1.33:19,084	1 Runde zurück
10. Satoru Nakajima (Japan), Lotus-Honda (T)	1.34:06,880	1 Runde zurück
11. Alex Caffi (Italien), Dallara-Ford (S)	1.34:29,467	1 Runde zurück
12. Stefano Modena (Italien), EuroBrun-Ford (S)	1.34:37,908	1 Runde zurück
13. Yannick Dalmas (Frankreich), Lola-Ford (S)	1.33:45,750	2 Runden zurück
14. Philippe Alliot (Frankreich), Lola-Ford (S)	1.33:54,723	2 Runden zurück
15. Pier-Luigi Martini (Italien), Minardi-Ford (S)	1.34:04,424	2 Runden zurück
16. Julian Bailey (England), Tyrrell-Ford (S)	1.34:38,699	2 Runden zurück
17. Michele Alboreto (Italien), Ferrari (T)	1.32:04,246	3 Runden zurück
18. René Arnoux (Frankreich), Ligier-Judd (S)	1.34:34,097	3 Runden zurück
19. Nicola Larini (Italien), Osella-Alfa (T)	1.30:09,658	5 Runden zurück

Alboreto und Larini (Sprit ausgegangen) bei Schluß nicht mehr im Rennen, aber gewertet.

WM-Stand: 1. Prost 54, 2. Senna 48, 3. Berger 21, 4. Piquet 15, 5. Alboreto 13, 6. Boutsen 11, 7. Warwick 9, 8. Mansell, Nannini je 6, 10. Palmer 5, 11. de Cesaris, Gugelmin je 3, 13. Capelli 2, 14. Martini, Cheever, Patrese, Nakajima je 1.

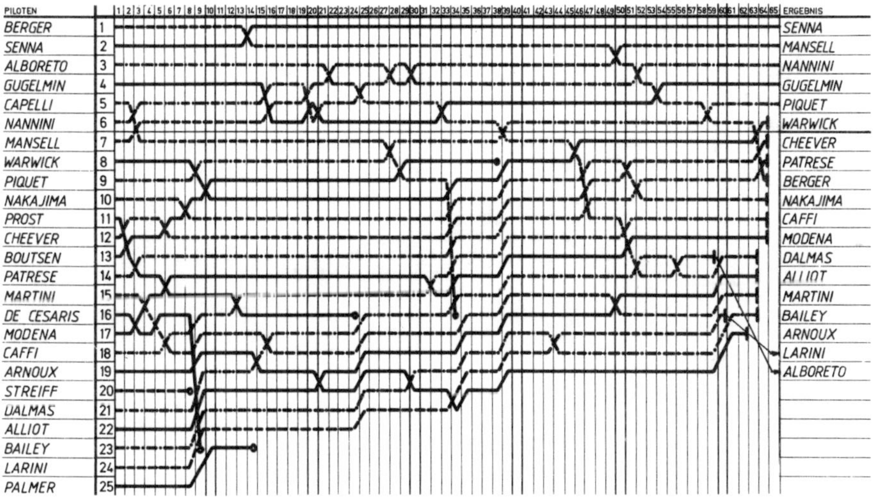

Lauf 9 – Großer Preis von Deutschland – Hockenheim, 24. Juli 1988

Erstes Training (inoffiziell)		Zweites Training (offiziell)		Drittes Training (inoffiziell)		Viertes Training (offiziell)	
1. Senna	1:45,615	1. Senna	1:44,596	1. Senna	1:45,990	1. Prost	1:45,868
2. Prost	1:47,047	2. Prost	1:44,873	2. Prost	1:46,062	2. Berger	1:46,431
3. Berger	1:47,839	3. Berger	1:46,115	3. Alboreto	1:48,680	3. Alboreto	1:47,418
4. Piquet	1:47,919	4. Alboreto	1:47,154	4. Piquet	1:48,773	4. Piquet	1:47,681
5. Alboreto	1:49,062	5. Piquet	1:47,702	5. Gugelmin	1:49,609	5. Nannini	1:48,208
6. Nannini	1:49,814	6. Nannini	1:48,223	6. Capelli	1:49,841	6. Nakajima	1:48,781
7. Mansell	1:50,065	7. Capelli	1:48,703	7. Mansell	1:49,984	7. Gugelmin	1:49,645
8. Boutsen	1:50,069	8. Boutsen	1:48,837	8. Nakajima	1:50,092	8. Capelli	1:49,750
9. Capelli	1:50,499	9. Nakajima	1:49,359	9. Berger	1:50,712	9. Boutsen	1:49,966
10. Gugelmin	1:50,929	10. Gugelmin	1:49,511	10. Cheever	1:51,700	10. Senna	1:50,002
11. Patrese	1:50,978	11. Mansell	1:49,880	11. Warwick	1:51,984	11. Mansell	1:50,673
12. Nakajima	1:51,445	12. Warwick	1:50,459	12. Streiff	1:51,994	12. Patrese	1:50,719
13. Warwick	1:51,635	13. de Cesaris	1:51,004	13. de Cesaris	1:52,144	13. Warwick	1:50,978
14. Cheever	1:51,649	14. Patrese	1:51,105	14. Alliot	1:52,218	14. Cheever	1:51,171
15. Larini	1:52,321	15. Cheever	1:51,385	15. Arnoux	1:52,297	15. Streiff	1:51,642
16. Streiff	1:52,343	16. Larini	1:52,203	16. Boutsen	1:52,365	16. de Cesaris	1:51,859
17. Caffi	1:53,031	17. Alliot	1:52,293	17. Patrese	1:52,491	17. Arnoux	1:52,080
18. de Cesaris	1:53,092	18. Streiff	1:52,348	18. Schneider	1:52,496	18. Larini	1:52,168
19. Bailey	1:53,380	19. Caffi	1:52,469	19. Caffi	1:52,896	19. Caffi	1:52,277
20. Dalmas	1:53,705	20. Ghinzani	1:52,674	20. Ghinzani	1:53,066	20. Dalmas	1:52,436
21. Alliot	1:54,055	21. Schneider	1:52,696	21. Larini	1:53,285	21. Alliot	1:52,629
22. Martini	1:54,091	22. Dalmas	1:52,795	22. Dalmas	1:53,310	22. Schneider	1:52,664
23. Larrauri	1:54,184	23. Modena	1:52,998	23. Martini	1:53,430	23. Palmer	1:52,908
24. Modena	1:54,317	24. Palmer	1:53,238	24. Bailey	1:53,491	24. Larrauri	1:52,043
25. Tarquini	1:54,358	25. Sala	1:53,356	25. Modena	1:53,623	25. Johansson	1:53,507
26. Sala	1:54,658	26. Bailey	1:53,674	26. Larrauri	1:53,841	26. Sala	1:53,673
27. Ghinzani	1:55,265	27. Martini	1:53,720	27. Palmer	1:54,232	27. Bailey	1:53,576
28. Johansson	1:55,303	28. Larrauri	1:53,832	28. Sala	1:54,971	28. Martini	1:53,596
29. Arnoux	1:55,358	29. Arnoux	1:54,139	29. Johansson	1:54,989	29. Modena	1:53,904
30. Palmer	1:55,570	30. Johansson	1:54,717	30. Nannini	2:10,884	30. Ghinzani	1:57,241
31. Schneider	1:56,488						

Startaufstellung:

Ayrton Senna
McLaren-Honda MP4/4-5
1:44,596=233,940 km/h

Alain Prost
McLaren-Honda MP4/4-1
1:44,873

Gerhard Berger
Ferrari F1-87/88C 104
1:46,115

Michele Alboreto
Ferrari F1-87/88C 103
1:47,154

Nelson Piquet
Lotus-Honda 100T/2
1:47,681

Alessandro Nannini
Benetton-Ford B188-06
1:48,208

Ivan Capelli
March-Judd 881-03
1:48,703

Satoru Nakajima
Lotus-Honda 100T/1
1:48,781

Thierry Boutsen
Benetton-Ford B188-02
1:48,837

Mauricio Gugelmin
March-Judd 881-02
1:49,511

Nigel Mansell
Williams-Judd FW12-1
1:49,880

Derek Warwick
Arrows-Megatron
A10B-03, 1:50,459

Riccardo Patrese
Williams-Judd FW12-3
1:50,719

Andrea de Cesaris
Rial-Cosworth ARC1-02
1:51,004

Eddie Cheever
Arrows-Megatron
A10B-01, 1:51,171

Philippe Streiff
AGS-Cosworth JH23-035
1:51,642

René Arnoux
Ligier-Judd JS31-02
1:52,080

Nicola Larini*
Osella FA1L-02
1:52,168

Alex Caffi
Dallara-Cosworth
F188-003, 1:52,277

Philippe Alliot
Lola-Cosworth LC-88 01
1:52,293

Yannick Dalmas
Lola-Cosworth LC-88 03
1:52,436

Bernd Schneider
Zakspeed 881-01
1:52,664

Piercarlo Ghinzani
Zakspeed 881-04
1:52,674

Jonathan Palmer
Tyrrell-Cosworth 017-01
1:52,908

Stefano Modena
EuroBrun-Cosworth
ER188-03, 1:52,998

Oscar Larrauri
EuroBrun-Cosworth
ER688-02, 1:53,043

* Larini startete aus der Boxengasse.

Nicht qualifiziert: Luis Perez-Sala (Minardi-Cosworth M188) 1:53,356, Stefan Johansson (Ligier-Judd JS31) 1:53,507, Julian Bailey (Tyrrell-Cosworth 017) 1:53,576, Pierluigi Martini (Minardi-Cosworth M188) 1:53,596.

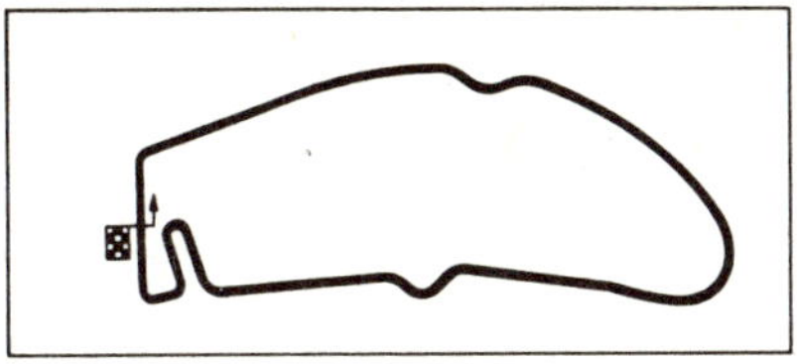

Rekorde: Training: Rosberg (McLaren-Porsche MP4/2C) 1:42,012 = 239,864 km/h (1986); Rennen: Mansell (Williams-Honda FW 11B) 1:45,716 = 231,462 km/h (1987); Distanz: Piquet (Williams-Honda FW 11B) 220,394 km/h (1987).

In der Vorqualifikation eliminiert: Gabriele Tarquini (Coloni-Cosworth 188) 1:54,358.

Höchstgeschwindigkeit (Freitag): Berger 331,190, Piquet 327,870, Senna 327,470, Alboreto 326,980, Prost 326,190, Nakajima 320,860, Schneider 314,690, Capelli 312,590, Cheever 311,960, Ghinzani 311,510 — (Samstag): Berger 329,570, Alboreto 325,200, Piquet 322,970, Prost 321,810, Senna 320,090, Nakajima 319,340, Gugelmin 312,950, Warwick 309,630, Capelli 309,370, Schneider 307,780.

Geschwindigkeiten auf der Ziellinie (Freitag): Prost 255,74, Senna 253,94, Piquet 251,51, Alboreto 250,52, Berger 247,42, Nakajima 245,96, Nannini 244,07, Boutsen 243,68, Warwick 243,08, Schneider 242,53 — (Samstag): Prost 254,24, Alboreto 253,28, Berger 251,57, Piquet 249,77, Nakajima 245,45, Capelli 244,73, Warwick 243,41, Gugelmin 241,99, Nannini 241,83, Boutsen 241,02.

Sonntag-Aufwärmtraining: 1. Senna 1:48,674, 2. Prost 1:49,294, 3. Alboreto 1:50,039, 4. Gugelmin 1:50,788, 5. Capelli 1:51,746, 6. Berger 1:51,868, 7. Boutsen 1:52,036, 8. Mansell 1:52,366, 9. Piquet 1:52,403, 10. Patrese 1:52,624.

Wetter am Renntag: mild, aber regnerisch, etwas windig; 70.000 Zuschauer.

Distanz: 44 Runden à 6,797=298,188 km.

Boxenstops:

Modena:	6. Runde:	Fehlzündungen; Platz 23—25
Dalmas:	13. Runde:	neue Frontflipper montiert; Platz 19—23
Dalmas:	14. Runde:	Reifenwechsel; Platz 23
Caffi:	15. Runde:	rechter Hinterreifen explodiert und weggeflogen, auf drei Rädern zur Box gefahren; Platz 20—22
Mansell:	16. Runde:	Getriebebolzen gebrochen, steckte im 5. Gang; Platz 7—13
Larini:	21. Runde:	Reifenwechsel; Platz 20—21
Dalmas:	24. Runde:	Fehlzündungen; Platz 21—22
Ghinzani:	27. Runde:	Reifenschaden links hinten; Platz 16—19
de Cesaris:	34. Runde:	Dreher (ohne Kupplung), dabei rechtes Hinterrad beschädigt, Felge krumm, Getriebe steckte im 2. Gang; Platz 10—14—17
Nannini:	38. Runde:	Halteklammer des Gaszugs gebrochen, verlor 4 Runden, danach schnellste Runde; Platz 4—18

Ausfälle:

Piquet:	1. Runde:	Unfall auf Slicks in der 1./2. Schikane, danach Kupplung defekt
Alliot:	9. Runde:	Unfall auf Slicks in der 1./2. Schikane; Platz 22
Modena:	16. Runde:	Motor; Platz 24
Mansell:	16. Runde:	Unfall, nach Boxenstop von der Piste geraten; Platz 13
Larini:	28. Runde:	Motor ausgesetzt; Platz 21
Patrese:	35. Runde:	Unfall, in der Sachs-Kurve geradeaus, Vorderradaufhängung gebrochen; Platz 10
Streiff:	39. Runde:	Gaszug; Platz 18

Stand nach 1 Runde: 1. Senna, 2. Berger, 3. Nannini, 4. Prost, 5. Alboreto, 6. Capelli, 7. Boutsen, 8. Mansell, 9. Warwick, 10. Patrese.

Stand nach 10 Runden: 1. Senna (67,970 km in 21:04,442=193,518 km/h), 2. Berger —10,642, 3. Prost —12,921, 4. Nannini —16,058, 5. Alboreto —21,709, 6. Capelli —28,861, 7. Mansell —35,156, 8. Boutsen —37,219, 9. Warwick —48,510, 10. Patrese —50,407.

Stand nach 20 Runden: 1. Senna (135,940 km in 42:01,681=194,071 km/h), 2. Prost —14,152, 3. Berger —24,557, 4. Nannini —29,035, 5. Alboreto —35,147, 6. Capelli —52,804, 7. Boutsen —59,433, 8. Warwick —1:18,745, 9. Patrese —1:21,333, 10. Nakajima —1:22,640.

Stand nach 30 Runden: 1. Senna (203,910 km in 1.03:01,537=194,121 km/h), 2. Prost —11,369, 3. Berger —44,893, 4. Nannini —51,925, 5. Alboreto —1:08,864, 6. Capelli —1:25,363, 7. Boutsen —1:24,264, 8. Warwick —2:01,238, 9. Gugelmin —2:03,753, 10. de Cesaris —1 Runde.

Stand nach 40 Runden: 1. Senna (271,880 km in 1.24:14,976=193,625 km/h), 2. Prost —23,479, 3. Berger —57,397, 4. Alboreto —1:35,413, 5. Capelli —1:53,285, 6. Boutsen —2:08,372, 7. Warwick —1 Runde, 8. Gugelmin, 9. Nakajima, 10. Cheever.

Schnellste Runde: Nannini (Benetton-Ford) 2:03,032=198,885 km/h (40. Runde).

Schnellste Runde jedes Fahrers im Rennen: Nannini 2:03,032 (40.), Prost 2:04,888 (21.), Senna 2:05,001 (18.), de Cesaris 2:05,413 (42.), Alboreto 2:05,704 (11.), Berger 2:05,735 (7.), Mansell 2:06,317 (9.), Caffi 2:06,814 (42.), Capelli 2:06,833 (15.), Gugelmin 2:06,946 (10.), Nakajima 2:07,242 (43.), Boutsen 2:07,273 (12.), Cheever 2:07,388 (42.), Warwick 2:07,545 (43.), Patrese 2:08,191 (12.), Palmer 2:08,507 (41.), Streiff 2:08,812 (33.), Schneider 2:09,142 (43.), Dalmas 2:09,545 (39.), Larini 2:09,715 (27.), Larrauri 2:09,754 (12.), Ghinzani 2:10,425 (38.), Alliot 2:11,403 (7.), Modena 2:13,447 (10.), Piquet 3:39,605 (1.).

Ergebnis:

1. Ayrton Senna (Brasilien), McLaren-Honda (T)	1.32:54,188	= 193,148 km/h
2. Alain Prost (Frankreich), McLaren-Honda (T)	1.33:07,797	13,609 zurück
3. Gerhard Berger (Österreich), Ferrari (T)	1.33:46,283	52,095 zurück
4. Michele Alboreto (Italien), Ferrari (T)	1.34:35,100	1:40,912 zurück
5. Ivan Capelli (Italien), March-Judd (S)	1.34:43,794	1:49,606 zurück
6. Thierry Boutsen (Belgien), Benetton-Ford (S)	1.32:54,621	1 Runde zurück
7. Derek Warwick (England), Arrows-Megatron (T)	1.33:01,625	1 Runde zurück
8. Maurizio Gugelmin (Brasilien), March-Judd (S)	1.33:21,390	1 Runde zurück
9. Satoru Nakajima (Japan), Lotus-Honda (T)	1.33:21,685	1 Runde zurück
10. Eddie Cheever (USA), Arrows-Megatron (T)	1.34:00,389	1 Runde zurück
11. Jonathan Palmer (England), Tyrrell-Ford (S)	1.34:50,483	1 Runde zurück
12. Bernd Schneider (Deutschland), Zakspeed (T)	1.34:56,348	1 Runde zurück
13. Andrea de Cesaris (Italien), Rial-Ford (S)	1.33:50,864	2 Runden zurück
14. Piercarlo Ghinzani (Italien), Zakspeed (T)	1.34:14,111	2 Runden zurück
15. Alex Caffi (Italien), Dallara-Ford (S)	1.34:18,400	2 Runden zurück
16. Oscar Larrauri (Argentinien), EuroBrun-Ford (S)	1.34:23,827	2 Runden zurück
17. René Arnoux (Frankreich), Ligier-Judd (S)	1.33:04,884	3 Runden zurück
18. Alessandro Nannini (Italien), Benetton-Ford (S)	1.33:47,029	4 Runden zurück

Dalmas bei Schluß noch im Rennen, aber aufgrund zu geringer zurückgelegter Distanz nicht gewertet (39 Runden)

WM-Stand: 1. Prost 60, 2. Senna 57, 3. Berger 25, 4. Alboreto 16, 5. Piquet 15, 6. Boutsen 12, 7. Warwick 9, 8. Mansell, Nannini je 6, 10. Palmer 5, 11. Capelli 4, 12. de Cesaris, Gugelmin je 3, 14. Martini, Cheever, Patrese, Nakajima je 1.

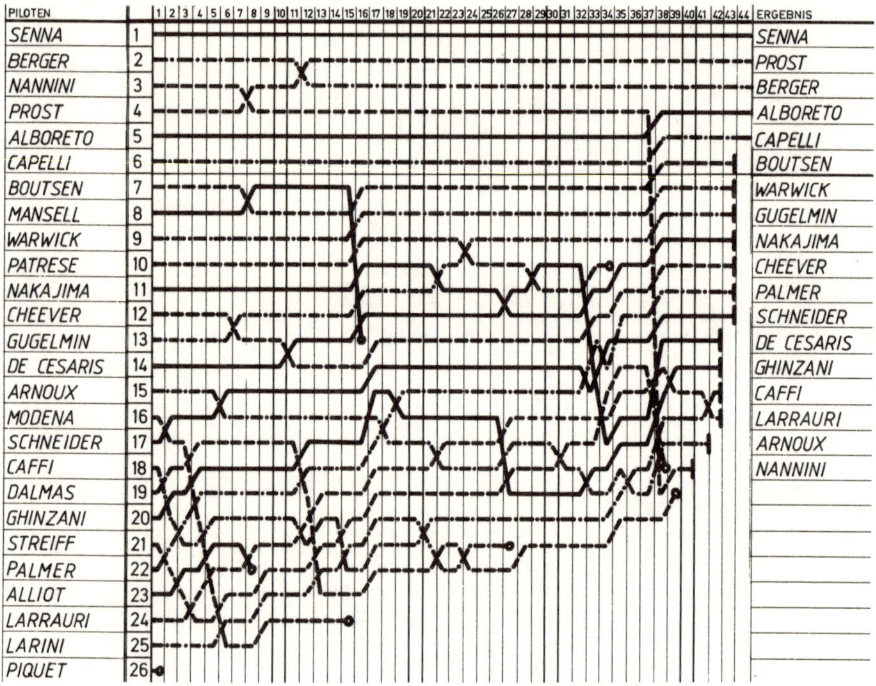

Lauf 10 – Großer Preis von Ungarn – Budapest, 7. August 1988

Erstes Training (inoffiziell)		Zweites Training (offiziell)		Drittes Training (inoffiziell)		Viertes Training (offiziell)	
1. Mansell	1:59,042	1. Prost	1:29,589	1. Senna	1:28,623	1. Senna	1:27,635
2. Nannini	1:59,339	2. Nannini	1:29,779	2. Mansell	1:28,644	2. Mansell	1:27,743
3. Bailey	2:00,978	3. Mansell	1:30,151	3. Prost	1:29,698	3. Boutsen	1:27,970
4. Warwick	2:01,328	4. Patrese	1:30,382	4. Capelli	1:29,759	4. Capelli	1:28,350
5. Caffi	2:01,593	5. Senna	1:30,422	5. Nannini	1:30,044	5. Nannini	1:28,493
6. Gugelmin	2:01,609	6. Boutsen	1:30,780	6. Gugelmin	1:30,419	6. Patrese	1:28,569
7. Senna	2:01,880	7. Berger	1:31,192	7. Patrese	1:31,010	7. Prost	1:28,778
8. Cheever	2:01,962	8. Alboreto	1:32,304	8. Berger	1:31,255	8. Gugelmin	1:29,099
9. Sala	2:02,617	9. Warwick	1:32,514	9. Boutsen	1:31,734	9. Berger	1:29,244
10. Boutsen	2:02,673	10. Cheever	1:32,569	10. Alboreto	1:31,832	10. Caffi	1:29,891
11. Martini	2:02,923	11. Capelli	1:32,675	11. Piquet	1:31,894	11. Sala	1:30,103
12. Larrauri	2:03,343	12. Caffi	1:32,887	12. Caffi	1:31,912	12. Warwick	1:30,185
13. Tarquini	2:03,371	13. Streiff	1:32,973	13. Warwick	1:32,307	13. Piquet	1:30,405
14. Capelli	2:03,695	14. Alliot	1:33,122	14. Alliot	1:32,363	14. Cheever	1:30,908
15. Alboreto	2:04,021	15. Dalmas	1:33,192	15. Martini	1:32,370	15. Alboreto	1:31,052
16. Modena	2:04,168	16. Sala	1:33,494	16. Arnoux	1:32,521	16. Martini	1:31,123
17. Arnoux	2:04,530	17. Martini	1:33,597	17. de Cesaris	1:32,522	17. Dalmas	1:31,200
18. Palmer	2:04,534	18. Palmer	1:34,001	18. Dalmas	1:32,554	18. de Cesaris	1:31,523
19. Schneider	2:05,080	19. Nakajima	1:34,194	19. Nakajima	1:32,781	19. Nakajima	1:31,646
20. Dalmas	2:05,354	20. Johansson	1:34,843	20. Cheever	1:32,901	20. Alliot	1:31,719
21. Larini	2:05,626	21. Gugelmin	1:35,237	21. Sala	1:33,140	21. Palmer	1:31,741
22. Streiff	2:06,796	22. Piquet	1:35,346	22. Tarquini	1:33,254	22. Tarquini	1:32,160
23. Ghinzani	2:06,953	23. Modena	1:35,389	23. Johansson	1:33,601	23. Streiff	1:32,265
24. Berger	2:07,824	24. Arnoux	1:35,685	24. Palmer	1:33,615	24. Johansson	1:32,342
25. de Cesaris	2:12,244	25. Bailey	1:35,693	25. Bailey	1:33,794	25. Arnoux	1:32,477
26. Johansson	2:15,217	26. Larrauri	1:35,990	26. Modena	1:33,944	26. Modena	1:32,614
27. Alliot	2:18,753	27. Tarquini	1:35,991	27. Streiff	1:33,970	27. Larrauri	1:32,987
28. Patrese	36:27,539	28. Ghinzani	1:36,223	28. Ghinzani	1:34,515	28. Schneider	1:33,357
29. Prost	37:30,425	29. Schneider	1:36,716	29. Larrauri	1:34,598	29. Bailey	1:33,694
		30. de Cesaris	1:48,994	30. Schneider	1:35,219	30. Ghinzani	1:34,701

Startaufstellung:

Nigel Mansell
Williams-Judd FW12-1
1:27,743

Ayrton Senna
McLaren-Honda MP4/4-5
1:27,635 = 164,893 km/h

Ivan Capelli
March-Judd 881-02
1:28,350

Thierry Boutsen
Benetton-Ford B188-02
1:27,970

Riccardo Patrese
Williams-Judd FW12-3
1:28,569

Alessandro Nannini
Benetton-Ford B188-06
1:28,493

Mauricio Gugelmin
March-Judd 881-03
1:29,099

Alain Prost
McLaren-Honda MP4/4-2
1:28,778

Alex Caffi
Dallara-Cosworth
F188-003, 1:29,891

Gerhard Berger
Ferrari F187/88C 104
1:29,244

Derek Warwick
Arrows-Megatron
A10B-03, 1:30,185

Luis Perez-Sala
Minardi-Cosworth
M188-04, 1:30,103

Eddie Cheever
Arrows-Megatron
A10B-01, 1:30,908

Nelson Piquet
Lotus-Honda 100T/3
1:30,405

Pierluigi Martini
Minardi-Cosworth
M188-03, 1:31,123

Michele Alboreto
Ferrari F1-87/88C 103
1:31,052

Andrea de Cesaris
Rial-Cosworth ARC-02
1:31,523

Yannick Dalmas
Lola-Cosworth LC-88 01
1:31,200

Philippe Alliot
Lola-Cosworth LC-88 04
1:31,710

Satoru Nakajima
Lotus-Honda 100T/1
1:31,646

Gabriele Tarquini
Coloni-Cosworth
FC188-01, 1:32,160

Jonathan Palmer
Tyrrell-Cosworth 017-01
1:31,741

Stefan Johansson
Ligier-Judd JS31-04
1:32,342

Philippe Streiff
AGS-Cosworth JH23-035
1:32,265

Stefano Modena
EuroBrun-Cosworth
ER188 03, 1:32,614

René Arnoux
Ligier-Judd JS31-02
1:32,477

Nicht qualifiziert: Oscar Larrauri (EuroBrun-Cosworth ER188) 1:32,987, Bernd Schneider (Zakspeed 871) 1:33,357, Julian Bailey (Tyrrell-Cosworth 017) 1:33,694, Piercarlo Ghinzani (Zakspeed 871) 1:34,701.

In der Vorqualifikation eliminiert: Nicola Larini (Osella-Alfa FA1L) 2:03,626.

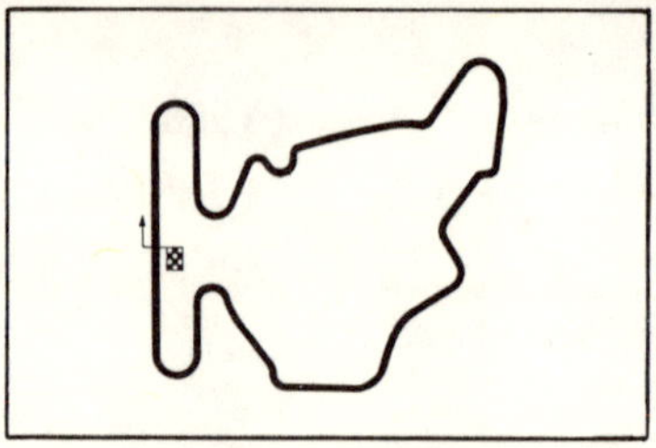

Rekorde: Training: Mansell (Williams-Honda FW 11B) 1:28,047=164,121 km/h (1987); Rennen: Piquet (Williams-Honda FW 11B) 1:30,149=160,295 km/h (1987); Distanz: Piquet (Williams-Honda FW 11B) 153,239 km/h (1987).

Geschwindigkeiten auf der Ziellinie (Freitag): Alboreto 241,02, Berger 236,74, Prost 236,01, Senna 234,37, Piquet 233,56, Schneider 229,54, Nakajima 227,22, Nannini 225,75, Cheever 224,63, Gugelmin 223,51 — (Samstag): Alboreto 240,0, Berger 239,04, Prost 237,68, Senna 237,57, Piquet 236,12, Warwick 230,62, Cheever 229,25, Nakajima 226,84, Schneider 226,80, Modena 225,66.

Beschleunigungswerte (Freitag): Berger 199,63, Senna 199,04, Alboreto 197,95, Prost 197,95, Prost 197,62, Patrese 194,10, Boutsen 193,90, Nannini 193,62, Nakajima 193,38, Mansell 193,20, Gugelmin 192,79 — (Samstag): Berger 203,12, Senna 201,38, Prost 199,52, Capelli 197,08, Alboreto 196,90, Mansell 196,26, Cheever 196,11, Piquet 196,11, Boutsen 195,55, Gugelmin 195,12.

Sonntagmorgen-Aufwärmtraining: 1. Prost 1:30,198, 2. Mansell 1:30,934, 3. Gugelmin 1:31,989, 4. Capelli 1:32,077, 5. Patrese 1:32,096, 6. Nannini 1:32,196, 7. Berger 1:32,375, 8. Senna 1:32,379, 9. Boutsen 1:32,642, 10. Martini 1:32,799.

Wetter am Renntag: heiß, schwül, etwas windig; 130.000 Zuschauer, an allen drei Tagen: 200.000.

Distanz: 76 Runden à 4,014 km=305,064 km.

Boxenstops:

Sala:	2. Runde:	Schnauze gewechselt nach Kollision mit Alliot; Platz 11—24
Piquet:	10. Runde:	Kollision mit Martini, Schnauze und Reifen gewechselt, auch Kupplungsschaden; Platz 13—21
Mansell:	39. Runde:	Reifenwechsel binnen 18 sec nach Dreher; Platz 4—7
Mansell:	59. Runde:	zweiter Reifenwechsel binnen 12 sec; Platz 5—8

Ausfälle:

Palmer:	4. Runde:	Motor abgestorben; Platz 24
Capelli:	6. Runde:	Fehlzündungen; Platz 25
Streiff:	8. Runde:	Kollision mit Nakajima; Platz 19
Martini:	9. Runde:	Kollision mit Piquet; Platz 12
Johansson:	19. Runde:	Gaspedal bei Vollgas steckengeblieben, in die Wiese; Platz 16
Caffi:	23. Runde:	Motorschaden; Platz 9
Nannini:	25. Runde:	Wasserschlauch geplatzt; Platz 8
de Cesaris:	29. Runde:	Kreuzgelenk der Antriebswelle gebrochen; Platz 9
Arnoux:	33. Runde:	Motor überhitzt, dann explodiert, Öl auf die Hinterreifen, Unfall; Platz 16
Alboreto:	41. Runde:	Elektronik; Platz 8
Cheever:	56. Runde:	Bremsdefekt; Platz 9
Mansell:	61. Runde:	nach Dreher und zwei Reifenwechsel-Boxenstops wegen Erschöpfung aufgegeben; Platz 8
Warwick:	66. Runde:	Bremsdefekt; Platz 7

Stand nach 1 Runde: 1. Senna, 2. Mansell, 3. Patrese, 4. Boutsen, 5. Nannini, 6. Berger, 7. Capelli, 8. Gugelmin, 9. Prost, 10. Caffi.

Stand nach 10 Runden: Senna (40,140 km in 15:52,491=151,712 km/h), 2. Mansell —0,395, 3. Patrese —0,954, 4. Boutsen —1,271, 5. Nannini —1,700, 6. Prost —3,166, 7. Berger —4,092, 8. Gugelmin —7,173, 9. Caffi —11,352, 10. Warwick —16,377.

Stand nach 20 Runden: 1. Senna (80,280 km in 31:28,375=153,046 km/h, 2. Patrese —1,075, 3. Boutsen —1,535, 4. Mansell —2,576, 5. Prost —3,100, 6. Berger —6,867, 7. Nannini —7,359, 8. Gugelmin —14,011, 9. Caffi —19,269, 10. Alboreto —25,193.

Stand nach 30 Runden: 1. Senna (120,420 km in 47:10,306 = 153,168 km/h), 2. Patrese —1,639, 3. Boutsen —1,775, 4. Prost —3,444, 5. Mansell —5,668, 6. Berger —6,600, 7. Gugelmin —13,983, 8. Alboreto —24,264, 9. Warwick —59,867, 10. Cheever —1:07,684.

Stand nach 40 Runden: 1. Senna (160,560 km in 1.02:31,657 = 154,070 km/h), 2. Boutsen —1,102, 3. Prost —2,465, 4. Berger —20,775, 5. Patrese —35,328, 6. Gugelmin —42,440, 7. Mansell —46,012, 8. Alboreto —52,591, 9. Warwick —1:24,542, 10. Cheever —1 Runde.

Stand nach 50 Runden: 1. Senna (200,700 km in 1.17:58,728=154,427 km/h), 2. Prost —1,221, 3. Boutsen —2,657, 4. Berger —22,329, 5. Mansell —48,821, 6. Gugelmin —49,970, 7. Patrese —49,980, 8. Warwick —1 Runde, 9. Cheever, 10. Nakajima.

Stand nach 60 Runden: 1. Senna (240,840 km in 1.33:16,781=154,915 km/h), 2. Prost —3,103, 3. Boutsen —3,615, 4. Berger —45,006, 5. Gugelmin —1:26,239, 6. Patrese —1:30,238, 7. Mansell —1 Runde, 8. Warwick, 9. Nakajima, —2 Runden, 10. Dalmas.

Stand nach 70 Runden: 1. Senna (280,980 km in 1.48:34,732=155,268 km/h), 2. Prost —5,104, 3. Boutsen —13,594, 4. Berger —1:14,832, 5. Gugelmin —1 Runde, 6. Patrese, 7. Nakajima —2 Runden, 8. Dalmas —3 Runden, 9. Piquet, 10. Modena.

Ergebnis:

1. Ayrton Senna (Brasilien), McLaren-Honda (T)	1.57:47,081	= 155,401 km/h
2. Alain Prost (Brasilien), McLaren-Honda (T)	1.57:47,610	0,529 zurück
3. Thierry Boutsen (Belgien), Benetton-Ford (S)	1.58:18,491	31,410 zurück
4. Gerhard Berger (Österreich), Ferrari (T)	1.59:15,751	1:28,670 zurück
5. Mauricio Gugelmin (Brasilien), March-Judd (S)	1.58:24,121	1 Runde zurück
6. Riccardo Patrese (Italien), Williams-Judd (S)	1.58:36,998	1 Runde zurück
7. Satoru Nakajima (Japan), Lotus-Honda (T)	1.58:01,326	3 Runden zurück
8. Nelson Piquet (Brasilien), Lotus-Honda (T)	1.58:18,975	3 Runden zurück
9. Yannick Dalmas (Frankreich), Lola-Ford (S)	1.59:06,707	3 Runden zurück
10. Luis Perez-Sala (Spanien), Minardi-Ford (S)	1.57:59,820	4 Runden zurück
11. Stefano Modena (Italien), EuroBrun-Ford (S)	1.58:30,933	4 Runden zurück
12. Philippe Alliot (Frankreich), Lola-Ford (S)	1.58:55,397	4 Runden zurück
13. Gabriele Tarquini (Italien), Coloni-Ford (S)	1.59:16,820	5 Runden zurück

Schnellste Runde: Prost (McLaren-Honda) 1:30,639=159,428 km/h).

Schnellste Runde jedes Fahrers im Rennen: Prost 1:30,639 (51.), Senna 1:30,964 (67.), Boutsen 1:31,272 (55.), Mansell 1:31,735 (41.), Gugelmin 1:32,235 (46.), Berger 1:32,241 (37.), Nannini 1:32,564 (19.), Patrese 1:32,569 (21.), Piquet 1:32,783 (12.), Alboreto 1:33,080 (22.), de Cesaris 1:33,529 (28.), Sala 1:33,615 (56.), Caffi 1:33,761 (19.), Warwick 1:34,078 (39.), Dalmas 1:34,120 (56.), Nakajima 1:34,138 (36.), Cheever 1:34,226 (36.), Martini 1:34,897 (6.), Alliot 1:35,432 (5.), Modena 1:35,536 (22.), Johansson 1:35,759 (5.), Arnoux 1:35,940 (5.), Tarquini 1:36,008 (20.), Streiff 1:36,339 (5.), Palmer 1:36,660 (3.), Capelli 1:44,982 (1.).

WM-Stand: 1. Prost, Senna je 66, 3. Berger 28, 4. Alboreto, Boutsen je 16, 6. Piquet 15, 7. Warwick 9, 8. Mansell, Nannini je 6, 10. Gugelmin, Palmer je 5, 12. Capelli 4, 13. de Cesaris 3, 14. Patrese 2, 15. Martini, Cheever, Nakajima je 1.

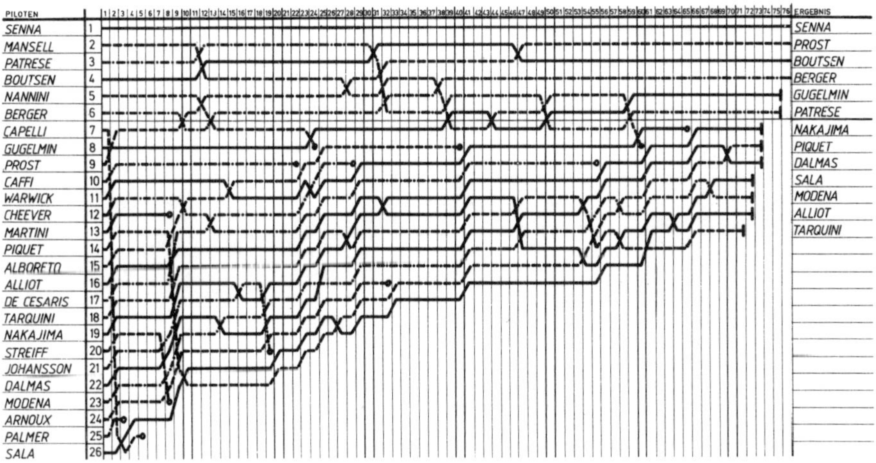

Lauf 11 – Großer Preis von Belgien – Spa, 28. August 1988

Erstes Training (inoffiziell)		Zweites Training (offiziell)		Drittes Training (inoffiziell)		Viertes Training (offiziell)	
1. Prost	1:55,389	1. Senna	1:53,718	1. Senna	2:14,444	1. Brundle	**2:14,517**
2. Senna	1:55,539	2. Prost	1:54,128	2. Berger	2:15,567	2. Nakajima	2:14,739
3. Berger	1:55,645	3. Berger	1:54,581	3. Gugelmin	2:15,657	3. Piquet	2:15,027
4. Alboreto	1:58,022	4. Alboreto	1:55,665	4. Capelli	2:15,773	4. Senna	2:15,196
5. Nannini	1:58,277	5. Patrese	1:57,138	5. Alboreto	2:15,889	5. Boutsen	2:15,236
6. Boutsen	1:58,487	6. Boutsen	1:57,455	6. Brundle	2:16,172	6. Patrese	2:15,358
7. Capelli	1:58,678	7. Nannini	1:57,535	7. Caffi	2:16,414	7. Alboreto	2:15,677
8. Brundle	1:59,073	8. Nakajima	1:57,616	8. Prost	2:16,561	8. Warwick	2:16,770
9. Patrese	1:59,125	9. Piquet	1:57,821	9. Piquet	2:16,767	9. de Cesaris	2:17,028
10. Cheever	1:59,197	10. Warwick	1:57,925	10. Patrese	2:16,803	10. Nannini	2:17,077
11. Gugelmin	1:59,530	11. Cheever	1:57,980	11. Nannini	2:17,724	11. Berger	2:17,115
12. Warwick	1:59,555	12. Brundle	1:58,206	12. Streiff	2:18,070	12. Larini	2:17,127
13. Arnoux	2:00,728	13. Gugelmin	1:58,361	13. Nakajima	2:18,392	13. Caffi	2:18,052
14. Alliot	2:00,993	14. Capelli	1:59,439	14. Boutsen	2:18,431	14. Arnoux	2:19,260
15. Caffi	2:01,068	15. Caffi	1:59,776	15. de Cesaris	2:18,472	15. Schneider	2:19,825
16. Nakajima	2:01,538	16. Alliot	1:59,906	16. Larini	2:18,945	16. Modena	2:19,880
17. Streiff	2:01,760	17. Arnoux	2:00,037	17. Martini	2:18,990	17. Cheever	2:19,908
18. Dalmas	2:01,998	18. Streiff	2:00,410	18. Bailey	2:19,343	18. Dalmas	2:19,909
19. Tarquini	2:02,101	19. de Cesaris	2:00,521	19. Cheever	2:19,478	19. Tarquini	2:19,939
20. Larini	2:02,347	20. Johansson	2:00,857	20. Palmer	2:19,623	20. Palmer	2:20,594
21. Johansson	2:02,809	21. Palmer	2:01,078	21. Schneider	2:20,160	21. Alliot	2:21,219
22. Modena	2:02,933	22. Tarquini	2:01,359	22. Alliot	2:21,064	22. Ghinzani	2:22,064
23. Palmer	2:03,040	23. Dalmas	2:01,467	23. Johansson	2:21,782	23. Capelli	2:22,821
24. Martini	2:03,191	24. Ghinzani	2:01,899	24. Modena	2:22,095	24. Streiff	2:23,953
25. Sala	2:03,399	25. Schneider	2:01,938	25. Arnoux	2:22,462	Prost	—
26. Schneider	2:03,564	26. Larini	2:02,029	26. Warwick	2:22,729	Gugelmin	—
27. Ghinzani	2:03,671	27. Sala	2:02,129	27. Sala	2:23,229	Johansson	—
28. Larrauri	2:04,208	28. Martini	2:02,314	28. Dalmas	2:26,474	Sala	—
29. Piquet	2:04,398	29. Modena	2:02,322	29. Tarquini	2:27,897	Martini	—
30. Bailey	2:06,612	30. Bailey	2:02,519			Bailey	—
31. de Cesaris	2:07,111						

Startaufstellung:

Alain Prost
McLaren-Honda MP4/4-2
1:54,128

Ayrton Senna
McLaren-Honda MP4/4-5
1:53,718 = 219,701 km/h

Michele Alboreto
Ferrari F1-87/88C 103
1:55,665

Gerhard Berger
Ferrari F1-87/88C 104
1:54,581

Thierry Boutsen
Benetton-Ford B188-02
1:57,455

Riccardo Patrese
Williams-Judd FW12-3
1:57,138

Satoru Nakajima
Lotus-Honda 100T/1
1:57,616

Alessandro Nannini
Benetton-Ford B188-06
1:57,535

Derek Warwick
Arrows-Megatron
A10B-03, 1:57,925

Nelson Piquet
Lotus-Honda 100T/2
1:57,821

Martin Brundle
Williams-Judd FW12-1
1:58,206

Eddie Cheever
Arrows-Megatron
A10B-01, 1:57,980

Ivan Capelli
March-Judd 881-05
1:59,439

Mauricio Gugelmin
March-Judd 881-02
1:58,361

Philippe Alliot
Lola-Cosworth LC-88 04
1:59,906

Alex Caffi
Dallara-Cosworth
F188-003, 1:59,776

Philippe Streiff
AGS-Cosworth JH23 035
2:00,410

René Arnoux
Ligier-Judd JS31-02
2:00,037

Stefan Johansson
Ligier-Judd JS31-04
2:00,857

Andrea de Cesaris
Rial-Cosworth ARC1-03
2:00,521

Gabriele Tarquini
Coloni-Cosworth
FC188-01, 2:01,359

Jonathan Palmer
Tyrell-Cosworth 017-01
2:01,078

Piercarlo Ghinzani
Zakspeed 881-04
2:01,899

Yannick Dalmas
Lola-Cosworth LC-88 05
2:01,467

Nicola Larini
Osella Fa1L02
2:02,029

Bernd Schneider
Zakspeed 881-01
2:01,938

Nicht qualifiziert: Luis Perez-Sala (Minardi-Cosworth M188) 2:02,129, Pierluigi Martini (Minardi-Cosworth M188) 2:02,314, Stefano Modena (EuroBrun-Cosworth ER188) 2:02,322, Julian Bailey (Tyrrell-Cosworth 017) 2:02,519.

In der Vorqualifikation eliminiert: Oscar Larrauri (EuroBrun-Cosworth ER188) 2:04,208.

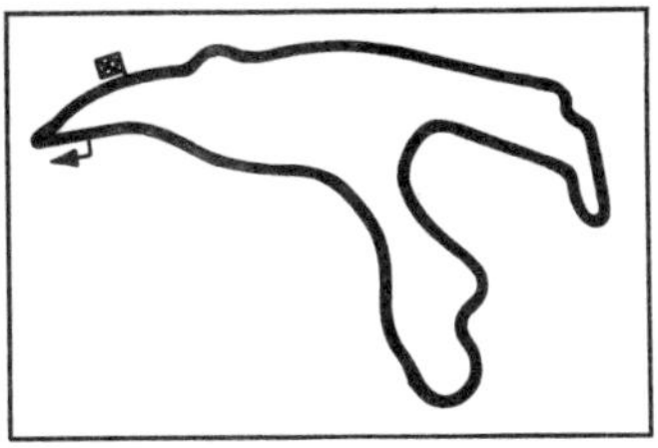

Rekorde: Training: Mansell (Williams-Honda FW 11B) 1:52,026 = 223,020 km/h (1987); Rennen: Prost (McLaren-Porsche MP 4/3) 1:57,153 = 213,260 km/h (1987); Distanz: Prost (McLaren-Porsche MP 4/3) 205,680 km/h (1987).

Höchstgeschwindigkeiten (Freitag): Alboreto 312,68, Berger 311,24, Prost 310,08, Senna 303,03, Ghinzani 300,75, Piquet 300,08, Schneider 297,68, Nakajima 297,44, Cheever 291,89, Patrese 287,69 — (Samstag, Regen): Piquet 282,72, Nakajima 276,92, Berger 276,57, Cheever 272,38, Senna 270,95, Schneider 270,41, Boutsen 265,10, Arnoux 264,90, Patrese 264,64, Brundle 264,58.

Beschleunigung auf der Ziellinie (Freitag): Prost 253,27, Alboreto 250,15, Senna 249,46, Berger 245,25, Piquet 244,03, Nakajima 243,58, Cheever 242,05, Nannini 238,78, Warwick 237,09, Schneider 235,79 — (Samstag, Regen): Alboreto 239,15, Nakajima 234,50, Senna 233,49, Piquet 230,84, Cheever 228,00, Brundle 225,57, Berger 225,42, Warwick 223,50, Boutsen 223,09, Patrese 222,44.

Sonntag-Aufwärmtraining: 1. Senna 1:59,988, 2. Prost 2:00,459, 3. Alboreto 2:01,129, 4. Nannini 2:01,201, 5. Berger 2:01,376, 6. Gugelmin 2:02,148, 7. Warwick 2:02,849, 8. Piquet 2:02,914, 9. Capelli 2:03,142, 10. Nakajima.

Wetter am Renntag: nach regnerischen Trainingstagen sonnig und schön, etwa 26 Grad; 60.000 Zuschauer.

Distanz: 43 Runden à 6,940 km=298,42 km.

Boxenstops:

Berger:	3. Runde:	Elektrik, Zündkerzen gewechselt, verlor 3 Runden; Platz 3—24
Tarquini:	32. Runde:	Lenkungsdefekt; Platz 17

Ausfälle:

de Cesaris:	3. Runde:	Kollision mit Arnoux; Platz 18
Arnoux:	3. Runde:	Kollision mit de Cesaris; Platz 19
Dalmas:	10. Runde:	Motor; Platz 22
Berger:	12. Runde:	Elektrik, nach Zündkerzenwechsel und schnellster Runde; Platz 23
Larini:	15. Runde:	Benzinzufuhr; Platz 22
Nakajima:	22. Runde:	Fehlzündungen, unmöglich Zündkerzen herauszuschrauben; Platz 6
Ghinzani:	26. Runde:	Bremsdefekt, Unfall; Platz 11
Gugelmin:	30. Runde:	Motor; Platz 19
Patrese:	31. Runde:	Motor, Ölkontrolle aufgeleuchtet, Motor abgestellt; Platz 9
Alboreto:	36. Runde:	Motor; Platz 3
Schneider:	39. Runde:	Getriebe; Platz 15
Johansson:	40. Runde:	Motor; Platz 13
Palmer:	40. Runde:	Gaszug gerissen; Platz 14

Stand nach 1 Runde: 1. Senna, 2. Prost, 3. Berger, 4. Alboreto, 5. Boutsen, 6. Nakajima, 7. Nannini, 8. Patrese, 9. Warwick, 10. Piquet.

Stand nach 10 Runden: 1. Senna (69,4 km in 20:28,324=203,399 km/h), 2. Prost —4,141, 3. Alboreto —9,243, 4. Boutsen —17,635, 5. Nakajima —25,577, 6. Piquet —27,124, 7. Nannini —28,227, 8. Cheever —31,778, 9. Warwick —33,093, 10. Patrese —33,952.

Stand nach 20 Runden: 1. Senna (138,8 km in 40:44,766=204,388 km/h), 2. Prost —6,805, 3. Alboreto —25,038, 4. Boutsen —38,380, 5. Piquet —46,984, 6. Nakajima —51,248, 7. Nannini —52,444, 8. Cheever —56,036, 9. Warwick —56,737, 10. Patrese —58,323.

Stand nach 30 Runden: 1. Senna (208,2 km in 1.01:07,239=204,383 km/h), 2. Prost —13,501, 3. Alboreto —34,993, 4. Boutsen —53,144, 5. Piquet —1:06,428, 6. Nannini —1:09,263, 7. Warwick —1:12,925, 8. Capelli —1:19,874, 9. Patrese —1:26,522, 10. Cheever —1:30,646.

Stand nach 40 Runden: 1. Senna (277,6 km in 1.21:41,902=203,872 km/h), 2. Prost —23,451, 3. Boutsen —1:02,648, 4. Nannini —1:15,536, 5. Piquet —1:21,566, 6. Capelli —1:21,977, 7. Warwick —1:27,598, 8. Cheever —1 Runde, 9. Brundle, 10. Caffi.

Ergebnis:

1. Ayrton Senna (Brasilien), McLaren-Honda (T)	1.28:00,549	= 203,447 km/h
2. Alain Prost (Frankreich), McLaren-Honda (T)	1.28:31,019	30,470 zurück
3. Thierry Boutsen (Belgien), Benetton-Ford (S)	1.29:00,230	59,681 zurück
4. Alessandro Nannini (Italien), Benetton-Ford (S)	1.29:09,143	1:08,594 zurück
5. Ivan Capelli (Italien), March-Judd (S)	1.29:16,317	1:15,768 zurück
6. Nelson Piquet (Brasilien), Lotus-Honda (T)	1.29:24,177	1:23,628 zurück
7. Derek Warwick (England), Arrows-Megatron (T)	1.29:25,904	1:25,355 zurück
8. Eddie Cheever (USA), Arrows-Megatron (T)	1.28:00,918	1 Runde zurück
9. Martin Brundle (England), Williams-Judd (S)	1.28:01,724	1 Runde zurück
10. Alex Caffi (Italien), Dallara-Ford (S)	1.28:30,070	1 Runde zurück
11. Philippe Alliot (Frankreich), Lola-Ford (S)	1.28:35,863	1 Runde zurück
12. Philippe Streiff (Frankreich), AGS-Ford (S)	1.28:54,179	1 Runde zurück
13. Stefan Johansson (Schweden), Ligier-Judd (S)	1.22:42,748	4 Runden zurück
14. Jonathan Palmer (England), Tyrrell-Ford (S)	1.22:43,372	4 Runden zurück
15. Bernd Schneider (Deutschland), Zakspeed (T)	1.22:02,065	5 Runden zurück

Johansson, Palmer, Schneider bei Schluß nicht mehr im Rennen, aber gewertet. Bei Schluß noch im Rennen, aber aufgrund zu großen Rückstands nicht mehr klassiert: Tarquini (36 Runden).

Schnellste Runde: Berger (Ferrari) 2:00,772=206,689 km/h (10. Runde).

Schnellste Runde jedes Fahrers im Rennen: Berger 2:00,772 (10.), Senna 2:01,061 (18.), Prost 2:01,702 (18.), Alboreto 2:01,924 (34.), Gugelmin 2:02,255 (14.), Nannini 2:02,298 (39.), Capelli 2:02,302 (14.), Piquet 2:02,598 (23.), Boutsen 2:02,849 (21.), Warwick 2:03,002 (24.), Patrese 2:03,220 (19.), Nakajima 2:03,448 (20.), Cheever 2:03,653 (24.), Brundle 2:04,088 (9.), Caffi 2:04,475 (24.), Tarquini 2:04,589 (36.), Streiff 2:05,028 (23.), Alliot 2:05,083 (37.), Palmer 2:05,525 (21.), Johansson 2:05,681 (39.), Larini 2:06,514 (12.), Ghinzani 2:06,653 (14.), Schneider 2:06,810 (19.), Dalmas 2:07,497 (7.), Arnoux 2:07,978 (2.), de Cesaris 2:08,821 (2.).

WM-Stand: 1. Senna 75, 2. Prost 72, 3. Berger 28, 4. Boutsen 20, 5. Alboreto, Piquet je 16, 7. Nannini, Warwick je 9, 9. Mansell, Capelli je 6, 11. Gugelmin, Palmer je 5, 13. de Cesaris 3, 14. Patrese 2, 15. Martini, Cheever, Nakajima je 1.

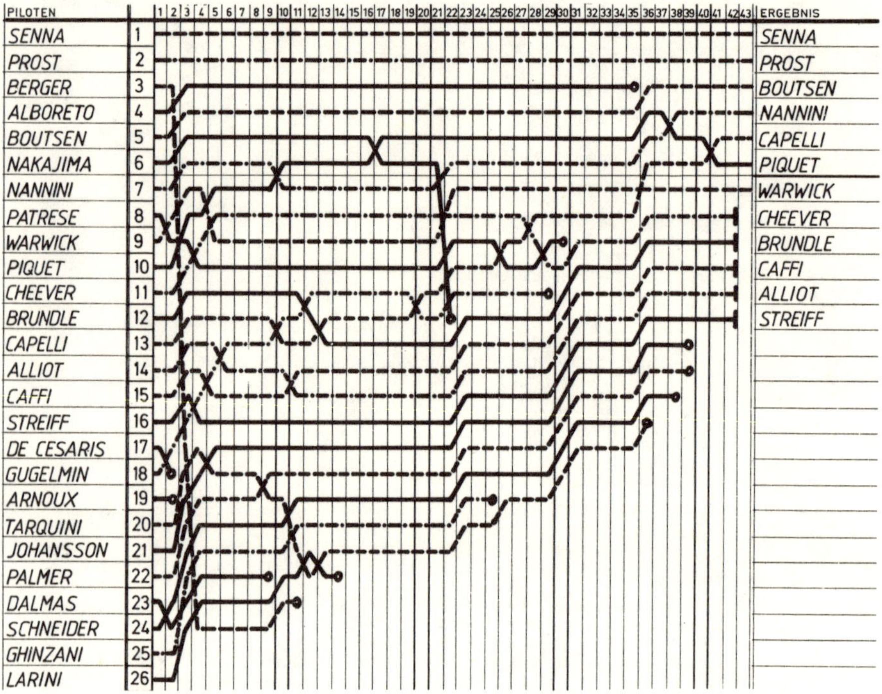

Lauf 12 – Großer Preis von Italien – Monza, 11. September 1988

Erstes Training (inoffiziell)		Zweites Training (offiziell)		Drittes Training (inoffiziell)		Viertes Training (offiziell)	
1. Senna	1:27,100	1. Senna	1:26,160	1. Senna	1:25,733	1. Senna	1:25,974
2. Prost	1:27,999	2. Prost	1:26,277	2. Prost	1:26,262	2. Prost	1:26,428
3. Alboreto	1:28,404	3. Alboreto	1:27,618	3. Berger	1:28,621	3. Berger	1:26,654
4. Cheever	1:28,473	4. Berger	1:28,082	4. Piquet	1:28,686	4. Alboreto	1:26,988
5. Warwick	1:28,668	5. Cheever	1:28,101	5. Alboreto	1:29,162	5. Cheever	1:27,660
6. Berger	1:28,886	6. Warwick	1:28,258	6. Cheever	1:29,207	6. Warwick	1:27,815
7. Piquet	1:29,370	7. Piquet	1:28,440	7. Capelli	1:30,090	7. Piquet	1:28,044
8. Boutsen	1:29,596	8. Nannini	1:28,969	8. Caffi	1:30,149	8. Boutsen	1:28,870
9. Nannini	1:29,791	9. Capelli	1:29,513	9. Nakajima	1:30,360	9. Nannini	1:28,958
10. Capelli	1:29,799	10. Nakajima	1:29,541	10. Schneider	1:30,481	10. Patrese	1:29,435
11. Gugelmin	1:30,561	11. Boutsen	1:29,607	11. Warwick	1:30,670	11. Capelli	1:29,696
12. Caffi	1:30,877	12. Patrese	1:30,124	12. Larini	1:30,699	12. Gugelmin	1:30,035
13. Sala	1:31,417	13. Gugelmin	1:30,145	13. Boutsen	1:30,858	13. Martini	1:30,125
14. de Cesaris	1:31,562	14. Martini	1:30,734	14. Martini	1:30,929	14. Schneider	1:30,161
15. Patrese	1:31,600	15. Schneider	1:30,773	15. Nannini	1:31,199	15. Ghinzani	1:30,476
16. Ghinzani	1:31,657	16. Sala	1:30,944	16. Alliot	1:31,423	16. Larini	1:30,481
17. Martini	1:31,741	17. Caffi	1:30,989	17. Ghinzani	1:31,475	17. de Cesaris	1:30,560
18. Schlesser	1:31,816	18. Alliot	1:31,168	18. Schlesser	1:31,550	18. Nakajima	1:30,570
19. Schneider	1:31,864	19. Ghinzani	1:31,182	19. de Cesaris	1:31,845	19. Sala	1:30,698
20. Alliot	1:31,873	20. de Cesaris	1:31,263	20. Arnoux	1:31,993	20. Alliot	1:30,962
21. Nakajima	1:31,889	21. Schlesser	1:31,548	21. Streiff	1:32,021	21. Caffi	1:31,009
22. Dalmas	1:32,064	22. Streiff	1:31,676	22. Dalmas	1:32,152	22. Schlesser	1:31,620
23. Tarquini	1:32,860	23. Larini	1:31,721	23. Sala	1:32,177	23. Streiff	1:31,687
24. Modena	1:33,292	24. Arnoux	1:32,049	24. Gugelmin	1:32,840	24. Bailey	1:32,290
25. Arnoux	1:33,365	25. Dalmas	1:32,164	25. Johansson	1:32,863	25. Arnoux	1:32,316
26. Johansson	1:33,674	26. Palmer	1:32,405	26. Modena	1:33,035	26. Johansson	1:32,438
27. Larini	1:33,738	27. Bailey	1:32,573	27. Bailey	1:33,048	27. Dalmas	1:32,686
28. Bailey	1:33,862	28. Tarquini	1:32,829	28. Patrese	1:33,191	28. Palmer	1:33,067
29. Larrauri	1:34,044	29. Johansson	1:33,272	29. Tarquini	1:33,227	29. Modena	1:33,226
30. Palmer	1:34,097	30. Modena	1:34,727	30. Palmer	1:33,597	30. Tarquini	1:35,805
31. Streiff	1:35,069						

Startaufstellung:

Ayrton Senna
McLaren-Honda MP4/4-5
1:25,974 = 242,864 km/h

Alain Prost
McLaren-Honda MP4/4-1
1:26,277

Gerhard Berger
Ferrari F1-87/88C 104
1:26,654

Michele Alboreto
Ferrari F1-87/88C 103
1:26,988

Eddie Cheever
Arrows-Megatron
A10B-04, 1:27,660

Derek Warwick
Arrows-Megatron
A10B-03, 1:27,815

Nelson Piquet
Lotus-Honda 100T/2
1:28,044

Thierry Boutsen
Benetton-Ford B188-02
1:28,870

Alessandro Nannini*
Benetton-Ford B188-06
1:28,958

Riccardo Patrese
Williams-Judd FW12-3
1:29,435

Ivan Capelli
March-Judd 881-05
1:29,513

Satoru Nakajima
Lotus-Honda 100T/1
1:29,541

Mauricio Gugelmin
March-Judd 881-02
1:30,035

Pierluigi Martini
Minardi-Cosworth
M188-03, 1:30,125

Bernd Schneider
Zakspeed 881-01
1:30,161

Piercarlo Ghinzani
Zakspeed 881-04
1:30,476

Nicola Larini
Osella FA1L-02
1:30,481

Andrea de Cesaris
Rial-Cosworth ARC1-03
1:30,560

Luis Perez-Sala
Minardi-Cosworth
M188-04, 1:30,698

Philippe Alliot
Lola-Cosworth LC-88 04
1:30,962

Alex Caffi
Dallara-Cosworth
F188-003, 1:30,989

Jean-Louis Schlesser
Williams-Judd FW12-1
1:31,548

Philippe Streiff
AGS-Cosworth JH23-034
1:31,676

René Arnoux
Ligier-Judd JS31-02
1:32,049

Yannick Dalmas
Lola-Cosworth LC-88 05
1:32,164

Julian Bailey
Tyrrell-Cosworth 017-02
1:32,290

* Nannini startete mit Verspätung aus der Boxengasse

Nicht qualifiziert: Jonathan Palmer (Tyrrell-Cosworth 017) 1:32,405, Stefan Johansson (Ligier-Judd JS31) 1:32,438, Gabriele Tarquini (Coloni-Cosworth FC188) 1:32,829, Stefano Modena (EuroBrun-Cosworth ER188) 1:33,226

In der Vorqualifikation eliminiert: Oscar Larrauri (EuroBrun-Cosworth ER188) 1:34,044.

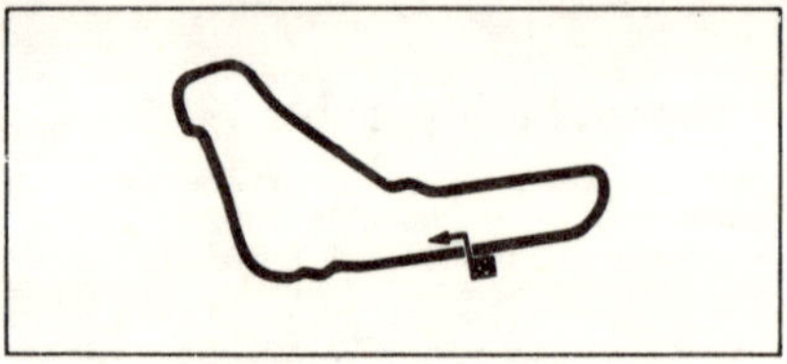

Rekorde: Training: Piquet (Williams-Honda FW11B) 1:23,460=250,180 km/h (1987); Rennen: Senna (Lotus-Honda 99T) 1:26,769 =240,564 km/h (1987); Distanz: Piquet (Williams-Honda FW 11B) 232,636 km/h (1987).

Geschwindigkeiten auf der Ziellinie (Freitag): Cheever 311,56, Berger 309,10, Piquet 308,65, Senna 307,51, Prost 306,98, Alboreto 304,97, Warwick 304,82, Ghinzani 302,61, Nakajima 302,17, Larini 298,93 — (Samstag): Warwick 315,49, Cheever 314,54, Alboreto 313,98, Prost 313,59, Piquet 312,89, Senna 307,89, Berger 307,21, Nakajima 306,68, Schneider 299,86, Gugelmin 297,44.

Sonntag-Aufwärmtraining: 1. Senna 1:29,820, 2. Prost 1:29,828, 3. Alboreto 1:30,784, 4. Berger 1:30,867, 5. Cheever 1:31,258, 6. Nannini 1:31,282, 7. Boutsen 1:31,903, 8. Piquet 1:31,947, 9. Schneider 1:32,282, 10. Nakajima 1:32,374.

Wetter am Renntag: heiß, leicht bewölkt, etwas windig; 200.000 Zuschauer

Distanz: 51 Runden à 5,8 km=295,8 km.

Boxenstops:

Nannini:		wegen Reparatur defekten Gaspedal-Sensors aus der Box gestartet (mit einer Runde Verspätung)
Sala:	5. Runde:	Getriebe; Platz 17—25
Sala:	7. Runde:	Getriebe; Platz 24—25
de Cesaris:	26. Runde:	gebrochener Unterboden nach Kollision mit Martini; Platz 12—18

Ausfälle:

Larini:	3. Runde:	Motorschaden; Platz 20
Piquet:	12. Runde:	Dreher wegen Kupplungsdefekts, Auto im Sand; Platz 8
Sala:	13. Runde:	Getriebeschaden; Platz 24
Nakajima:	15. Runde:	Motor; Platz 11
Martini:	16. Runde:	Ölkühler bei Kollision mit de Cesaris und Fahren über die Bordsteine abgerissen; Platz 15
Dalmas:	18. Runde:	Leck im Öltank; Platz 20
Caffi:	25. Runde:	Elektrik; Platz 13
Ghinzani:	26. Runde:	Motorschaden; Platz 17
de Cesaris:	28. Runde:	verbogene Radaufhängung und gebrochener Unterboden nach Kollision mit Martini; Platz 18
Schneider:	29. Runde:	Motorschaden; Platz 11
Streiff:	32. Runde:	Kupplung und Getriebe; Platz 12
Alliot:	34. Runde:	Motorschaden; Platz 13
Prost:	35. Runde:	Motor lief nur auf 5 Zylindern, Kolbenschaden, Kerze ließ sich nicht herausdrehen; Platz 3
Senna:	50. Runde:	Kollision mit Schlesser; Platz 1

Stand nach 1 Runde: 1. Senna, 2. Prost, 3. Berger, 4. Alboreto, 5. Cheever, 6. Boutsen, 7. Patrese, 8. Piquet, 9. Capelli, 10. Warwick.

Stand nach 10 Runden: 1. Senna (58,0 km in 15:19,505=227,079 km/h), 2. Prost —3,239, 3. Berger —4,309, 4. Alboreto —8,299, 5. Cheever —16,134, 6. Boutsen —17,406, 7. Patrese —22,970, 8. Piquet —23,941, 9. Capelli —24,402, 10. Warwick —25,529.

Stand nach 20 Runden: 1. Senna (116,0 km in 30:23,295=229,036 km/h), 2. Prost —3,176, 3. Berger —13,291, 4. Alboreto —18,925, 5. Cheever —30,284, 6. Boutsen —34,834, 7. Patrese —40,981, 8. Warwick —41,366, 9. Capelli —41,979, 10. Gugelmin —56,615.

Stand nach 30 Runden: 1. Senna (174,0 km in 45:24,662=229,900 km/h), 2. Prost —2,984, 3. Berger —23,413, 4. Alboreto —34,068, 5. Cheever —50,785, 6. Warwick —55,384, 7. Boutsen —56,045, 8. Capelli —59,819, 9. Patrese —1:03,972, 10. Gugelmin —1:18,152.

Stand nach 40 Runden: 1. Senna (232,0 km in 1.00:43,590=229,224 km/h), 2. Berger —23,412, 3. Alboreto —30,650, 4. Cheever —46,479, 5. Warwick —48,809, 6. Capelli —53,050, 7. Boutsen —58,690, 8. Patrese —1:10,571, 9. Gugelmin —1:24,182, 10. Nannini —1 Runde.

Ergebnis:

1. Gerhard Berger (Österreich), Ferrari (T)	1.17:39,744	= 228,528 km/h
2. Michele Alboreto (Italien), Ferrari (T)	1.17:40,246	0,502 zurück
3. Eddie Cheever (USA), Arrows-Megatron (T)	1.18:15,276	35,532 zurück
4. Derek Warwick (England), Arrows-Megatron (T)	1.18:15,858	36,114 zurück
5. Ivan Capelli (Italien), March-Judd (S)	1.18:32,266	52,522 zurück
6. Thierry Boutsen (Belgien), Benetton-Ford (S)	1.18:39,622	59,878 zurück
7. Riccardo Patrese (Italien), Williams-Judd (S)	1.18:54,487	1:14,743 zurück
8. Mauricio Gugelmin (Brasilien), March-Judd (S)	1.19:12,310	1:32,566 zurück
9. Alessandro Nannini (Italien), Benetton-Ford (S)	1.18:03,702	1 Runde zurück
10. Ayrton Senna (Brasilien), McLaren-Honda (T)	1.14:31,639	2 Runden zurück
11. Jean-Louis Schlesser (Frankreich), Williams-Judd (S)	1.17:49,238	2 Runden zurück
12. Julian Bailey (England), Tyrrell-Ford (S)	1.17:55,011	2 Runden zurück
13. René Arnoux (Frankreich), Ligier-Judd (S)	1.17:55,995	2 Runden zurück

Senna bei Schluß nicht mehr im Rennen, aber klassiert.

Schnellste Runde: Alboreto (Ferrari) 1:29,070=234,422 km/h (44. Runde).

Schnellste Runde jedes Fahrers im Rennen: Alboreto 1:29,070 (44.), Berger 1:29,113 (47.), Senna 1:29,569 (29.), Prost 1:29,642 (27.), Nannini 1:30,248 (33.), Cheever 1:30,452 (42.), Warwick 1:30,504 (43.), Capelli 1:30,971 (37.), Boutsen 1:31,543 (34.), Patrese 1:31,704 (26.), Piquet 1:31,803 (11.), Gugelmin 1:31,832 (27.), Schneider 1:32,054 (24.), Caffi 1:32,735 (19.), Nakajima 1:32,804 (11.), de Cesaris 1:33,007 (20.), Schlesser 1:33,179 (39.), Bailey 1:33,203 (40.), Ghinzani 1:33,476 (10.), Arnoux 1:33,486 (42.), Alliot 1:33,581 (28.), Streiff 1:33,898 (31.), Martini 1:34,420 (8.), Dalmas 1:34,723 (15.), Sala 1:35,020 (11.), Larini 1:38,570 (2.).

WM-Klassement: 1. Senna 75, 2. Prost 72, 3. Berger 37, 4. Alboreto 22, 5. Boutsen 21, 6. Piquet 16, 7. Warwick 12, 8. Nannini 9, 9. Capelli 8, 10. Mansell 6, 11. Cheever, Gugelmin, Palmer je 5, 14. de Cesaris 3, 15. Patrese 2, 16. Martini, Nakajima 1.

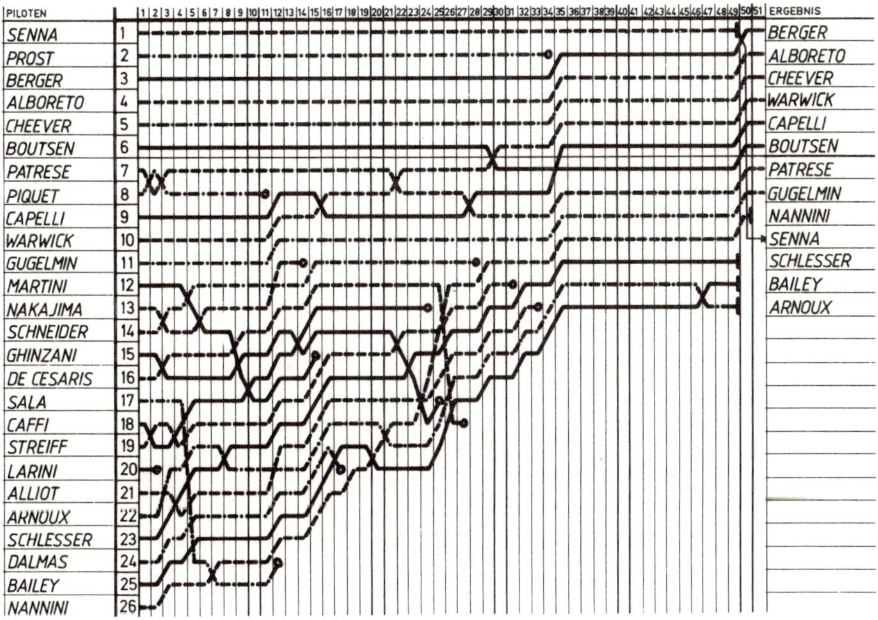

Lauf 13 – Großer Preis von Portugal – Estoril, 25. September 1988

Erstes Training (inoffiziell):		Zweites Training (offiziell):		Drittes Training (inoffiziell):		Viertes Training (offiziell):	
1. Senna	1:18,537	1. Senna	1:18,032	1. Prost	1:18,143	1. Prost	1:17,411
2. Prost	1:18,999	2. Prost	1:18,378	2. Berger	1:19,199	2. Senna	1:17,869
3. Patrese	1:19,694	3. Piquet	1:19,551	3. Gugelmin	1:19,588	3. Capelli	1:18,812
4. Mansell	1:20,325	4. Patrese	1:19,878	4. Alboreto	1:19,764	4. Berger	1:18,903
5. Capelli	1:20,839	5. Berger	1:20,065	5. Patrese	1:19,864	5. Gugelmin	1:19,045
6. Berger	1:20,854	6. Capelli	1:20,390	6. Nannini	1:19,865	6. Mansell	1:19,131
7. Nannini	1:21,038	7. Boutsen	1:20,700	7. Mansell	1:19,938	7. Alboreto	1:19,372
8. Piquet	1:21,166	8. Gugelmin	1:20,791	8. Capelli	1:20,194	8. Nannini	1:19,572
9. Boutsen	1:21,178	9. Mansell	1:20,908	9. de Cesaris	1:20,526	9. Warwick	1:19,603
10. Gugelmin	1:21,199	10. Nannini	1:21,008	10. Piquet	1:20,580	10. Patrese	1:19,797
11. Alboreto	1:21,434	11. Warwick	1:21,240	11. Nakajima	1:20,615	11. Piquet	1:19,872
12. Caffi	1:21,468	12. Martini	1:21,292	12. Caffi	1:21,130	12. de Cesaris	1:19,940
13. Warwick	1:21,493	13. de Cesaris	1:21,386	13. Martini	1:21,164	13. Boutsen	1:20,314
14. Cheever	1:21,525	14. Cheever	1:21,519	14. Dalmas	1:21,252	14. Martini	1:20,741
15. Streiff	1:21,975	15. Streiff	1:21,644	15. Larini	1:21,376	15. Dalmas	1:20,748
16. Martini	1:22,198	16. Alboreto	1:21,647	16. Warwick	1:21,516	16. Nakajima	1:20,783
17. de Cesaris	1:22,276	17. Dalmas	1:21,655	17. Senna	1:21,637	17. Caffi	1:20,922
18. Sala	1:22,473	18. Alliot	1:21,809	18. Cheever	1:21,654	18. Cheever	1:20,965
19. Dalmas	1:22,535	19. Sala	1:21,909	19. Boutsen	1:21,731	19. Sala	1:21,094
20. Arnoux	1:22,550	20. Caffi	1:22,349	20. Streiff	1:21,784	20. Alliot	1:21,096
21. Johansson	1:22,749	21. Nakajima	1:22,496	21. Alliot	1:21,805	21. Streiff	1:21,418
22. Alliot	1:22,963	22. Johansson	1:22,778	22. Tarquini	1:22,287	22. Palmer	1:21,788
23. Palmer	1:23,048	23. Arnoux	1:22,786	23. Arnoux	1:22,306	23. Arnoux	1:21,790
24. Larini	1:23,051	24. Palmer	1:22,797	24. Johansson	1:22,332	24. Johansson	1:22,035
25. Ghinzani	1:23,700	25. Larini	1:22,883	25. Palmer	1:22,341	25. Larini	1:22,119
26. Tarquini	1:23,807	26. Bailey	1:22,946	26. Ghinzani	1:22,461	26. Tarquini	1:22,170
27. Nakajima	1:23,862	27. Tarquini	1:23,057	27. Bailey	1:22,628	27. Bailey	1:22,296
28. Modena	1:24,076	28. Modena	1:23,075	28. Schneider	1:22,708	28. Ghinzani	1:22,549
29. Bailey	1:24.231	29. Schneider	1:23,393	29. Modena	1:23,192	29. Modena	1:23,232
30. Larrauri	1:25,146	30. Ghinzani	1:24,127	30. Sala	1:23,252	30. Schneider	1:23,300
31. Schneider	1:25,263						

Startaufstellung:

Ayrton Senna
McLaren-Honda MP4/4-5
1:17,869

Alain Prost
McLaren-Honda MP4/4-6
1:17,411 = 202,296 km/h

Gerhard Berger
Ferrari F1-87/88C 102
1:18,903

Ivan Capelli
March-Judd 881-02
1:18,812

Nigel Mansell
Williams-Judd FW12-1
1:19,131

Mauricio Gugelmin
March-Judd 881-02
1:19,045

Nelson Piquet
Lotus-Honda 100T/2
1:19,551

Michele Alboreto
Ferrari F1-87/88C 103
1:19,372

Derek Warwick
Arrows-Megatron
A10B-03, 1:19,603

Alessandro Nannini
Benetton-Ford B188-07
1:19,572

Andrea de Cesaris
Rial-Cosworth ARC1-02
1:19,940

Riccardo Patrese
Williams-Judd FW12-3
1:19,797

Pierluigi Martini
Minardi-Cosworth
M188-05, 1:20,741

Thierry Boutsen
Benetton-Ford B188-02
1:20,314

Satoru Nakajima
Lotus-Honda 100T/1
1:20,783

Yannick Dalmas
Lola-Cosworth LC-88 03
1:20,748

Eddie Cheever
Arrows-Megatron
A10B-04, 1:20,965

Alex Caffi
Dallara-Cosworth
F188-003, 1:20,922

Philippe Alliot
Lola-Cosworth LC-88 04
1:21,096

Luis Perez-Sala
Minardi-Cosworth
M188-01, 1:21,094

Jonathan Palmer
Tyrrell-Cosworth 017-01
1:21,788

Philippe Streiff
AGS-Cosworth JH23-035
1:21,418

Stefan Johansson
Ligier-Judd JS31-04
1:22,035

René Arnoux
Ligier-Judd JS31-02
1:21,790

Gabriele Tarquini
Coloni-Cosworth
FC188B-01, 1:22,170

Nicola Larini
Osella FA1L 02
1:22,119

Nicht qualifiziert: Julian Bailey (Tyrrell-017-Ford) 1:22,296, Piercarlo Ghinzani (Zakspeed 881) 1:22,549, Stefano Modena (EuroBrun-Ford 188) 1:23,075, Bernd Schneider (Zakspeed 881) 1:23,300.

In der Vorqualifikation eliminiert: Oscar Larrauri (EuroBrun-Ford 188) 1:25,263.

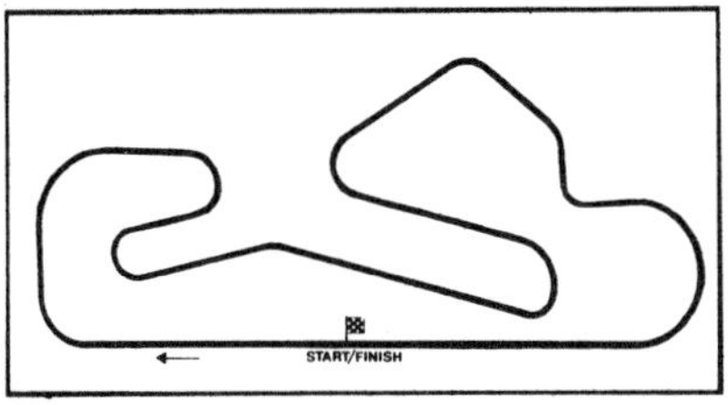

Rekorde: Training: Senna (Lotus-Renault 98T) 1:16,673=204,244 km/h (1986); Rennen: Berger (Ferrari 87) 1:19,282=197,523 km/h (1987); Distanz: Prost (McLaren-Porsche MP4/3) 188,224 km/h (1987).

Geschwindigkeiten auf der Ziellinie (Freitag): Warwick 303,01, Senna 301,78, Prost 299,12, Berger 294,15, Piquet 294,07, Alboreto 291,00, Nakajima 290,85, Cheever 290,55, Schneider 285,13, Arnoux 284,69 — (Samstag): Berger 298,48, Warwick 296,10, Alboreto 295,39, Cheever 295,24, Prost 293,14, Senna 292,15, Nakajima 287,41, Piquet 285,13, Capelli 284,33, Bailey 283,39.

Sonntag-Aufwärmtraining: 1. Prost 1:21,328, 2. Boutsen 1:21,427, 3. Gugelmin 1:21,700, 4. Mansell 1:22,034, 5. Capelli 1:22,265, 6. Berger 1:22,367, 7. Patrese 1:22,524, 8. Nannini 1:22,543, 9. Senna 1:22,601, 10. Martini 1:23,294.

Erster Start abgewinkt, weil de Cesaris' Motor abstarb. Zweiter Start wegen Massenkarambolage abgebrochen: Warwick schlecht gestartet, de Cesaris wollte ausweichen, fuhr Nakajima ins Heck, für Sala war die Strecke blockiert. Patrese beim ersten und zweiten Start im Ersatzauto, weil Motor im Einsatzauto nicht ansprang; dritter Start mit seinem Rennauto; de Cesaris und Sala mit Ersatzautos.

Wetter am Renntag: schön, heiß, fast windstill, 28 Grad; 80.000 Zuschauer.

Distanz: 70 Runden à 4,350 km=304,5 km.

Boxenstops:

Nannini:	1. Runde:	Felge rechts vorn angeschlagen, Wagen überprüft; Platz 9—26
Piquet:	30. Runde:	Kupplung entlüftet; Platz 7—11—17
Nannini:	50. Runde:	Vibrationen, Reifenwechsel binnen 11,15 sec; Platz 9—11
Senna:	57. Runde:	Reifenwechsel binnen 8,06 sec; Platz 3—6

Ausfälle:

Johansson:	5. Runde:	Motor; Platz 17
Alliot:	8. Runde:	Motor; Platz 18
Cheever:	11. Runde:	Turbo; Platz 15
de Cesaris:	11. Runde:	Antriebswelle gebrochen; Platz 12
Nakajima:	17. Runde:	Unfall wegen Handlingproblemen, weil Heckflügel gewechselt; Platz 17
Dalmas:	20. Runde:	Lichtmaschine; Platz 14
Martini:	28. Runde:	Ventilschaden; Platz 13
Patrese:	29. Runde:	Kühler beschädigt, Überhitzung, Ölverlust; Platz 9
Piquet:	30. Runde:	Kupplung; Platz 7
Berger:	36. Runde:	Bordfeuerlöscher explodiert, weil irrtümlich betätigt, vom Bremspedal abgerutscht; Platz 3
Nannini:	51. Runde:	Vibrationen, nach Reifenwechsel aufgegeben, Monocoque war gebrochen; Platz 9
Palmer:	54. Runde:	Motor; Platz 14
Mansell:	55. Runde:	Unfall, Kollision mit Senna beim Überrunden in der Zielkurve; Platz 4
Gugelmin:	60. Runde:	Motor; Platz 7

Stand nach 1 Runde: 1. Senna, 2. Prost, 3. Capelli, 4. Berger, 5. Mansell, 6. Gugelmin, 7. Piquet, 8. Alboreto, 9. Patrese, 10. Boutsen.

Stand nach 10 Runden: 1. Prost (43,5 km in 14:06,387=185,022 km/h), 2. Senna —6,449, 3. Capelli —6,567, 4. Berger —7,311, 5. Mansell —10,023, 6. Gugelmin —12,525, 7. Piquet —16,776, 8. Alboreto —17,292, 9. Patrese —17,850, 10. Boutsen —18,168.

Stand nach 20 Runden: 1. Prost (87,0 km in 28:03,388=186,053 km), 2. Senna —9,750, 3. Capelli —9,893, 4. Berger —10,725, 5. Mansell —11,633, 6. Gugelmin —15,848, 7. Piquet —25,459, 8. Alboreto —26,191,9. Patrese —26,690, 10. Boutsen —27,153.

Stand nach 30 Runden: 1. Prost (130,5 km in 42:02,243=186,263 km/h), 2. Capelli —3,298, 3. Berger —4,571, 4. Senna —14,567, 5. Mansell —15,211, 6. Gugelmin —22,803, 7. Alboreto —31,729, 8. Boutsen —31,969, 9. Warwick —33,915, 10. Caffi —35,403.

Stand nach 40 Runden: 1. Prost (174,0 km in 55:48,091=187,092 km/h), 2. Capelli —3,424, 3. Senna —28,197, 4. Mansell —28,665, 5. Gugelmin —39,803, 6. Alboreto —47,597, 7. Boutsen —48,027, 8. Warwick —52,946, 9. Caffi —1:00,101, 10. Nannini —1:03,212.

Stand nach 50 Runden: 1. Prost (217,5 km in 1.09:35,520=187,522 km/h), 2. Capelli —8,724, 3. Senna —35,368, 4. Mansell —36,202, 5. Alboreto —51,327, 6. Boutsen —52,453, 7. Gugelmin —1:00,323, 8. Warwick —1:00,495, 9. Nannini —1:10,495, 10. Caffi —1 Runde.

Stand nach 60 Runden: 1. Prost (261,0 km in 1.23:31,378=187,493 km/h), 2. Capelli —14,968, 3. Alboreto —46,247, 4. Boutsen —53,947, 5. Warwick —1:03,343, 6. Senna —1:10,250, 7. Gugelmin —1 Runde, 8. Caffi, 9. Sala, 10. Streiff —2 Runden.

Ergebnis:

1. Alain Prost (Frankreich), McLaren-Honda (T)	1.37:40,958	= 187,034 km/h
2. Ivan Capelli (Italien), March-Judd (S)	1.37:50,511	9,553 zurück
3. Thierry Boutsen (Belgien), Benetton-Ford (S)	1.38:25,577	44,619 zurück
4. Derek Warwick (England), Arrows-Megatron (T)	1.38:48,377	1:07,419 zurück
5. Michele Alboreto (Italien), Ferrari (T)	1.38:52,842	1:11,884 zurück
6. Ayrton Senna (Brasilien), McLaren-Honda (T)	1.38:59,227	1:18,269 zurück
7. Alex Caffi (Italien), Dallara-Ford (S)	1.38:13,668	1 Runde zurück
8. Luis Perez-Sala (Spanien), Minardi-Ford (S)	1.37:45,816	2 Runden zurück
9. Philippe Streiff (Frankreich), AGS-Ford (S)	1.38:23,087	2 Runden zurück
10. René Arnoux (Frankreich), Ligier-Judd (S)	1.38:24,585	2 Runden zurück
11. Gabriele Tarquini (Italien), Coloni-Ford (S)	1.38:08,844	5 Runden zurück
12. Nicola Larini (Italien), Osella-Alfa (T)	1.38:01,218	7 Runden zurück

Schnellste Runde: Gerhard Berger (Ferrari) 1:21,961=191,066 km/h (31. Runde).

Schnellste Runde jedes Fahrers im Rennen: Berger 1:21,961 (31.), Boutsen 1:21,992 (60.), Prost 1:22,063 (35.), Capelli 1:22,074 (33.), Alboreto 1:22,123 (65.), Nannini 1:22,563 (23.), Mansell 1:22,581 (47.), Senna 1:22,852 (61.), Warwick 1:23,043 (43.), Gugelmin 1:23,138 (40.), Piquet 1:23,362 (33.), Larini 1:23,715 (44.), Patrese 1:23,907 (26.), Martini 1:23,918 (25.), Sala 1:24,301 (38.), de Cesaris 1:24,390 (10.), Dalmas 1:24,647 (15.), Streiff 1:24,785 (46.), Palmer 1:24,950 (42.), Arnoux 1:24,954 (59.), Cheever 1:25,073 (9.), Tarquini 1:25,291 (37.), Nakajima 1:26,094 (14.), Alliot 1:26,109 (6.), Johansson 1:26,153 (4.).

WM-Stand: 1. Prost 81, 2. Senna 76, 3. Berger 37, 4. Boutsen 25, 5. Alboreto 24, 6. Piquet 16, 7. Warwick 15, 8. Capelli 14, 9. Nannini 9, 10. Mansell 6, 11. Cheever, Gugelmin, Palmer je 5, 14. de Cesaris 3, 15. Patrese 2, 16. Martini, Nakajima je 1.

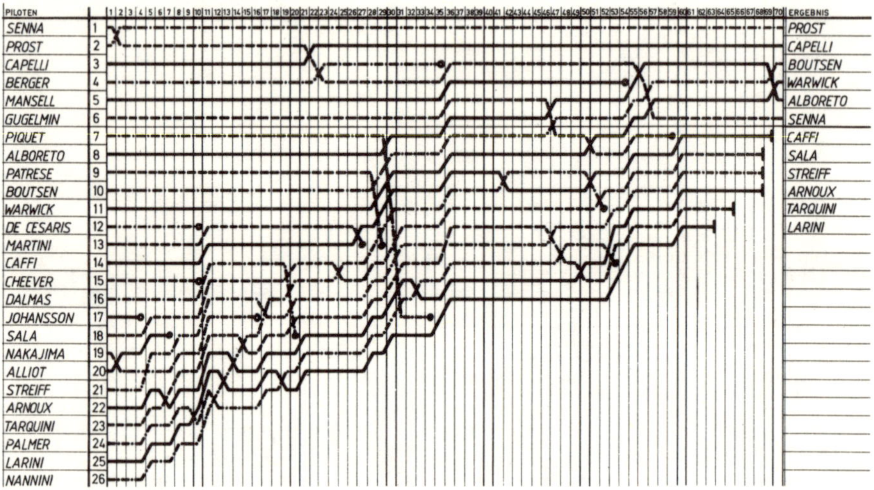

Lauf 14 – Großer Preis von Spanien – Jerez, 2. Oktober 1988

Erstes Training (inoffiziell)		Zweites Training (offiziell)		Drittes Training (inoffiziell)		Viertes Training (offiziell)	
1. Mansell	1:24,722	1. Senna	1:24,775	1. Senna	1:24,772	1. Senna	1:24,067
2. Patrese	1:26,201	2. Boutsen	1:25,551	2. Mansell	1:24,983	2. Prost	1:24,134
3. Prost	1:26,983	3. Mansell	1:25,898	3. Prost	1:25,040	3. Mansell	1:24,269
4. Senna	1:27,223	4. Capelli	1:26,221	4. Patrese	1:25,366	4. Boutsen	1:24,904
5. Capelli	1:27,277	5. Nannini	1:26,673	5. Piquet	1:25,753	5. Nannini	1:25,032
6. Boutsen	1:27,588	6. Prost	1:26,735	6. Capelli	1:26,043	6. Capelli	1:25,115
7. Berger	1:27,734	7. Gugelmin	1:27,414	7. Streiff	1:26,241	7. Patrese	1:25,217
8. Nannini	1:27,766	8. Patrese	1:27,504	8. Gugelmin	1:26,323	8. Berger	1:25,466
9. Gugelmin	1:28,074	9. Palmer	1:27,582	9. Nakajima	1:26,425	9. Piquet	1:25,648
10. Alboreto	1:28,310	10. Berger	1:27,796	10. Berger	1:26,678	10. Alboreto	1:26,447
11. Caffi	1:28,378	11. Martini	1:27,826	11. Martini	1:26,966	11. Gugelmin	1:26,578
12. Arnoux	1:28,385	12. Caffi	1:27,907	12. Johansson	1:27,299	12. Alliot	1:26,832
13. Alliot	1:28,441	13. Alliot	1:27,927	13. Cheever	1:27,368	13. Streiff	1:26,971
14. Johansson	1:28,544	14. Johansson	1:28,009	14. Warwick	1:27,371	14. Larini	1:27,012
15. Piquet	1:28,879	15. Piquet	1:28,015	15. Caffi	1:27,579	15. Nakajima	1:27,171
16. de Cesaris	1:28,912	16. Streiff	1:28,099	16. Boutsen	1:27,609	16. Dalmas	1:27,187
17. Cheever	1:29,143	17. de Cesaris	1:28,315	17. Arnoux	1:27,714	17. Warwick	1:27,240
18. Larini	1:29,293	18. Larini	1:28,417	18. Dalmas	1:27,791	18. Caffi	1:27,350
19. Martini	1:29,310	19. Warwick	1:28,473	19. Alliot	1:27,850	19. Arnoux	1:27,351
20. Warwick	1:29,374	20. Sala	1:28,694	20. Alboreto	1:27,877	20. Martini	1:27,407
21. Nakajima	1:29,653	21. Nakajima	1:28,840	21. Larini	1:28,103	21. Johansson	1:27,474
22. Streiff	1:29,932	22. Alboreto	1:29,034	22. Nannini	1:28,309	22. Palmer	1:27,548
23. Larrauri	1:30,003	23. Arnoux	1:29,157	23. Sala	1:28,474	23. de Cesaris	1:27,798
24. Dalmas	1:30,021	24. Cheever	1:29,305	24. Schneider	1:28,600	24. Sala	1:27,833
25. Modena	1:30,419	25. Dalmas	1:29,688	25. Bailey	1:28,936	25. Cheever	1:27,859
26. Tarquini	1:30,459	26. Ghinzani	1:29,824	26. Palmer	1:29,171	26. Modena	1:27,977
27. Palmer	1:30,646	27. Bailey	1:30,125	27. Larrauri	1:29,193	27. Schneider	1:28,194
28. Sala	1:30,659	28. Modena	1:30,759	28. Ghinzani	1:29,700	28. Larrauri	1:28,664
29. Ghinzani	1:31,773	29. Schneider	1:31,144	29. Modena	1:29,837	29. Bailey	1:29,066
30. Bailey	1:31,911	30. Larrauri	1:31,366	30. de Cesaris	1:29,857	30. Ghinzani	1:29,503
31. Schneider	1:32,395						

Startaufstellung:

Alain Prost
McLaren-Honda MP4/4-6
1:24,134

Ayrton Senna
McLaren-Honda MP4/4-5
1:24,067 = 180,627 km/h

Thierry Boutsen
Benetton-Ford B188-05
1:24,904

Nigel Mansell
Williams-Judd FW12-1
1:24,269

Ivan Capelli
March-Judd 881-05
1:25,115

Alessandro Nannini
Benetton-Ford B188-07
1:25,032

Gerhard Berger
Ferrari F1-87/88C 104
1:25,466

Riccardo Patrese
Williams-Judd FW12-3
1:25,217

Michele Alboreto
Ferrari F1-87/88C 103
1:26,447

Nelson Piquet
Lotus-Honda 100T/2
1:25,648

Philippe Alliot
Lola-Cosworth LC-88 04
1:26,832

Mauricio Gugelmin
March-Judd 881-02
1:26,578

Nicola Larini
Osella FA1L 01
1:27,012

Philippe Streiff
AGS-Cosworth JH23-035
1:26,971

Yannick Dalmas
Lola-Cosworth LC-88 03
1:27,187

Satoru Nakajima
Lotus-Honda 100T/1
1:27,171

Alex Caffi
Dallara-Cosworth
F188-003, 1:27,350

Derek Warwick
Arrows-Megatron
A10B-03, 1:27,240

Pierluige Martini
Minardi-Cosworth
M188-0/, 1:27,407

René Arnoux
Ligier-Judd JS21-02
1:27,351

Jonathan Palmer
Tyrrell-Cosworth 017-01
1:27,548

Stefan Johansson
Ligier-Judd JS31-04
1:27,474

Luis Perez-Sala
Minardi-Cosworth
M188-04, 1:27,833

Andrea de Cesaris
Rial-Cosworth ARC1-03
1:27,798

Stefano Modena
EuroBrun-Cosworth
ER188 03, 1:27,977

Eddie Cheever
Arrows-Megatron
A10B-04, 1:27,859

Nicht qualifiziert: Bernd Schneider (Zakspeed 871) 1:28,194, Oscar Larrauri (EuroBrun-Cosworth ER188) 1:28,664, Julian Bailey (Tyrrell-Cosworth 017) 1:29,066, Piercarlo Ghinzani (Zakspeed 871) 1:29,501.

In der Vorqualifikation eliminiert: Gabriele Tarquini (Coloni-Cosworth FC188) 1:30,459.

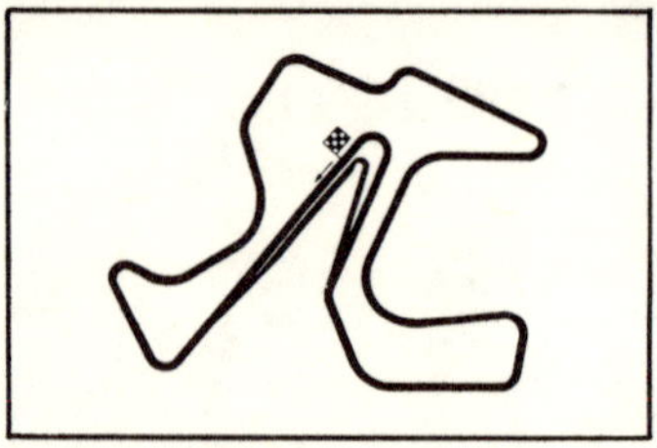

Rekorde: Training: Senna (Lotus-Renault 98T) 1:21,605=186,077 km/h (1986); Rennen: Berger (Ferrari 87) 1:26,986=174,566 km/h (1987); Distanz: Senna (Lotus-Renault 98T) 167,476 km/h (1986).

Geschwindigkeiten auf der Ziellinie (Freitag): Senna 244,51, Prost 243,41, Warwick 240,70, Cheever 239,47, Piquet 239,26, Berger 235,70, Nakajima 235,29, Alboreto 234,73, Modena 233,87, Nannini 233,81 — (Samstag): Senna 246,24, Prost 244,90, Berger 240,43, Alboreto 240,05, Warwick 239,89, Piquet 239,36, Nakajima 237,83, Cheever 237,68, Nannini 233,97, Boutsen 233,11.

Sonntag-Aufwärmtraining: 1. Mansell 1:27,756, 2. Boutsen 1:28,745, 3. Berger 1:28,873, 4. Nannini 1:29,221, 5. Senna 1:29,299, 6. Gugelmin 1:29,462, 7. Prost 1:29,470, 8. Patrese 1:29,755, 9. Palmer 1:29,781, 10. Alboreto 1:29,933.

Wetter am Renntag: sonnig, aber sehr stark windig, viele Fahrer mußten Getriebe umübersetzen; 50.000 Zuschauer.

Distanz: 72 Runden à 4,218 km=306,696 km.

Boxenstops:

Boutsen:	1. Runde:	Kollision mit Capelli, neuer Vorderflügel, Reifenwechsel; Platz 4—25
Johansson:	3. Runde:	zuerst von Palmer gerammt, dann mit Modena kollidiert, Vorderflügel abgebrochen; Platz 22—24
Alliot:	12. Runde:	rechtes Vorderrad weggebrochen; Platz 11—22
Nannini:	29. Runde:	Reifenwechsel; Platz 6—9
Berger:	30. Runde:	Reifenwechsel binnen 8,85 sec; Platz 6—9
Piquet:	31. Runde:	Reifenwechsel; Platz 6—11
Cheever:	35. Runde:	Reifenwechsel; Platz 19
Mansell:	46. Runde:	Reifenwechsel; Platz 2
Prost:	49. Runde:	Reifenwechsel binnen 8,35 sec; Platz 1
Senna:	50. Runde:	Reifenwechsel; Platz 4—6

Ausfälle:

Arnoux:	1. Runde:	Gaspedal in der 1. Kurve blockiert
Palmer:	5. Runde:	Motorschaden; Platz 23
Larini:	10. Runde:	Vorderradaufhängung gebrochen, Unfall; Platz 13
Nakajima:	16. Runde:	kein Grip, beim Anbremsen gedreht; Platz 12
Martini:	16. Runde:	Getriebe; Platz 16
Alboreto:	16. Runde:	Wasserverlust/Motor; Platz 8
Streiff:	17. Runde:	Motor; Platz 11
de Cesaris:	37. Runde:	Motor; Platz 9
Warwick:	42. Runde:	über die Kerben, Monocoque beschädigt; Platz 10
Capelli:	46. Runde:	Motor; Platz 3
Cheever:	61. Runde:	Reifenschaden, Chassis schlug durch; Platz 16
Johansson:	63. Runde:	linkes Vorderrad verloren; Platz 14

Stand nach 1 Runde: 1. Prost, 2. Mansell, 3. Senna, 4. Patrese, 5. Capelli, 6. Nannini, 7. Berger, 8. Alboreto, 9. Piquet, 10. Alliot.

Stand nach 10 Runden: 1. Prost (42,188 km in 15:18,085=165,396 km/h), 2. Mansell —0,724, 3. Senna —10,842, 4. Patrese —11,254, 5. Capelli —11,393, 6. Nannini —11,998, 7. Berger —12,961, 8. Alboreto —16,812, 9. Piquet —18,795, 10. Gugelmin —23,172.

Stand nach 20 Runden: 1. Prost (84,36 km in 30:25,649=166,350 km/h), 2. Mansell —1,833, 3. Senna —17,765, 4. Patrese —18,299, 5. Capelli —18,596, 6. Nannini —19,354, 7. Berger —20,662, 8. Piquet —26,197, 9. Gugelmin —28,055, 10. Caffi —41,353.

Stand nach 30 Runden: 1. Prost (126,54 km in 45:25,754=167,126 km/h), 2. Mansell —1,550, 3. Senna —28,736, 4. Patrese —29,561, 5. Capelli —29,759, 6. Piquet —39,301, 7. Gugelmin —43,904, 8. Nannini —46,647, 9. Berger —50,269, 10. Caffi —51,674.

Stand nach 40 Runden: 1. Prost (168,72 km in 1.00:24,101=167,598 km/h), 2. Mansell —5,691, 3. Capelli —37,866, 4. Senna —40,063, 5. Patrese —40,719, 6. Nannini —46,371, 7. Gugelmin —51,800, 8. Berger —1:02,520, 9. Caffi —1:16,019, 10. Warwick —1:18,848.

Stand nach 50 Runden: 1. Prost (210,90 km in 1.15:43,829 = 167,093 km/h), 2. Mansell —13,529, 3. Nannini —28,850, 4. Patrese —34,937, 5. Gugelmin —45,260, 6. Senna —48,930, 7. Berger —50,243, 8. Piquet —1:08,571, 9. Caffi —1:09,727, 10. Boutsen —1:16,113.

Stand nach 60 Runden: 1. Prost (253,080 km in 1.30:34,243 = 167,657 km/h), 2. Mansell —19,199, 3. Nannini —38,248, 4. Patrese —49,314, 5. Senna —56,245, 6. Berger —59,623, 7. Gugelmin —1:09,953, 8. Piquet —1:23,266, 9. Boutsen —1:23,817, 10. Caffi —1:27,106.

Schnellste Runde: Prost (McLaren-Honda) 1:27,845=172,859 km/h (60. Runde).

Schnellste Runde jedes Fahrers im Rennen: Prost 1:27,845 (60.), Mansell 1:27,999 (57.), Senna 1:28,273 (60.), Nannini 1:28,576 (31.), Boutsen 1:28,711 (54.), Berger 1:28,716 (70.), Patrese 1:28,861 (71.), Capelli 1:29,197 (40.), Piquet 1:29,304 (67.), Gugelmin 1:29,890 (40.), Caffi 1:30,039 (54.), Cheever 1:30,186 (45.), de Cesaris 1:30,363 (21.), Alliot 1:30,366 (63.), Warwick 1:30,390 (29.), Dalmas 1:31,063 (29.), Sala 1:31,246 (41.), Alboreto 1:31,310 (10.), Johansson 1:31,511 (48.), Streiff 1:31,853 (15.), Martini 1:32,017 (14.), Modena 1:32,263 (36.), Nakajima 1:32,296 (13.), Larini 1:32,303 (4.), Palmer 1:32,315 (2.).

Ergebnis:

1. Alain Prost (Frankreich), McLaren-Honda (T)	1.48:43,851	= 167,586 km/h
2. Nigel Mansell (England), Williams-Judd (S)	1.49:10,083	26,232 zurück
3. Alessandro Nannini (Italien), Benetton-Ford (S)	1.49:19,297	35,446 zurück
4. Ayrton Senna (Brasilien), McLaren-Honda (T)	1.49:30,561	46,710 zurück
5. Riccardo Patrese (Italien), Williams-Judd (S)	1.49:31,281	47,430 zurück
6. Gerhard Berger (Österreich), Ferrari (T)	1.49:35,664	51,813 zurück
7. Mauricio Gugelmin (Brasilien), March-Judd (S)	1.49:59,815	1:15,964 zurück
8. Nelson Piquet (Brasilien), Lotus-Honda (T)	1.50:01,160	1:17,309 zurück
9. Thierry Boutsen (Belgien), Benetton-Ford (S)	1.50:01,506	1:17,655 zurück
10. Alex Caffi (Italien), Dallara-Ford (S)	1.49:11,868	1 Runde zurück
11. Yannick Dalmas (Frankreich), Lola-Ford (S)	1.50:05,165	1 Runde zurück
12. Luis Perez-Sala (Spanien), Minardi-Ford (S)	1.49:04,424	2 Runden zurück
13. Stefano Modena (Italien), EuroBrun-Ford (S)	1.49:26,621	2 Runden zurück
14. Philippe Alliot (Frankreich), Lola-Ford (S)	1.50:17,551	3 Runden zurück

WM-Klassement: 1. Prost 90 (84), 2. Senna 79, 3. Berger 38, 4. Boutsen 25, 5. Alboreto 24, 6. Piquet 16, 7. Warwick 15, 8. Capelli 14, 9. Nannini 13, 10. Mansell 12, 11. Cheever, Gugelmin, Palmer je 5, 14. Patrese 4, 15. de Cesaris 3, 16. Martini, Nakajima je 1.

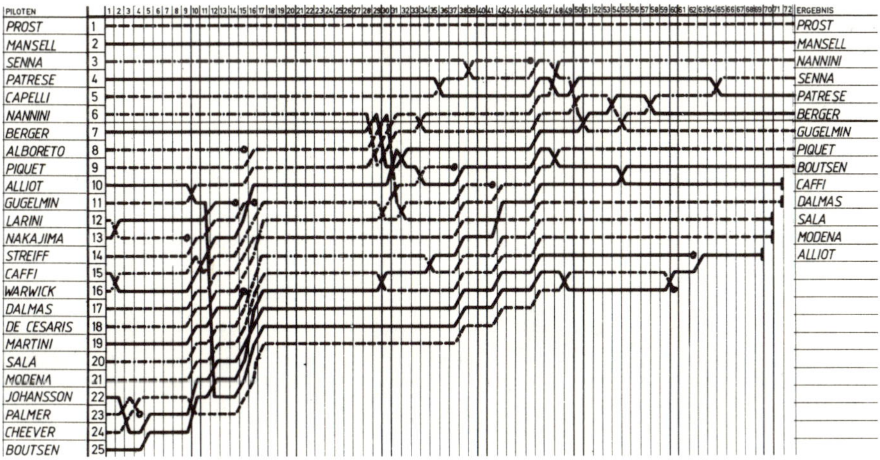

Lauf 15 – Großer Preis von Japan – Suzuka, 30. Oktober 1988

Erstes Training (inoffiziell):		Zweites Training (offiziell):		Drittes Training (inoffiziell):		Viertes Training (offiziell):	
1. Prost	1:44,620	1. Senna	1:42,157	1. Alboreto	1:44,290	1. Senna	1:41,853
2. Senna	1:44,848	2. Berger	1:43,548	2. Senna	1:44,543	2. Prost	1:42,177
3. Alboreto	1:45,706	3. Prost	1:43,806	3. Mansell	1:44,668	3. Berger	1:43,353
4. Mansell	1:45,803	4. Mansell	1:44,448	4. Capelli	1:44,694	4. Capelli	1:43,605
5. Gugelmin	1:46,152	5. Capelli	1:44,583	5. Patrese	1:44,930	5. Piquet	1:43,693
6. Nakajima	1:46,532	6. Boutsen	1:44,882	6. Gugelmin	1:44,945	6. Nakajima	1:43,693
7. Berger	1:46,553	7. Alboreto	1:44,909	7. Prost	1:45,233	7. Warwick	1:43,816
8. Patrese	1:46,975	8. Nannini	1:45,047	8. Nakajima	1:45,731	8. Mansell	1:43,893
9. Boutsen	1:47,149	9. Gugelmin	1:45,138	9. de Cesaris	1:46,092	9. Alboreto	1:43,972
10. Nannini	1:47,180	10. Nakajima	1:45,156	10. Piquet	1:46,193	10. Boutsen	1:44,499
11. Capelli	1:47,200	11. Piquet	1:45,171	11. Boutsen	1:46,279	11. Patrese	1:44,555
12. Cheever	1:47,694	12. Patrese	1:45,510	12. Caffi	1:46,853	12. Nannini	1:44,611
13. Alliot	1:47,767	13. Cheever	1:45,845	13. Nannini	1:47,094	13. Gugelmin	1:45,156
14. Warwick	1:47,797	14. Warwick	1:46,915	14. Martini	1:47,349	14. de Cesaris	1:45,558
15. Piquet	1:48,547	15. Alliot	1:47,057	15. Cheever	1:47,428	15. Palmer	1:45,916
16. de Cesaris	1:48,847	16. Streiff	1:47,583	16. Alliot	1:47,521	16. Cheever	1:46,189
17. Caffi	1:49,099	17. Martini	1:47,638	17. Streiff	1:47,601	17. Martini	1:46,449
18. Streiff	1:49,525	18. Caffi	1:47,813	18. Berger	1:47,649	18. Streiff	1:46,486
19. Martini	1:49,587	19. Palmer	1:47,828	19. Johansson	1:47,733	19. Alliot	1:46,521
20. Ghinzani	1:49,989	20. de Cesaris	1:48,393	20. Schneider	1:47,921	20. Suzuki	1:46,920
21. Suzuki	1:50,281	21. Suzuki	1:48,448	21. Arnoux	1:48,036	21. Caffi	1:46,982
22. Larini	1:50,288	22. Larini	1:48,706	22. Larini	1:48,551	22. Sala	1:47,134
23. Sala	1:50,564	23. Sala	1:48,769	23. Ghinzani	1:48,663	23. Arnoux	1:47,193
24. Palmer	1:50,862	24. Johansson	1:49,127	24. Suzuki	1:48,725	24. Larini	1:47,547
25. Larrauri	1:50,942	25. Arnoux	1:49,165	25. Sala	1:48,807	25. Schneider	1:47,599
26. Schneider	1:51,097	26. Bailey	1:49,420	26. Bailey	1:49,053	26. Bailey	1:48,589
27. Modena	1:51,141	27. Ghinzani	1:49,706	27. Palmer	1:49,548	27. Johansson	1:48,716
28. Bailey	1:51,196	28. Modena	1:49,810	28. Warwick	1:49,569	28. Larrauri	1:49,265
29. Johansson	1:51,536	29. Schneider	1:49,897	29. Modena	1:49,576	29. Modena	1:50,047
30. Arnoux	1:51,600	30. Larrauri	1:50,224	30. Larrauri	1:50,418	30. Ghinzani	1:50,550
31. Tarquini	1:52,234						

Startaufstellung:

Alain Prost
McLaren-Honda MP4/4-6
1:42,177

Ayrton Senna
McLaren-Honda MP4/4-5
1:41,853 = 207,086 km/h

Ivan Capelli
March-Judd 881-05
1:43,605

Gerhard Berger
Ferrari F1-87/88C 102
1:43,353

Satoru Nakajima
Lotus-Honda 100T/1
1:43,693

Nelson Piquet
Lotus-Honda 100T/2
1:43,693

Nigel Mansell
Williams-Judd FW12-5
1:43,893

Derek Warwick
Arrows-Megatron
A10B-03, 1:43,816

Thierry Boutsen
Benetton-Ford B188-08
1:44,499

Michele Alboreto
Ferrari F1-87/88C 103
1:43,972

Alessandro Nannini
Benetton-Ford B188-7
1:44,611

Riccardo Patrese
Williams-Judd FW12-3
1:44,555

Andrea de Cesaris
Rial-Cosworth ARC1-02
1:45,558

Mauricio Gugelmin
March-Judd 881-06
1:45,138

Jonathan Palmer
Tyrrell-Cosworth 017-05
1:45,916

Eddie Cheever
Arrows-Megatron
A10B-0, 1:45,845

Philippe Streiff
AGS-Cosworth LC-88 05
1:46,486

Pierluigi Martini
Minardi-Cosworth
M188-05, 1:46,449

Aguri Suzuki
Lola-Cosworth LC88- 05
1:46,920

Philippe Alliot
Lola-Cosworth F188-003
1:46,521

Luis Perez-Sala
Minardi-Cosworth
M188-04, 1:47,134

Alex Caffi
Dallara-Cosworth
F188-003, 1:46,982

Nicola Larini
Osella FA1L 02
1:47,547

René Arnoux
Ligier-Cosworth JS31-02
1:47,193

Julian Bailey
Tyrrell-Cosworth 017-03
1:48,589

Bernd Schneider
Zakspeed 881-04
1:47,599

Nicht qualifiziert: Stefan Johansson (Ligier-Judd JS31) 1:48,716, Oscar Larrauri (EuroBrun-Cosworth ER188) 1:49,265, Piercarlo Ghinzani (Zakspeed 871) 1:49,706, Stefano Modena (EuroBrun-Cosworth ER188) 1:49,810.

In der Vorqualifikation eliminiert: Gabriele Tarquini (Coloni-Cosworth FC188) 1:52,234.

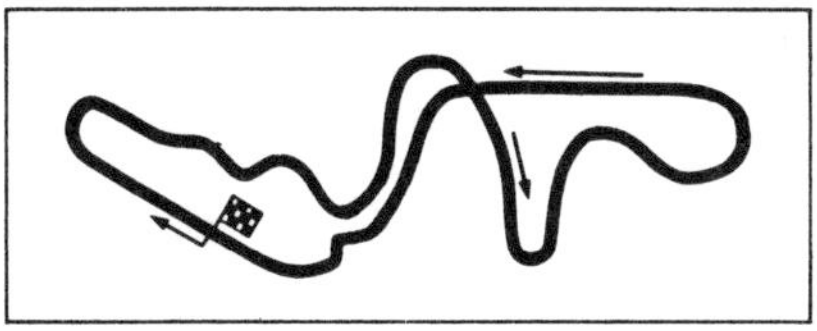

Rekorde: Training: Berger (Ferrari 87) 1:40,042 = 210,835 km/h (1987); Rennen: Prost (McLaren-Porsche MP4/3) 1:43,844 = 203,116 km/h (1987); Distanz: Berger (Ferrari 87) 192,847 km/h (1987).

Höchstgeschwindigkeiten (Freitag): Alboreto 304,48, Piquet 304,23, Berger 301,34, Prost 301,09, Cheever 300,75, Senna 300,17, Nakajima 298,10, Warwick 297,52, Gugelmin 286,85, Nannini 284,58 — (Samstag): Piquet 302,69, Senna 301,09, Warwick 300,84, Berger 300,75, Prost 299,50, Alboreto 299,0, Nakajima 298,18, Cheever 297,36, Schneider 289,47, Capelli 286,02.

Geschwindigkeiten auf der Ziellinie (Freitag): Alboreto 271,96, Berger 270,68, Cheever 270,42, Senna 270,27, Prost 270,27, Piquet 268,95, Warwick 268,00, Nakajima 264,15, Gugelmin 260,79, Capelli 258,67 — (Samstag): Prost 273,31, Alboreto 272,89, Senna 272,69, Warwick 271,60, Piquet 268,60, Cheever 268,55, Berger 268,10, Nakajima 266,65, Capelli 262,17, Gugelmin 261,74.

Sonntag-Aufwärmtraining: 1. Senna 1:46,372, 2. Mansell 1:46,745, 3. Boutsen 1:46,885, 4. Prost 1:47,063, 5. Capelli 1:47,147, 6. Piquet 1:47,453, 7. Nannini 1:47,549, 8. Patrese 1:47,591, 9. Gugelmin 1:48,125, 10. Berger 1:48,199.

Wetter am Renntag: kalt, stark windig, mehrmals Regenschauer; 220.000 Zuschauer an allen drei Tagen, 110.000 am Sonntag.

Distanz: 51 Runden à 5,859 km=298,809 km.

Boxenstops:

Warwick:	1. Runde:	von Mansell in der Schikane gerammt, Reifenschaden links hinten; Platz 4—26
Mansell:	1. Runde:	neue Frontpartie nach Kollision mit Warwick; Platz 5—25
Palmer:	35. Runde:	Reifenschaden rechts hinten; Platz 12—15

Ausfälle:

Schneider:	14. Runde:	aufgegeben nach Trainingsverletzungen (schwere Prellungen, Muskeleinriß), linker Arm eingeschlagen, konnte Lenkrad nicht mehr festhalten; Platz 16
Warwick:	17. Runde:	Unfall in der 1. Kurve, vom Regen überrascht; Platz 25
Capelli:	20. Runde:	Motor/Elektrik; Platz 2
Caffi:	23. Runde:	Dreher; Platz 16
Mansell:	25. Runde:	Kollision mit Piquet, Vorderflügel, vorderer Stoßdämpfer und auch Chassis beschädigt; Platz 12
Piquet:	35. Runde:	aufgegeben wegen Übelkeit; Platz 20
Larini:	35. Runde:	Rad verloren; Platz 19
Cheever:	36. Runde:	Einspritzung/Turbo; Platz 8
de Cesaris:	36. Runde:	Kühler verstopft, Motor überhitzt; Platz 13

Stand nach 1 Runde: 1. Prost, 2. Berger, 3. Capelli, 4. Alboreto, 5. Boutsen, 6. Nannini, 7. Patrese, 8. Senna, 9. de Cesaris, 10. Piquet.

Stand nach 11 Runden: 1. Prost (64,449 km in 20:07,074=192,214 km/h), 2. Capelli —1,887, 3. Senna —12,637, 4. Berger —13,647, 5. Boutsen —13,861, 6. Nannini —26,501, 7. Patrese —34,140, 8. Palmer —40,778, 9. Cheever —42,287, 10. Streiff —46,746.

Stand nach 20 Runden: 1. Prost (117,180 km in 36:57,053=190,274 km/h), 2. Senna —0,732, 3. Boutsen —4,671, 4. Berger —21,571, 5. Nannini —24,644, 6. Patrese —45,202, 7. Cheever —1:11,628, 8. Nakajima —1:12,529, 9. Palmer —1:13,859, 10. Streiff —1:15,217.

Stand nach 30 Runden: 1. Senna (175,770 km in 54:51,377=192,251 km/h), 2. Prost —2,833, 3. Boutsen —12,398, 4. Berger —42,978, 5. Nannini —46,493, 6. Patrese —1:06,327, 7. Nakajima —1:30,289, 8. Cheever —1:34,305, 9. Palmer —1:40,185, 10. Streiff —1:41,386.

Stand nach 40 Runden: 1. Senna (234,360 km in 1.12:47,572=193,173 km/h), 2. Prost —3,083, 3. Boutsen —22,860, 4. Nannini —1:02,322, 5. Berger —1:12,294, 6. Patrese —1:19,089, 7. Nakajima —1 Runde, 8. Streiff, 9. Alliot, 10. Gugelmin.

Schnellste Runde: Senna (McLaren-Honda) 1:46,326=198,375 km/h (33. Runde).

Schnellste Runde jedes Fahrers im Rennen: Senna 1:46,326 (33.), Prost 1:46,482 (44.), Boutsen 1:47,161 (22.), Capelli 1:47,375 (11.), Nannini 1:47,991 (34.), Palmer 1:48,138 (41.), Patrese 1:48,289 (32.), Mansell 1:48,317 (23.), Piquet 1:48,402 (23.), Berger 1:48,655 (25.), Nakajima 1:48,660 (26.), Cheever 1:48,734 (24.), Gugelmin 1:48,780 (32.), Alliot 1:48,913 (35.), Alboreto 1:49,014 (35.), Streiff 1:49,218 (30.), de Cesaris 1:49,478 (24.), Martini 1:50,483 (34.), Sala 1:50,553 (30.), Warwick 1:50,583 (9.), Suzuki 1:50,642 (31.), Caffi 1:50,762 (22.), Schneider 1:51,435 (12.), Larini 1:51,570 (27.), Bailey 1:51,638 (40.), Arnoux 1:52,062 (30.).

Ergebnis:

1.	Ayrton Senna (Brasilien), McLaren-Honda (T)	1.33:26,173	= 191,880 km/h
2.	Alain Prost (Frankreich), McLaren-Honda (T)	1.33:39,536	13,363 zurück
3.	Thierry Boutsen (Belgien), Benetton-Ford (S)	1.34:02,282	36,109 zurück
4.	Gerhard Berger (Österreich), Ferrari (T)	1.34:52,887	1:26,417 zurück
5.	Alessandro Nannini (Italien), Benetton-Ford (S)	1.34:56,776	1:30,603 zurück
6.	Riccardo Patrese (Italien), Williams-Judd (S)	1.35:03,788	1:37,615 zurück
7.	Satoru Nakajima (Japan), Lotus-Honda (T)	1.33:36,051	1 Runde zurück
8.	Philippe Streiff (Frankreich), AGS-Ford (S)	1.34:12,423	1 Runde zurück
9.	Philippe Alliot (Frankreich), Lola-Ford (S)	1.34:13,146	1 Runde zurück
10.	Mauricio Gugelmin (Brasilien), March-Judd (S)	1.34:39,853	1 Runde zurück
11.	Michele Alboreto (Italien), Ferrari (T)	1.34:56,472	1 Runde zurück
12.	Jonathan Palmer (England), Tyrrell-Ford (S)	1.35:04,882	1 Runde zurück
13.	Pierluigi Martini (Italien), Minardi-Ford (S)	1.35:00,170	2 Runden zurück
14.	Julian Bailey (England), Tyrrell-Ford (S)	1.35:00,170	2 Runden zurück
15.	Luis Perez-Sala (Spanien), Minardi-Ford (S)	1.35:15,890	2 Runden zurück
16.	Aguri Suzuki (Japan), Lola-Ford (S)	1.33:28,262	3 Runden zurück
17.	René Arnoux (Frankreich), Ligier-Judd (S)	1.33:28,346	3 Runden zurück

WM-Stand: 1. Senna 87, 2. Prost 84, 3. Berger 41, 4. Boutsen 29, 5. Alboreto 24, 6. Piquet 16, 7. Nannini, Warwick je 15, 9. Capelli 14, 10. Mansell 12, 11. Cheever, Gugelmin, Palmer, Patrese je 5, 15. de Cesaris 3, 16. Martini, Nakajima je 1.

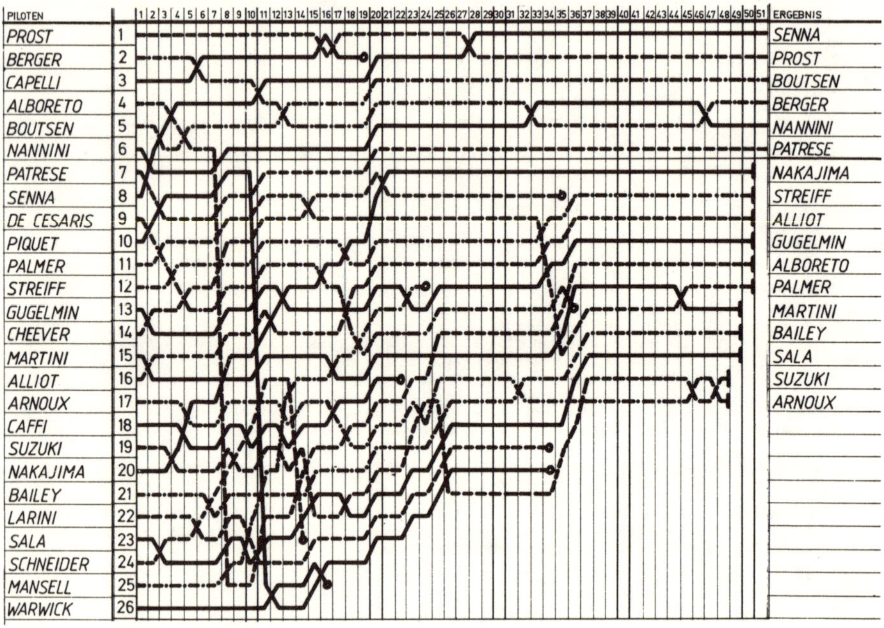

Lauf 16 – Großer Preis von Australien – Adelaide, 13. November 1988

Erstes Training (inoffiziell)		Zweites Training (offiziell)		Drittes Training (inoffiziell)		Viertes Training (offiziell)	
1. Prost	1:19,676	1. Prost	1:18,179	1. Senna	1:18,414	1. Senna	1:17,748
2. Senna	1:19,973	2. Senna	1:18,332	2. Prost	1:18,519	2. Prost	1:17,880
3. Patrese	1:20,013	3. Mansell	1:19,427	3. Mansell	1:20,088	3. Mansell	1:19,508
4. Mansell	1:20,689	4. Patrese	1:19,925	4. Patrese	1:20,466	4. Berger	1:19,517
5. Berger	1:20,711	5. Berger	1:20,019	5. Nannini	1:20,663	5. Piquet	1:19,535
6. Boutsen	1:20,722	6. Warwick	1:20,086	6. Berger	1:20,671	6. Patrese	1:19,998
7. Nannini	1:20,941	7. Nannini	1:20,331	7. Piquet	1:20,796	7. Nannini	1:20,182
8. Warwick	1:21,158	8. Piquet	1:20,477	8. Cheever	1:20,998	8. Capelli	1:20,459
9. Piquet	1:21,316	9. Caffi	1:20,781	9. Nakajima	1:21,129	9. Boutsen	1:20,486
10. Martini	1:21,441	10. Alboreto	1:20,844	10. de Cesaris	1:21,230	10. Warwick	1:20,495
11. Caffi	1:21,519	11. Boutsen	1:21,114	11. Caffi	1:21,396	11. Nakajima	1:20,852
12. Cheever	1:21,592	12. Capelli	1:21,136	12. Gugelmin	1:21,410	12. Caffi	1:20,881
13. Capelli	1:21,730	13. Cheever	1:21,393	13. Capelli	1:21,478	13. Alboreto	1:20,964
14. Modena	1:21,901	14. Nakajima	1:21,542	14. Martini	1:21,579	14. Martini	1:21,133
15. Streiff	1:21,965	15. Gugelmin	1:21,871	15. Alboreto	1:21,629	15. de Cesaris	1:21,164
16. Tarquini	1:22,022	16. Martini	1:21,905	16. Palmer	1:21,726	16. Streiff	1:21,262
17. Gugelmin	1:22,455	17. de Cesaris	1:21,944	17. Modena	1:21,786	17. Palmer	1:21,307
18. Alboreto	1:22,529	18. Palmer	1:21,959	18. Warwick	1:21,915	18. Cheever	1:21,514
19. Alliot	1:22,642	19. Modena	1:21,972	19. Alliot	1:21,930	19. Gugelmin	1:21,554
20. Johansson	1:22,642	20. Streiff	1:22,170	20. Streiff	1:21,941	20. Modena	1:21,856
21. Ghinzani	1:22,649	21. Ghinzani	1:22,348	21. Larrauri	1:22,008	21. Sala	1:21,893
22. Sala	1:22,726	22. Alliot	1:22,420	22. Arnoux	1:22,011	22. Johansson	1:21,988
23. Palmer	1:22,732	23. Sala	1:23,022	23. Boutsen	1:22,012	23. Arnoux	1:22,028
24. de Cesaris	1:22,783	24. Raphanel	1:23,393	24. Ghinzani	1:22,486	24. Alliot	1:22,211
25. Nakajima	1:22,840	25. Larrauri	1:23,413	25. Bailey	1:22,517	25. Larrauri	1:22,213
26. Arnoux	1:23,288	26. Johansson	1:23,417	26. Sala	1:22,582	26. Tarquini	1:22,393
27. Bailey	1:23,502	27. Bailey	1:23,530	27. Tarquini	1:22,808	27. Bailey	1:22,529
28. Raphanel	1:23,980	28. Arnoux	1:23,547	28. Johansson	1:22,869	28. Ghinzani	1:22,721
29. Larrauri	1:24,634	29. Tarquini	1:23,650	29. Raphanel	1:22,929	29. Raphanel	1:22,733
30. Schneider	1:27,262	30. Schneider	1:24,221	30. Schneider	1:24,099	30. Schneider	1:23,025
31. Larini	1:28,440						

Startaufstellung:

Ayrton Senna
McLaren-Honda MP4/4-2
1:17,748 = 175,027 km/h

Alain Prost
McLaren-Honda MP4/4-6
1:17,880

Nigel Mansell
Williams-Judd FW12-5
1:19,427

Gerhard Berger
Ferrari F1-87/88C 104
1:19,517

Nelson Piquet
Lotus-Honda 100T/2
1:19,535

Riccardo Patrese
Williams-Judd FW12-3
1:19,925

Derek Warwick
Arrows-Megatron
A10B-04, 1:20,086

Alessandro Nannini
Benetton-Ford B188-07
1:20,182

Ivan Capelli
March-Judd 881-05
1:20,459

Thierry Boutsen
Benetton-Ford B188-08
1:20,486

Alex Caffi
Dallara-Cosworth
F188-003, 1:20,781

Michele Alboreto
Ferrari F1-87/88C 103
1:20,844

Satoru Nakajima
Lotus-Honda 100T/1
1:20,852

Pierluigi Martini
Minardi-Cosworth
M188-05, 1:21,133

Andrea de Cesaris
Lotus-Honda 100T/1
1:21,164

Philippe Streiff
AGS-Cosworth JH23-035
1:21,262

Jonathan Palmer
Tyrrell-Cosworth 017-04
1:21,307

Eddie Cheever
Arrows-Megatron
A10B-03, 1:21,393

Mauricio Gugelmin
March-Judd 881-02
1:21,554

Stefano Modena*
EuroBrun-Cosworth
ER188 01, 1:21,856

Luis Perez-Sala
Minardi-Cosworth
M188-03, 1:21,893

Stefan Johansson
Ligier-Judd JS31-04
1:21,988

René Arnoux
Ligier-Judd JS31-02
1:22,028

Philippe Alliot
Lola-Cosworth LC-88 03
1:22,211

Oscar Larrauri
Eurobrun-Cosworth
ER188 03, 1:22,213

Piercarlo Ghinzani
Zakspeed 881-04
1:22,348

* Modena startete nach Problemen zu Beginn der Einführungsrunde aus der letzten Startreihe.

Nicht qualifiziert: Gabriele Tarquini (Coloni-Cosworth FC188) 1:22,393, Julian Bailey (Tyrrell-Cosworth 017) 1:22,529, Pierre-Henri Raphanel (Lola-Cosworth) 1:22,733, Bernd Schneider (Zakspeed 871) 1:23,025.

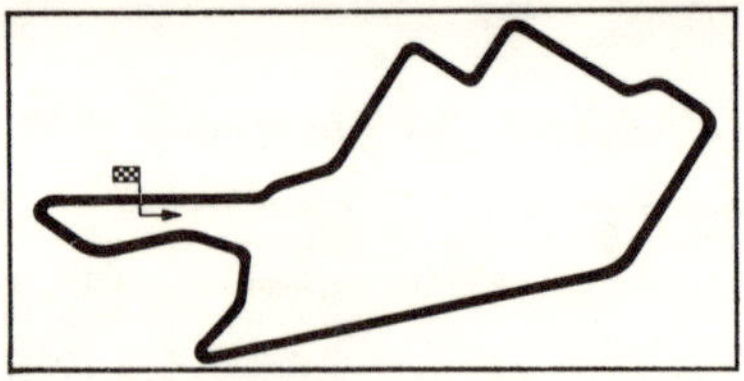

Rekorde: Training: Berger (Ferrari 87) 1:17,267 = 176,070 km/h (1987); Rennen: Berger (Ferrari 87) 1:20,416=169,175 km/h (1987); Distanz: Berger (Ferrari 87) 164,631 km/h (1987).

In der Vorqualifikation eliminiert: Nicola Larini (Osella-Alfa FA1L) 1:28,440.

Höchstgeschwindigkeiten (Freitag): Piquet 290,44, Prost 288,69, Senna 288,35, Alboreto 287,88, Berger 287,0, Nakajima 286,85, Warwick 285,71, Ghinzani 285,60, Cheever 285,49, Arnoux 281,25 — (Samstag): Alboreto 295,45, Berger 294,00, Prost 293,64, Senna 292,80, Piquet 292,45, Nakajima 291,38, Cheever 288,69, Warwick 284,70, Schneider 284,02, Arnoux 279,61.

Höchstgeschwindigkeiten auf der Ziellinie (Freitag): Prost 234,10, Senna 233,01, Piquet 229,89, Warwick 228,44, Nakajima 227,17, Ghinzani 224,12, Cheever 224,08, Berger 223,47, Patrese 223,39, Schneider 223,34 — (Samstag): Prost 232,21, Senna 231,79, Berger 227,31, Warwick 226,77, Ghinzani 226,73, Piquet 226,19, Nakajima 225,66, Cheever 224,96, Alboreto 223,21, Patrese 221,92.

Sonntag-Aufwärmtraining: 1. Prost 1:20,835, 2. Senna 1:21,011, 3. Boutsen 1:22,075, 4. Berger 1:22,096, 5. Patrese 1:22,458, 6. Nannini 1:22,460, 7. Mansell 1:22,596, 8. Piquet 1:22,687, 9. de Cesaris 1:22,773, 10. Capelli 1:22,817.

Wetter am Renntag: nach Hitzetraining drückend schwül, bedeckt; 100.000 Zuschauer.

Distanz: 82 Runden à 3,780 km=309,960 km.

Boxenstops:

Nannini:	24. Runde:	Reifenwechsel nach Dreher wegen zu starkem Übersteuern; Platz 13—19
Nakajima:	45. Runde:	Reifenwechsel binnen 7,91 sec; Platz 18
Warwick:	50. Runde:	Kerzenwechsel; Platz 12—16
Capelli:	63. Runde:	Reifenwechsel binnen 12,77 sec; Platz 7—9

Ausfälle:

Alboreto:	1. Runde:	Karambolage mit Caffi
Larrauri:	13. Runde:	ausgerutscht, Halbwelle gebrochen; Platz 22
Palmer:	17. Runde:	Differential; Platz 18
Arnoux:	25. Runde:	Kollision mit Berger; Platz 20
Berger:	26. Runde:	Kollision mit Arnoux, linke Vorderradaufhängung gebrochen, Motor abgestorben; Platz 1
Caffi:	33. Runde:	Kupplung; Platz 10
Sala:	42. Runde:	Motor; Platz 16
Nakajima:	46. Runde:	Kollision mit Gugelmin, als er drehendem Martini ausweichen wollte; Platz 18
Gugelmin:	47. Runde:	Kollision mit Nakajima; Platz 13
Cheever:	52. Runde:	Motorschaden im Ersatzauto; Platz 13
Warwick:	53. Runde:	Fehlzündungen, Auto unfahrbar; Platz 15
Modena:	64. Runde:	Antriebswelle gebrochen; Platz 14
Nannini:	64. Runde:	Dreher, Motor abgestorben; Platz 11
Mansell:	66. Runde:	Bremsdefekt, Unfall; Platz 4
Ghinzani:	70. Runde:	Benzinpumpe gebrochen; Platz 12
Streiff:	74. Runde:	Elektrik; Platz 7
Alliot:	76. Runde:	Benzin ausgegangen; Platz 10
Johansson:	77. Runde:	Benzin ausgegangen; Platz 7
de Cesaris:	78. Runde:	Benzin ausgegangen; Platz 5

Stand nach 10 Runden: 1. Prost (37,8 km in 13:57,971=162,392 km/h), 2. Berger —1,857, 3. Senna —9,290, 4. Piquet —13,179, 5. Patrese —14,413, 6. Mansell —17,734, 7. Capelli —18,659, 8. Nannini —19,357, 9. Warwick —22,835, 10. Caffi —24,102.

Stand nach 20 Runden: 1. Berger (75,6 km in 27:46,580=163,304 km/h), 2. Prost —2,954, 3. Senna —7,552, 4. Piquet —21,701, 5. Patrese —22,516, 6. Mansell —23,430, 7. Capelli —33,678, 8. Warwick —41,169, 9. Caffi —42,227, 10. de Cesaris —42,366.

Stand nach 30 Runden: 1. Prost (113,4 km in 41:39,468=163,331 km/h), 2. Senna —4,915, 3. Piquet —26,874, 4. Patrese —27,803, 5. Mansell —28,917, 6. Capelli —42,286, 7. de Cesaris —50,832, 8. Boutsen —52,746, 9. Warwick —1:00,508, 10. Caffi —1:01,591.

Stand nach 40 Runden: 1. Prost (151,2 km in 55:22,414=163,833 km/h), 2. Senna —6,968, 3. Piquet —37,589, 4. Patrese —38,776, 5. Mansell —41,966, 6. Capelli —56,789, 7. de Cesaris —58,116, 8. Boutsen —1:05,768, 9. Streiff —1 Runde, 10. Warwick.

Stand nach 50 Runden: 1. Prost (189,0 km in 1.09:02,216=164,260 km/h), 2. Senna —11,081, 3. Piquet —48,040, 4. Patrese —49,149, 5. Mansell —49,728, 6. de Cesaris —1:04,982, 7. Capelli —1:09,747, 8. Boutsen —1:21,455, 9. Streiff —1 Runde, 10. Johansson.

Stand nach 60 Runden: 1. Prost (226,8 km in 1.22:42,521=164,529 km/h), 2. Senna —14,824, 3. Piquet —54,937, 4. Mansell —56,388, 5. Patrese —1:10,148, 6. de Cesaris —1:17,370, 7. Capelli —1 Runde, 8. Boutsen, 9. Streiff, 10. Johansson.

Stand nach 70 Runden: 1. Prost (264,6 km in 1.36:29,586=164,530 km/h), 2. Senna —33,353, 3. Piquet —51,131, 4. Patrese —1:13,298, 5. de Cesaris —1 Runde, 6. Boutsen, 7. Streiff, 8. Johansson, 9. Capelli, 10. Martini.

Ergebnis:

1. Alain Prost (Frankreich), McLaren-Honda (T)	1.53:14,676	= 164,225 km/h
2. Ayrton Senna (Brasilien), McLaren-Honda (T)	1.53:51,463	36,787 zurück
3. Nelson Piquet (Brasilien), Lotus-Honda (T)	1.54:02,222	47,546 zurück
4. Riccardo Patrese (Italien), Williams-Judd (S)	1.54:34,764	1:20,088 zurück
5. Thierry Boutsen (Belgien), Benetton-Ford (S)	1.53:34,216	1 Runde zurück
6. Ivan Capelli (Italien), March-Judd (S)	1.54:28,002	1 Runde zurück
7. Pierluigi Martini (Italien), Minardi-Ford (S)	1.53:20,251	2 Runden zurück
8. Andrea de Cesaris (Italien), Rial-Ford (S)	1.47:58,220	5 Runden zurück
9. Stefan Johansson (Schweden), Ligier-Judd (S)	1.47:05,230	6 Runden zurück
10. Philippe Alliot (Frankreich), Lola-Ford (S)	1.46:27,175	7 Runden zurück
11. Philippe Streiff (Frankreich), AGS-Ford (S)	1.42:44,603	9 Runden zurück

de Cesaris, Johansson, Alliot, Streiff bei Schluß nicht mehr im Rennen, aber klassiert.

Schnellste Runde: Prost (McLaren-Honda) 1:21,216=167,553 km/h (59. Runde).

Schnellste Runde jedes Fahrers im Rennen: Prost 1:21,216 (59.), Piquet 1:21,502 (62.), Capelli 1:21,526 (69.), Senna 1:21,668 (39.), de Cesaris 1:21,677 (77.), Mansell 1:21,713 (55.), Boutsen 1:21,793 (77.), Berger 1:21,900 (21.), Patrese 1:21,948 (62.), Streiff 1:22,288 (56.), Johansson 1:22,433 (73.), Nannini 1:22,467 (61.), Alliot 1:22,506 (62.), Martini 1:22,888 (53.), Modena 1:22,935 (40.), Sala 1:23,195 (40.), Nakajima 1:23,500 (12.), Cheever 1:23,529 (41.), Gugelmin 1:23,727 (31.), Caffi 1:23,847 (10.), Warwick 1:24,064 (10.), Palmer 1:24,726 (15.), Larrauri 1:24,777 (11.), Arnoux 1:25,095 (5.), Ghinzani 1:26,100 (8.).

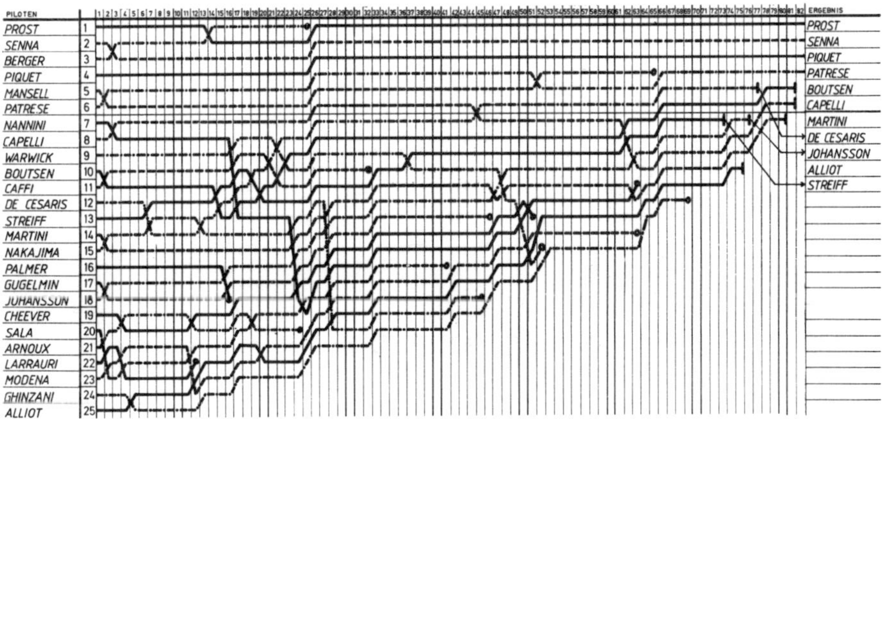

ÖSTERREICHER IN DER FORMEL-1-WM

			Weltmeister:
1965:	13. Jochen Rindt	4 Punkte	Jim Clark
1966:	3. Jochen Rindt	22 (24) Punkte	Jack Brabham
1967:	11. Jochen Rindt	6 Punkte	Dennis Hulme
1968:	12. Jochen Rindt	8 Punkte	Graham Hill
1969:	4. Jochen Rindt	22 Punkte	Jackie Stewart
1970:	1. Jochen Rindt	45 Punkte	ROCHEN RINDT
1971:	—		Jackie Stewart
1972:	—		Emerson Fittipaldi
1973:	17. Niki Lauda	2 Punkte	Jackie Stewart
1974:	4. Niki Lauda	38 Punkte	Emerson Fittipaldi
1975:	1. Niki Lauda	64,5 Punkte	NIKI LAUDA
1976:	2. Niki Lauda	68 Punkte	James Hunt
1977:	1. Niki Lauda	72 Punkte	NIKI LAUDA
1978:	4. Niki Lauda	44 Punkte	Mario Andretti
1979:	14. Niki Lauda	4 Punkte	Jody Scheckter
1980:	—		Alan Jones
1981:	—		Nelson Piquet
1982:	5. Niki Lauda	30 Punkte	Keke Rosberg
1983:	10. Niki Lauda	12 Punkte	Nelson Piquet
1984:	1. Niki Lauda	72 Punkte	NIKI LAUDA
1985:	10. Niki Lauda 17. Gerhard Berger	14 Punkte 3 Punkte	Alain Prost
1986:	7. Gerhard Berger	17 Punkte	Alain Prost
1987:	5. Gerhard Berger	36 Punkte	Nelson Piquet
1988:	3. Gerhard Berger	41 Punkte	Ayrton Senna

ÖSTERREICHER IN DER FORMEL 1

	Rennen	Pole-positions	Siege	2. Plätze	3. Plätze	4. Plätze	5. Plätze	6. Plätze	schnellste Runden	WM-Punkte	Führungs-kilometer
Jochen Rindt	60	10	6	3	4	5	2	1	3	111	1905
Helmut Marko	9										
Dieter Quester	1										
Niki Lauda	171	24	25	20	9	7	7	5	25	420,5	7188
Helmut Koinigg	2										
Harald Ertl	19										
Hans Binder	13										
Jo Gartner	8						1				
Gerhard Berger	68	4	4	3	3	7	3	6	8	98	1371,4

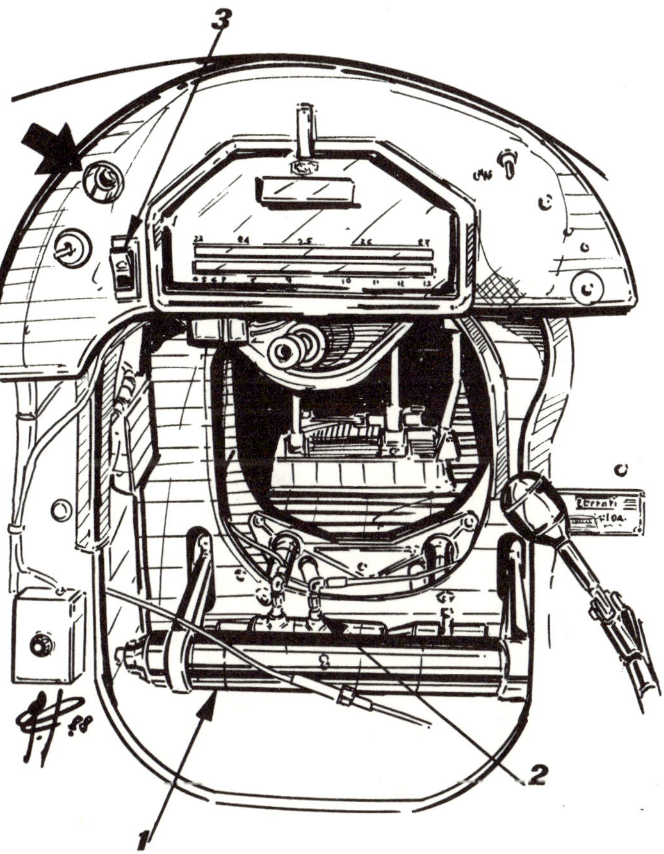

Das Cockpit des Ferrari-V6-Turbo von 1988 — faszinierende, geheimnisvolle Formel-1-Technik aus der Sicht des Fahrers:

1 — verstellbarer Stabilisator (zum Beispiel auf weicher bei Regenrennen)
2 — Lichtmaschine für den hydraulischen Wagenheber, das große Ferrari-Geheimnis
3 — Schalter für den hydraulischen Wagenheber
Pfeil — Feuerlöscher

GRAND-PRIX-SIEGER 1950—1988

35 Große Preise:	Alain Prost (Frankreich)
27 Große Preise:	Jackie Stewart (Schottland)
25 Große Preise:	Jim Clark (Schottland) Niki Lauda (Österreich)
24 Große Preise:	Juan Manuel Fangio (Argentinien)
20 Große Preise:	Nelson Piquet (Brasilien)
16 Große Preise:	Stirling Moss (England)
14 Große Preise:	Jack Brabham (Australien) Graham Hill (England) Emerson Fittipaldi (Brasilien) Ayrton Senna (Brasilien)
13 Große Preise:	Alberto Ascari (Italien) Nigel Mansell (England)
12 Große Preise:	Mario Andretti (USA) Alan Jones (Australien) Carlos Reutemann (Argentinien)
10 Große Preise:	James Hunt (England) Ronnie Peterson (Schweden) Jody Scheckter (Südafrika)
8 Große Preise:	Jacky Ickx (Belgien) Denis Hulme (Neuseeland)
7 Große Preise:	René Arnoux (Frankreich)
6 Große Preise:	Tony Brooks (England) John Surtees (England) Jochen Rindt (Österreich) Gilles Villeneuve (Kanada) Jacques Laffite (Frankreich)
5 Große Preise:	Dr. Giuseppe Nino Farina (Italien) Clay Regazzoni (Schweiz) John Watson (Irland) Keke Rosberg (Finnland) Michele Alboreto (Italien)
4 Große Preise:	Bruce McLaren (Neuseeland) Dan Gurney (USA) Gerhard Berger (Österreich)
3 Große Preise:	Mike Hawthorn (England) Peter Collins (England) Phil Hill (USA) Didier Pironi (Frankreich)
2 Große Preise:	Froilan Gonzales (Argentinien) Maurice Trintignant (Frankreich) Wolfgang Graf Berghe von Trips (Deutschland) Pedro Rodriguez (Mexiko) Jo Siffert (Schweiz) Peter Revson (USA) Patrick Depailler (Frankreich) Jean-Pierre Jabouille (Frankreich) Patrick Tambay (Frankreich) Riccardo Patrese (Italien) Elio de Angelis (Italien)
1 Großer Preis:	Luigi Fagioli (Italien) Piero Taruffi (Italien) Luigi Musso (Italien) Joakim Bonnier (Schweden) Innes Ireland (Schottland) Giancarlo Baghetti (Italien) Lorenzo Bandini (Italien) Richie Ginther (USA) Ludovico Scarfiotti (Italien) Peter Gethin (England) Francois Cevert (Frankreich) Jean-Pierre Beltoise (Frankreich) Carlos Pace (Brasilien) Jochen Mass (Deutschland) Vittorio Brambilla (Italien) Gunnar Nilsson (Schweden)